中学生数学思维方法丛书

11 借桥过河

冯跃峰 著

中国科学技术大学出版社

内 容 简 介

本书介绍了数学思维方法的一种形式：借桥过河.其中许多内容都是本书首次提出的.比如，结构中间量、主元中间量、恒等回归、r-子集、关联元等，这是本书的特点之一.书中选用了一些数学原创题，有些问题还是第一次公开发表，这是本书的另一特点.此外，书中对每一个问题，并不是直接给出解答，而是详细分析如何发现其解法，这是本书的又一特点.

本书适合高等院校数学系师生、中学数学教师、中学生和数学爱好者阅读.

图书在版编目(CIP)数据

借桥过河/冯跃峰著.—合肥：中国科学技术大学出版社，2016.6
(2019.12 重印)
(中学生数学思维方法丛书)
ISBN 978-7-312-03975-1

Ⅰ.借… Ⅱ.冯… Ⅲ.中学数学课—教学参考资料 Ⅳ.G634.603

中国版本图书馆 CIP 数据核字(2016)第 113971 号

出版 中国科学技术大学出版社
安徽省合肥市金寨路 96 号，230026
http://press.ustc.edu.cn
https://zgkxjsdxcbs.tmall.com
印刷 合肥市宏基印刷有限公司
发行 中国科学技术大学出版社
经销 全国新华书店
开本 880 mm×1230 mm 1/32
印张 11.625
字数 302 千
版次 2016 年 6 月第 1 版
印次 2019 年 12 月第 2 次印刷
定价 28.00 元

序

问题是数学的心脏，学数学离不开解题.我国著名数学家华罗庚教授曾说过：如果你读一本数学书，却不做书中的习题，那就犹如入宝山而空手归.因此，如何解题，也就成为了一个千古话题.

国外曾流传着这样一则有趣的故事，说的是当时数学在欧几里得的推动下，逐渐成为人们生活中的一个时髦话题（这与当今社会截然相反），以至于托勒密一世也想赶这一时髦，学点数学.虽然托勒密一世见多识广，但在学数学上却很吃力.一天，他向欧几里得请教数学问题，听了半天，还是云里雾里不知所云，便忍不住向欧几里得要求道："你能不能把问题讲得简单点呢？"欧几里得笑着回答："很抱歉，数学无王者之路."欧几里得的意思是说，要想学好数学，就必须扎扎实实打好基础，没有捷径可走.后来人们常用这一故事讥讽那些凡事都想投机取巧之人.但从另一个角度想，托勒密一世的要求也未必过分，难道数学就只能是"神来之笔"，不能让其思路来得更自然一些吗？

记得我少年时期上学，每逢学期初发新书的那个时刻是最令我兴奋的，书一到手，总是迫不及待地看看书中有哪些新的内容，一方面是受好奇心的驱使，另一方面也是想测试一下自己，看能不能不用老师教也能读懂书中的内容.但每每都是失望而终：尽管书中介绍的知识都弄明白了，书中的例题也读懂了，但一做书中的练习题，却还

是不会.为此,我曾非常苦恼,却又万思不得其解.后来上了大学,更是对课堂中老师那些“神来之笔”惊叹不已,严密的逻辑推理常常令我折服.但我未能理解的是,为什么会想到这么做呢?

20 世纪中叶,美国数学教育家 G. Polya 的数学名著《怎样解题》风靡全球,该书使我受益匪浅.这并不是说,我从书中学到了“怎样解题”,而是它引发了我对数学思维方法的思考.

实际上,数学解题是一项系统工程,有许许多多的因素影响着它的成败.本质的因素有知识、方法(指狭义的方法,即解决问题所使用的具体方法)、能力(指基本能力,即计算能力、推理能力、抽象能力、概括能力等)、经验等,由此构成解题基础;非本质的因素有兴趣、爱好、态度、习惯、情绪、意志、体质等,由此构成解题的主观状态;此外,还受时空、环境、工具的约束,这些构成了解题的客观条件.但是,具有扎实的解题基础,且有较好的客观条件,主观上也做了相应的努力,解题也不一定能获得成功.这是因为,数学中真正标准的、可以程序化的问题(像解一元二次方程)是很少的.解题中,要想把问题中的条件与结论沟通起来,光有雄厚的知识、灵活的方法和成功的解题经验是不够的.为了判断利用什么知识,选用什么方法,就必须对问题进行解剖、识别,对各种信息进行筛选、加工和组装,以创造利用知识、方法和经验的条件.这种复杂的、创造性的分析过程就是数学思维过程.这一过程能否顺利进行,取决于思维方法是否正确.因此,正确的思维方法亦是影响解题成败的重要因素之一.

经验不止一次地告诉我们:知识不足还可以补充,方法不够也可以积累,但若不善思考,即使再有知识和方法,不懂得如何运用它们解决问题,也是枉然.与此相反,掌握了正确的思维方法,知识就不再是孤立的,方法也不再是呆板的,它们都建立了有血有肉的联系,组成了生机勃勃的知识方法体系,数学思维活动也就充满了活力,得到了更完美的发挥与体现.

G. Polya 曾指出，解题的价值不是答案本身，而在于弄清“是怎样想到这个解法的”，“是什么促使你这样想、这样做的”. 这实际上都属于数学思维方法的范畴. 所谓数学思维方法，就是在基本数学观念系统作用下进行思维活动的心理过程. 简单地说，数学思维方法就是找出已有的数学知识和新遇的数学问题之间联系的一种分析、探索方法. 在一般情况下，问题与知识的联系并非是显然的，即使有时能在问题中看到某些知识的“影子”，但毕竟不是知识的原形，或是披上了“外衣”，或是减少了条件，或是改变了结构，从而没有现成的知识、方法可用，这就是我在学生时代“为什么知识都明白了，例题也看懂了，还是不会做习题”的原因. 为了利用有关的知识和方法解题，就必须创造一定的“条件”，这种创造条件的认识、探索过程，就是数学思维方法作用的过程.

但是，在当前数学解题教学中，由于“高考”指挥棒的影响，教师往往只注重学生对知识方法掌握的熟练程度，不少教师片面地强调基本知识和解决问题的具体方法的重要性，忽视思维方法方面的训练，造成学生解决一般问题的困难. 为了克服这一困难，各种各样的、非本质的、庞杂零乱的具体解题技巧统统被视为规律，成为教师谆谆告诫的教学重点，学生解题也就试图通过记忆、模仿来补偿思维能力的不足，利用胡猜乱碰代替有根据、有目的的探索. 这不仅不能提高学生的解题能力，而且对于系统数学知识的学习，对于数学思维结构的健康发展都是不利的.

数学思维方法通常又表现为一种解题的思维模式. 例如，G. Polya就在《怎样解题》中列出了一张著名的解题表. 容许我们大胆断言，任何一种解题模式均不可能囊括人们在解题过程中表现出来的各种思维特征，诸如观察、识别、猜想、尝试、回忆、比较、直觉、顿悟、联想、类比、归纳、演绎、想象、反例、一般化、特殊化等. 这些思维特征充满解题过程中的各个环节，要想用一个模式来概括，那就像用

数以千计的思维元件来构造一个复杂而庞大的解题机器.这在理论上也许是可行的,但在实际应用中却很不方便,难以被人们接受.更何况数学问题形形色色,任何一个模式都未必能适用所有的数学问题.因此,究竟如何解题,其核心内容还是学会如何思考.有鉴于此,笔者想到写这样一套关于数学思维方法的丛书.

本丛书也不可能穷尽所有的数学思维方法,只是选用一些典型的思维方法为代表做些介绍.这些方法,或是作者原创发现,或是作者从一个全新的角度对其进行了较为深入的分析与阐述.

囿于水平,书中观点可能片面武断,错误难免,敬请读者不吝指正.

冯跃峰

2015年1月

目　　录

序 …………………………………………………………………… （ⅰ）

1　中间量 ………………………………………………………………（001）

1.1　数值中间量 ……………………………………………………（001）

1.2　结构中间量 ……………………………………………………（011）

1.3　主元中间量 ……………………………………………………（059）

1.4　多元中间量 ……………………………………………………（076）

习题 1 …………………………………………………………………（083）

习题 1 解答 ……………………………………………………………（092）

2　回归推理 ……………………………………………………………（129）

2.1　恒等回归 ………………………………………………………（129）

2.2　放缩回归 ………………………………………………………（134）

习题 2 …………………………………………………………………（157）

习题 2 解答 ……………………………………………………………（158）

3　特征函数 ……………………………………………………………（165）

3.1　不变量 …………………………………………………………（165）

3.2　增量分析 ………………………………………………………（187）

3.3　单调性 …………………………………………………………（203）

习题 3 …………………………………………………………………（212）

习题 3 解答 ……………………………………………………………（218）

4　算两次 ………………………………………………………………………… (249)

4.1　对子 ……………………………………………………………………… (249)

4.2　r-子集 …………………………………………………………………… (262)

4.3　关联元 …………………………………………………………………… (285)

4.4　总分 ……………………………………………………………………… (312)

习题 4 ………………………………………………………………………… (335)

习题 4 解答 …………………………………………………………………… (340)

1 中间量

想象你在途中遇到了河流阻隔，你的第一反应是什么？当然是四处寻找哪里有可以过河的桥.而一旦到达了河的彼岸，桥相对于此次旅行也就完成了使命.

数学解题中也是如此：当我们解题遇到困难，难以建立相关量之间的联系时，我们不妨设法寻找类似的“桥梁”，借助“桥梁”的纽带作用，建立相关量之间的联系.我们称这样一种处理问题的思维方法为“借桥过河”.

本章介绍“借桥过河”的一种方式：借助“中间量”.

与题中各个对象都接近的量，我们称为“中间量”.所谓借助“中间量”，就是将题中的量用“中间量”表示，或者与“中间量”进行比较，由此建立题中各个对象之间的联系，使问题获解.

1.1 数值中间量

所谓数值中间量，就是“中间量”在数值上与题中的其他量都较为接近.利用数值中间量，可建立题中其他各个量之间的数量关系.

例 1 比较下列各组数的大小.

(1) $0.3^{0.4}$与$0.4^{0.3}$；

(2) $0.8^{0.5}, 0.9^{0.4}, \log_{0.9}0.8$;

(3) $\log_{\frac{1}{3}}\frac{1}{2}, \log_2\frac{1}{3}, \left(\frac{1}{2}\right)^{\frac{1}{3}}$.

分析与解 (1) 题中涉及的两个数 $0.3^{0.4}, 0.4^{0.3}$ 都是 a^b 的形式,自然想到选择这样的中间量 x,使 x 与 $0.3^{0.4}$ 的指数相同,与 $0.4^{0.3}$ 的底数相同,取 $x=0.4^{0.4}$ 即可.

因为函数 $x^{0.4}$ 在 $[0,+\infty)$ 上是增函数,所以 $0.3^{0.4}<0.4^{0.4}$;

又函数 0.4^x 在 $\mathbf{R}$ 上为减函数,所以 $0.4^{0.4}<0.4^{0.3}$,故 $0.3^{0.4}<0.4^{0.3}$.

(2) 显然 $\log_{0.9}0.8>1$,而 $0.8^{0.5}<1, 0.9^{0.4}<1$,所以 $\log_{0.9}0.8$ 是题中 3 个量中的最大者,从而只需比较 $0.8^{0.5}$ 与 $0.9^{0.4}$ 的大小.

与(1)类似,取中间值 $0.8^{0.4}$,则易知

$$0.8^{0.5}<0.8^{0.4}<0.9^{0.4}<1<\log_{0.9}0.8.$$

(3) 易知 $\log_2\frac{1}{3}<0$,而 $\log_{\frac{1}{3}}\frac{1}{2}>0, \left(\frac{1}{2}\right)^{\frac{1}{3}}>0$,所以只需比较 $\log_{\frac{1}{3}}\frac{1}{2}$ 与 $\left(\frac{1}{2}\right)^{\frac{1}{3}}$ 的大小.

因为难于找到同时接近两者的中间值,所以只能先用特殊值作为中间量进行比较.

首先想到的特殊值是 1,但

$$\log_{\frac{1}{3}}\frac{1}{2}<\log_{\frac{1}{3}}\frac{1}{3}=1, \quad \left(\frac{1}{2}\right)^{\frac{1}{3}}<\left(\frac{1}{2}\right)^{0}=1,$$

特殊值"1"并不能区分它们的大小.

再取特殊值 $\frac{1}{2}$,此时,将 $\frac{1}{2}$ 化为以 $\frac{1}{3}$ 为底数的对数,有

$$\frac{1}{2}=\frac{1}{2}\cdot\log_{\frac{1}{3}}\frac{1}{3}=\log_{\frac{1}{3}}\sqrt{\frac{1}{3}},$$

现在只需比较 $\sqrt{\frac{1}{3}}$ 与 $\frac{1}{2}$ 的大小.

注意到$\frac{1}{3}>\left(\frac{1}{2}\right)^2$,所以

$$\log_{\frac{1}{3}}\frac{1}{2}>\log_{\frac{1}{3}}\sqrt{\frac{1}{3}}=\frac{1}{2},\quad \left(\frac{1}{2}\right)^{\frac{1}{3}}>\left(\frac{1}{2}\right)^1=\frac{1}{2}.$$

于是,特殊值"$\frac{1}{2}$"也不能区分它们的大小,但可以看出它们都在$\left(\frac{1}{2},1\right)$中.

再取该区间中的特殊值$\frac{2}{3}$,解题便可获得成功.

实际上,将$\frac{2}{3}$化为以$\frac{1}{3}$为底的对数,有

$$\frac{2}{3}=\frac{2}{3}\cdot\log_{\frac{1}{3}}\frac{1}{3}=\log_{\frac{1}{3}}\left(\frac{1}{3}\right)^{\frac{2}{3}}=\log_{\frac{1}{3}}\left(\frac{1}{9}\right)^{\frac{1}{3}}.$$

现在要比较$\left(\frac{1}{9}\right)^{\frac{1}{3}}$与$\frac{1}{2}$的大小,两数同时立方后,显然有$\frac{1}{9}<\left(\frac{1}{2}\right)^3$,所以

$$\frac{2}{3}=\log_{\frac{1}{3}}\left(\frac{1}{9}\right)^{\frac{1}{3}}>\log_{\frac{1}{3}}\frac{1}{2},$$

而

$$\left(\frac{1}{2}\right)^{\frac{1}{3}}>\frac{2}{3}\quad（立方即证）,$$

故

$$\log_2\frac{1}{3}<0<\log_{\frac{1}{3}}\frac{1}{2}<\frac{2}{3}<\left(\frac{1}{2}\right)^{\frac{1}{3}}.$$

例 2 设 $\log_3 10=a$, $6^b=25$,求 $\log_4 45$(用 a, b 表示).

分析与解 目标中的量 $\log_4 45$ 是以 4 为底的对数,比较复杂,应转化为简单的常用对数,于是,先将目标变为$\frac{\lg 45}{\lg 4}$.

同样的理由,将条件变为

$$\frac{1}{\lg 3}=a,\quad \frac{\lg 25}{\lg 6}=b.$$

这两者无法发生直接联系，但它们都可用“中间量”$\lg 2,\lg 3$ 表示，于是，再将目标简化为$\dfrac{2\lg 3+1-\lg 2}{2\lg 2}$.

现在，只需将 $\lg 2,\lg 3$ 都用 a,b 表示即可. 注意到条件可变为

$$\frac{1}{\lg 3}=a,\quad \frac{2-2\lg 2}{\lg 2+\lg 3}=b.$$

视 a,b 为常数，解上述关于 $\lg 2,\lg 3$ 的方程，得

$$\lg 2=\frac{2a-b}{a(2+b)},\quad \lg 3=\frac{1}{a}.$$

所以

$$\log_4 45=\frac{\lg 45}{\lg 4}=\frac{2\lg 3+1-\lg 2}{2\lg 2}=\frac{ab+3b+4}{4a-2b}.$$

如果充分利用题中条件与目标所含的量中相关数值之间的关系：

$$6=2\times 3,\quad 45=5\times 3^2,$$

可将题中的对数都转化为以 3 为底的对数求解. 此时，目标可化为

$$\log_4 45=\frac{\log_3 45}{\log_3 4}=\frac{2+\log_3 5}{2\log_3 2},$$

从而解题的本质要求是将 $\log_3 2,\log_3 5$ 用 a,b 表示，这只需对条件等式也取以 3 为底的对数即可.

实际上，由 $\log_3 10=a, 6^b=25$，得

$$a=\log_3 10=\log_3 2+\log_3 5,$$

$$b=\log_6 25=\frac{\log_3 25}{\log_3 6}=\frac{2\log_3 5}{1+\log_3 2},$$

解得

$$\log_3 2=\frac{2a-b}{2+b},\quad \log_3 5=\frac{ab+b}{2+b},$$

于是

$$\log_4 45=\frac{\log_3 45}{\log_3 4}=\frac{2+\log_3 5}{2\log_3 2}=\frac{ab+3b+4}{4a-2b}.$$

例 3 设 $x_i\in\mathbf{R}^+\ (1\leqslant i\leqslant n)$，$\sum\limits_{i=1}^{n}x_i=n$，求证：

$$\sum_{i=1}^{n}\frac{x_i}{1+x_i^2}\leqslant\sum_{i=1}^{n}\frac{1}{1+x_i}.$$

(1988 年 IMO 苏联代表队训练题)

分析与证明 本题原来的解答很繁，利用“中间量”技巧，我们得到该不等式的一个非常简单的证明.

因为

$$\sum_{i=1}^{n}\frac{x_i}{1+x_i^2}=\sum_{i=1}^{n}\frac{1}{\frac{1}{x_i}+x_i}\leqslant\sum_{i=1}^{n}\frac{1}{2}=\frac{n}{2},$$

$$\sum_{i=1}^{n}\frac{1}{1+x_i}\geqslant\frac{n^2}{\sum\limits_{i=1}^{n}(1+x_i)}=\frac{n^2}{2n}=\frac{n}{2},$$

所以不等式成立.

例 4 设 $a_i\in\mathbf{R}^+$，$n>2$，试确定 $P=\sum\limits_{i=1}^{n}\frac{a_i}{a_i+a_{i+1}}$ 的范围.

(1990 年日本数学奥林匹克试题)

分析与解 本题原来的解答很繁，利用“中间量”技巧，我们得到该问题的一个非常简单的解答.

与题中各分式的分母都很接近的一个中间量是 $a_1+a_2+\cdots+a_n$，令

$$S=a_1+a_2+\cdots+a_n,$$

则利用统一放缩变形，得

$$P=\sum_{i=1}^{n}\frac{a_i}{a_i+a_{i+1}}>\sum_{i=1}^{n}\frac{a_i}{S}=1.$$

为了从另一个方向估计 P，可通过“分离整数部分”，使流动变量产生一个负系数，从而估计方向变得相反.这样，我们有

$$P=\sum_{i=1}^{n}\left(1-\frac{a_{i+1}}{a_i+a_{i+1}}\right)<\sum_{i=1}^{n}\left(1-\frac{a_{i+1}}{S}\right)=n-1,$$

所以 $1<P<n-1$.

下面证明 P 可无限接近于 1 和 $n-1$.

为此，适当取 a_i 的值，使 P 易于计算.注意到

$$\frac{a_i}{a_i+a_{i+1}}=\frac{1}{1+\frac{a_{i+1}}{a_i}},$$

可取 $\{a_i\}$ 为等比数列.

令 $a_i=x^i(x>0,i=1,2,\cdots,n)$，则

$$\begin{aligned}P&=\sum_{i=1}^{n}\frac{a_i}{a_i+a_{i+1}}=\sum_{i=1}^{n-1}\frac{x^i}{x^i+x^{i+1}}+\frac{x^n}{x^n+x^1}\\&=\sum_{i=1}^{n-1}\frac{1}{1+x}+\frac{x^n}{x^n+x}=\frac{n-1}{1+x}+\frac{1}{1+x^{1-n}}.\end{aligned}$$

令 $x\to0^+$，则 $P\to n-1$；

令 $x\to+\infty$，则 $P\to1$.

综上所述，P 的取值范围是 $(1,n-1)$.

例 5 设两个三角形的三边分别为 a,b,c 及 x,y,z，面积分别为 Δ_1,Δ_2，则 $a^2(y^2+z^2-x^2)+b^2(z^2+x^2-y^2)+c^2(x^2+y^2-z^2)\geqslant16\Delta_1\Delta_2$（匹多(Pedoe)不等式）.

分析与证明 考察题中涉及的量：

$$y^2+z^2-x^2,\quad z^2+x^2-y^2,\quad x^2+y^2-z^2,$$

想到选择一个中间量作为“统一项”.

与上述一些量都很接近的一个量是 $x^2+y^2+z^2$，于是，我们将上述一些量都向 $x^2+y^2+z^2$ 转化.

考察 $a^2(y^2+z^2-x^2)$，为了将其配成 $a^2(x^2+y^2+z^2)$，则要加上一个项 $2a^2x^2$，类似考察其他项，便知原不等式两边应加上 $2(a^2x^2+b^2y^2+c^2z^2)$，这样，不等式变为

$$\sum a^2\sum x^2 \geqslant 16\Delta_1\Delta_2+2\sum a^2x^2, \quad ①$$

其中 $\sum f(a)$ 表示对 a,b,c 轮换求和，$\sum f(x)$ 表示对 x,y,z 轮换求和，$\sum f(a,x)$ 则表示同时对“双变元”a,b,c 及 x,y,z 轮换求和.

观察不等式呈现的结构特征，想到利用柯西(Cauchy)不等式，得

$$\begin{aligned}
\text{式 ① 右边} &= 16\Delta_1\Delta_2+2\sum a^2x^2 \\
&\leqslant 16\Delta_1\Delta_2+2\sqrt{\sum(a^2)^2\sum(x^2)^2} \\
&= 4\Delta_1\cdot 4\Delta_2+\sqrt{2\sum a^4}\sqrt{2\sum x^4} \\
&\leqslant \sqrt{(4\Delta_1)^2+2\sum a^4}\cdot\sqrt{(4\Delta_2)^2+2\sum x^4} \\
&= \sum a^2\sum x^2 = \text{式 ① 左边}.
\end{aligned}$$

其中注意：由海伦公式，有

$$\begin{aligned}
16\Delta^2 &= 16p(p-a)(p-b)(p-c) \\
&= (a+b+c)(a+b-c)(b+c-a)(c+a-b) \\
&= ((a+b)^2-c^2)(c^2-(a-b)^2) \\
&= 2\sum a^2b^2-\sum a^4 = (\sum a^2)^2-2\sum a^4,
\end{aligned}$$

即

$$16\Delta^2+2\sum a^4 = (\sum a^2)^2.$$

例 6 设 $0\leqslant a,b,c\leqslant 1$，求证：

$$\sum\frac{a}{b+c+1}+(1-a)(1-b)(1-c)\leqslant 1,$$

其中 $\sum$ 表示对 a,b,c 轮换求和.(美国数学竞赛试题)

分析与证明　该不等式的难点，是所含3个分式的分母

$$b+c+1,\quad c+a+1,\quad a+b+1$$

各不相同.注意到不等式关于 a,b,c 对称，从而不妨设 $0<a\leqslant b\leqslant c\leqslant 1$，则

$$a+b+1\leqslant a+c+1\leqslant b+c+1.$$

于是，可选择 $a+b+1$ 为中间量，将不等式中的分母统一"换成" $a+b+1$，通过放缩变形，得

$$\text{不等式左边}\leqslant\frac{a+b+c}{a+b+1}+(1-a)(1-b)(1-c).$$

下面可用分析法证明：

$$\frac{a+b+c}{a+b+1}+(1-a)(1-b)(1-c)\leqslant 1.$$

实际上，上述不等式等价于(去分母)

$$(a+b+c)+(a+b+1)(1-a)(1-b)(1-c)\leqslant a+b+1,$$

移项，得

$$(a+b+1)(1-a)(1-b)(1-c)\leqslant 1-c,$$

约去 $1-c$，得

$$(1+a+b)(1-a)(1-b)\leqslant 1.$$

因为

$$\begin{aligned}(1+a+b)(1-a)(1-b)&\leqslant(1+a)(1+b)(1-a)(1-b)\\&=(1-a^2)(1-b^2)\leqslant 1,\end{aligned}$$

所以，原不等式成立.

例7　设 n 是大于2的自然数，求证：当且仅当 $n=3$ 和5时，对所有自然数 $a_1,a_2,\cdots,a_n$，有

$$\begin{aligned}A_n=&(a_1-a_2)(a_1-a_3)\cdots(a_1-a_n)\\&+(a_2-a_1)(a_2-a_3)\cdots(a_2-a_n)+\cdots\\&+(a_n-a_1)(a_n-a_2)\cdots(a_n-a_{n-1})\\\geqslant&\, 0.\end{aligned}$$

分析与证明 不妨设 $a_1\leqslant a_2\leqslant\cdots\leqslant a_n$.

(1) 当 $n=3$ 时,有

$$A_3=(a_1-a_2)(a_1-a_3)+(a_2-a_1)(a_2-a_3)+(a_3-a_1)(a_3-a_2),$$

其中只有 $(a_2-a_1)(a_2-a_3)$ 为负,将之与一个正项合并,得

$$\begin{aligned}&(a_1-a_2)(a_1-a_3)+(a_2-a_1)(a_2-a_3)\\&=(a_2-a_1)((a_3-a_1)+(a_2-a_3))\\&=(a_2-a_1)^2\geqslant 0.\end{aligned}$$

(2) 当 $n=5$ 时,A_n 的第三项非负:

$$(a_3-a_1)(a_3-a_2)(a_3-a_4)(a_3-a_5)\geqslant 0.$$

A_5 的前两项中一正一负,它们的和为

$$\begin{aligned}&(a_1-a_2)((a_1-a_3)(a_1-a_4)(a_1-a_5)\\&-(a_2-a_3)(a_2-a_4)(a_2-a_5))\geqslant 0,\end{aligned}$$

其中注意到 $a_1-a_3\geqslant a_2-a_3\geqslant 0$ 等.

同理,A_5 的后两项之和为

$$\begin{aligned}&(a_4-a_5)((a_1-a_5)(a_2-a_5)(a_3-a_5)\\&-(a_1-a_4)(a_2-a_4)(a_3-a_4))\geqslant 0.\end{aligned}$$

下面考虑 $n\neq 3,5$ 的情形.

(3) 当 n 为偶数时,为了产生尽可能多的零因子,令 $a_2=a_3=\cdots=a_n$,则

$$\begin{aligned}A_n&=(a_1-a_2)(a_1-a_3)(a_1-a_4)\cdots(a_1-a_n)\\&=(a_1-a_2)^{n-1}.\end{aligned}$$

再取 $a_1=1,a_2=2$,则

$$A_n=(-1)^{n-1}<0.$$

(4) 当 $n>5$,n 为奇数时,若仍令 $a_2=a_3=\cdots=a_n$,则:

(ⅰ) $A_n=(a_1-a_2)(a_1-a_3)(a_1-a_4)\cdots(a_1-a_n)$

$=(a_1-a_2)^{n-1}$.

但 $n-1$ 是偶数,不能导出 $A_n<0$,于是应多保留一些项.

(ⅱ) 再尝试令 $a_3=a_4=\cdots=a_n=a$,于是

$$\begin{aligned}A_n&=(a_1-a_2)(a_1-a_3)(a_1-a_4)\cdots(a_1-a_n)\\&\quad+(a_2-a_1)(a_2-a_3)(a_2-a_4)\cdots(a_2-a_n)\\&=(a_1-a_2)(a_1-a)^{n-2}+(a_2-a_1)(a_2-a)^{n-2}\\&=(a_1-a_2)((a_1-a)^{n-2}-(a_2-a)^{n-2}).\end{aligned}$$

此时 $n-2$ 为奇数,A_n 的表达式中两个因式同号,所以还要保留多点项.

(ⅲ) 再尝试令 $a_4=a_5=\cdots=a_n=a$,则

$$\begin{aligned}A_n&=(a_1-a_2)(a_1-a_3)(a_1-a)^{n-3}\\&\quad+(a_2-a_1)(a_2-a_3)(a_2-a)^{n-3}\\&\quad+(a_3-a_1)(a_3-a_2)(a_3-a)^{n-3}\\&=(a_1-a_2)((a_1-a_3)(a_1-a)^{n-3}\\&\quad-(a_2-a_3)(a_2-a)^{n-3})\\&\quad+(a_3-a_1)(a_3-a_2)(a_3-a)^{n-3}.\end{aligned}$$

为了减少项,令 $a_1=a_2$,即令 $a_1=a_2,a_4=a_5=\cdots=a_n=a$(保留 a_3 暂时自由),则

$$A_n=(a_3-a_2)^2(a_3-a)^{n-3}.$$

但 $n-3$ 仍为偶数,不能导出 $A_n<0$,但其思路是可行的,只要再进行一次类似的探索就可获得成功.

(ⅳ) 令 $a_1=a_2=a_3,a_5=a_6=\cdots=a_n=a$,则

$$\begin{aligned}A_n&=(a_4-a_1)(a_4-a_2)(a_4-a_3)(a_4-a_5)\cdots(a_4-a_n)\\&=(a_4-a_1)^3(a_4-a)^{n-4}.\end{aligned}$$

适当取值,使得 $a_4-a_1>0,a_4-a<0$,即 $a_1<a_4<a$ 即可. 比如,令

$$a_1=a_2=a_3=1,\quad a_4=2,\quad a_5=a_6=\cdots=a_n=3,$$

则

$$A_n=(a_4-a_1)(a_4-a_2)(a_4-a_3)(a_4-a_5)\cdots(a_4-a_n)$$

$$= (a_4 - a_1)^3 (a_4 - a_5)^{n-4} = (-1)^{n-4} < 0.$$

综上所述,命题获证.

1.2 结构中间量

所谓结构中间量,就是“中间量”在结构上与题中的其他量都较为接近.利用结构中间量,可建立题中其他各个量在结构上的某种联系.

例 1 证明塞瓦定理:设 D,E,F 分别是$\triangle ABC$ 的边 BC,CA,AB 上的点,则

$$\frac{AF}{FB} \cdot \frac{BD}{DC} \cdot \frac{CE}{EA} = 1. \quad ①$$

分析与证明 该定理有很多证法,其中最简单的证法当属面积证法,它采用的就是选择结构中间量的技巧.

为证明式①,一个自然的想法是,找到一个中间量 P,使 P 在结构上与式①左边类似,在数值上又与 1 相等,这样的一个中间量为

$$P = \frac{x}{y} \cdot \frac{y}{z} \cdot \frac{z}{x}.$$

为叙述问题方便,我们称$\frac{x}{y}$,$\frac{y}{z}$,$\frac{z}{x}$是关于 3 个变量 x,y,z 的“3 元循环比”.

简单地说,上述想法,就是设法将式①的左边转化为关于 3 个变量 x,y,z 的“3 元循环比”.

于是,我们期望找到三个量(未必是线段)x,y,z,使

$$\frac{AF}{FB} = \frac{x}{y}, \quad \frac{BD}{DC} = \frac{y}{z}, \quad \frac{CE}{EA} = \frac{z}{x}.$$

若然,则将其代入式①左边,可知式①成立.

先考察$\frac{BD}{DC}$,注意到$\triangle ABO$ 与$\triangle ACO$ 有公共边 AO(图 1.1),而

AD 交 BC 于点 D，于是有

$$\frac{BD}{DC}=\frac{S_{\triangle ABO}}{S_{\triangle ACO}}.$$

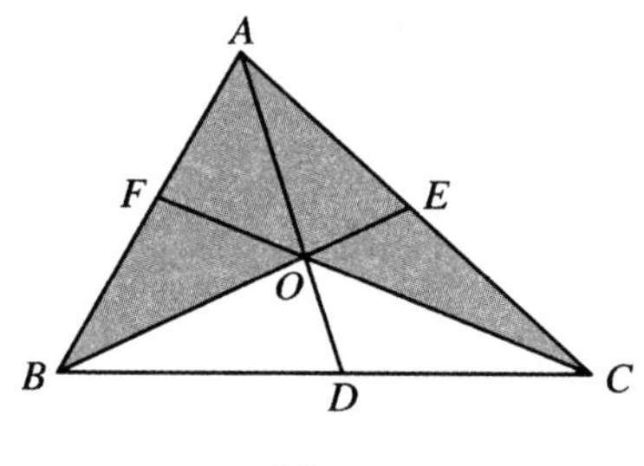

图 1.1

类似考察其他两个比值，有

$$\frac{CE}{EA}=\frac{S_{\triangle BCO}}{S_{\triangle ABO}},\quad \frac{AF}{FB}=\frac{S_{\triangle ACO}}{S_{\triangle BCO}},$$

至此，将它们都代入式①的左边，问题便迎刃而解.

下面再介绍一个漂亮的纯几何证法，它同样采用了选择结构中间量的技巧.

先保持式①左边的$\frac{BD}{DC}$不变，设想引入中间量 x，使

$$\frac{AF}{FB}=\frac{x}{BD},\quad \frac{CE}{EA}=\frac{DC}{x}.$$

若然，则将其代入式①的左边，可知式①成立.

但遗憾的是，同时满足上述两个等式的线段 x 无法找到.

我们退一步思考，寻找满足其中一个等式的线段 x，则利用 X 形是容易找到的.

考察$\frac{AF}{FB}=\frac{x}{BD}$，想到延长 CF，交过点 A 且与 BC 平行的直线于点 P(图 1.2)，由此构造 X 形 $BCFPA$. 这样，我们有

$$\frac{AF}{FB}=\frac{AP}{BC}.$$

类似构造 X 形 $BDOAQ$，有

$$\frac{CE}{EA} = \frac{BC}{AQ}.$$

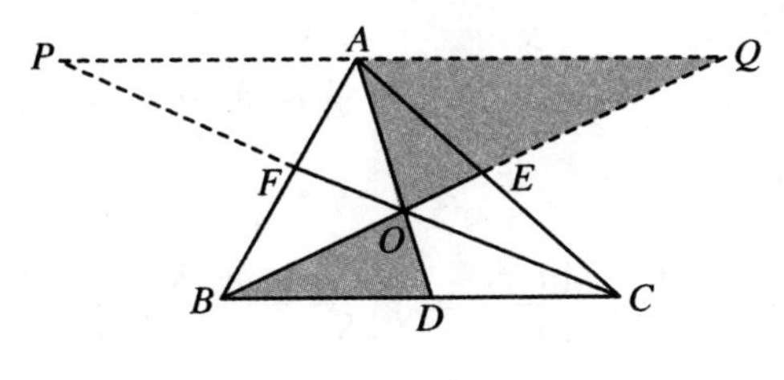

图 1.2

但以上两个比：$\frac{AP}{BC}$，$\frac{BC}{AQ}$含有 3 条线段 AP，AQ，BC，连同$\frac{BD}{DC}$中的 2 条线段，共有 5 条线段，要减少 2 条线段，才可能得到 3 元循环比.

经观察发现

$$\frac{BD}{DC} = \frac{AQ}{AP},$$

实际上，由

$$\frac{BD}{AQ} = \frac{DO}{OA} = \frac{DC}{AP},$$

有$\frac{BD}{DC} = \frac{AQ}{AP}$.从而可减少 BD，DC 这 2 条线段，于是

$$\frac{AF}{FB} \cdot \frac{BD}{DC} \cdot \frac{CE}{EA} = \frac{AP}{BC} \cdot \frac{AQ}{AP} \cdot \frac{BC}{AQ} = 1.$$

例 2 证明角元形式的塞瓦定理：设 D，E，F 分别是$\triangle ABC$ 的边 BC，CA，AB 上的点，令$\angle BAD = \alpha_1$，$\angle CAD = \alpha_2$，$\angle CBE = \beta_1$，$\angle ABE = \beta_2$，$\angle ACF = \gamma_1$，$\angle BCF = \gamma_2$.如果 AD，BE，CF 交于一点，则$\frac{\sin \alpha_1}{\sin \alpha_2} \cdot \frac{\sin \beta_1}{\sin \beta_2} \cdot \frac{\sin \gamma_1}{\sin \gamma_2} = 1$.

分析与证明 为了与上面的证明类似，可选择适当的量构造 3 元循环比.

考察$\dfrac{\sin \alpha_1}{\sin \alpha_2}$，注意到 α_1，α_2 分别在$\triangle AOB$，$\triangle AOC$ 中，联想到三角形的面积公式 $S_{\triangle} = \dfrac{1}{2}ab\sin \alpha$，可选择面积 $S_{\triangle ABO}$，$S_{\triangle BCO}$，$S_{\triangle ACO}$为中间量.设想有

$$\frac{\sin \alpha_1}{\sin \alpha_2} \cdot \frac{\sin \beta_1}{\sin \beta_2} \cdot \frac{\sin \gamma_1}{\sin \gamma_2} = f\left(\frac{S_{\triangle AOB}}{S_{\triangle AOC}} \cdot \frac{S_{\triangle BOC}}{S_{\triangle BOA}} \cdot \frac{S_{\triangle COA}}{S_{\triangle COB}}\right).$$

如图 1.3 所示，考察$\dfrac{S_{\triangle AOB}}{S_{\triangle AOC}}$，有

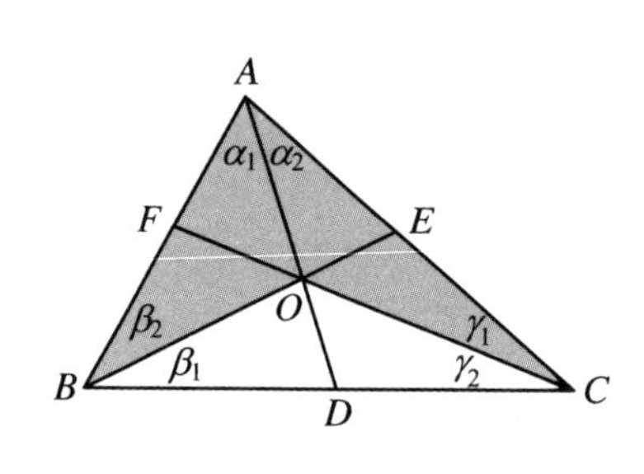

图 1.3

$$S_{\triangle AOB} = \frac{1}{2}AB \cdot OA\sin \alpha_1,$$

$$S_{\triangle AOC} = \frac{1}{2}AC \cdot OA\sin \alpha_2,$$

两式相除，得

$$\frac{\sin \alpha_1}{\sin \alpha_2} = \frac{S_{\triangle AOB}}{S_{\triangle AOC}} \cdot \frac{AC}{AB}.$$

同理

$$\frac{\sin \beta_1}{\sin \beta_2} = \frac{S_{\triangle BOC}}{S_{\triangle BOA}} \cdot \frac{BA}{BC}, \quad \frac{\sin \gamma_1}{\sin \gamma_2} = \frac{S_{\triangle COA}}{S_{\triangle COB}} \cdot \frac{CB}{CA}.$$

三式相乘即证(两个“3 元循环比”).

例 3 设 X，Y，Z 在$\triangle ABC$ 外，使得$\angle YAC = \angle ZAB = \alpha$，$\angle ZBA = \angle XBC = \beta$，$\angle XCB = \angle YCA = \gamma$.求证：$AX$，$BY$，$CZ$ 交于一点.

分析与证明 解题目标是要证 AX，BY，CZ 交于一点，而条件中给出的是有关角度的信息，从而想到利用角元形式的塞瓦定理求解.

如图 1.4 所示，设$\angle CAX = \alpha_1$，$\angle BAX = \alpha_2$，$\angle ABY = \beta_1$，$\angle CBY = \beta_2$，$\angle BCZ = \gamma_1$，$\angle ACZ = \gamma_2$，而$\triangle ABC$ 三内角用 A，B，C

表示，则目标变为

$$\frac{\sin\alpha_1}{\sin\alpha_2}\cdot\frac{\sin\beta_1}{\sin\beta_2}\cdot\frac{\sin\gamma_1}{\sin\gamma_2}=1.$$

先考虑$\dfrac{\sin\alpha_1}{\sin\alpha_2}$. 因为 α_1，α_2 分别在$\triangle ACX$ 和$\triangle ABX$ 中，想到考察

$$S_{\triangle ACX}=\frac{1}{2}AC\cdot AX\sin\alpha_1,\quad S_{\triangle ABX}=\frac{1}{2}AB\cdot AX\sin\alpha_2,$$

两式相除，得

$$\frac{\sin\alpha_1}{\sin\alpha_2}=\frac{S_{\triangle ACX}}{S_{\triangle ABX}}\cdot\frac{AB}{AC},$$

其中 AB，AC 可充当“元”，而 $S_{\triangle ACX}$，$S_{\triangle ABX}$则不能充当“元”，因为有 6 个这样的面积，无法构造“3 元循环比”.

现对$\dfrac{S_{\triangle ACX}}{S_{\triangle ABX}}$进行修正，有两种修正方案：

(1) 从起点开始修正，不用面积公式，改用正弦定理；

(2) 在中途进行修正，将面积 $S_{\triangle ACX}$，$S_{\triangle ABX}$ 再用$\triangle ABC$ 的边及有关角表示.

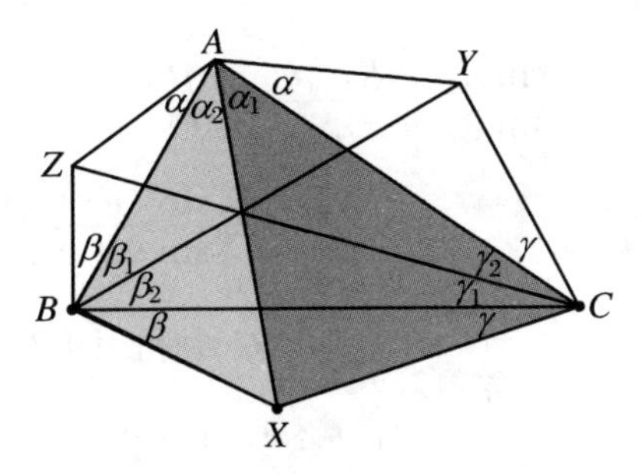

图 1.4

若采用修正方案(1)，相关角度标记如图 1.4 所示，则利用正弦定理，有

$$\frac{\sin\alpha_2}{\sin(B+\beta)}=\frac{BX}{AX}\quad(A,B,C\text{ 可轮换},\alpha,\beta,\gamma\text{ 可轮换}),$$

$$\frac{\sin\alpha_1}{\sin(C+\gamma)}=\frac{CX}{AX},$$

两式相除，得

$$\frac{\sin\alpha_1}{\sin\alpha_2}\cdot\frac{\sin(B+\beta)}{\sin(C+\gamma)}=\frac{CX}{BX}=(\triangle BXC\text{ 中利用正弦定理})\frac{\sin\beta}{\sin\gamma},$$

于是

$$\frac{\sin\alpha_1}{\sin\alpha_2}=\frac{\sin\beta}{\sin\gamma}\cdot\frac{\sin(C+\gamma)}{\sin(B+\beta)}\quad(\text{两个“循环比”}).$$

轮换相乘,得

$$\frac{\sin\alpha_1}{\sin\alpha_2}\cdot\frac{\sin\beta_1}{\sin\beta_2}\cdot\frac{\sin\gamma_1}{\sin\gamma_2}=1,$$

故 AX,BY,CZ 交于一点.

若采用修正方案(2),则将面积 $S_{\triangle ACX}$,$S_{\triangle ABX}$ 再用$\triangle ABC$ 的边及有关角表示(图 1.4),得

$$S_{\triangle ACX}=\frac{1}{2}AC\cdot CX\sin(C+\gamma),$$

$$S_{\triangle ABX}=\frac{1}{2}AB\cdot BX\sin(B+\beta),$$

于是

$$\begin{aligned}\frac{\sin\alpha_1}{\sin\alpha_2}&=\frac{S_{\triangle ACX}}{S_{\triangle ABX}}\cdot\frac{AB}{AC}\\&=\frac{AC\cdot CX\sin(C+\gamma)}{AB\cdot BX\sin(B+\beta)}\cdot\frac{AB}{AC}=\frac{CX\sin(C+\gamma)}{BX\sin(B+\beta)}\\&=(\triangle BXC\text{ 中利用正弦定理})\frac{\sin\beta}{\sin\gamma}\cdot\frac{\sin(C+\gamma)}{\sin(B+\beta)}\\&\quad(\text{两个“循环比”}).\end{aligned}$$

轮换相乘,得

$$\frac{\sin\alpha_1}{\sin\alpha_2}\cdot\frac{\sin\beta_1}{\sin\beta_2}\cdot\frac{\sin\gamma_1}{\sin\gamma_2}=1,$$

故 AX,BY,CZ 交于一点.

我们还可用线段型的塞瓦定理,给出该题的一个非常巧妙的证法:

设 AX 交 BC 于点 D,BY 交 CA 于点 E,CZ 交 AB 于点 F(图 1.5),则目标变为$\frac{AF}{FB}\cdot\frac{BD}{DC}\cdot\frac{CE}{EA}=1$.

考察局部$\frac{BD}{DC}$.显然有

$$\begin{aligned}\frac{BD}{DC}&=\frac{S_{\triangle ABX}}{S_{\triangle ACX}}\quad\text{(共边 }AX\text{ 的三角形)}\\&=\frac{AB\cdot BX\sin\angle ABX}{AC\cdot CX\sin\angle ACX}\quad\text{(面积公式)}\\&=\frac{AB\cdot\sin\gamma\sin(B+\beta)}{AC\cdot\sin\beta\sin(C+\gamma)}\quad\text{(}\triangle BCX\text{ 中利用正弦定理)}.\end{aligned}$$

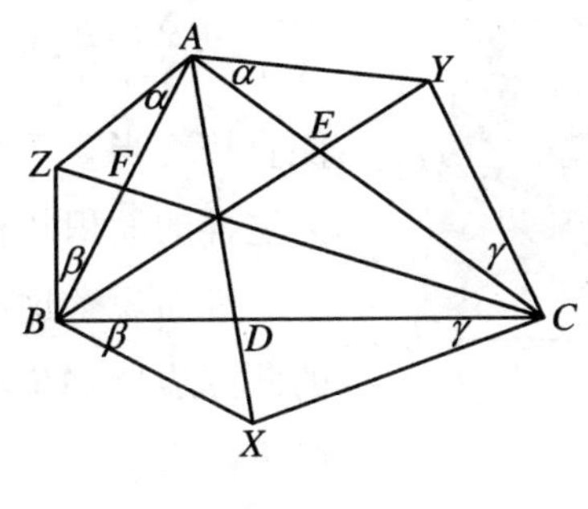

图 1.5

同理

$$\frac{CE}{EA}=\frac{BC\cdot\sin\alpha\sin(C+\gamma)}{AB\cdot\sin\gamma\sin(A+\alpha)},$$

$$\frac{AF}{FB}=\frac{CA\cdot\sin\beta\sin(A+\alpha)}{BC\cdot\sin\alpha\sin(B+\beta)}.$$

三式相乘即证.

例 4 设 $C(I)$是以$\triangle ABC$ 的内心 I 为圆心的一个圆,点 D,E,F 分别是从 I 出发垂直于边 BC,CA,AB 的直线与圆 I 的交点.求证:AD,BE,CF 三线共点.

分析与证明 AD,BE,CF 都在$\triangle ABC$ 中,但不是截线,从而想到将其延长与$\triangle ABC$ 三边相交,期望能利用塞瓦定理求解.

设 AD 与 BC 交于点 A_1,BE 与 AC 交于点 B_1,CF 与 AB 交于点 C_1(图 1.6),则只需证明

$$\frac{AC_1}{C_1B}\cdot\frac{BA_1}{A_1C}\cdot\frac{CB_1}{B_1A}=1.$$

类似于塞瓦定理的证明方法，想到寻找 3 个中间量 S_1,S_2,S_3，以构造 3 元循环比，使

$$\frac{AC_1}{C_1B}\cdot\frac{BA_1}{A_1C}\cdot\frac{CB_1}{B_1A}=\frac{S_1}{S_2}\cdot\frac{S_2}{S_3}\cdot\frac{S_3}{S_1}.$$

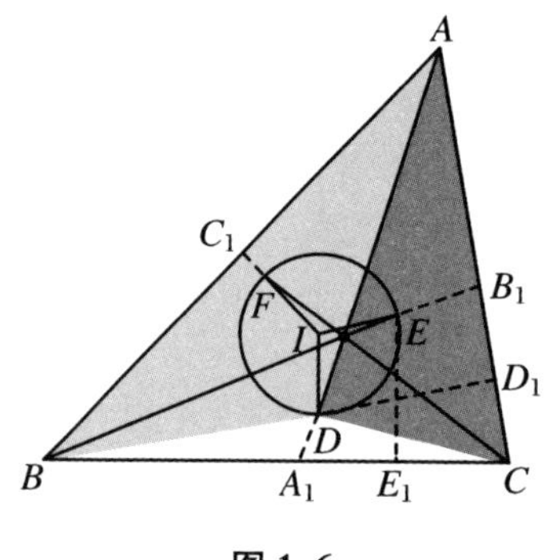

图 1.6

考察局部 $\frac{BA_1}{A_1C}$，虽然容易发现 $\frac{BA_1}{A_1C}=\frac{S_{\triangle ABD}}{S_{\triangle CAD}}$，但 $S_{\triangle ABD}$，$S_{\triangle CAD}$ 都不能直接充当 3 元循环比中的"元"，因为这样的面积共有 6 个.

进而观察这两个面积合并所得的凹四边形 $ABDC$ 的面积 S_{ABDC}，它倒可以充当 S_1，因为相应代号轮换，依次得到另两个类似的面积为 S_{BCEA}，S_{CAFB}.

于是猜想有

$$\frac{AC_1}{C_1B}\cdot\frac{BA_1}{A_1C}\cdot\frac{CB_1}{B_1A}=f\left(\frac{S_{ABDC}}{S_{BCEA}}\cdot\frac{S_{BCEA}}{S_{CAFB}}\cdot\frac{S_{CAFB}}{S_{ABDC}}\right).$$

由于我们没有确定具体等式，于是可逐步将左边的比向 S_{ABDC}，S_{BCEA}，S_{CAFB} 转化.

考察局部 $\frac{BA_1}{A_1C}$，可以发现 $\frac{BA_1}{A_1C}=\frac{S_{\triangle ABD}}{S_{\triangle CAD}}$，所以

$$S_{\triangle ABD}=\frac{BA_1}{A_1C}\cdot S_{\triangle CAD}.$$

两边同时加 $S_{\triangle CAD}$（扩充为 S_{ABDC}），得

$$S_{ABDC}=\left(\frac{BA_1}{A_1C}+1\right)\cdot S_{\triangle CAD}=\frac{BC}{A_1C}\cdot S_{\triangle CAD}. \quad ①$$

现在只需将 $S_{\triangle CAD}$ 用有关线段表示，这以 AC 为底计算面积即可：

过点 D 作 $DD_1 \perp AC$ 于点 D_1，则 $S_{\triangle CAD}=\frac{1}{2}AC \cdot DD_1$，代入式①，得

$$S_{ABDC}=\frac{BC}{A_1C}\cdot S_{\triangle CAD}=\frac{BC \cdot AC \cdot DD_1}{2A_1C}.$$

同样有(A,B 交换,D,E 交换)

$$S_{BCEA}=\frac{BC \cdot AC \cdot EE_1}{2CB_1},$$

其中 $EE_1 \perp BC$ 于点 E_1.

这样，$\frac{S_{ABDC}}{S_{BCEA}}=\frac{DD_1 \cdot CB_1}{CA_1 \cdot EE_1}$，但 $\frac{DD_1}{EE_1}$ 轮换后有 6 个变元，不是 3 元循环比.

进一步考虑能否去掉 $\frac{DD_1}{EE_1}$. 经思考，发现 $\frac{DD_1}{EE_1}$ 确实可以去掉，利用内心条件，得 $\frac{DD_1}{EE_1}=1$.

实际上，I 为内心，所以 CA,CB 关于 CI 对称.

又 $ID \perp BC$，$IE \perp AC$，且 $ID=IE$，所以点 D,E 关于 CI 对称.

又 $DD_1 \perp AC$ 于点 D_1，$EE_1 \perp BC$ 于点 E_1，所以 DD_1,EE_1 关于 CI 对称.

故 $DD_1=EE_1$，于是

$$\frac{S_{ABDC}}{S_{BCEA}}=\frac{CB_1}{CA_1}.$$

同样可得

$$\frac{S_{BCEA}}{S_{CAFB}}=\frac{AC_1}{AB_1},\quad \frac{S_{CAFB}}{S_{ABDC}}=\frac{BA_1}{BC_1}.$$

三式相乘，得

$$\frac{CB_1}{CA_1}\cdot\frac{AC_1}{AB_1}\cdot\frac{BA_1}{BC_1}=1,\quad \frac{AC_1}{C_1B}\cdot\frac{BA_1}{A_1C}\cdot\frac{CB_1}{B_1A}=1.$$

于是 AA_1,BB_1,CC_1 共点，即 AD,BE,CF 共点.

我们还得到本题的如下一个简单证法：

设 AD 与 BC 交于点 A_1，BE 与 AC 交于点 B_1，CF 与 AB 交于点 C_1（图 1.7），则只需证明

$$\frac{AC_1}{C_1B}\cdot\frac{BA_1}{A_1C}\cdot\frac{CB_1}{B_1A}=1.$$

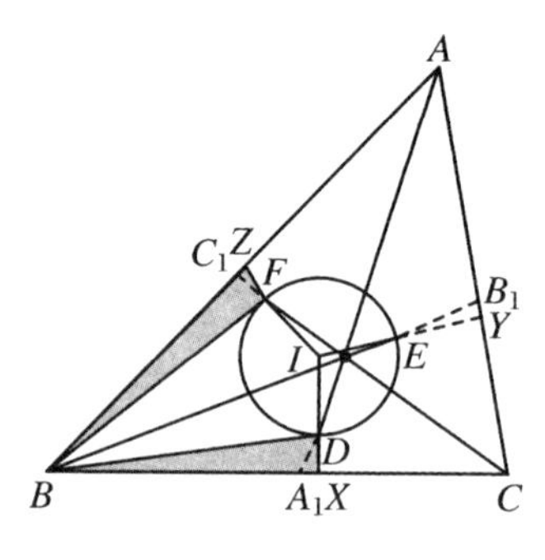

图 1.7

因为

$$\begin{aligned}\frac{BA_1}{A_1C}&=\frac{S_{\triangle ABD}}{S_{\triangle CAD}}\\&=\frac{AB\cdot BD\sin\angle ABD}{AC\cdot CD\sin\angle ACD}\end{aligned}$$（注意选择的夹角为 $\angle ABD$，$\angle ACD$），

同理

$$\frac{CB_1}{B_1A}=\frac{BC\cdot CE\sin\angle BCE}{BA\cdot AE\sin\angle BAE},\quad \frac{AC_1}{C_1B}=\frac{CA\cdot AF\sin\angle CAF}{CB\cdot BF\sin\angle CBF},$$

所以

$$\begin{aligned}&\frac{AC_1}{C_1B}\cdot\frac{BA_1}{A_1C}\cdot\frac{CB_1}{B_1A}\\&=\frac{AB\cdot BD\sin\angle ABD}{AC\cdot CD\sin\angle ACD}\cdot\frac{BC\cdot CE\sin\angle BCE}{BA\cdot AE\sin\angle BAE}\cdot\frac{CA\cdot AF\sin\angle CAF}{CB\cdot BF\sin\angle CBF}\\&=\frac{BD\sin\angle ABD}{CD\sin\angle ACD}\cdot\frac{CE\sin\angle BCE}{AE\sin\angle BAE}\cdot\frac{AF\sin\angle CAF}{BF\sin\angle CBF}.\end{aligned}\qquad ②$$

设 ID 交 BC 于点 X，IE 交 CA 于点 Y，IF 交 AB 于点 Z，则由角

平分线 BI 的性质,有 $BX=BZ$,$IX=IZ$.

进而 $DX=FZ$,从而 $\mathrm{Rt}\triangle BXD\cong\mathrm{Rt}\triangle BZF$. 于是 $BD=BF$,$\angle CBD=\angle ABF$,进而$\angle ABD=\angle CBF$.

同理 $CD=CE$,$AE=AF$,$\angle BCE=\angle ACD$,$\angle CAF=\angle BAE$.

代入式②,得

$$\frac{AC_1}{C_1B}\cdot\frac{BA_1}{A_1C}\cdot\frac{CB_1}{B_1A}=1.$$

例 5 在$\triangle ABC$ 中,$\angle ABC$ 与$\angle ACB$ 均为锐角,点 D,E 分别在边 AB,AC 上,$DF\perp BC$ 于点 F,$EG\perp BC$ 于点 G,设 BE 与 DF 交于点 M,CD 与 EG 交于点 N,BN 与 CM 交于点 P. 求证:$AP\perp BC$.

分析与证明 BN,CM,AP 都过点 P,因而它们为一组塞瓦三线组,从而问题是在塞瓦三线组中证明 $AP\perp BC$.

我们改变顺序(同一法):作 $AQ\perp BC$ 于点 Q(图 1.8),由此产生许多 A 形,得到比例关系,然后证明 AQ 过点 P,这只需证 AQ,BN,CM 是塞瓦三线组.

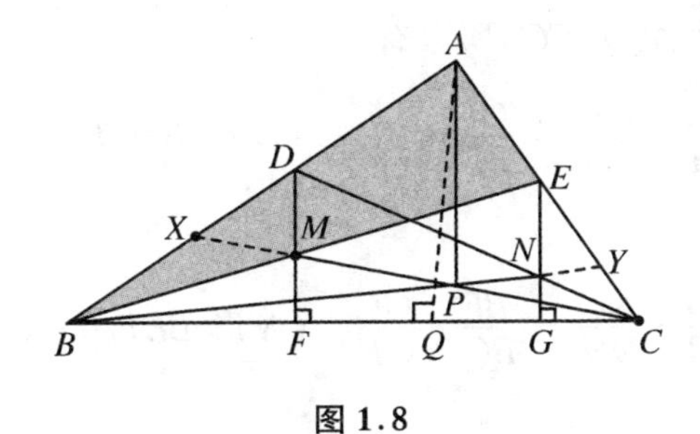

图 1.8

延长 CM 交 AB 于点 X,延长 BN 交 AC 于点 Y,目标变为

$$\frac{AX}{XB}\cdot\frac{BQ}{QC}\cdot\frac{CY}{YA}=1.$$

观察局部$\dfrac{AX}{XB}$,发现梅氏线 XMC 截$\triangle ABE$,有

$$\frac{AX}{XB}\cdot\frac{BM}{ME}\cdot\frac{EC}{CA}=1,$$

即

$$\frac{AX}{XB}=\frac{ME}{BM}\cdot\frac{CA}{EC};$$

观察局部$\frac{CY}{YA}$,发现梅氏线 YNB 截$\triangle CAD$,有

$$\frac{AB}{BD}\cdot\frac{DN}{NC}\cdot\frac{CY}{YA}=1,$$

即

$$\frac{CY}{YA}=\frac{BD}{AB}\cdot\frac{NC}{DN}.$$

两式相乘,得

$$\frac{AX}{XB}\cdot\frac{CY}{YA}=\left(\frac{ME}{BM}\cdot\frac{CA}{EC}\right)\left(\frac{BD}{AB}\cdot\frac{NC}{DN}\right).$$

现在,利用 A 形,将右边包含的比中所有线段都投影到 BC 上,转化为 BC 上的线段比.

因为 $DF /\!/ AQ /\!/ EG$,所以有

$$\frac{AX}{XB}=\frac{ME}{BM}\cdot\frac{CA}{EC}=\frac{GF}{BF}\cdot\frac{QC}{GC}\quad(\text{A 形 } BMFEG, CEGAQ). \quad ①$$

同理

$$\frac{CY}{YA}=\frac{BD}{AB}\cdot\frac{NC}{DN}=\frac{BF}{BQ}\cdot\frac{GC}{GF}\quad(\text{A 形 } BDFAQ, CNGDF). \quad ②$$

①×②,得

$$\frac{AX}{XB}\cdot\frac{CY}{YA}=\frac{QC}{BQ},$$

即

$$\frac{AX}{XB}\cdot\frac{BQ}{QC}\cdot\frac{CY}{YA}=1.$$

在$\triangle ABC$ 中,由塞瓦定理的逆定理,得 CX,BY,AQ 三线共点,

即直线 AQ 过点 P，故 $AP \perp BC$.

另证 作 $AQ \perp BC$ 于点 Q(图 1.9)，只需证 AQ, BN, CM 是塞瓦三线组，即证

$$\frac{\sin \angle 1}{\sin \angle 2} \cdot \frac{\sin \angle 3}{\sin \angle 4} \cdot \frac{\sin \angle 5}{\sin \angle 6} = 1.$$

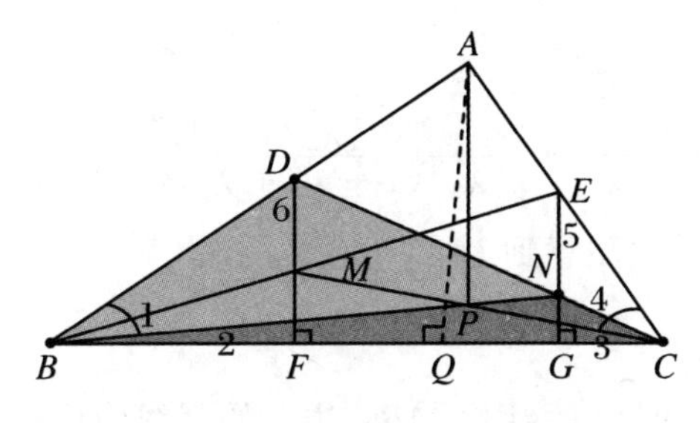

图 1.9

考察$\dfrac{\sin \angle 1}{\sin \angle 2}$，可转化为$\triangle BND$ 与$\triangle BNC$ 的面积比(利用点 N 与 D, C 共线)，有

$$S_{\triangle BND} = \frac{1}{2} BN \cdot BD \sin \angle 1,$$

$$S_{\triangle BNC} = \frac{1}{2} BN \cdot BC \sin \angle 2,$$

两式相除，得

$$\frac{\sin \angle 1}{\sin \angle 2} = \frac{BC \cdot S_{\triangle BND}}{BD \cdot S_{\triangle BNC}} = \frac{BC \cdot ND}{BD \cdot NC} \quad (\text{共底 } BN)$$

$$= \frac{BC \cdot GF}{BD \cdot GC} \quad (\text{投影到 } BC \text{ 上}).$$

同理

$$\frac{\sin \angle 4}{\sin \angle 3} = \frac{BC \cdot FG}{CE \cdot FB} \quad (B, C \text{ 交换}, D, E \text{ 交换}, F, G \text{ 交换}),$$

$$\frac{\sin \angle 5}{\sin \angle 6} = \frac{\dfrac{GC}{EC}}{\dfrac{BF}{BD}} = \frac{BD \cdot GC}{EC \cdot BF},$$

所以

$$\frac{\sin\angle 1}{\sin\angle 2}\cdot\frac{\sin\angle 3}{\sin\angle 4}\cdot\frac{\sin\angle 5}{\sin\angle 6}=\frac{BC\cdot GF}{BD\cdot GC}\cdot\frac{BE\cdot BF}{BC\cdot GF}\cdot\frac{BD\cdot GC}{EC\cdot BF}=1.$$

例 6 设 D,E,F 分别是$\triangle ABC$ 的边 BC,CA,AB 或延长线上的点，令 $\frac{BD}{DC}=\lambda_1,\frac{CE}{EA}=\lambda_2,\frac{AF}{FB}=\lambda_3$，若 AD,BE,CF 相交得到$\triangle PQR$，则

$$\frac{S_{\triangle PQR}}{S_{\triangle ABC}}=\frac{(\lambda_1\lambda_2\lambda_3-1)^2}{(1+\lambda_1+\lambda_1\lambda_2)(1+\lambda_2+\lambda_2\lambda_3)(1+\lambda_3+\lambda_3\lambda_1)}.$$

分析与证明 注意到

$$S_{\triangle PQR}=S_{\triangle ABC}-(S_{\triangle ABP}+S_{\triangle BCQ}+S_{\triangle CAR}),$$

由对称性，只需求$\frac{S_{\triangle ABP}}{S_{\triangle ABC}}$(用$\triangle ABC$ 边上的截线段比表示).

$\triangle ABP$ 与$\triangle ABC$ 虽有公共边，但不是过顶点截得的三角形，无法利用如下结论：

过顶点截得的三角形与原三角形面积比，等于截线截边所得的线段比.

为了利用上述面积比结论，可利用中间量 $S_{\triangle ABD}$ 构造循环比过渡：

$$\frac{S_{\triangle ABP}}{S_{\triangle ABC}}=\frac{S_{\triangle ABP}}{S_{\triangle ABD}}\cdot\frac{S_{\triangle ABD}}{S_{\triangle ABC}}=\frac{AP}{AD}\cdot\frac{BD}{BC}=\frac{AP}{AD}\cdot\frac{\lambda_1}{1+\lambda_1}.$$

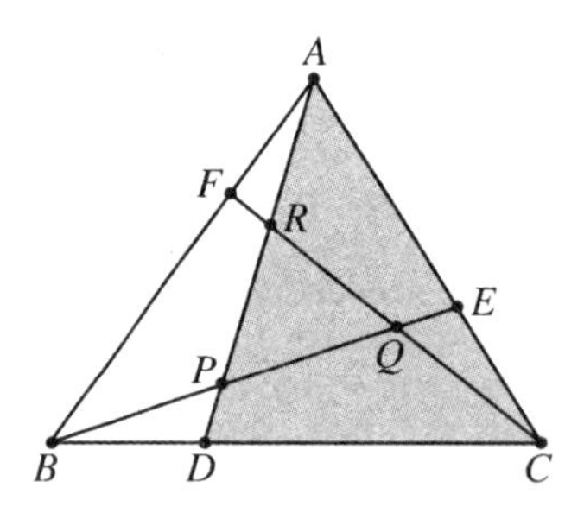

图 1.10

现在只需求$\frac{AP}{AD}$，发现梅氏线 BPE 截$\triangle ADC$(图 1.10)，有

$$\frac{AP}{PD}\cdot\frac{DB}{BC}\cdot\frac{CE}{EA}=1,$$

其中

$$\frac{DB}{BC}=\frac{\lambda_1}{1+\lambda_1},\quad\frac{CE}{EA}=\lambda_2,$$

所以

$$\frac{AP}{PD}=\frac{1+\lambda_1}{\lambda_1\lambda_2},$$

进而

$$\frac{AP}{AD}=\frac{1+\lambda_1}{1+\lambda_1+\lambda_1\lambda_2}.$$

故

$$\frac{S_{\triangle ABP}}{S_{\triangle ABC}}=\frac{AP}{AD}\cdot\frac{\lambda_1}{1+\lambda_1}=\frac{1+\lambda_1}{1+\lambda_1+\lambda_1\lambda_2}\cdot\frac{\lambda_1}{1+\lambda_1}=\frac{\lambda_1}{1+\lambda_1+\lambda_1\lambda_2},$$

$$S_{\triangle ABP}=\frac{\lambda_1}{1+\lambda_1+\lambda_1\lambda_2}S_{\triangle ABC}.$$

同理

$$S_{\triangle BCQ}=\frac{\lambda_2}{1+\lambda_2+\lambda_2\lambda_3}S_{\triangle ABC},$$

$$S_{\triangle CAR}=\frac{\lambda_3}{1+\lambda_3+\lambda_3\lambda_1}S_{\triangle ABC},$$

所以

$$\begin{aligned}S_{\triangle PQR}&=S_{\triangle ABC}-(S_{\triangle ABP}+S_{\triangle BCQ}+S_{\triangle CAR})\\&=S_{\triangle ABC}\\&\quad-\left(\frac{\lambda_1}{1+\lambda_1+\lambda_1\lambda_2}+\frac{\lambda_2}{1+\lambda_2+\lambda_2\lambda_3}+\frac{\lambda_3}{1+\lambda_3+\lambda_3\lambda_1}\right)S_{\triangle ABC}\\&=\left(1-\frac{\lambda_1}{1+\lambda_1+\lambda_1\lambda_2}-\frac{\lambda_2}{1+\lambda_2+\lambda_2\lambda_3}-\frac{\lambda_3}{1+\lambda_3+\lambda_3\lambda_1}\right)S_{\triangle ABC}\\&=\frac{(\lambda_1\lambda_2\lambda_3-1)^2}{(1+\lambda_1+\lambda_1\lambda_2)(1+\lambda_2+\lambda_2\lambda_3)(1+\lambda_3+\lambda_3\lambda_1)}S_{\triangle ABC}.\end{aligned}$$

例 7 证明牛顿(Newton)定理:圆外切四边形对边切点的连线及四边形两对角线四线共点.

分析与证明 设 $ABCD$ 是圆外切四边形,AB,BC,CD,DA 上的切点分别为 E,F,G,H,由对称性,只需证明 AC,EG,FH 三线共点.

相切条件的应用:$AH=AE$,$CF=CG$,从而$\triangle AEH$,$\triangle CFG$ 都

是等腰三角形，而 AC，EG，FH 恰好是两个三角形三对顶点的连线，从而想到用位似性质证三线共点.

但遗憾的是，$\triangle AEH$，$\triangle CFG$ 并不位似，因为相应边不平行，于是，我们沿直线 HF 移动点 F 到 M，沿直线 EG 移动点 G 到 N（图 1.11），使

$$CM \parallel AH,\quad CN \parallel AE \quad (\text{对应平行}),$$

只要证明 $CM = CN$（或 $MN \parallel EH$），则 $\triangle AEH$ 与 $\triangle CNM$ 位似，命题便获证.

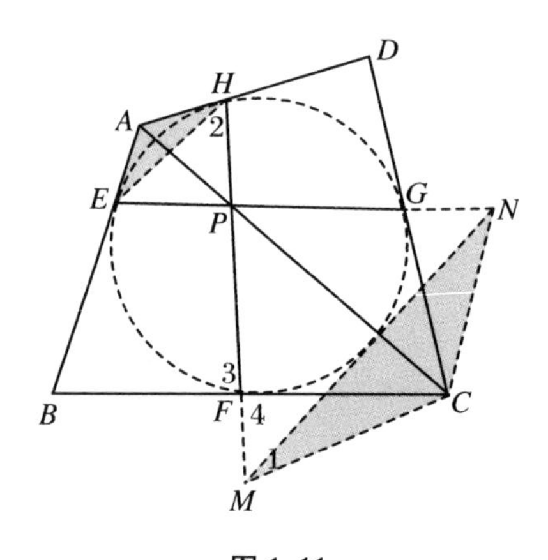

图 1.11

我们选择 CM，CN 为中间量，立足于证明 $CM = CN$.

注意到 $CF = CG$，所以一个充分条件是 $CM = CF$（同理 $CN = CG$），这只需证等角.

因为 $CM \parallel AH$，所以

$$\begin{aligned}\angle CMF &= \angle FHA \quad (\text{内错角})\\ &= \angle HFB \quad (\text{共弧的弦切角})\\ &= \angle MFC \quad (\text{对顶角}),\end{aligned}$$

故 $CM = CF$. 同理，$CN = CG$.

而 $CF = CG$，所以 $CM = CN$，从而 $\triangle AEH$ 与 $\triangle CNM$ 位似，AC，

EN，HM 三线共点，即 AC，EG，FH 三线共点.

同理，BD，EG，FH 三线共点，所以 AC，BD，EG，FH 四线共点，定理获证.

下面的例子是牛顿定理的一个典型应用.

例 8 证明布利安桑定理：圆外切六边形三条主对角线共点.

该定理是高等（射影）几何中的一个定理（圆可以换成任意圆锥曲线），这里给出一个初等的证明.

分析与证明 设圆外切六边形为 $ABCDEF$，AB，BC，CD，DE，EF，FA 上的切点分别为 G，H，I，J，K，L，设直线 AB，CD 相交于点 M，直线 AF，DE 相交于点 N，则 $AMDN$ 是圆外切四边形（图 1.12）.

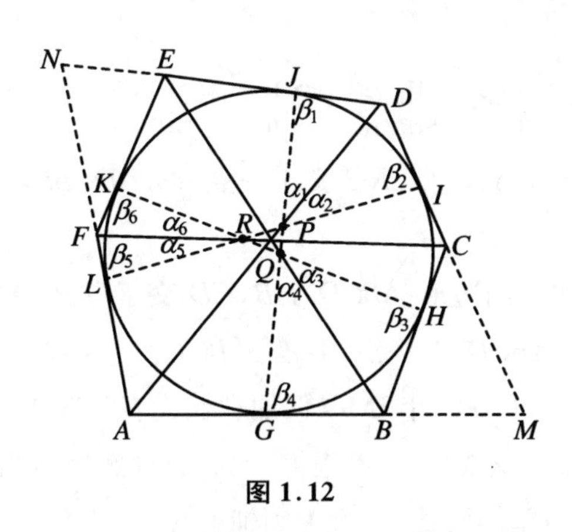

图 1.12

由牛顿定理，AD，GJ，LI 三线共点（点 A 附近的三条线），设交点为 P.

同理，BE，GJ，KH 三线共点（点 B 附近的三条线），设交点为 Q，CF，KH，LI 三线共点（点 C 附近的三条线），设交点为 R，要证 AD，BE，CF 交于一点，只需证明它们是 $\triangle PQR$ 的塞瓦三线组即可，采用角元形式即证明

$$\frac{\sin \alpha_1}{\sin \alpha_2} \cdot \frac{\sin \alpha_3}{\sin \alpha_4} \cdot \frac{\sin \alpha_5}{\sin \alpha_6} = 1.$$

考察$\dfrac{\sin\alpha_1}{\sin\alpha_2}$,由正弦定理,有

$$\sin\alpha_1=\frac{JD\cdot\sin\beta_1}{PD},\quad \sin\alpha_2=\frac{ID\cdot\sin\beta_2}{PD},$$

注意到 $ID=JD$,所以

$$\frac{\sin\alpha_1}{\sin\alpha_2}=\frac{\sin\beta_1}{\sin\beta_2}.$$

同理

$$\frac{\sin\alpha_3}{\sin\alpha_4}=\frac{\sin\beta_3}{\sin\beta_4},\quad \frac{\sin\alpha_5}{\sin\alpha_6}=\frac{\sin\beta_5}{\sin\beta_6}.$$

又 β_1,β_4 都是夹$\overparen{GHIJ}$的弦切角,所以 $\beta_1=\beta_4$.同理 $\beta_2=\beta_5,\beta_3=\beta_6$.于是

$$\frac{\sin\alpha_1}{\sin\alpha_2}\cdot\frac{\sin\alpha_3}{\sin\alpha_4}\cdot\frac{\sin\alpha_5}{\sin\alpha_6}=\frac{\sin\beta_1}{\sin\beta_2}\cdot\frac{\sin\beta_3}{\sin\beta_4}\cdot\frac{\sin\beta_5}{\sin\beta_6}=1.$$

由塞瓦定理,PA,QE,RC 交于一点,即 AD,BE,CF 交于一点,证毕.

例 9 已知凸四边形 $ABCD$,AB,CD 交于点 P,AD,BC 交于点 Q,O 为四边形 $ABCD$ 内一点,且有$\angle BOP=\angle DOQ$,求证:$\angle AOB+\angle COD=180^\circ$.(2005 年 IMO 保加利亚代表队选拔考试试题)

分析与证明 本题原解答很繁,我们通过选择适当的中间量,得到了两个非常简单的解法,而且无须辅助线.

注意到$\angle AOB,\angle COD$ 分别是$\triangle AOB,\triangle COD$ 的内角,联想到三角形的面积公式:

$$S_{\triangle AOB}=\frac{1}{2}AO\cdot BO\sin\angle AOB,$$

$$S_{\triangle COD}=\frac{1}{2}CO\cdot DO\sin\angle COD,$$

想到选择 $S_{\triangle AOB},S_{\triangle COD}$ 为中间量实现问题的转化.

再注意到$\angle AOB,\angle COD$ 的对边分别为 AB,CD,而 AB,CD 是

直线 QCB 截$\triangle PAD$ 所得的线段，自然想到利用梅涅劳斯定理.

设$\angle BOP=\angle DOQ=\alpha$，$\angle AOB=\angle 1$，$\angle AOD=\angle 2$，$\angle COQ=\angle 3$，$\angle POC=\angle 4$(图 1.13).

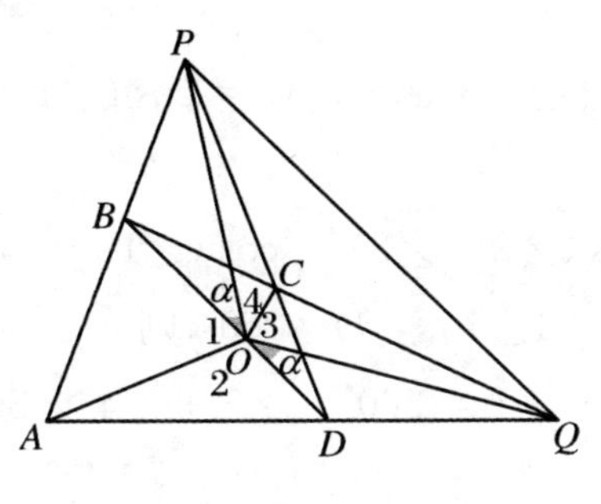

图 1.13

直线 QCB 截$\triangle PAD$，由梅涅劳斯定理，有

$$\frac{PB}{AB}\cdot\frac{AQ}{QD}\cdot\frac{DC}{CP}=1.$$

考察上式所含有的线段都对同一个点 O 张角，可将相关的线段比转化为以 O 为公共顶点的三角形面积比，得

$$\frac{S_{\triangle OPB}}{S_{\triangle OAB}}\cdot\frac{S_{\triangle OAQ}}{S_{\triangle OQD}}\cdot\frac{S_{\triangle OCD}}{S_{\triangle OCP}}=1.$$

利用三角形的面积公式，上式可化为

$$\frac{OP\cdot OB\sin\alpha}{OB\cdot OA\sin\angle 1}\,\frac{OA\cdot OQ\sin(\alpha+\angle 2)}{OD\cdot OQ\sin\alpha}\,\frac{OC\cdot OD\sin(\alpha+\angle 3)}{OP\cdot OC\sin\angle 4}=1,$$

即

$$\frac{\sin(\alpha+\angle 2)}{\sin\angle 1}\,\frac{\sin(\alpha+\angle 3)}{\sin\angle 4}=1,$$

$$\sin(\alpha+\angle 2)\sin(\alpha+\angle 3)=\sin\angle 1\sin\angle 4.$$

积化和差，得

$$\cos(\angle 2-\angle 3)-\cos(\alpha+\angle 2+\alpha+\angle 3)$$

$$= \cos(\angle 1 - \angle 4) - \cos(\angle 1 + \angle 4). \qquad ①$$

因为

$$\alpha + \angle 2 + \alpha + \angle 3 + \angle 1 + \angle 4 = 360^\circ,$$

所以

$$\cos(\alpha + \angle 2 + \alpha + \angle 3) = \cos(\angle 1 + \angle 4),$$

代入式①,得

$$\cos(\angle 2 - \angle 3) = \cos(\angle 1 - \angle 4).$$

若$(\angle 2 - \angle 3) + (\angle 1 - \angle 4) = 360^\circ$,则

$$\angle 2 + \angle 1 = 360^\circ + \angle 3 + \angle 4 > 360^\circ,$$

矛盾,所以

$$\angle 2 - \angle 3 = \angle 1 - \angle 4, \quad \angle 2 + \angle 4 = \angle 1 + \angle 3.$$

代入

$$\alpha + \angle 2 + \alpha + \angle 3 + \angle 1 + \angle 4 = 360^\circ,$$

得

$$\alpha + \angle 2 + \angle 4 = \alpha + \angle 1 + \angle 3 = 180^\circ,$$

故$\angle AOB + \angle COD = 180^\circ$.

另证 作 $QE /\!/ OB$,交 OC 延长线于点 E,作 $QF /\!/ AO$,交 PD 延长线于点 F(图 1.14),则$\angle FQE = \angle AOB$(选择$\angle FQE$ 为中间量,构成一个凸四边形).设

$$\frac{FQ}{AO} = \frac{DQ}{AD} = \lambda_1(\text{X 形}), \quad \frac{QC}{CB} = \frac{QE}{OB} = \lambda_2(\text{X 形}),$$

$$\overrightarrow{AO} = \boldsymbol{a}, \quad \overrightarrow{OB} = \boldsymbol{b},$$

则

$$\overrightarrow{FE} = \overrightarrow{FQ} + \overrightarrow{QE} = \lambda_1 \boldsymbol{a} + \lambda_2 \boldsymbol{b}, \quad \overrightarrow{AB} = \boldsymbol{a} + \boldsymbol{b}.$$

因为直线 PCD 截$\triangle BAQ$,由梅涅劳斯定理,有

$$\frac{AD}{DQ} \cdot \frac{QC}{CB} \cdot \frac{BP}{PA} = 1,$$

所以

$$\frac{AP}{PB}=\frac{AD}{DQ}\cdot\frac{QC}{CB}=\frac{\lambda_2}{\lambda_1}.$$

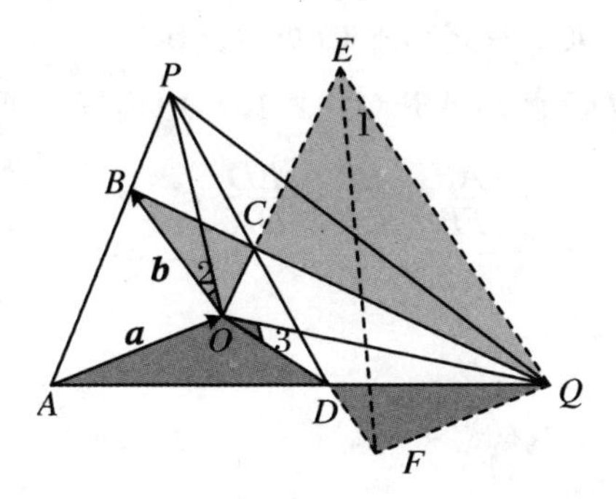

图 1.14

又

$$\frac{AP}{PB}=\frac{AB+BP}{PB}=1+\frac{AB}{PB},$$

所以

$$1+\frac{AB}{PB}=\frac{\lambda_2}{\lambda_1},\quad 即\quad \frac{AB}{PB}=\frac{\lambda_2-\lambda_1}{\lambda_1}.$$

因此

$$\overrightarrow{BP}=\frac{\lambda_1}{\lambda_2-\lambda_1}\overrightarrow{AB}=\frac{\lambda_1}{\lambda_2-\lambda_1}(\boldsymbol{a}+\boldsymbol{b}),$$

从而

$$\overrightarrow{OP}=\overrightarrow{OB}+\overrightarrow{BP}=\boldsymbol{b}+\frac{\lambda_1}{\lambda_2-\lambda_1}(\boldsymbol{a}+\boldsymbol{b})$$

$$=\frac{\lambda_1\boldsymbol{a}+\lambda_2\boldsymbol{b}}{\lambda_2-\lambda_1}=\frac{1}{\lambda_2-\lambda_1}\overrightarrow{FE},$$

故 $OP /\!/ FE$. 又 $OB /\!/ EQ$,有$\angle 1=\angle 2=\angle 3$,即 O,F,Q,E 共圆,故

$$\angle AOB+\angle COD=\angle FQE+\angle COD=180^\circ.$$

下一题与上题的第一种解法有异曲同工之妙!

例 10 凸四边形 $ABCD$ 两组对边所在直线相交于点 E,F,四边形的对角线相交于点 P,$PO\perp EF$ 于点 O,求证:$\angle BOC=\angle AOD$.

分析与证明 设 $\angle FOA=\angle 1$,$\angle AOB=\angle 1$,$\angle BOP=\angle 3$,$\angle POD=\angle 4$,$\angle DOC=\angle 5$,$\angle COE=\angle 6$.

因为直线 FDC 截 $\triangle ABE$(图 1.15),由梅涅劳斯定理,有

$$\frac{AF}{FB}\cdot\frac{BC}{CE}\cdot\frac{ED}{DA}=1.$$

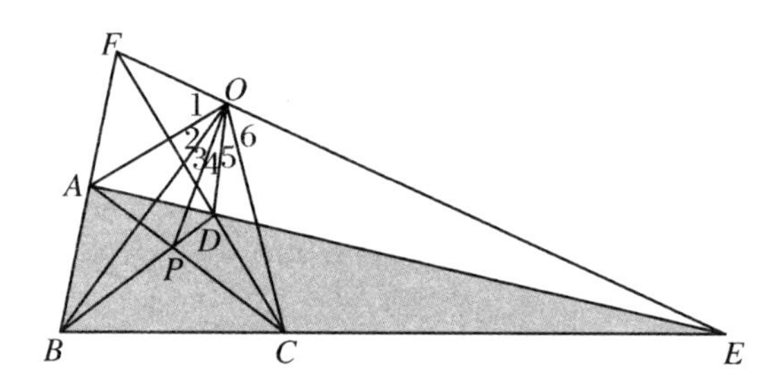

图 1.15

注意到以上含有的线段都可对点 O 张角,我们有

$$\frac{S_{\triangle OAF}}{S_{\triangle OFB}}\cdot\frac{S_{\triangle OBC}}{S_{\triangle OCE}}\cdot\frac{S_{\triangle OED}}{S_{\triangle ODA}}=1,$$

所以

$$\frac{OA\cdot OF\sin\angle 1}{OF\cdot OB\sin(\angle 1+\angle 2)}\frac{OB\cdot OC\sin(\angle 3+\angle 4+\angle 5)}{OC\cdot OE\sin\angle 6}$$

$$\times\frac{OE\cdot OD\sin(\angle 5+\angle 6)}{OD\cdot OA\sin(\angle 2+\angle 3+\angle 4)}$$

$$=1,$$

$$\frac{\sin\angle 1}{\sin(\angle 1+\angle 2)}\frac{\sin(\angle 3+\angle 4+\angle 5)}{\sin\angle 6}\frac{\sin(\angle 5+\angle 6)}{\sin(\angle 2+\angle 3+\angle 4)}=1. \tag{①}$$

因为直线 APC 截 $\triangle DBE$,由梅涅劳斯定理,有

$$\frac{DP}{PB}\cdot\frac{BC}{CE}\cdot\frac{EA}{AD}=1.$$

同样,以上含有的线段都可对点 O 张角,我们有

$$\frac{S_{\triangle ODP}}{S_{\triangle OPB}}\cdot\frac{S_{\triangle OBC}}{S_{\triangle OCE}}\cdot\frac{S_{\triangle OEA}}{S_{\triangle OAD}}=1,$$

所以

$$\begin{aligned}&\frac{OD\cdot OP\sin\angle 4}{OP\cdot OB\sin\angle 3}\,\frac{OB\cdot OC\sin(\angle 3+\angle 4+\angle 5)}{OC\cdot OE\sin\angle 6}\\&\quad\times\frac{OE\cdot OA\sin\angle 1}{OA\cdot OD\sin(\angle 2+\angle 3+\angle 4)}\\&=1,\end{aligned}$$

其中注意

$$\angle 1+\angle 2+\angle 3+\angle 4+\angle 5+\angle 6=180^\circ.$$

于是

$$\frac{\sin\angle 4}{\sin\angle 3}\,\frac{\sin(\angle 3+\angle 4+\angle 5)}{\sin\angle 6}\,\frac{\sin\angle 1}{\sin(\angle 2+\angle 3+\angle 4)}=1.\qquad ②$$

比较式①和式②,得

$$\frac{\sin\angle 4}{\sin\angle 3}=\frac{\sin(\angle 5+\angle 6)}{\sin(\angle 1+\angle 2)}=\frac{\cos\angle 4}{\cos\angle 3},$$

其中注意

$$\angle 1+\angle 2+\angle 3=90^\circ=\angle 4+\angle 5+\angle 6.$$

所以

$$\tan\angle 4=\tan\angle 3,$$

故

$$\angle 4=\angle 3,\quad \angle 1+\angle 2=\angle 5+\angle 6,$$

代入式①,得

$$\sin\angle 1\sin(\angle 3+\angle 4+\angle 5)=\sin\angle 6\sin(\angle 2+\angle 3+\angle 4).$$

令$\angle 1+\angle 2+\angle 3+\angle 4=\angle 3+\angle 4+\angle 5+\angle 6=\theta$,则上式变为

$$\sin\angle 1\sin(\theta-\angle 6)=\sin\angle 6\sin(\theta-\angle 1).$$

积化和差,得

$$\cos(\angle 1-\angle 6+\theta)=\cos(\angle 6-\angle 1+\theta).$$

而 $\cos x$ 在$(0,\pi)$上递减,所以

$$\angle 1-\angle 6+\theta=\angle 6-\angle 1+\theta,$$

因此$\angle 6=\angle 1$,从而$\angle 5=\angle 2$,故

$$\angle 2+\angle 3+\angle 4=\angle 3+\angle 4+\angle 5,$$

即$\angle BOC=\angle AOD$.

例 11 设 P 是$\triangle ABC$ 内一点,使$\angle APB-\angle ACB=\angle APC-\angle ABC$,又 D,E 分别是$\triangle APB$,$\triangle APC$ 的内心. 证明:AP,BD,CE 交于一点.(第 37 届 IMO 试题)

分析与证明 本题的原解答采用的是解析法(见阎建平编著的《历届国际数学奥林匹克竞赛试题分析》第 338 页),过程较繁,我们给出它的一个纯几何证明.

先看目标:

AP,BD,CE 交于一点(AP 是原始线,而 BD,CE 地位平行)

$\Leftrightarrow$ BD,CE 分 AP 的比相等.

而由角平分线性质可知,BD 分 AP 的比为 $BA:BP$,CE 分 AP 的比为 $CA:CP$,于是

AP,BD,CE 交于一点 $\Leftrightarrow$ $\dfrac{BA}{BP}=\dfrac{CA}{CP}$

$\Leftrightarrow$ $CA\cdot BP=AB\cdot CP$

$\Leftrightarrow$ (在$\triangle ABC$ 中利用正弦定理)

$2R\sin B\cdot BP=2R\sin C\cdot CP$

$\Leftrightarrow$ $BP\cdot\sin B=CP\cdot\sin C$.

现在将 $BP\cdot\sin B$ 看成是 $2r\sin B$,于是以 BP 为直径作圆,交$\angle B$ 的两边于点 X,Z,则

$$BP\cdot\sin B=ZX.$$

同理

$$CP\cdot\sin C=XY,$$

其中 X,Y,Z 是点 P 在 BC,CA,AB 上的射影.

记 $\angle A=\angle BAC,\angle B=\angle ABC,\angle C=\angle BCA$.

以 XY,XZ 为中间量,我们只需证明 $XY=XZ$.

现在寻找条件:如何构造 $\angle 1-\angle C$(图 1.16)?

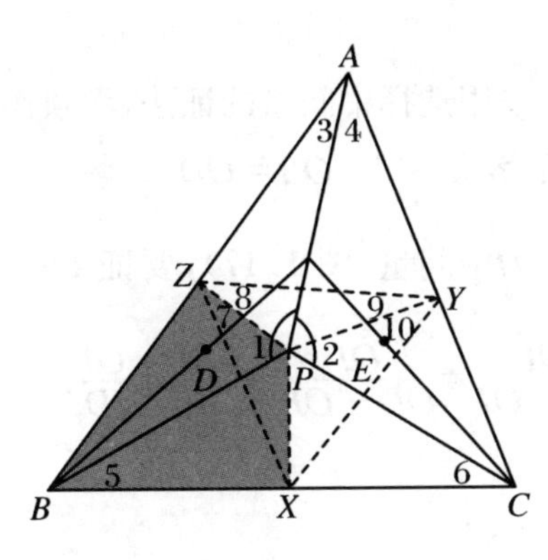

图 1.16

考虑 $360^\circ-\angle 1$,它是一个优角,分布在由两个三角形中.于是,计算 $\triangle PBC,\triangle PAC$ 的内角和可知

$$\angle 4+\angle 5+\angle C+(360^\circ-\angle 1)=360^\circ,$$

所以

$$\angle 4+\angle 5=\angle 1-\angle C.$$

同理

$$\angle 3+\angle 6=\angle 2-\angle B.$$

这样,题给条件变为 $\angle 4+\angle 5=\angle 3+\angle 6$.

又 P,X,B,Z 共圆,$\angle 5=\angle 7$,同理 $\angle 4=\angle 8$,所以

$$\angle 4+\angle 5=\angle 7+\angle 8.$$

同理

$$\angle 3+\angle 6=\angle 9+\angle 10.$$

所以 $\angle 7+\angle 8=\angle 9+\angle 10$,于是 $XY=XZ$.

故原结论成立.

例 12 在筝形 $ABCD$ 中,$AB=AD$,$BC=CD$,过 AC,BD 的交点 O 引直线 EG,FH,顺次交 AB,BC,CD,DA 于点 E,F,G,H,又 EF,GH 分别交 BD 于点 I,J.求证:$OI=OJ$.(1988 年全国数学冬令营选拔赛试题)

分析与证明 采用选择中间量的证法,无须作辅助线.

因为 $ABCD$ 是筝形,所以 $OB=OD$.

选择 BO,OD 为中间量(图 1.17),要证 $OI=OJ$,只要证 $\frac{OI}{OB}=\frac{OJ}{OD}$.这等价于 $\frac{OI}{OB-OI}=\frac{OJ}{OD-OJ}$,即 $\frac{OI}{BI}=\frac{OJ}{JD}$.

因为

$$\begin{aligned}\frac{BI}{OI}\cdot\frac{OJ}{JD}&=\frac{S_{\triangle BEF}}{S_{\triangle EOF}}\cdot\frac{S_{\triangle HOG}}{S_{\triangle HDG}}\\&=\frac{BE\cdot BF\sin(\angle 2+\angle 4)}{EO\cdot OF\sin(\angle 1+\angle 3)}\cdot\frac{OH\cdot OG\sin(\angle 6+\angle 8)}{DH\cdot DG\sin(\angle 5+\angle 7)},\end{aligned}$$

又

$$\angle 2+\angle 4=\angle 5+\angle 7\quad(\text{筝形性质}),$$

所以

$$\begin{aligned}\frac{BI}{OI}\cdot\frac{OJ}{JD}&=\frac{BE\cdot BF}{EO\cdot OF}\cdot\frac{OH\cdot OG}{DH\cdot DG}\quad(\text{约分}),\\&=\frac{\sin\angle 1}{\sin\angle 2}\cdot\frac{\sin\angle 3}{\sin\angle 4}\cdot\frac{\sin\angle 5}{\sin\angle 6}\cdot\frac{\sin\angle 7}{\sin\angle 8}\quad(\text{正弦定理}).\end{aligned}$$

又

$$\angle 1=\angle 8,\quad \angle 3=\angle 6\quad(\text{对顶角}),$$

$$\angle 2=\angle 5,\quad \angle 4=\angle 7\quad(\text{筝形性质}),$$

所以 $\frac{BI}{OI}\cdot\frac{OJ}{JD}=1$,即 $\frac{OI}{BI}=\frac{OJ}{JD}$.

命题获证.

另证 因为

$$OI = OJ \quad \Leftrightarrow \quad I, J \text{ 关于点 } O \text{ 对称} \quad \Leftrightarrow \quad I, J \text{ 关于 } AC \text{ 对称}$$

$$\Leftrightarrow \quad HG \text{ 关于 } AC \text{ 的对称线 } H'G' \text{ 过点 } I$$

$$\Leftrightarrow \quad H'G', BD, EF \text{ 共点}.$$

这只需在$\triangle BFH'$中利用塞瓦定理(图 1.18).

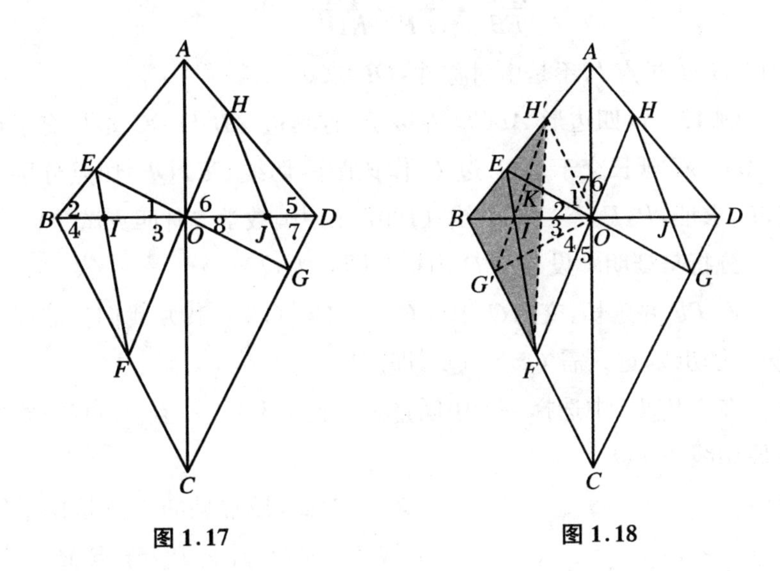

图 1.17　　　　图 1.18

在 AB, BC 上取点 H', G',使 $AH' = AH$, $CG' = CG$,连 $H'F$,交 BD 于点 K.

在$\triangle BFH'$中,考察$\dfrac{H'E}{EB} \cdot \dfrac{BG'}{G'F} \cdot \dfrac{FK}{KH'}$,其中

$$\frac{H'E}{EB} = \frac{S_{\triangle OH'E}}{S_{\triangle OEB}} = \frac{OH' \cdot OE\sin\angle 1}{OE \cdot OB\sin\angle 2},$$

$$\frac{BG'}{G'F} = \frac{S_{\triangle OBG'}}{S_{\triangle OG'F}} = \frac{OB \cdot OG'\sin\angle 3}{OG' \cdot OF\sin\angle 4},$$

$$\frac{FK}{KH'} = \frac{S_{\triangle OFK}}{S_{\triangle OKH'}} = \frac{OF \cdot OK\sin(\angle 3 + \angle 4)}{OK \cdot OH'\sin(\angle 1 + \angle 2)}.$$

三式相乘,得

$$\frac{H'E}{EB}\cdot\frac{BG'}{G'F}\cdot\frac{FK}{KH'}=\frac{\sin\angle 1}{\sin\angle 2}\cdot\frac{\sin\angle 3}{\sin\angle 4}\cdot\frac{\sin(\angle 3+\angle 4)}{\sin(\angle 1+\angle 2)}.\quad ①$$

由对称变换,有$\angle 7=\angle 6$,而$\angle 6=\angle 5$,所以$\angle 7=\angle 5$.

同理$\angle 4+\angle 5=\angle 1+\angle 7$,所以$\angle 1=\angle 4$,进而$\angle 2=\angle 3$.

代入式①,得

$$\frac{H'E}{EB}\cdot\frac{BG'}{G'F}\cdot\frac{FK}{KH'}=1,$$

所以 $G'H'$ 过点 I,于是由对称性,$OI=OJ$.

例 13 设四边形 $ABCD$ 内接于圆,其边 AB 与 DC 延长交于点 P,AD,BC 延长交于点 Q.过 Q 作该圆两切线 QE,QF,切点分别为 E,F.求证:P,E,F 三点共线.(1997 年中国数学奥林匹克试题)

分析与证明 设 $ABCD$ 内接圆圆心为 O.

连 PF 并延长,交$\odot O$ 于点E_1,连 QE_1(图 1.19).我们只需证明 QE_1 为切线,这只需 $QE_1=QF$,即$\angle 1=\angle 2$.

在$\triangle PQE_1$ 中选择一个中间量$\angle 3$,使$\angle 3=\angle 2$,且$\angle 3$ 有一条边在原始线段 PQ 上.

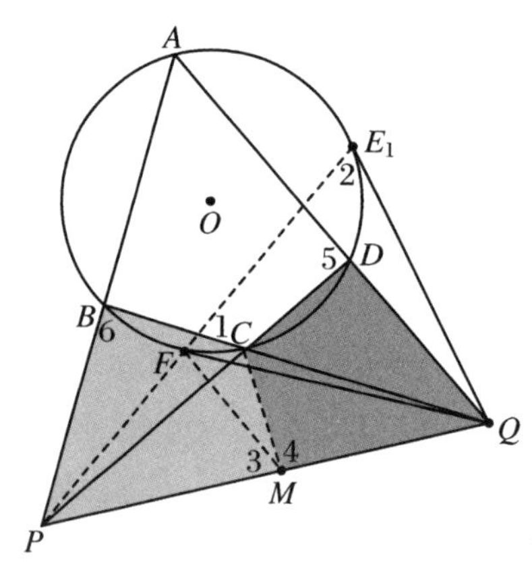

图 1.19

对此,最常见的方法是作平行线 $MF/\!/QE_1$,交 PQ 于点 M,但这里$\angle PFM$ 无法充当有效的中间量,须采用另外的方法.

另一种定式是在 PQ 上取点 M,使$\angle PMF=\angle 2$,即 F,M,Q,E_1 四点共圆.

于是,设圆 E_1FQ 交 PQ 于点 M,则$\angle 2=\angle 3$.

下面只需证明$\angle 1=\angle 3$,换成补角,只需证$\angle PFQ=\angle FMQ$.

在相应的两个三角形中，$\angle FQM$ 为公共角，只需证夹边成比例，即 $QF^2 = QM \cdot QP$.

实际上，因为

$$PM \cdot PQ = (\text{圆 } E_1FQ)\, PF \cdot PE_1 = (\text{已知圆 } O)\, PC \cdot PD,$$

所以 C,M,Q,D 四点共圆. 因此

$$\angle 4 = (\text{圆 } CMQD)\angle 5 = (\text{已知圆 } O)\angle 6,$$

故 C,B,P,M 共圆，于是

$$QF^2 = (\text{已知圆 } O)\, QC \cdot QB = (\text{圆 } CBPM)\, QM \cdot QP.$$

综上所述，命题得证.

例 14 设 H 是 $\triangle ABC$ 的垂心，P 是 $\triangle ABC$ 所在平面上任意一点，作 $HM \perp PB$ 于点 M，交 AC 于点 J，作 $HN \perp PC$ 于点 N，交 AB 于点 I，求证：$PH \perp IJ$.

分析与证明 先看目标，设 PH 交 IJ 于点 Q（图 1.20），要证 $PQ \perp IJ$ 于点 Q.

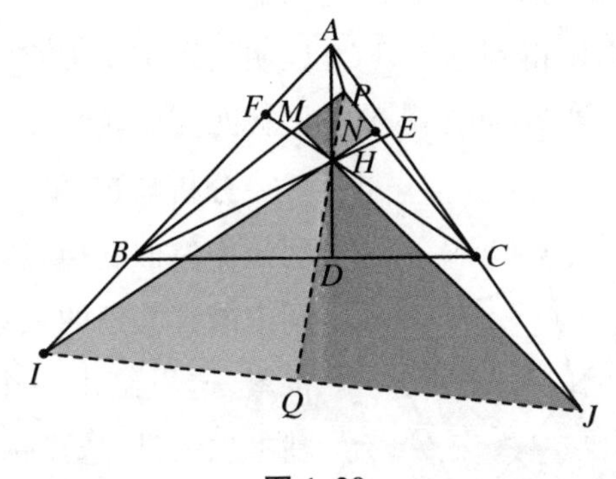

图 1.20

注意到 $IH \perp PC$ 于点 N，从而只需证 Q,I,P,N 共圆.

反其道而行之，作圆 IPN，交 PH 于点 Q，则 $PQ \perp IQ$，下面只需证 Q 在 IJ 上，这等价于 $PQ \perp JQ$，等价于 Q,J,P,M 共圆.

由于 PHQ 是两圆（一个是已知圆，另一个是待证圆）的公共弦，于

是选择以此弦为中间量，构造相交弦利用圆幂定理来进行等量传递：

由已知圆 $QIPN$，得 $IH \cdot HN = QH \cdot HP$；由待证圆 $QJPM$，即证 $JH \cdot HM = QH \cdot HP$，于是，只要证 $IH \cdot HN = JH \cdot HM$.

考察 $IH \cdot HN$，以此为基础构造另外的相交弦利用圆幂定理来转移相关量：

因为有垂线 $IH \perp PC$ 于点 N，再找一个垂线，可得到四点共圆转移乘积 $IH \cdot HN$.

寻找条件：由垂心，想到作高.

设 CH 与 AB 交于点 F，则 $CH \perp AB$ 于点 F，所以 C,N,F,I 四点共圆，所以 $IH \cdot HN = CH \cdot HF$.

同理，$JH \cdot HM = BH \cdot HE$.

由垂心性质，有 $BH \cdot HE = CH \cdot HF$，从而 $IH \cdot HN = CH \cdot HF$.

命题获证.

例 15 已知四边形 $ABCD$ 是等腰梯形，$AD \parallel BC$，把 $\triangle ABC$ 绕点 C 旋转某一角度得到 $\triangle A'B'C$，证明线段 $BC, B'C, A'D$ 的中点在同一条直线上.（第 23 届全苏数学奥林匹克试题）

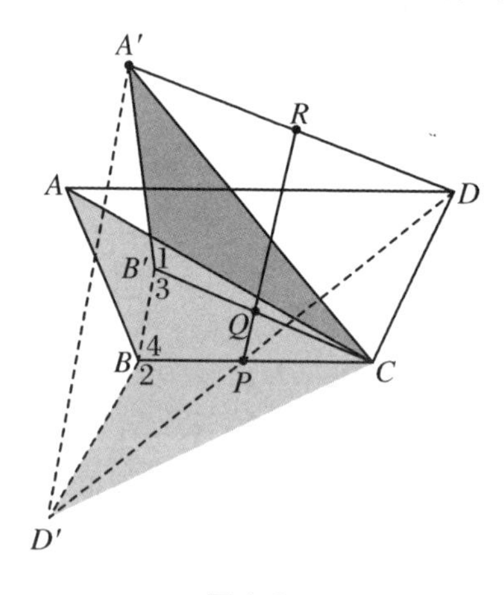

图 1.21

分析与证明 本题原来的证明是作位似变换，然后通过四点共圆中的有关角的关系来证明，过程很繁.这里给出一个巧妙的证明，基本想法是，选择一条直线 l 为中间量，证明 PQ, PR 同时与 l 平行.

设 $BC, B'C, A'D$ 的中点分别为 P, Q, R（图 1.21），连 DP 并延长到点 D'，使 $DP = PD'$（构造 $\triangle DA'D'$ 中位线 PR）.

因为 $BP=PC$，$DP=PD'$，所以 $D'CDB$ 是平行四边形.（也可先翻转$\triangle ABC$ 到$\triangle D'BC$，然后证明 P 是DD'的中点.）于是

$$\triangle D'BC \cong \triangle DCB(\text{平行四边形}) \cong \triangle ABC(\text{等腰梯形}) \cong \triangle A'B'C(\text{旋转}),$$

所以 $D'B=A'B'$，$\angle 1=\angle 2$.

又 $BC=B'C$（旋转），有$\angle 3=\angle 4$，于是$\angle A'B'B=\angle D'BB'$，所以 $A'B'BD'$是等腰梯形，从而 $BB' \parallel A'D'$.

在$\triangle CB'B$ 中，$PQ \parallel B'B$，所以 $PQ \parallel A'D'$.

在$\triangle DA'D'$中，$PR \parallel A'D'$，所以 P，Q，R 共线.

例 16 分别以锐角$\triangle ABC$ 的边AB，BC，CA 为斜边向外作等腰 Rt$\triangle DAB$，等腰 Rt$\triangle EBC$，等腰 Rt$\triangle FCA$.求证：

(1) $AE=DF$；

(2) $AE \perp DF$.

分析与证明 本题难于构造全等三角形来证 $AE=DF$，由此想到引入中间量 x，期望$\dfrac{AE}{x}=\dfrac{DF}{x}$.

现在来寻找合乎上述要求的线段 x（中间量）.

显然没有熟悉的 A 形和 X 形，也就找不到公共的底作比，需要适当构造一条线段 x，这是本题的难点.

考察条件：由 3 个等腰直角三角形，发现等边、等角.

再观察 AE，DF 所在位置，它们分别在$\triangle ABE$，$\triangle ADF$ 中（图 1.22），这两个三角形不相似，我们期望以 x 为公共边作两个三角形$\triangle_1$ 与$\triangle_2$，使

$$\triangle_1 \backsim \triangle ABE, \quad \triangle_2 \backsim \triangle ADF,$$

这样，$\dfrac{AE}{x}$，$\dfrac{DF}{x}$分别是它们的相似比.如果相似比相等，则$\dfrac{AE}{x}=\dfrac{DF}{x}$.

局部突破：先看如何构造与$\triangle ABE$ 相似的三角形.这时候，前面发现的等角可发挥作用：$\angle ABE=\angle DBC$.

最容易找到的三角形是$\triangle DBC$(图 1.23),为了使图形相对确定,可设 3 条直角边 $BE=a$,$CF=b$,$AD=c$,此时

$$\frac{BE}{BC}=\frac{a}{\sqrt{2}a}=\frac{\sqrt{2}}{2},\quad \frac{AB}{BD}=\frac{\sqrt{2}c}{c}=\sqrt{2},$$

不可能相似.

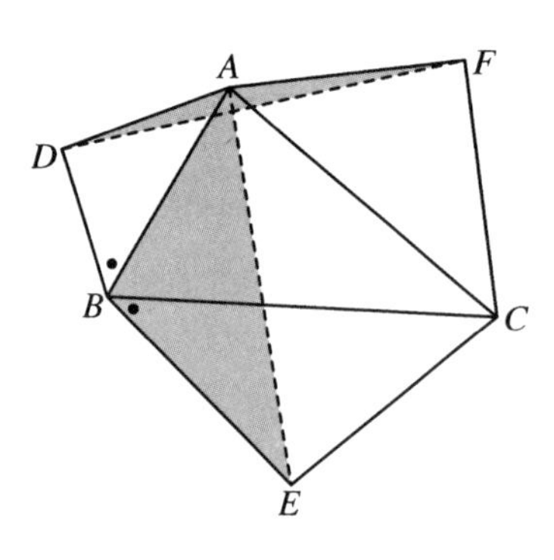

图 1.22

图 1.23

修正:延长 BD 到点P(图 1.24),使$\dfrac{AB}{BP}=\dfrac{\sqrt{2}}{2}$,这只需 $BP=2c$,即 $BD=DP$,至此,取 $x=PC$ 即可.

(1) 因为$\dfrac{BE}{BC}=\dfrac{a}{\sqrt{2}a}=\dfrac{\sqrt{2}}{2}$,$\dfrac{AB}{BP}=\dfrac{\sqrt{2}c}{2c}=\dfrac{\sqrt{2}}{2}$,所以$\dfrac{BE}{BC}=\dfrac{AB}{BP}$.

又

$$\angle PBC=\angle PBA+\angle ABC=45^\circ+\angle ABC,$$
$$\angle ABE=\angle CBE+\angle ABC=45^\circ+\angle ABC,$$

所以$\angle PBC=\angle ABE$,$\triangle ABE\backsim\triangle PBC$.故

$$\frac{AE}{PC}=\frac{BE}{BC}=\frac{\sqrt{2}}{2}. \qquad ①$$

在$\triangle ADF$ 与$\triangle APC$ 中,有

$$\frac{AF}{AC}=\frac{c}{\sqrt{2}c}=\frac{\sqrt{2}}{2},\quad \frac{AD}{AP}=\frac{AD}{AB}=\frac{c}{\sqrt{2}c}=\frac{\sqrt{2}}{2},$$

又

$$\angle DAF = 45^\circ + \angle BAC + 45^\circ = 90^\circ + \angle BAC = \angle PAC,$$

所以$\triangle ADF \backsim \triangle APC$,于是

$$\frac{DF}{PC} = \frac{AF}{AC} = \frac{\sqrt{2}}{2}. \qquad ②$$

由式①和式②,有$\frac{AE}{PC} = \frac{DF}{PC}$,

故 $AE = DF$.

(2) 因为$\triangle ADF \backsim \triangle APC$,所以$\angle 1 = \angle 2$(图 1.24).

又因为$\triangle ABE \backsim \triangle PBC$,所以$\angle 3 = \angle 4$. 于是

$$\begin{aligned}\angle 2 + \angle DAE &= \angle 2 + 45^\circ + \angle 3 \\ &= \angle 1 + 45^\circ + \angle 4 \\ &= 45^\circ + 45^\circ = 90^\circ,\end{aligned}$$

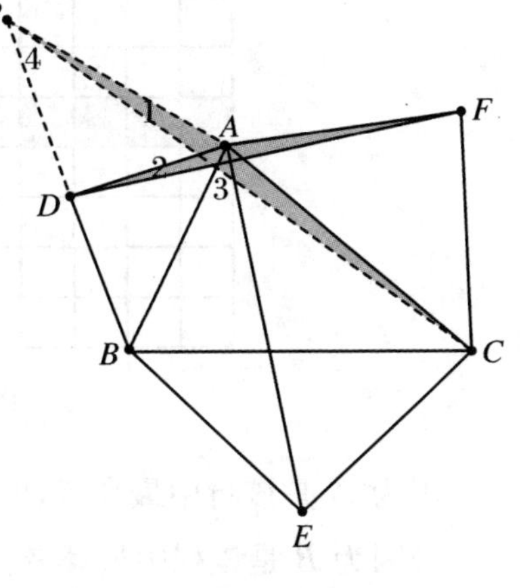

图 1.24

故 $AE \perp DF$.

例 17 将 100 个人排成 10×10 的方阵,先从每行中挑出一个该行最高的人,称之为“高个子”,这 10 个高个子中又有一个最矮的人,称之为“高个中的矮个”. 10 个高个子再站回原位,然后从每列中挑出一个该列最矮的人,称之为“矮个子”,这 10 个矮个子中又有一个最高的人,称之为“矮个中的高个”. 问:“高个中的矮个”与“矮个中的高个”哪个高?

分析与解 设“高个中的矮个”为 A,“矮个中的高个”为 B.

(1) 如果 A,B 在同一行,比如 B 在图 1.25 中的 B_1 处,因为 A 是该行中最高者,所以 A 不矮于 B.

(2) 如果 A,B 在同一列,比如 B 在图 1.25 中的 B_2 处,因为 B 是该列中最矮者,所以 A 不矮于 B.

(3) 如果 A,B 既不同行又不同列,选择一个中间量 C 作参照:设 C 与 A 同行,与 B 同列.

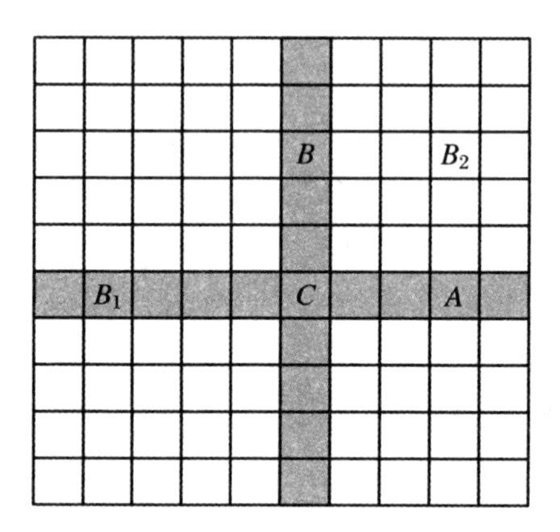

图 1.25

因为 A 是该行中最高者,所以 A 不矮于 C.

又因为 B 是该列中最矮者,所以 C 不矮于 B. 于是 A 不矮于 B.

综上所述,不论哪种情况,都有 A 不矮于 B.

例 18 设 M 是锐角 $\triangle ABC$ 内一点,令 $\angle A_1=\angle MAC$, $\angle B_1=\angle MBA$, $\angle C_1=\angle MCB$,求证:

$$\cot A_1+\cot B_1+\cot C_1\geqslant 3^{\frac{5}{4}}(\cot A+\cot B+\cot C)^{\frac{1}{2}}.$$

分析与证明 令 $a=\cot A$, $b=\cot B$, $c=\cot C$, $x=\cot A_1$, $y=\cot B_1$, $z=\cot C_1$,则不等式变为

$$x+y+z\geqslant 3^{\frac{5}{4}}(a+b+c)^{\frac{1}{2}}. \qquad ①$$

为证明式①,可分两步走:寻找中间量 $f(a,b,c)$,使

$$x+y+z\geqslant f(a,b,c)\geqslant 3^{\frac{5}{4}}(a+b+c)^{\frac{1}{2}}.$$

其中左边不等式解决"字母转换"问题,右边不等式解决"大小转换"问题.

先要建立 x,y,z,a,b,c 之间的关系. 显然有

$$\frac{1}{a}+\frac{1}{b}+\frac{1}{c}=\frac{1}{abc}\quad\text{（三角恒等式）},$$

由此得

$$ab+bc+ca=1,$$

$$\frac{1}{abc}=\frac{1}{a}+\frac{1}{b}+\frac{1}{c}\geqslant\frac{9}{a+b+c}.$$

此外，由塞瓦定理的角元形式，有

$$\frac{\sin(A-A_1)}{\sin A_1}\cdot\frac{\sin(B-B_1)}{\sin B_1}\cdot\frac{\sin(C-C_1)}{\sin C_1}=1.$$

下面将上式中的量用 x,y,z,a,b,c 表示. 因为

$$\begin{aligned}\frac{\sin(A-A_1)}{\sin A_1}&=\frac{\sin A\cos A_1-\cos A\sin A_1}{\sin A_1}\\&=\sin A\cot A_1-\cos A\\&=\sin A(\cot A_1-\cot A)\\&=\frac{\cot A_1-\cot A}{\sqrt{1+\cot^2 A}}=\frac{x-a}{\sqrt{1+a^2}},\end{aligned}$$

所以

$$\frac{x-a}{\sqrt{1+a^2}}\cdot\frac{y-b}{\sqrt{1+b^2}}\cdot\frac{z-c}{\sqrt{1+c^2}}=1,$$

$$\begin{aligned}\sqrt{1+a^2}\sqrt{1+b^2}\sqrt{1+c^2}&=(x-a)(y-b)(z-c)\\&\leqslant\left(\frac{x-a+y-b+z-c}{3}\right)^3,\end{aligned}$$

$$3\sqrt[6]{(1+a^2)(1+b^2)(1+c^2)}\leqslant(x-a)+(y-b)+(z-c),$$

$$x+y+z\geqslant a+b+c+3\sqrt[6]{(1+a^2)(1+b^2)(1+c^2)}.$$

第一步已完成. 下面只需证明

$$a+b+c+3\sqrt[6]{(1+a^2)(1+b^2)(1+c^2)}\geqslant 3^{\frac{5}{4}}(a+b+c)^{\frac{1}{2}}.\tag{②}$$

式②含有的式子都关于 a,b,c 对称，从而可用基本对称多项式

$$p=a+b+c,\quad q=abc,\quad 1=ab+bc+ca$$

表示,从而可转化为 p,q 的不等式(减少一个变元).

记 $p=a+b+c,q=abc$,则

$$\begin{aligned}
&(1+a^2)(1+b^2)(1+c^2)\\
&\quad=(1+a^2+b^2+a^2b^2)(1+c^2)\\
&\quad=1+a^2+b^2+a^2b^2+c^2+a^2c^2+b^2c^2+a^2b^2c^2\\
&\quad=1+((a+b+c)^2-2(ab+bc+ca))\\
&\qquad+((ab+bc+ca)^2-2abc(a+b+c))+(abc)^2\\
&\quad=1+(p^2-2)+(1-2pq)+q^2\\
&\quad=(p-q)^2,
\end{aligned}$$

所以式②可变为

$$p+3\sqrt[3]{p-q}\geqslant 3^{\frac{5}{4}}\cdot\sqrt{p}. \tag{③}$$

注意式③的右边不含 q,从而应在式③的左边消去 q,这可利用 p,q 间的不等关系进行放缩消元:

由式①得$\dfrac{1}{q}\geqslant\dfrac{9}{p}$,即 $q\leqslant\dfrac{p}{9}$,所以

$$p-q\geqslant p-\frac{p}{9}=\frac{8p}{9},$$

于是

$$p+3\sqrt[3]{p-q}\geqslant p+3\sqrt[3]{\frac{8p}{9}}=p+6\sqrt[3]{\frac{p}{9}}.$$

因此,要证明式③,只需证明

$$p+6\sqrt[3]{\frac{p}{9}}\geqslant 3^{\frac{5}{4}}\cdot\sqrt{p}. \tag{④}$$

为了开根号,注意到$\sqrt[3]{\dfrac{p}{9}}=\sqrt[3]{\dfrac{p}{(\sqrt{3})^4}}$,去分母,可令 $p=\sqrt{3}\,t^6$,则式④变为

$$\sqrt{3}t^6+6\cdot\frac{t^2}{\sqrt{3}}\geqslant 3^{\frac{5}{4}}\cdot\sqrt{\sqrt{3}t^6}=3^{\frac{5}{4}}\cdot 3^{\frac{1}{4}}t^3=3\sqrt{3}t^3.$$

即

$$3t^6+6t^2\geqslant 9t^3,$$

$$(t-1)(t^3+t^2+t-2)\geqslant 0. \quad ⑤$$

因为

$$p^2=(a+b+c)^2\geqslant 3(ab+bc+ca)=3,$$

所以 $p\geqslant\sqrt{3}$，即$\sqrt{3}t^6\geqslant\sqrt{3}$，故 $t\geqslant 1$，从而式⑤显然成立.

综上所述，不等式获证.

例 19 对图 G 中任意两点，连接它们的最短链的长度称为它们的距离，图 G 中所有两点间的距离的最大值称为 G 的直径，记为 $d(G)$.

设 G，$\overline{G}$ 都是 n 阶简单连通图，分别对以下情况，求所有的正整数 n：

(1) 如果 $d(G)\geqslant 3$，则一定有 $d(\overline{G})\leqslant 3$；

(2) 如果 $d(\overline{G})\geqslant 3$，则一定有 $d(G)\leqslant 3$.

(原创题)

分析与解 用 $d(A,B)$，$\overline{d}(A,B)$分别表示 A，B 两点在 G，$\overline{G}$ 中的距离.

首先 $n\geqslant 4$，否则，G，$\overline{G}$ 中必有一个不连通，矛盾.

(1) 所有的正整数 n 为一切大于 3 的整数. 证明如下：

因为问题涉及 G 的直径，可选择 G 的直径的两个端点 A，B 为中间量，其他任意两点之间的距离都通过其与 A 或 B 的距离来估计.

由于 $d(G)\geqslant 3$，所以 $d(A,B)\geqslant 3$，于是 AB 为虚边，且对 A，B 外的任意一点 P，PA，PB 不能都是实边，否则 $d(A,B)=2$，矛盾. 所以 PA，PB 中至少有一条是虚边.

考虑任意两个点 M,N，如果 $\{M,N\}=\{A,B\}$，则 $\overline{d}(M,N)=1$.

如果 $M\in\{A,B\}$，$N\notin\{A,B\}$，则因 NA，NB 中至少有一条是虚边，且 AB 是虚边，所以 $\overline{d}(M,N)\leqslant 2$. 如果 $N\in\{A,B\}$，$M\notin\{A,B\}$，则同理有 $\overline{d}(M,N)\leqslant 2$.

如果 $M\notin\{A,B\}$，$N\notin\{A,B\}$，则因 MA，MB 中至少有一条是虚边，NA，NB 中至少有一条是虚边，且 AB 是虚边，所以 $\overline{d}(M,N)\leqslant 3$.

于是，不论哪种情况，都有 $\overline{d}(M,N)\leqslant 3$，所以 $d(\overline{G})\leqslant 3$.

所以一切大于 3 的整数 n 合乎要求.

(2) 只有唯一的合乎要求的正整数 $n=4$.

首先，当 $n=4$ 时，因为 G，$\overline{G}$ 都连通，从而 G，$\overline{G}$ 都是长为 3 的链，此时 $d(G)=d(\overline{G})=3$，从而 $n=4$ 合乎要求.

下面证明：一切 $n(n>4)$ 都不合乎要求.

构造如下的图 G：设其 n 个顶点为 $A_1,A_2,\cdots,A_n$，当且仅当 $j=i+1(i=1,2,\cdots,n$，规定 $A_{n+1}=A_1)$ 及 $4\leqslant i<j\leqslant n$ 时，A_i 与 A_j 相连，此时，$A_1,A_2,\cdots,A_n$ 为 G 中一个长为 n 的圈，$A_4,A_5,\cdots,A_n$ 构成 G 中一个 $n-3$ 阶完全子图.

我们证明，对图 G 中任意两个点 $A_i,A_j(1\leqslant i<j\leqslant n)$，有

$$d(A_i,A_j)\leqslant 3,\quad \overline{d}(A_i,A_j)\leqslant 2.$$

(ⅰ) 若 $i,j\in\{1,2,3\}$，则当 A_i 与 A_j 相连时，$d(A_i,A_j)=1$，而 A_4 或 A_n 与 A_i,A_j 都不相连，所以

$$\overline{d}(A_i,A_j)=2.$$

当 A_i 与 A_j 不相连时，有

$$(A_i,A_j)=(A_1,A_3),$$

所以 $d(A_i,A_j)=2$，而 A_i,A_j 都不相连，故

$$\overline{d}(A_i,A_j)=1.$$

(ⅱ) 若 $i,j\in\{4,5,\cdots,n\}$,A_i 与 A_j 相连,$d(A_i,A_j)=1$,而 A_2 与 A_i,A_j 都不相连,所以

$$\overline{d}(A_i,A_j)=2.$$

(ⅲ) 若 $i\in\{1,2,3\}$,$j\in\{4,5,\cdots,n\}$,则当 A_i 与 A_j 相连时,有

$$(A_i,A_j)=(A_3,A_4)\quad 或\quad (A_i,A_j)=(A_1,A_n),$$

此时 $d(A_i,A_j)=1$,而 A_1 或 A_3 与 A_i,A_j 都不相连,所以

$$\overline{d}(A_i,A_j)=2.$$

当 A_i 与 A_j 不相连时,有

$$d(A_i,A_4)\leqslant 2\quad 或\quad d(A_i,A_n)\leqslant 2,$$

而 $d(A_j,A_4)\leqslant 1$,$d(A_j,A_n)\leqslant 1$,所以

$$d(A_i,A_j)\leqslant 2+1=3,$$

而 A_i,A_j 不相连,所以

$$\overline{d}(A_i,A_j)=1.$$

由(ⅰ)~(ⅲ)可知,$d(G)\leqslant 3$ 且 $d(\overline{G})\leqslant 2$,从而 $n(n>4)$都不合乎要求.

综上所述,只有唯一的合乎要求的正整数 $n=4$.

例 20 给定整数 $n\geqslant 3$.试证:集合 $X=\{1,2,\cdots,n^2-n\}$能写成两个不相交的非空子集的并,使得每一个子集均不包含 n 个元素 $a_1,a_2,\cdots,a_n$,其中 $a_1<a_2<\cdots<a_n$,满足 $a_k\leqslant\dfrac{a_{k-1}+a_{k+1}}{2}(k=2,3,\cdots,n-1)$.(2008 年中国数学奥林匹克试题)

分析与证明 先理解题中的关键条件 $a_k\leqslant\dfrac{a_{k-1}+a_{k+1}}{2}$,类比到等差中项,可将其变形为

$$a_k-a_{k-1}\leqslant a_{k+1}-a_k\quad(k=2,3,\cdots,n-1).\qquad ①$$

于是,如果存在满足式①的 n 个元素 $a_1,a_2,\cdots,a_n$,其中 $a_1<a_2<\cdots<a_n$,则 $a_1,a_2,\cdots,a_n$ 实质上就是一个间距递增的序列.

这样一来,我们只需找到集合 S,T,使 $S\cap T=\varnothing,S\cup T=X$,且 S,T 都不包含长为 n 的间距递增的序列.

假定已经找到了合乎要求的 S,T,在 S 中任取 n 个元素 $a_1,a_2,\cdots,a_n$,其中 $a_1<a_2<\cdots<a_n$,我们需要证明该数列不满足条件式①,也就是说,数列 $a_1,a_2,\cdots,a_n$ 中必有连续的 3 个项 a_{k-1},a_k,a_{k+1}($k\geqslant 2$,以保证 a_{k-1} 有意义),使得

$$a_k-a_{k-1}>a_{k+1}-a_k.$$

采用分割法,期望找到中间量 A 及 a_{k-1},a_k,a_{k+1},使

$$a_k-a_{k-1}>A,\quad \text{且}\quad a_{k+1}-a_k<A. \qquad ②$$

首先考虑 $a_{k+1}-a_k<A$,为了便于估计间距,我们将 S 分拆成若干个子集的并:

$$S=S_1\cup S_2\cup\cdots\cup S_p,$$

其中每个 S_i 都是由若干个连续正整数组成的集合,记为

$$S_i=\{x_i,x_i+1,\cdots,x_i+r_i\}.$$

由于 S 中不含长为 n 的间距递增的序列,于是要求

$$|S_i|\leqslant n-1\quad(1\leqslant i\leqslant p).$$

假定满足式②的 a_{k-1},a_k,a_{k+1} 已找到,为了便于估计间距,限定 a_k,a_{k+1} 属于同一个子集 S_i,那么,显然有

$$a_{k+1}-a_k\leqslant x_i+r_i-x_i=r_i.$$

下面只需找到 a_{k-1},使 $a_k-a_{k-1}>A$,这就要求 a_{k-1} 尽可能小.注意到 $a_{k-1}<a_k$,有

$$a_{k-1}\in S_1\cup S_2\cup\cdots\cup S_{i-1},$$

其中假定 $S_1,S_2,\cdots,S_p$ 中的元素是由小到大划分的,即 S_1 中的元素都小于 S_2 中的元素等.这里,为了使 S_{i-1} 有意义(即 S_i 的前面还有子集),需要限定 $i\geqslant 2$,此时

$$a_{k-1}\leqslant x_{i-1}+r_{i-1},$$

于是

$$a_k - a_{k-1} \geqslant x_i - (x_{i-1} + r_{i-1}).$$

为了满足式②,只需

$$x_i - (x_{i-1} + r_{i-1}) > r_i,$$

即

$$x_i - x_{i-1} > r_i + r_{i-1} = |S_i| + |S_{i-1}| - 2. \quad ③$$

上述推理有一个前提:需要 $a_k, a_{k+1}(k \geqslant 2)$属于同一个子集 S_i $(2 \leqslant i \leqslant p)$,即要求 $a_2, a_3, \cdots, a_n$ 中必定有两个数属于某个S_i,且 S_i 不是 S_1.

为了使 a_k, a_{k+1}不同时属于 S_1,取$|S_1| = 1$ 即可.

为了使 $a_2, a_3, \cdots, a_n$ 中必定有两个数属于某个 $S_i(2 \leqslant i \leqslant p)$,由抽屉原理,只要 $p - 1 < n - 1$,即 $p \leqslant n - 1$,特别地,可取 $p = n - 1$.

但当 a_k, a_{k+1}属于同一个子集时,未必属于上述特别指定的 $S_i(i \geqslant 2)$.为了解决这一点,我们让 a_k, a_{k+1}同属于任意一个子集 $S_i(2 \leqslant i \leqslant n - 1)$都能得出上面的结论,即让式③对任意 $i \geqslant 2$ 都成立.

于是,我们需要构造

$$S_i = \{x_i, x_i + 1, \cdots, x_i + r_i\} \quad (i = 1, 2, \cdots, n - 1),$$

使对任意 $i > 1$,都有

$$x_i - x_{i-1} > r_i + r_{i-1} = |S_i| + |S_{i-1}| - 2,$$

且

$$|S_1| = 1, \quad |S_i| \leqslant n - 1.$$

对称地,我们需要构造

$$T_i = \{y_i, y_i + 1, \cdots, y_i + t_i\} \quad (i = 1, 2, \cdots, n - 1),$$

使对任意 $i > 1$,都有

$$y_i - y_{i-1} > t_i + t_{i-1} = |T_i| + |T_{i-1}| - 2,$$

且

$$|T_1| = 1, \quad |T_i| \leqslant n - 1.$$

为了使不等式容易成立，可取

$$|S_i|=|T_i| \quad (1\leqslant i\leqslant n-1).$$

此外，注意到

$$\sum_{i=1}^{n-1}|S_i|+\sum_{i=1}^{n-1}|T_i|=n^2-n=2(1+2+\cdots+(n-1)),$$

又$|S_1|=1$，$|T_1|=1$，可取

$$|S_i|=|T_i|=i \quad (1\leqslant i\leqslant n-1).$$

于是

$$S_1=\{1\},\quad T_1=\{2\},\quad S_2=\{3,4\},\quad T_2=\{5,6\},$$

$$S_3=\{7,8,9\},\quad T_3=\{10,11,12\},\quad \cdots.$$

一般地，定义

$$S_k=\{k^2-k+1,k^2-k+2,\cdots,k^2\},$$

$$T_k=\{k^2+1,k^2+2,\cdots,k^2+k\},$$

其中$k=1,3,\cdots,n-1$，令

$$S=\bigcup_{k=1}^{n-1}S_k,\quad T=\bigcup_{k=1}^{n-1}T_k.$$

下面证明S,T即为满足题目要求的两个子集.

首先，显然有$S\cap T=\varnothing$，$S\cup T=X$.

其次，在S中任取n个元素$a_1,a_2,\cdots,a_n$，其中$a_1<a_2<\cdots<a_n$.

若$a_2\in S_1$，而$|S_1|=1$，则$a_1\notin S_1$，从而$a_1\notin S$，矛盾，所以$a_2\notin S_1$.

于是，$a_2,a_3,\cdots,a_n\in S_2\cup S_3\cup\cdots\cup S_{n-1}$.

由抽屉原理，必有某个$S_j(1<j<n)$中含有其中至少两个数，设其最小的一个为a_k，则

$$a_k,a_{k+1}\in S_j,\quad 且\quad a_{k-1}\in S_1\cup S_2\cup\cdots\cup S_{j-1}.$$

由$a_k,a_{k+1}\in S_j$，得

$$a_{k+1}-a_k\leqslant j^2-(j^2-j+1)=j-1.$$

由$a_{k-1}\in S_1\cup S_2\cup\cdots\cup S_{j-1}$，$a_k\in S_j$，得

$$a_k - a_{k-1} \geqslant (j^2 - j + 1) - (j - 1)^2 = j.$$

所以 $a_k - a_{k-1} > a_{k+1} - a_k$，即 $a_k > \frac{a_{k-1} + a_{k+1}}{2}$，故 $a_1, a_2, \cdots, a_n$ 不满足条件 $a_k \leqslant \frac{a_{k-1} + a_{k+1}}{2}$.

于是，S 中不存在满足题设的 n 个元素.

同样可证，T 中亦不存在这样的 n 个元素，故 S, T 为满足题中要求的两个子集.

注 上述解答中，S_i, T_i 的构造有很多方法，上述构造最简单. 此外，其中较简单的是基本均匀构造(各 $|S_i|, |T_i|$ 尽可能相等).

因为除 $|S_1| = 1, |T_1| = 1$ 外，还有 $n^2 - n - 2$ 个元素，有 $2n - 4$ 个集合.

注意到

$$n^2 - n - 2 = (n + 1)(n - 2) = (2n - 4) \cdot \frac{n + 1}{2},$$

于是，若 n 为奇数，则可令

$$|S_i| = |T_i| = \frac{n + 1}{2} \quad (i = 2, 3, \cdots, n - 1).$$

此时，显然有

$$|S_1| = 1, \quad |T_1| = 1, \quad |S_i| \leqslant n - 1, \quad |T_i| \leqslant n - 1.$$

此外

$$\begin{aligned} x_i - x_{i-1} &= |S_{i-1}| + |T_{i-1}| = |S_{i-1}| + |S_i| \\ &> |S_i| + |S_{i-1}| - 2, \\ y_i - y_{i-1} &= |T_{i-1}| + |S_i| = |T_{i-1}| + |T_i| \\ &> |T_{i-1}| + |T_i| - 2, \end{aligned}$$

从而构造合乎条件.

若 n 为偶数，则可令

$$|S_i| = \frac{n}{2}, \quad |T_i| = \frac{n}{2} + 1 \quad (i = 2, 3, \cdots, n - 1).$$

此时，显然有

$$|S_1|=1,\quad |T_1|=1,\quad |S_i|\leqslant n-1,\quad |T_i|\leqslant n-1.$$

此外

$$\begin{aligned}x_i-x_{i-1}&=|S_{i-1}|+|T_{i-1}|=|S_{i-1}|+|S_i|+1\\&>|S_i|+|S_{i-1}|-2,\\y_i-y_{i-1}&=|T_{i-1}|+|S_i|=|T_{i-1}|+|T_i|-1\\&>|T_{i-1}|+|T_i|-2,\end{aligned}$$

从而构造合乎条件.

例 21 设 k,t 是给定的大于 1 的互质的正整数，对于排列 $p=(1,2,\cdots,n)$，可以交换其中两个数的位置，只要这两个数相差为 k 或 t. 试证：当且仅当 $n\geqslant k+t-1$ 时，可以由排列 $p=(1,2,\cdots,n)$ 经过若干次交换得到 $1,2,\cdots,n$ 的任何一个排列.（2000 年匈牙利数学奥林匹克试题）

分析与证明 用 n 个点分别表示 $1,2,\cdots,n$，对任意两个点 a，b，当且仅当 $|a-b|=k$ 或 t，则在 a,b 之间连一条边，得到一个简单图 G.

我们称 $|a-b|=k$（或 t）时连接 a,b 的边为“k（或 t）型边”.

以“图 G 是连通的”为中间量传递，我们证明“$n\geqslant k+t-1$”及“可以由排列 $p=(1,2,\cdots,n)$ 经过若干次交换得到 $1,2,\cdots,n$ 的任何一个排列”都与“图 G 是连通的”等价.

我们先证明：“$1,2,\cdots,n$ 的任何一个排列都可获得”的充分必要条件是“图 G 是连通的”.

必要性：反设 G 不连通，任取两点 a,b 分属于 G 的两个不同连通分支，由于每一次交换都是在同一个分支中进行的，从而 a 只能取遍 a 所在分支中的点的位置，永远不能到达 b 所在分支中的点的位置，从而不能得到 $1,2,\cdots,n$ 的一切排列，矛盾.

充分性：因为 G 是连通的，对任意两个点 a,b，可找到一条链

连接 a,b,设此链为$(a,x_1,x_2,\cdots,x_r,b)$.那么,将 a 依次与 $x_1,x_2,\cdots,x_r,b$ 交换,得到链为$(x_1,x_2,\cdots,x_r,b,a)$,再将 b 依次与 $x_r,x_{r-1},\cdots,x_1$ 交换,得到链为$(b,x_1,x_2,\cdots,x_r,a)$,由此可见,可通过一系列交换,使 a,b 交换位置,而排列中其他数的位置不变,我们将这样一系列操作看成一个"大操作",显然,"大操作"可使任何两个数交换位置,而其他数的位置不变.

由若干个"大操作"可以得到 $1,2,\cdots,n$ 的任一排列$(a_1,a_2,\cdots,a_n)$:利用"大操作"将排列 $p_0=(1,2,\cdots,n)$中的 1 与 a_1 交换,得到排列 $p_1=(a_1,\cdots)$,再利用"大操作"将排列 $p_1=(a_1,\cdots)$中的第 2 项与 a_2 交换,得到排列 $p_2=(a_1,a_2,\cdots)$,如此下去,得到排列 $p_n=(a_1,a_2,\cdots,a_n)$,充分性得证.

下面证明:"图 G 是连通的"的充分必要条件是"$n\geqslant k+t-1$".

必要性:这可利用连通图 G 的性质 $\|G\|\geqslant n-1$ 来证明.

为此,我们要计算 $\|G\|$,这就要计算有多少条"k 型边".若 a 与 $a+k$ 连边,则 a 可取哪些值,能否取遍 $1,2,\cdots,n-k$? 这需要讨论点 $n-k$ 是否存在,也就是说是否有 $k<n$.

从反面入手,如果 $k\geqslant n$,则对任何 $i\in\{1,2,\cdots,n\}$,有 $k+i>n$,从而图 G 中没有"k 型边",即 G 中的边都是"t 型边",这样一来,如果 a,b 在 G 中相邻,则 $a-b=\pm t$,即 $a\equiv b \pmod t$.但 $1\not\equiv 2 \pmod t$,所以 1 与 2 不连通,矛盾.故 $k<n$,同理 $t<n$.

显然,G 中恰有 $n-k$ 条"k 型边",恰有 $n-t$ 条"t 型边",于是

$$\|G\|=(n-k)+(n-t).$$

另一方面,由于 G 连通,所以 $\|G\|\geqslant n-1$,于是$(n-k)+(n-t)\geqslant n-1$,解得 $n\geqslant k+t-1$.

充分性:我们只需证明 $1,2,\cdots,k$ 中任何两个点连通,因为其他点都可以通过"k 型边"与这些点之一连通.

研究特例:取 $n=10,k=5,t=6$,此时 1 通过"6 型边"与 7 连

通，进而通过“5型边”与2连通．同样，$i(1\leqslant i\leqslant 4)$通过“6型边”与$i+6$连通(因为$i+6\leqslant 10$，从而点$i+7$存在)，进而通过“5型边”与$i+1$连通．于是，通过传递，1，2，3，4，5两两连通．

取$n=11$，$k=5$，$t=7$，此时1通过“7型边”与8连通，进而通过“5型边”与3连通．同样，$i(1\leqslant i\leqslant 4)$通过“7型边”与$i+7$连通(因为$i+7\leqslant 11$，从而点$i+7$存在)，进而通过“5型边”与$i+2$连通．于是，通过传递，1，3，5两两连通，此时传递无法继续，因为5不满足“$i\leqslant 4$”的要求．

修改：假设允许“5”也传递，那么，1，3，5，2，4两两连通．但实际上，连通在“5”处断开．注意，我们无须形成一个闭合路线，只要是链即可，从而可从2开始传递，有2，4，1，3，5两两连通．

一般地，不妨设$k<t$，考察点$1,2,\cdots,k$中的除k外的任意一个点$i(i\leqslant k-1)$，i通过“t型边”与$i+t$连通(因为$i+t\leqslant k-1+t\leqslant n$，从而点$i+t$存在)，进而通过若干条“$k$型边”(可能要减去$k$的若干倍)与$i+t \pmod k$连通，其中$i+t \pmod k$表示数$r(1\leqslant r\leqslant k)$，$r\equiv i+t \pmod k$，即模$k$的最小正剩余．

于是，通过传递，$1,1+t,1+2t,1+3t,\cdots,1+(k-1)t$两两连通，其中的数按模$k$理解．注意到$(k,t)=1$，$0,t,2t,\cdots,(k-1)t$构成模$k$的完系，从而它们取遍$1,2,\cdots,k$．

尽管中间可能断开，但整个圈只被断开一次，仍构成一条链．

因为$(k,t)=1$，所以$t,2t,\cdots,kt$构成模k的完系，又$kt\equiv 0 \pmod k$，故$t,2t,3t,\cdots,(k-1)t$关于模k的余数是$1,2,\cdots,k-1$的一个排列．

设$it\equiv b_i \pmod k$，其中$1\leqslant b_i\leqslant k(i=1,2,\cdots,k-1)$，则$b_1,b_2,\cdots,b_{k-1}$是$1,2,\cdots,k-1$的一个排列．

对任意一个点$b_i(i\leqslant k-1)$，因为$b_i+t\leqslant k-1+t\leqslant n$，从而点$b_i+t$存在，所以点$b_i$可通过“$t$型边”与$b_i+t$连通，进而通过

若干条"k 型边"(可能要减去 k 的若干倍)与 $b_i+t\pmod k$ 连通.

因为 $b_i+t=it+t=(i+1)t\equiv b_{i+1}\pmod k$(因为 $i\leqslant k-1$,所以 b_{i+1} 存在),所以 $b_i+t\pmod k=b_{i+1}$,于是,对一切 $i\leqslant k-1$,有 b_i 与 b_{i+1} 连通,这样,通过传递,$b_1,b_2,\cdots,b_k$ 两两连通,从而 $1,2,\cdots,k$ 两两连通.

综上所述,命题获证.

结构中间量有时也可表现为解题过程中产生的一些中间结果.当攻克目标的路线不清晰时,可先利用题给条件,发现有关定式结构,由此产生一些中间结果,进而思考这些中间结果与目标的关系,从而找到解题的突破口.

例22 设 SA,SD 是圆 O 的两条切线,在 AD 劣弧上取点 B,C,设 AC,BD 交于一点 P,AB,CD 交于一点 Q.求证:P,Q,S 共线.

分析与证明 P,S,Q 难以转化为某个三角形三边所在直线上的点(非顶点),从而不能用梅氏定理证明三点共线.但若连 AD,则可发现以 P,Q 为中心的两个"塞瓦三线组".注意涉及圆(非直线形),从而采用角元形式的塞瓦定理.

考察$\triangle ASD$,因为 SQ,DQ,AQ 共点 Q(图1.26),所以

$$\frac{\sin\angle ASQ}{\sin\angle DSQ}\cdot\frac{\sin\angle 1}{\sin(\angle 2+\angle 3)}\cdot\frac{\sin(\angle 4+\angle 5)}{\sin\angle 6}=1. \qquad ①$$

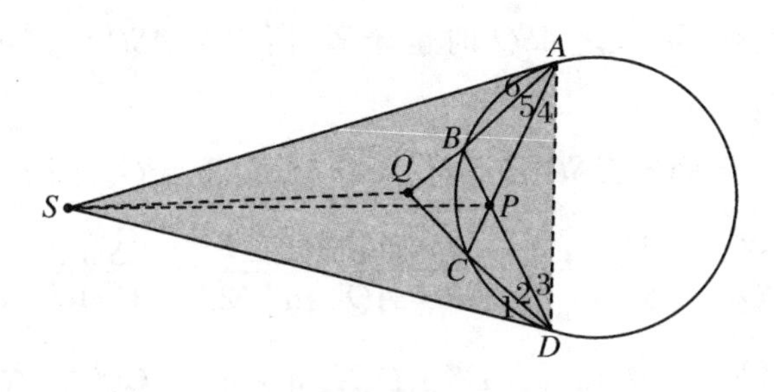

图1.26

因为 SP,DP,AP 共点 P,所以

$$\frac{\sin\angle ASP}{\sin\angle DSP}\cdot\frac{\sin(\angle 1+\angle 2)}{\sin\angle 3}\cdot\frac{\sin\angle 4}{\sin(\angle 5+\angle 6)}=1. \qquad ②$$

注意到相等的角:

$$\angle 1=\angle 4,\quad \angle 4+\angle 5=\angle 1+\angle 2,$$
$$\angle 2+\angle 3=\angle 5+\angle 6,\quad \angle 6=\angle 3,$$

代入式①,得

$$\frac{\sin\angle ASQ}{\sin\angle DSQ}\cdot\frac{\sin\angle 4}{\sin(\angle 5+\angle 6)}\cdot\frac{\sin(\angle 1+\angle 2)}{\sin\angle 3}=1. \qquad ③$$

式②÷式③,得

$$\frac{\sin\angle ASP}{\sin\angle DSP}\cdot\frac{\sin\angle DSQ}{\sin\angle ASQ}=1. \qquad ④$$

我们得到的中间结果是关于$\angle ASP,\angle ASQ,\angle DSP,\angle DSQ$ 的等式,它与我们的目标 P,Q,S 共线有何关系?

至此,我们恍然大悟:目标等价于$\angle ASP=\angle ASQ$,这由式④用反证法易证.

若$\angle ASP>\angle ASQ$,则 Q 在$\angle ASP$ 内,于是(错位)

$$\frac{\sin\angle ASP}{\sin\angle ASQ}>1,\quad \frac{\sin\angle DSQ}{\sin\angle DSP}>1,$$

矛盾.

同样,$\angle ASP<\angle ASQ$ 时也矛盾,所以$\angle ASP=\angle ASQ$,故 S,P,Q 共线.

另证 设 AB 交SP 于点 Q_1,CD 交SP 于点 Q_2(图 1.27),则

$$\frac{SQ_1}{PQ_1}=\frac{S_{\triangle ASQ_1}}{S_{\triangle APQ_1}}=\frac{AS\cdot AQ_1\sin\angle 1}{AP\cdot AQ_1\sin\angle 2}=\frac{AS\sin\angle 1}{AP\sin\angle 2},$$

$$\frac{SQ_2}{PQ_2}=\frac{S_{\triangle DSQ_2}}{S_{\triangle DPQ_2}}=\frac{DS\cdot DQ_2\sin\angle 6}{DP\cdot DQ_2\sin\angle 5}=\frac{DS\sin\angle 6}{DP\sin\angle 5}.$$

因为 $SA=SD$,$\angle 2=\angle 5$,且在$\triangle APD$ 中,由正弦定理,有

$$\frac{AP}{DP}=\frac{\sin\angle 4}{\sin\angle 3}=\frac{\sin\angle 1}{\sin\angle 6},$$

所以$\frac{SQ_1}{PQ_1}=\frac{SQ_2}{PQ_2}$,即 Q_1 与 Q_2 重合于点 Q,故 S,P,Q 共线.

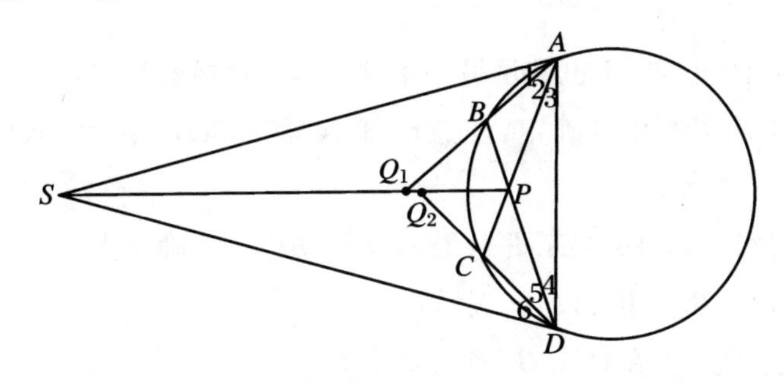

图 1.27

主元中间量

所谓主元中间量,就是选择一个“中间量”作为主元,将题中其他各个量都用主元表示,以达到消元的目的,使问题得到简化.

例 1 已知 P 为 Rt△ABC 斜边 BC 上的任意一点,Q 为 PC 的中点,过点 P 作 BC 的垂线,交 AB 于点 R.又 E 为 AR 的中点,过点 E 向点 C 所在的一侧作与 AB 垂直的射线 EF(图 1.28).证明:射线 EF 上存在一点 G,使 $AG=CQ$,$BG=BQ$.

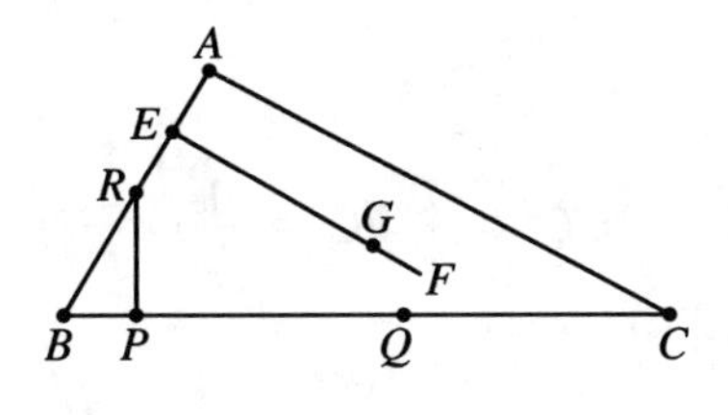

图 1.28

分析与证明 考察目标,要找的点 G 需要满足两个条件:一是 $AG=CQ$,二是 $BG=BQ$.

同时满足这两个条件比较困难，可退一步，先满足其一：$AG = CQ$.

这只需以点 A 为圆心，CQ 为半径作圆，则圆与 EF 的交点为 G.

最后证明：点 G 也满足另一条件. 这样，目标变为：$BG = BQ$.

为了使图形相对确定，注意已知点都在 BC，AB 上，从而选择 BC，AB 为主元.

设 $BC = a$，$AB = c$（图 1.28），又设 $BP = p$（确定点 P），下面分别计算 BG，BQ（用 a，c，p 表示）.

先看 BQ，可在直线 BC 上求之：

$$BQ = BP + PQ = p + \frac{1}{2}PC = p + \frac{1}{2}(a - p) = \frac{1}{2}(a + p).$$

再看 BG，设法在 $\mathrm{Rt}\triangle BEG$ 中求之，其中 $AG = CQ$. 若能知道 AE，则可求 EG. 而要求 AE，只需求 AR，进而只需求 BR，这利用 $\mathrm{Rt}\triangle BPR \backsim \mathrm{Rt}\triangle BAC$ 可求.

因为 $\angle B$ 公共，所以 $\mathrm{Rt}\triangle BPR \backsim \mathrm{Rt}\triangle BAC$，故

$$\frac{BR}{BC} = \frac{BP}{BA}, \quad 即 \quad \frac{BR}{a} = \frac{p}{c},$$

于是

$$BR = \frac{pa}{c}, \quad AR = c - \frac{pa}{c}, \quad AE = \frac{1}{2}\left(c - \frac{pa}{c}\right).$$

而

$$AG = CQ = \frac{1}{2}PC = \frac{1}{2}(a - p),$$

所以在 $\mathrm{Rt}\triangle AEG$ 中，有

$$EG^2 = AG^2 - AE^2 = \frac{1}{4}(a - p)^2 - \frac{1}{4}\left(c - \frac{pa}{c}\right)^2,$$

于是，在 $\mathrm{Rt}\triangle BEG$ 中，有

$$BG^2 = BE^2 + EG^2$$
$$= \frac{1}{4}\left(c + \frac{pa}{c}\right)^2 + \left(\frac{1}{4}(a-p)^2 - \frac{1}{4}\left(c - \frac{pa}{c}\right)^2\right)$$
$$= \frac{1}{4}(a-p)^2 + \frac{1}{4}\cdot(2pa + 2pa) = \frac{1}{4}((a-p)^2 + 4pa)$$
$$= \frac{1}{4}(a+p)^2 = BQ^2,$$

故 $BG = BQ$，证毕.

例 2 在锐角$\triangle ABC$中，BD是AC边上的高，E是AB边上一点，满足$\angle AEC = 45^\circ$，若$BD = 2CE$，$CE = AC + AD$.求证：$DE /\!/ BC$.

分析与证明 本题条件中含有线段等式，自然想到通过证明

$$\frac{AD}{AE} = \frac{AC}{AB}$$

来实现解题目标.

由题给条件$BD = 2CE$，可选择$CE = a$为中间量，将其他线段都用中间量a表示.

关键是如何用a表示AD.

设$CE = a$，则$BD = 2a$.

记$AD = x$，则由条件$CE = AC + AD$，得

$$AC = CE - AD = a - x.$$

作$CF \perp AB$于点F（图 1.29），因为$\triangle ABC$是锐角三角形，从而$\triangle AEC$也是锐角三角形，所以点F在线段AE上.于是

$$AE = AF + FE.$$

因为$\angle 1 = 45^\circ$，所以

$$CF = EF = \frac{\sqrt{2}}{2}CE = \frac{\sqrt{2}}{2}a.$$

又 Rt$\triangle ACF \backsim$ Rt$\triangle ABD$，所以

$$\frac{AF}{AD}=\frac{CF}{BD}=\frac{\frac{\sqrt{2}}{2}a}{2a}=\frac{\sqrt{2}}{4},$$

故 $AF=\frac{\sqrt{2}}{4}x$.

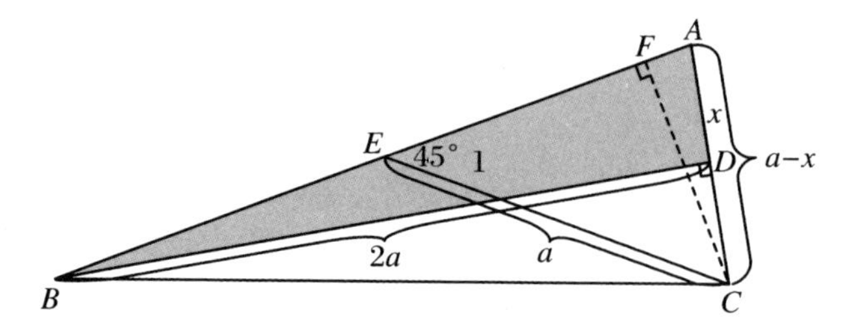

图 1.29

代入方程

$$AC^2=AF^2+FC^2,$$

得

$$7x^2-16ax+4a^2=0,$$

即

$$(7x-2a)(x-2a)=0.$$

因为 $a-x=AC>0$,所以 $x<a$,故

$$x=\frac{2a}{7},\quad AF=\frac{\sqrt{2}}{4}x=\frac{\sqrt{2}}{4}\cdot\frac{2a}{7}=\frac{\sqrt{2}}{14}a,$$

$$AE=AF+FE=\frac{\sqrt{2}}{14}a+\frac{\sqrt{2}}{2}a=\frac{4\sqrt{2}}{7}a,$$

$$AB=\sqrt{(2a)^2+x^2}=\frac{10\sqrt{2}}{7}a,$$

$$AC=a-x=\frac{5a}{7},$$

因此$\frac{AD}{AE}=\frac{\sqrt{2}}{4}=\frac{AC}{AB}$,故 $DE\,/\!/\,BC$.

例 3 在凸五边形 $ABCDE$ 中，BE 分别交 AC，AD 于点 S，R，BD 分别交 CA，CE 于点 T，P，AD 交 CE 于点 Q，且$\triangle ASR$，$\triangle BTS$，$\triangle CPT$，$\triangle DQP$，$\triangle ERQ$ 的面积均为 1. 求五边形 $ABCDE$ 的面积.（1995 年日本数学奥林匹克试题）

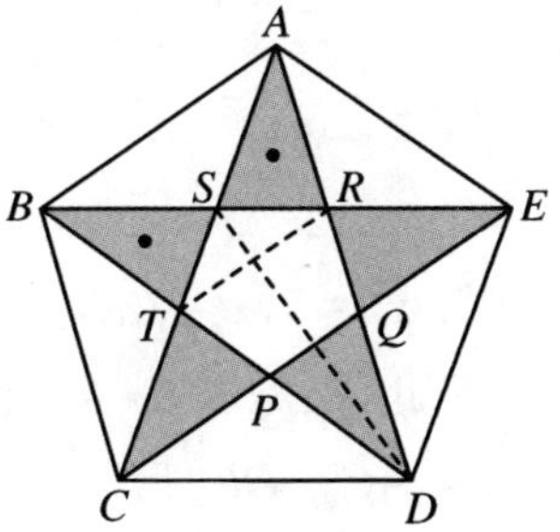

图 1.30

分析与解 设五边形 $PQRST$ 的面积为中间量（图 1.30），令

$$x = S_{PQRST}.$$

由 $S_{\triangle BST} = S_{\triangle ASR}$，得 $S_{\triangle ABT} = S_{\triangle ABR}$，从而 $BA /\!/ TR$，所以

$$\frac{TD}{BT} = \frac{RD}{AR}.$$

于是（都补充公共点 S）

$$\frac{S_{\triangle STD}}{S_{\triangle STB}} = \frac{S_{\triangle SRD}}{S_{\triangle SRA}}.$$

但 $S_{\triangle BST} = S_{\triangle ASR}$，于是

$$S_{\triangle STD} = S_{\triangle SRD} = \frac{x+1}{2}.$$

同理 $S_{\triangle STE} = \dfrac{x+1}{2}$，所以

$$S_{\triangle STE} = S_{\triangle STD}, \quad DE /\!/ ST,$$

即

$$DE /\!/ AC.$$

由此可得

$$AB /\!/ CE, \quad BC /\!/ AD, \quad CD /\!/ BE, \quad DE /\!/ AC, \quad EA /\!/ BD.$$

由 $AE /\!/ BD$（X 形 $BTSAE$），得

$$\frac{AS}{ST} = \frac{ES}{SB},$$

即（左补充公共点 D，右补充公共点 T）

$$\frac{S_{\triangle SAD}}{S_{\triangle STD}} = \frac{S_{\triangle STE}}{S_{\triangle STB}},$$

$$\frac{1+\frac{x+1}{2}}{\frac{x+1}{2}} = \frac{\frac{x+1}{2}}{1},$$

整理得 $x^2=5, x=\sqrt{5}$.

至此，只需求 $S_{\triangle ARE}$，也只需求 $S_{\triangle ASE}$.

由 $AC /\!/ DE$，得

$$S_{\triangle ASE} = S_{\triangle ASD} = 1+\frac{\sqrt{5}+1}{2},$$

所以 $S_{\triangle ARE}=\frac{\sqrt{5}+1}{2}$.

同理

$$S_{\triangle ABS} = S_{\triangle BCT} = S_{\triangle CDP} = S_{\triangle DEQ} = \frac{\sqrt{5}+1}{2}.$$

故

$$S_{ABCDE} = 1\times 5+\sqrt{5}+\frac{\sqrt{5}+1}{2}\times 5 = \frac{7\sqrt{5}+15}{2}.$$

例 4 设$\triangle ABC$ 的面积为 1，又 D, E 分别是边 AB, AC 上的点，BE, CD 相交于点 P，若$\frac{BD}{BA}\cdot\frac{CE}{CA}=\frac{1}{2}$，求$\triangle PDE$ 面积的最大值.（原创题）

分析与解 将目标看成是求$\frac{S_{\triangle PDE}}{S_{\triangle ABC}}$的最值，为了利用常见的面积比，可构造循环比进行转化：

$$\frac{S_{\triangle PDE}}{S_{\triangle ABC}} = \frac{S_{\triangle PDE}}{S_{\triangle BDE}}\cdot\frac{S_{\triangle BDE}}{S_{\triangle BAE}}\cdot\frac{S_{\triangle BAE}}{S_{\triangle BAC}} = \frac{PE}{BE}\cdot\frac{BD}{BA}\cdot\frac{AE}{AC},$$

而 $S_{\triangle ABC}=1$，所以

$$S_{\triangle PDE} = \frac{PE}{BE}\cdot\frac{BD}{BA}\cdot\frac{AE}{AC}.$$

由 D,E 的任意性，可选择两个主元$\frac{AD}{AB}=x,\frac{AE}{AC}=y$(图 1.31)，则

$$\frac{BD}{BA}=\frac{AB-AD}{AB}=1-x.$$

下面求$\frac{PE}{BE}$(用 x,y 表示).

观察 PE,BE，发现过点 P 的梅氏线PCD 截$\triangle ABE$，于是，由梅涅劳斯定理，有

$$\frac{AD}{DB}\cdot\frac{BP}{PE}\cdot\frac{EC}{CA}=1,$$

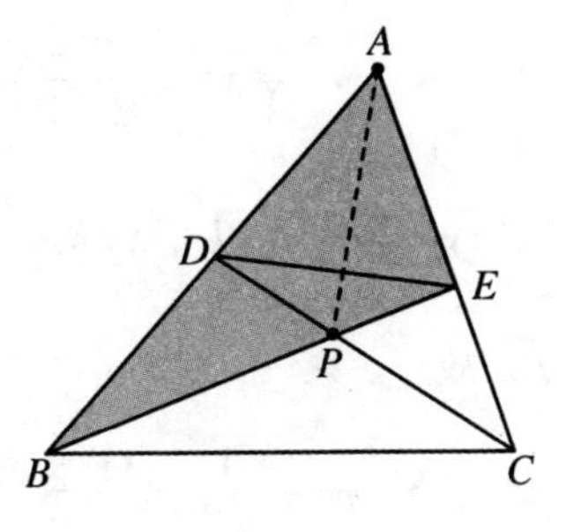

图 1.31

所以

$$\frac{PE}{BP}=\frac{AD}{DB}\cdot\frac{EC}{CA}=\frac{x(1-y)}{1-x},$$

$$\frac{PE}{BE}=\frac{x(1-y)}{1-x+x-xy}=\frac{x-xy}{1-xy},$$

故

$$S_{\triangle PDE}=\frac{PE}{BE}\cdot\frac{BD}{BA}\cdot\frac{AE}{AC}=\frac{x-xy}{1-xy}\cdot(1-x)\cdot y$$

$$=\frac{xy(1-x)(1-y)}{1-xy}.$$

由条件$\frac{BD}{BA}\cdot\frac{CE}{CA}=\frac{1}{2}$，得

$$(1-x)(1-y)=\frac{1}{2},$$

于是目标函数简化为

$$S_{\triangle PDE}=\frac{1}{2}\frac{xy}{1-xy}=f(xy).$$

由$(1-x)(1-y)=\frac{1}{2}$，得 $1-x-y+xy=\frac{1}{2}$，所以

$$1+2xy=2(x+y)\geqslant 4\sqrt{xy},$$

解得

$$\sqrt{xy}\leqslant\frac{2-\sqrt{2}}{2}\quad 或\quad \sqrt{xy}\geqslant\frac{2+\sqrt{2}}{2}.$$

但$\sqrt{xy}\leqslant 1$，所以$\sqrt{xy}\leqslant\frac{2-\sqrt{2}}{2}$，即$xy\leqslant\frac{3-2\sqrt{2}}{2}$，所以$\frac{1}{xy}\geqslant 6+4\sqrt{2}$.故

$$S_{\triangle PDE}=\frac{1}{2}\frac{xy}{1-xy}=\frac{1}{2}\frac{1}{\frac{1}{xy}-1}\leqslant\frac{1}{2}\frac{1}{(6+4\sqrt{2})-1}$$

$$=\frac{1}{2}\frac{1}{5+4\sqrt{2}}=\frac{4\sqrt{2}-5}{14},$$

等号在$x=y=\frac{2-\sqrt{2}}{2}$时成立，故$\triangle PDE$面积的最大值为$\frac{4\sqrt{2}-5}{14}$.

例5 在锐角$\triangle ABC$中，$AB>AC$，CD，BE分别是边AB，AC上的高，过点D作BC的垂线交BE于点F，交CA的延长线于点P，过点E作BC的垂线交CD于点G，交BA的延长线于点Q.求证：BC，DE，FG，PQ四条直线交于一点.

分析与证明 要证BC，DE，FG，PQ四条直线交于一点，可先设其中两条相交于一点，再证其他两直线都过该点.

注意到A，B，C是原始点，D，E是次原始点，从而可先设BC，DE交于一点T，再证其他两直线FG，PQ都过点T，从而转化为证明：F，G，T及P，Q，T三点共线.

因为$AB>AC$，所以DE与BC的延长线必相交，设交点为T（图1.32）.又设过D，E的垂线与BC分别交于点M，N.要证F，G，T三点共线，只要证

$$\frac{GN}{FM}=\frac{TN}{TM},$$

即

$$\frac{GN}{FM}=\frac{EN}{DM}.$$

同理,要证 P,Q,T 三点共线,只要证$\frac{QN}{PM}=\frac{EN}{DM}$.

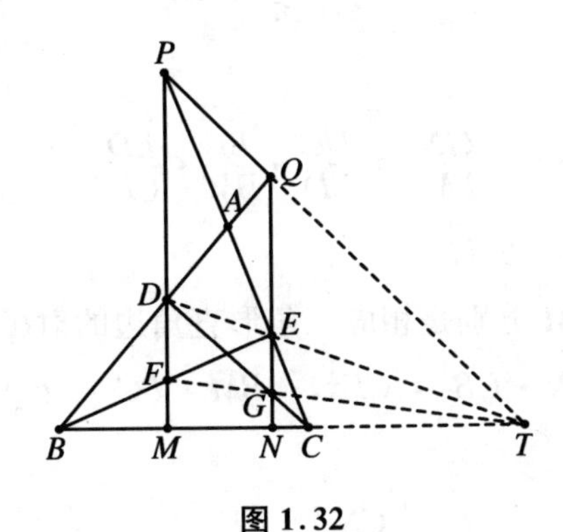

图 1.32

现在分别计算$\frac{GN}{FM}$,$\frac{QN}{PM}$,$\frac{EN}{DM}$,我们选择次原始线段 BD,BE,CD,CE 为基本量进行计算.

先计算$\frac{EN}{DM}$(两者都要用它),这利用底乘高面积公式即可.其中 EN 在 $\mathrm{Rt}\triangle BCE$(含原始线段)中,从而有

$$EN=\frac{BE\cdot EC}{BC}.$$

DM 在 $\mathrm{Rt}\triangle BCD$(含原始线段)中,从而有

$$DM=\frac{BD\cdot DC}{BC}.$$

所以

$$\frac{EN}{DM}=\frac{BE\cdot EC}{BD\cdot DC} \qquad ①$$

再计算$\frac{GN}{FM}$,这利用含公共角$\angle B$,$\angle C$ 的相似三角形即可.其

中，GN 在 $\mathrm{Rt}\triangle BCD$（含原始线段）中，从而有

$$GN = \frac{NC}{CD} \cdot BD.$$

FM 在 $\mathrm{Rt}\triangle BCE$（含原始线段）中，从而有

$$FM = \frac{BM}{BE} \cdot EC.$$

所以

$$\frac{GN}{FM} = \frac{NC}{CD} \cdot \frac{BE}{BM} \cdot \frac{BD}{CE}. \tag{②}$$

下面消去 NC，BM.

因为 NC，BM 分别是相应三角形直角边的射影，所以

$$CN \cdot CB = CE^2, \quad BM \cdot BC = BD^2,$$

故

$$\frac{CN}{BM} = \frac{CE^2}{BD^2}.$$

代入式②，得

$$\frac{GN}{FM} = \frac{BE \cdot EC}{BD \cdot DC}. \tag{③}$$

由式①、式③，得$\frac{GN}{FM} = \frac{EN}{DM} = \frac{TN}{TM}$，所以 F，G，T 三点共线.

同理可证 P，Q，T 三点共线.

于是 BC，DE，FG，PQ 四条直线都过点 T，故此四条直线交于一点.

例 6 在凸四边形 $ABCD$ 中，对角线 AC，BD 交于点 P，且 $S_{\triangle ABD} + S_{\triangle ABC} = S_{\triangle BCD}$. 过点 B 作直线分别交线段 PC，DC 于点 M，N，使$\frac{AM}{AC} = \frac{CN}{CD}$. 求证：$AM = MC$，$CN = ND$.

分析与证明 选择 AP，PM，MC 为主元中间量（图 1.33），记

$$AP = x, \quad PM = y, \quad MC = z,$$

则

$$1=\frac{S_{\triangle ABD}}{S_{\triangle BCD}}+\frac{S_{\triangle ABC}}{S_{\triangle BCD}}=\frac{AP}{PC}+\frac{S_{\triangle ABC}}{S_{\triangle PBC}}\cdot\frac{S_{\triangle PBC}}{S_{\triangle BCD}}$$

$$=\frac{x}{y+z}+\frac{x+y+z}{y+z}\cdot\frac{PB}{BD}. \quad ①$$

又$\frac{CN}{CD}=\frac{AM}{AC}$,所以

$$\frac{CN}{ND}=\frac{AM}{MC}=\frac{x+y}{z}.$$

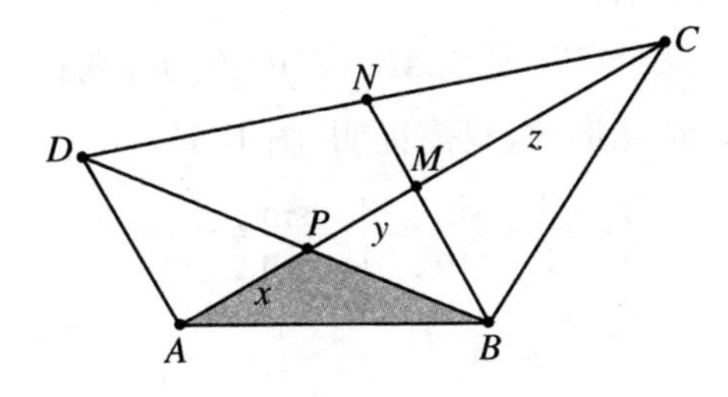

图 1.33

由梅氏定理,有

$$\frac{CN}{ND}\cdot\frac{DB}{BP}\cdot\frac{PM}{MC}=1,$$

所以

$$\frac{BP}{BD}=\frac{CN}{ND}\cdot\frac{PM}{MC}=\frac{x+y}{z}\cdot\frac{y}{z}=\frac{y(x+y)}{z^2}.$$

代入式①,得

$$1=\frac{x}{y+z}+\frac{x+y+z}{y+z}\cdot\frac{y(x+y)}{z^2},$$

$$z^3+(y-x)z^2-y(x+y)z-y^2(x+y)=0,$$

$$(z-(x+y))(z^2+2yz+y(x+y))=0,$$

故 $z=x+y$,于是

$$AM=x+y=z=MC,$$

且有

$$\frac{CN}{ND}=\frac{AM}{MC}=1,$$

即 $CN=ND$.

例 7 设⊙O 是△ABC 的内切圆,D,E,F 是 BC,CA,AB 上的切点,DD_1,EE_1,FF_1 都是⊙O 的直径,求证:直线 AD_1,BE_1,CF_1 共点.(《数学通报》2002 年第 10～11 期数学问题解答栏 1396 题)

分析与证明 我们选用△ABC 的三边的长 a,b,c 为主元,得到如下一个简单的证明:

因为 AD_1,BE_1,CF_1 是△ABC 三内角的分角线(未必平分),从而想到塞瓦定理角元形式,只需证明(图 1.34)

$$\frac{\sin\angle 1}{\sin\angle 2}\cdot\frac{\sin\angle 3}{\sin\angle 4}\cdot\frac{\sin\angle 5}{\sin\angle 6}=1.$$

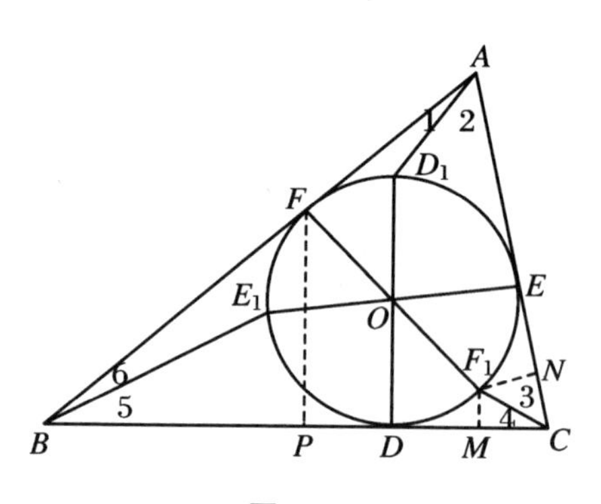

图 1.34

考察局部比$\frac{\sin\angle 3}{\sin\angle 4}$,为了计算 $\sin\angle 3$,$\sin\angle 4$,可分别以其为内角构造直角三角形,于是,作 $F_1M\perp BC$ 于点 M,作 $F_1N\perp CA$ 于点 N,则

$$\frac{\sin\angle 3}{\sin\angle 4}=\frac{F_1N}{F_1M}\quad(\text{约去了公共边 } F_1C).$$

考察 F_1M,向边界转移与原始线段发生关系.利用对径点将 F_1

转移到 F，作 $FP\perp BC$ 于点 P，而 O 是 FF_1 的中点，从而 OD 是构造梯形中位线.

$$FP=BF\sin\angle ABC=\frac{c+a-b}{2}\sin\angle ABC\quad（切线长），$$

$$\begin{aligned}F_1M&=2OD-FP\quad（梯形中位线）\\&=2r-BF\sin\angle ABC\\&=2r-\frac{c+a-b}{2}\sin\angle ABC\quad（切线长）\\&=\frac{2\Delta}{p}-(p-b)\cdot\frac{2\Delta}{ac}=2\Delta\left(\frac{1}{p}-\frac{p-b}{ac}\right)\\&=2\Delta\cdot\frac{ac-p^2+pb}{pac}=2\Delta\cdot\frac{ac-p^2+p(2p-a-c)}{pac}\\&=2\Delta\cdot\frac{(p-a)(p-c)}{pac}\quad（在\ BC\ 边上）.\end{aligned}$$

同理（A,B 交换，AC 与 BC 交换，即 b,a 交换），有

$$F_1N=2\Delta\cdot\frac{(p-b)(p-c)}{pbc}\quad（在\ AC\ 边上），$$

所以

$$\frac{\sin\angle 3}{\sin\angle 4}=\frac{F_1N}{F_1M}=\frac{(p-b)(p-c)pac}{(p-a)(p-c)pbc}=\frac{(p-b)a}{(p-a)b},$$

轮换相乘即证.

例 8 从圆 O 外一点 P 引圆的两条切线 PA,PB，切点分别为 A,B，另引割线 PEF 交圆于点 E,F，连接 AB，交 EF 于点 G. 求证：$\frac{GE}{GF}=\frac{PE}{PF}$.（称 P,E,G,F 为调和点列，其中 G,P 分别为 EF 的内、外分点，所分比的绝对值相等.）

分析与证明 为了利用相切，取圆心 O. 分以下两种情况进行讨论：

(1) 当 PEF 不过圆心时，连 OA，则 $OA\perp PA$（图 1.35）.

为利用对称性(两条切线),连 OP,交 AB 于点 C,则 $AC\perp PO$.

下面对 PA 算两次:在 Rt$\triangle PAO$ 中,由直角三角形的射影定理,得

$$PA^2 = PC\times PO.$$

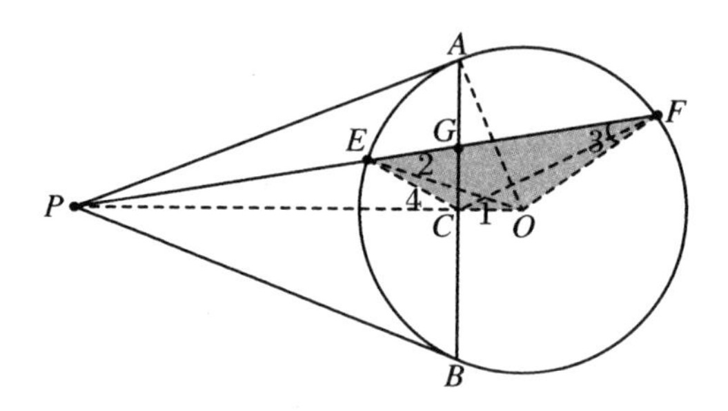

图 1.35

又由圆幂定理,有

$$PA^2 = PE\times PF,$$

所以 $PE\times PF=PC\times PO$,即 C,O,F,E 四点共圆.故

$\angle FCO = \angle FEO$(共弧)$= \angle OFE$(等腰)$= \angle ECP$(外角),

而 $AC\perp PO$(平分平角),所以 CA 平分$\angle ECF$.

又$\angle GCP=90^\circ$,所以 PC 平分$\angle FCE$ 的外角.

由三角形内、外角平分线定理,知

$$\frac{GE}{GF}=\frac{CE}{CF}=\frac{PE}{PF}.$$

(2) 当 PEF 过圆心时,点 G 与点 C 重合,此时,选择 $PE=a$,$OF=r$ 为主元,则 $PO=a+r$,$PF=a+2r$.

由射影定理,得

$$OG=\frac{r^2}{a+r},\quad GE=r-\frac{r^2}{a+r}=\frac{ar}{a+r},$$

$$GF=r+\frac{r^2}{a+r}=\frac{ar+2r^2}{a+r}.$$

$$\frac{GE}{GF}=\frac{ar}{ar+2r^2}=\frac{a}{a+2r}=\frac{PE}{PF}.$$

注 我们可将$\frac{GE}{GF}=\frac{PE}{PF}$变形为一种等价形式(用含点 P 的线段表示)

$$\frac{PG-PE}{PF-PG}=\frac{PE}{PF},$$

整理得

$$\frac{2}{PG}=\frac{1}{PE}+\frac{1}{PF},\quad PG=\frac{2}{\frac{1}{PE}+\frac{1}{PF}},$$

其中$\frac{2}{\frac{1}{PE}+\frac{1}{PF}}$称为$PE,PF$的调和平均值,所以称$P,E,G,F$为调和点列.

例 9 设圆 O 的直径为 AB,AC 为圆 O 的切线,过点 C 作割线与圆 O 交于点 D,E,且 BE,BD 和 CO 所在的直线的交点分别为 F,G,求证:$OF=OG$.

分析与证明 设直线 BD,BE 和 AC 分别交于点 M,N,则 $MN\perp AB,AD\perp MB,AE\perp NB$.

由射影定理,得

$$BD\cdot BM=BA^2=BE\cdot BN,$$

于是 M,D,E,N 共圆,因此

$$CM\cdot CN=CD\cdot CE=CA^2.$$

又$\triangle ABM$ 被 CGF 所截(图 1.36),由梅涅劳斯定理,得

$$\frac{AO}{OB}\cdot\frac{BG}{GM}\cdot\frac{MC}{CA}=1,$$

即

$$\frac{BG}{GM}=\frac{AC}{CM}.$$

同理$\frac{BF}{FN}=\frac{AC}{CN}$.

两式相乘得$\frac{BG}{GM}\times\frac{BF}{FN}=1$.

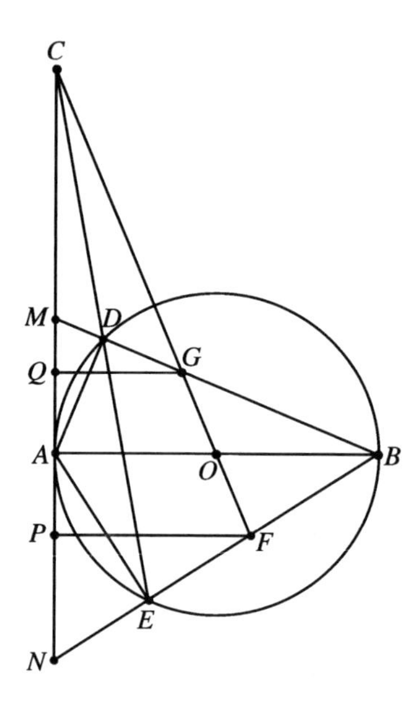

图 1.36

作 $FP\perp MN$ 于点 P，$GQ\perp MN$ 于点 Q，选择$\frac{BG}{GM}=u$，$\frac{BF}{FN}=v$ 为主元，则

$$uv=1,$$

于是

$$\frac{FP}{AO}+\frac{GQ}{AO}=2\left(\frac{FP}{AB}+\frac{GQ}{AB}\right)=2\left(\frac{1}{1+u}+\frac{1}{1+v}\right)$$
$$=\frac{2(u+v+2)}{uv+u+v+1}=2,$$

所以 $OA=\frac{1}{2}(FP+GQ)$，即 OA 是 $FPQG$ 的中位线，故 $OF=OG$.

例 10 设 $ABCD$ 是梯形，$AB /\!/ CD$，在其两腰 AD，BC 上分别存在点 P，Q，使得 $\angle APB = \angle CPD$，$\angle AQB = \angle CQD$，证明：点 P，Q 到梯形两对角线的交点的距离相等.(第 20 届全俄数学奥林匹克试题)

分析与证明 本题原来的证明很复杂，这里给出一个巧妙的证明：

为了证 $OP = OQ$，我们设法将 OP，OQ 都用原始线段来表示.

先考虑如何计算 OQ(类似计算 OP).

构造含有原始线段 DB 的 A 形 $DOQ\text{-}BE$(图 1.37)：作 $BE /\!/ OQ$，交 DQ 的延长线于点 E，则

$$\frac{OQ}{BE} = \frac{DO}{DB},$$

所以

$$OQ = BE \cdot \frac{DO}{DB}. \qquad ①$$

其中 DO，DB 已是原始线段，而且可通过对称性得到“另一边”的类似比，下面只需将 BE 用原始线段表示出.

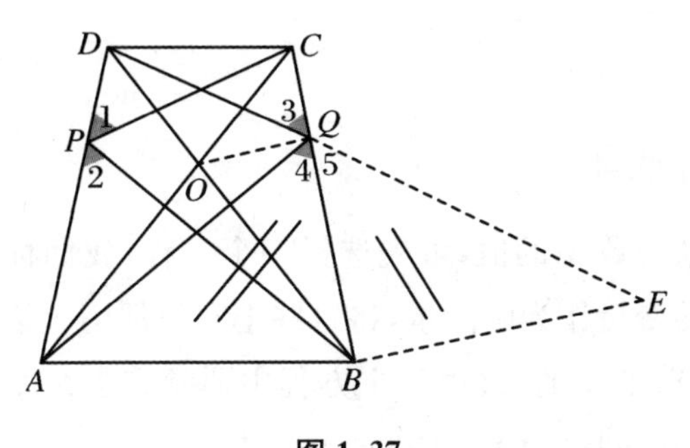

图 1.37

观察图形，可发现 $BE = AB$，(利用全等三角形)这等价于 $EQ = AQ$，两边都与 DQ 作比可证 $\frac{DQ}{QE} = \frac{DQ}{AQ}$，其中左边的比利用 A 形，右

边的比利用正弦定理.

对于左边的比：在A形 $DOQBE$ 中，$\frac{DQ}{QE}=\frac{DO}{OB}=\frac{DC}{AB}$(原始线段).

对于右边的比：由正弦定理并利用有关角相等传递(设$\triangle DCQ$的外接圆半径为R_1，$\triangle ABQ$ 的外接圆半径为R_2)，有

$$\frac{DQ}{AQ}=\frac{2R_1\sin\angle DCQ}{2R_2\sin\angle ABQ}=(\text{约分,同旁内角})\ \frac{R_1}{R_2}$$

$$=\frac{2R_1\sin\angle 3}{2R_2\sin\angle 4}=\frac{DC}{AB}.$$

所以$\frac{DQ}{QE}=\frac{DQ}{AQ}$，即 $QE=AQ$.

而$\angle 5=\angle 3=\angle 4$，$BQ$ 公共，所以$\triangle EQB\cong\triangle AQB$，所以 $AB=BE$.

代入式①，得 $OQ=AB\cdot\frac{DO}{DB}$.

同理

$$OP=(P,Q\ \text{交换}\Rightarrow A,B\ \text{交换},C,D\ \text{交换})AB\cdot\frac{CO}{CA}$$

$$=(\text{X形}\ DCOAB)AB\cdot\frac{DO}{DB},$$

故 $OP=OQ$.

多元中间量

为了求某个数 x 的值，可先选择一个方程，我们称为“主方程”，以主方程中的变量作为中间量，将这些中间量都用 x 表示，然后代入主方程，即可求出 x 的值.由于主方程中通常有多个变量，从而我们称这样选择的中间量为多元中间量.

例1 在$\triangle ABC$ 中，$AB=AC$，若点 D，E 分别在 AC，AB 边上，满足 $BC=BD=DE=EA$，求$\angle A$ 的大小.

分析与解 将相关角表示为$\angle 1$，$\angle 2$，…，$\angle 5$(图 1.38)，选择如

下主方程：

$$\angle 1+\angle 4+\angle 5=180^{\circ}.$$

下面将$\angle 1,\angle 4,\angle 5$用$\angle A$表示出.

先看$\angle 1$，显然$\angle 1=\angle A(EA=ED)$.

再看$\angle 4$，在等腰$\triangle DBE$中，有

$$\angle 4=180^{\circ}-2\angle 2,$$

而

$$\angle 2=\angle 1+\angle A=2\angle A,$$

所以$\angle 4=180^{\circ}-4\angle A$.

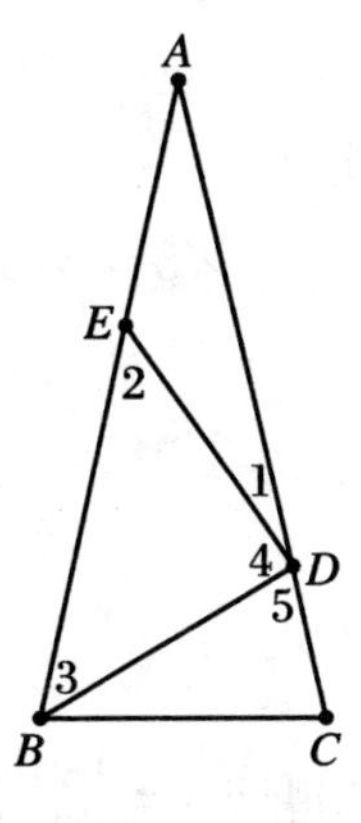

图 1.38

最后看$\angle 5$，此时不能利用它为$\triangle ABD$的外角这一特征，因为外角性质与主方程：$\angle 1+\angle 4+\angle 5=180^{\circ}$是等价的，代入得$0=0$.

在等腰$\triangle BCD$中，$\angle 5=\angle C$，而在等腰$\triangle ABC$中，$\angle C=\dfrac{180^{\circ}-\angle A}{2}$，所以$\angle 5=\dfrac{180^{\circ}-\angle A}{2}$.

于是，由$\angle 1+\angle 4+\angle 5=180^{\circ}$，得

$$\angle A+(180^{\circ}-4\angle A)+\frac{180^{\circ}-\angle A}{2}=180^{\circ},$$

解得$\angle A=\dfrac{180^{\circ}}{7}$.

本题还有如下一些简单的解法：

建立主方程

$$\angle A+\angle ABC+\angle C=180^{\circ},$$

其中

$$\begin{aligned}\angle ABC&=\angle C=\angle 5=\angle 3+\angle A=\angle 2+\angle A\\&=(\angle 1+\angle A)+\angle A=\angle 1+2\angle A=3\angle A.\end{aligned}$$

于是

$$\angle A+3\angle A+3\angle A=180^{\circ},$$

解得$\angle A=\dfrac{180^\circ}{7}$.

或者建立主方程

$$\angle 5=\angle C,$$

其中

$$\begin{aligned}\angle 5&=\angle 3+\angle A=\angle 2+\angle A=(\angle 1+\angle A)+\angle A\\&=\angle 1+2\angle A=3\angle A.\end{aligned}$$

而$\angle C=\dfrac{180^\circ-\angle A}{2}$,于是

$$3\angle A=\frac{180^\circ-\angle A}{2},$$

解得$\angle A=\dfrac{180^\circ}{7}$.

后两种解法本质上是一致的.

例 2 如图 1.39 所示,设 P 为$\triangle ABC$ 的边 BC 上一点,$PC=2PB$,若$\angle ABC=45^\circ$,$\angle APC=60^\circ$,求$\angle ACB$ 的大小.

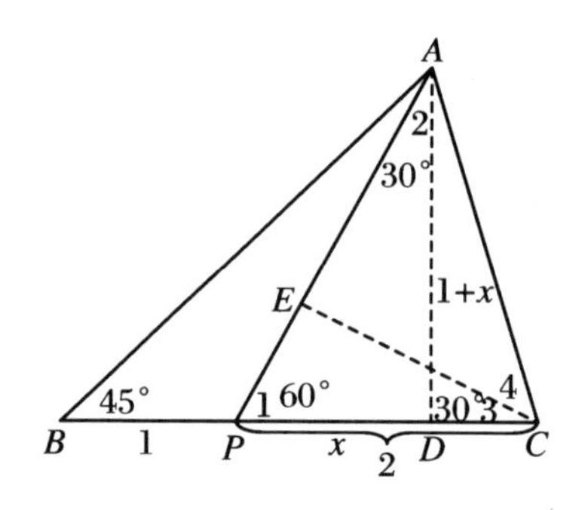

图 1.39

分析与解 首先,为了使计算简单,可让图形相对确定.比如,由于 $PC=2PB$,可令 $PB=1$,得 $PC=2$.

其次,由 45°,60°的特殊角,想到作直角三角形,然后利用勾股关系列方程.

作 $AD \perp BC$ 于点 D，作 $CE \perp AP$ 于点 E，则在 $Rt\triangle APD$ 中，有

$$AP^2 = PD^2 + DA^2. \qquad ②$$

我们以方程①为主方程，设法求出 PD.

设 $PD = x$（图1.39），因为在 $Rt\triangle ABD$ 中，$\angle B = 45^\circ$，所以 $AD = BD = 1 + x$.

因为 $\angle 1 = 60^\circ$，所以 $\angle 2 = \angle 3 = 30^\circ$，故

$$PA = 2PD = 2x, \quad PE = \frac{1}{2}PC = 1.$$

将上述一些数值代入方程①，得

$$(2x)^2 = x^2 + (1 + x)^2,$$

解得

$$x = \frac{\sqrt{3} + 1}{2}.$$

于是

$$AE = AP - PE = 2x - 1 = 2 \cdot \frac{\sqrt{3} + 1}{2} - 1 = \sqrt{3}.$$

在 $Rt\triangle PEC$ 中，有

$$EC = \sqrt{PC^2 - PE^2} = \sqrt{4 - 1} = \sqrt{3} = AE,$$

所以 $\angle 4 = 45^\circ$.

故 $\angle ACB = \angle 3 + \angle 4 = 30^\circ + 45^\circ = 75^\circ$.

例3 已知矩形 $ABCD$ 中，$AB = 5$，$BC < 5$，将矩形折起来，使顶点 B，D 重合，若折痕的长为 $\sqrt{6}$，求 BC 的长.

分析与解 设折痕为 EF，先研究折叠性质：由 D 与 B 重合可知，$DE = EB$，且 D，B 关于折痕 EF 对称，于是 $BD \perp EF$.

建立主方程：在 $Rt\triangle OEB$ 中，有

$$OB^2 + OE^2 = EB^2, \qquad ①$$

其中 $EO = \frac{\sqrt{6}}{2}$.

因为 $AB=5$,可设 AB 上的线段 $AE=x$(图 1.40),则 $ED=EB=5-x$,只需将 OB 用 x 表示出,也只需将 DB 用 x 表示出.

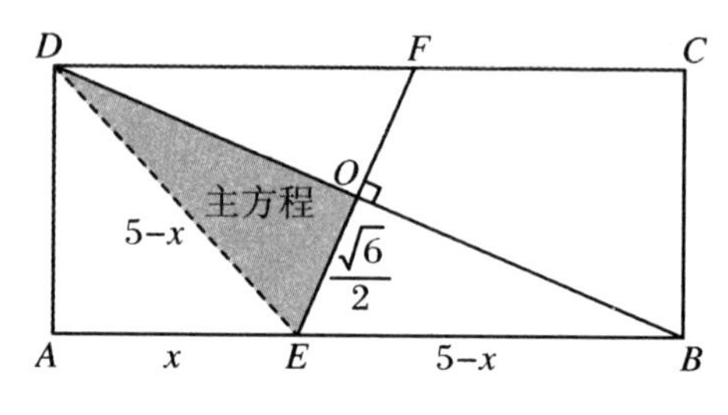

图 1.40

再考察 Rt△ABD,只需将 AD 用 x 表示出.再考察 Rt△ADE,只需将 DE 用 x 表示出,这利用 $DE=EB$(关键等量关系)即可.

在 Rt△ADE 中,有

$$AD=\sqrt{(5-x)^2-x^2}=\sqrt{25-10x},$$

在 Rt△ABD 中,有

$$BD=\sqrt{AD^2+AB^2}=\sqrt{50-10x},$$

所以 $BO=\frac{\sqrt{50-10x}}{2}$.

又 $EO=\frac{EF}{2}=\frac{\sqrt{6}}{2}$,将上述一些数值代入方程①,有

$$\left(\frac{\sqrt{50-10x}}{2}\right)^2+\left(\frac{\sqrt{6}}{2}\right)^2=(5-x)^2,$$

$$(x-2)(2x-11)=0,$$

但 $x<AB=5$,所以 $x=2$.

故 $BC=AD=\sqrt{25-10x}=\sqrt{5}$.

例 4 在正△ABC 中,P,Q 是 AB,AC 的中点,D 是 PQ 上任意一点,BD 交 AC 于点 E,CD 交 AB 于点 F,若 $\frac{1}{BF}+\frac{1}{CE}=6$,求正

$\triangle ABC$ 的边长.

分析与解 直接选择题给方程

$$\frac{1}{BF}+\frac{1}{CE}=6$$

为主方程,则只需将 BF,CE 都用正$\triangle ABC$ 的边长表示出.

不妨设正$\triangle ABC$ 的边长为 $2a$,但 BF 的长是不确定的,与点 D 的位置有关,从而还需要引入一个参数.

令 $PD=x$,则 $DQ=a-x$,作 $EG /\!/ BC$,交 AB 于点 G(图 1.41),记 $GE=y$,则 $AG=y$.

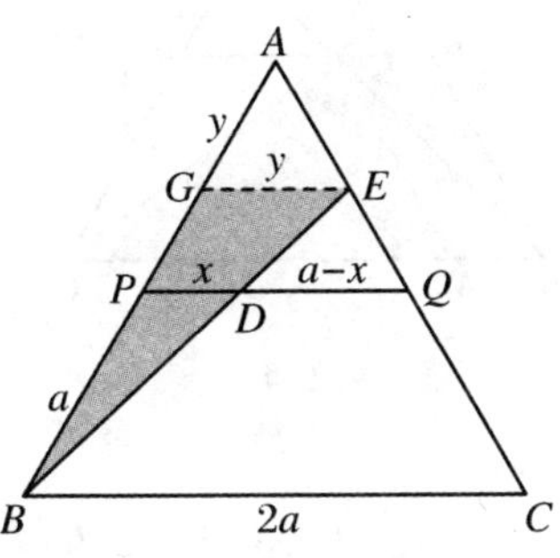

图 1.41

在 A 形 BGE-PD 中,由 $\frac{PD}{GE}=\frac{BP}{BG}$,得 $\frac{x}{y}=\frac{a}{2a-y}$,解得 $y=\frac{2ax}{a+x}$.

再在 A 形 ABC-EG 中,由

$$\frac{y}{2a-y}=\frac{AE}{EC},$$

得

$$\frac{1}{EC}=\frac{y}{y(2a-y)}=\frac{1}{2a-y}=\frac{a+x}{2a^2}.$$

由对称性,有

$$\frac{1}{BF}=\frac{a+(a-x)}{2a^2}=\frac{2a-x}{2a^2}\quad(将\ x\ 换成\ a-x).$$

代入主方程,得

$$\frac{2a-x}{2a^2}+\frac{a+x}{2a^2}=6,$$

解得 $a=\frac{1}{4}$,故正$\triangle ABC$ 的边长为 $2a=\frac{1}{2}$.

另解 我们将所有的“比”转移到同一直线上,便于建立联系.

作 $DM \parallel AB$，交 BC 于点 M，作 $DN \parallel AC$，交 BC 于点 N（图 1.42），则

$$DM = BP = CQ = DN，且 \angle MDN = \angle A = 60^\circ，$$

所以$\triangle DMN$ 是正三角形.

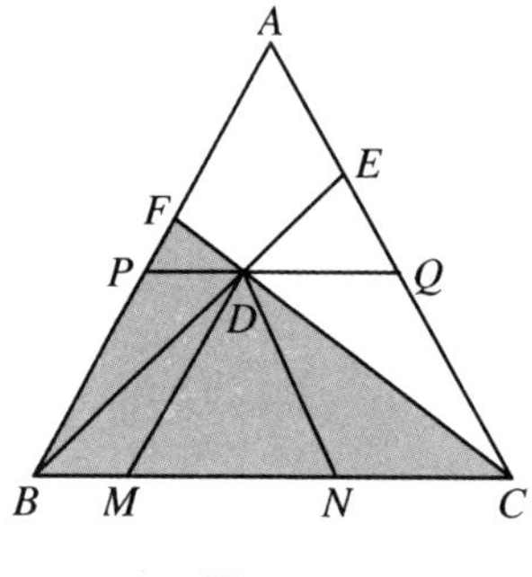

图 1.42

设 $BC = 2a$，则 $DM = DN = MN = a$.

在 A 形 $CFB\text{-}DM$ 中

$$\frac{DM}{BF} = \frac{CM}{CB}，\quad 即 \quad \frac{a}{BF} = \frac{CM}{2a}，$$

所以$\dfrac{1}{BF} = \dfrac{CM}{2a^2}$.

同理$\dfrac{1}{CE} = \dfrac{BN}{2a^2}$.

两式相加，得

$$6 = \frac{1}{BF} + \frac{1}{CE} = \frac{CM}{2a^2} + \frac{BN}{2a^2} = \frac{MN + NC}{2a^2} + \frac{BM + MN}{2a^2}$$

$$= \frac{BC + MN}{2a^2} = \frac{3a}{2a^2} = \frac{3}{2a}，$$

所以 $a = \dfrac{1}{4}$，故正$\triangle ABC$ 的边长为 $2a = \dfrac{1}{2}$.

例 5 已知 D 是$\triangle ABC$ 的边 AB 上一点，$AD : DB = 1 : 2$，$\angle A = 45^\circ$，$\angle BDC = 60^\circ$，求证：$\triangle CBD \backsim \triangle ABC$.

分析与证明 因为$\triangle CBD$ 与$\triangle ABC$ 中有公共角$\angle B$，所以只需证夹$\angle B$ 的两条边对应成比例.

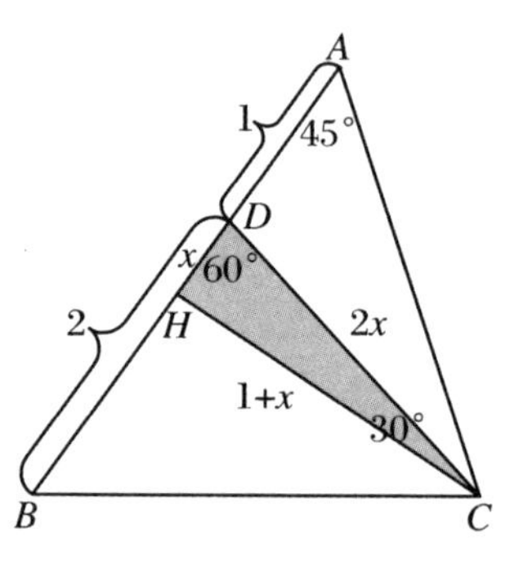

图 1.43

注意到条件中 45°，60°是两个特殊角，而最能发挥特殊角作用的是直角三角形，所以应构造含 45°或 60°的直角三角形：作 $CH \perp AB$ 于点 H（图 1.43）.

建立主方程：在 $\mathrm{Rt}\triangle CDH$ 中，有

$$CH^2 + DH^2 = CD^2. \qquad ①$$

不妨设 $AD=1$，则 $BD=2$，$AB=3$. 又设 $DH=x$，则由$\angle A=45^\circ$，有

$$CH = AH = 1 + x.$$

而$\angle CDH=60^\circ$，所以$\angle DCH=30^\circ$，故 $CD=2x$. 将上述一些数值代入方程①，得

$$(1+x)^2 + x^2 = (2x)^2,$$

解得 $x=\dfrac{\sqrt{3}+1}{2}$.

于是

$$BH = BD - DH = 2 - \frac{\sqrt{3}+1}{2} = \frac{3-\sqrt{3}}{2},$$

$$CH = 1 + \frac{\sqrt{3}+1}{2} = \frac{3+\sqrt{3}}{2},$$

$$BC^2 = BH^2 + CH^2 = \left(\frac{3-\sqrt{3}}{2}\right)^2 + \left(\frac{3+\sqrt{3}}{2}\right)^2 = 6,$$

故 $BC=\sqrt{6}$.

所以$\dfrac{BC}{AB}=\dfrac{\sqrt{6}}{3}=\dfrac{BD}{BC}$，而$\angle B$ 公共，故$\triangle CBD\backsim\triangle ABC$.

习 题 1

1. 设 $\log_{12}27=a$，求 $\log_6 16$.

2. 如图 1.44 所示，在$\triangle ABC$ 中，$AB=AC$，$AD=AE$，$\angle BAD=60^\circ$，求$\angle EDC$.

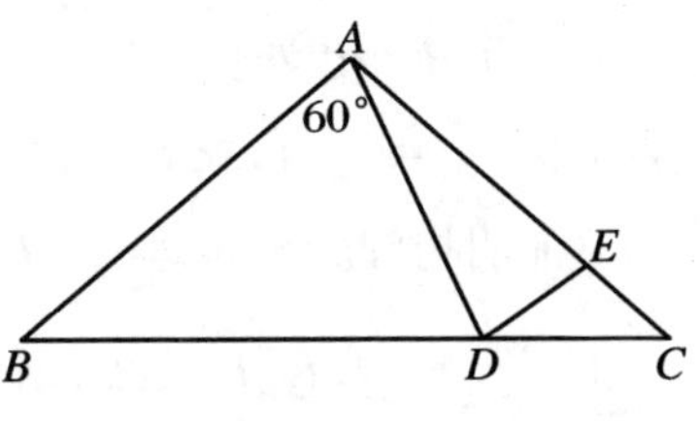

图 1.44

3. 如图 1.45 所示，设 P 是$\odot O$ 直径 AB 的延长线上的一点，PC 与$\odot O$ 相切于点 C，$\angle APC$ 的角平分线交 AC 于 Q，求$\angle PQC$.

4. 在$\triangle ABC$ 中，$AB=AC$，

点 D,E,F 分别在边 BC,CA,AB 上，且满足 $DE=EF=FD$（图1.46），求证：$\angle FDB=\dfrac{\angle AFE+\angle CED}{2}$.

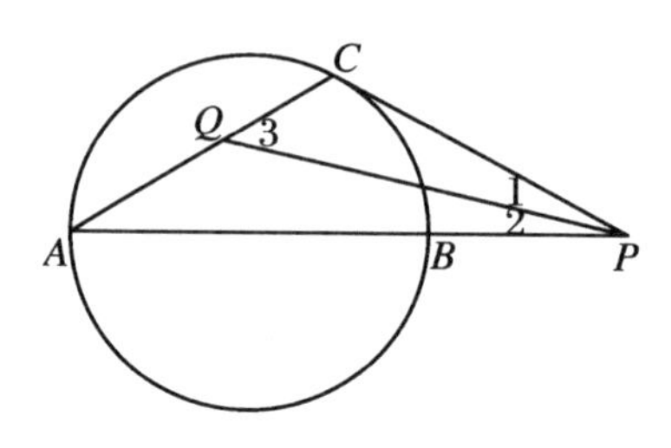

图 1.45

5. 如图1.47所示，设 P 是$\triangle ABC$ 的一个内点，延长 AP,BP,CP 与对边相交，a,b,c,d 分别表示各相应线段的长.已知 $a+b+c=43$，$d=3$，求 abc.（1988年美国数学邀请赛试题）

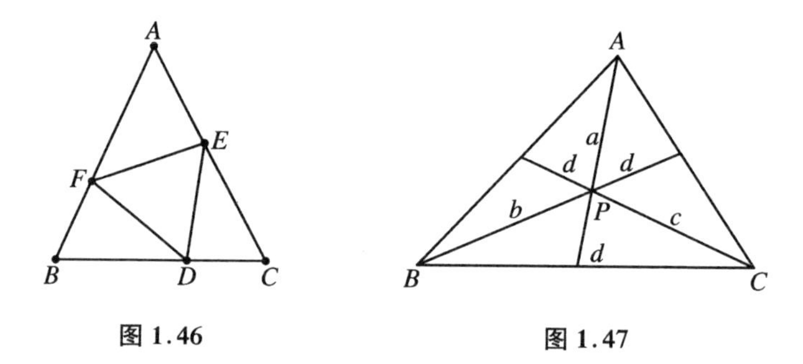

图 1.46　　　图 1.47

6. 在$\triangle ABC$ 中，$\angle C=90^\circ$，$AC=10$，$\sin B=\dfrac{5}{7}$，$FD\perp AB$ 于点 F，并且与边 BC 相交于点 E，与 AC 的延长线相交于点 D，连接 AE，$S_{\triangle BEF}:S_{\triangle DEC}=4:1$，求 $S_{\triangle AFE}:S_{\triangle ACE}$ 的值.

7. 证明梅涅劳斯定理：设 D,E,F 分别是$\triangle ABC$ 的边 BC,CA，AB 上的点，若 D,E,F 共线，则$\dfrac{AF}{FB}\cdot\dfrac{BD}{DC}\cdot\dfrac{CE}{EA}=1$.

8. 设点 X,Y,Z 在$\triangle ABC$ 内，使得$\angle YAC=\angle ZAB=\alpha$，

$\angle ZBA=\angle XBC=\beta$，$\angle XCB=\angle YCA=\gamma$（图 1.48）. 求证：$AX$，$BY$，$CZ$ 交于一点.

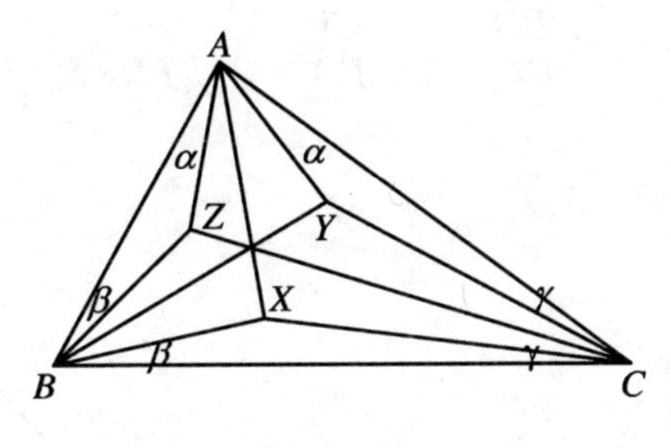

图 1.48

9. 过$\triangle ABC$ 的顶点 A，B，C 作其外接圆的切线，切线与对边的交点分别为 X，Y，Z（图 1.49），求证：X，Y，Z 共线.

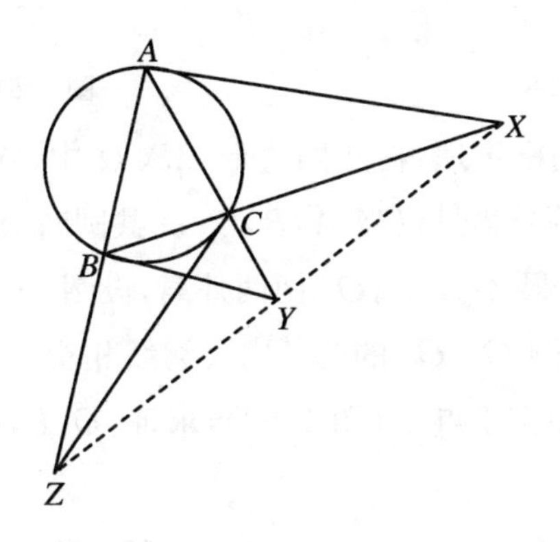

图 1.49

10. 在锐角$\triangle ABC$ 中，$\angle C$ 的角平分线交 AB 于点 L. 从点 L 作边 AC 和 BC 的垂线，垂足分别是点 M 和 N，设 AN 和 BM 的交点是 P. 证明：$CP\perp AB$.（2000 年保加利亚冬季数学奥林匹克十年级试题）

11. 在正$\triangle ABC$ 的边 BC，CA，AB 上分别有点 D，E，F（图 1.50），它们将所在边分成的比都是 $3:(n-3)$（$n>6$）. 若线段 AD，BE，CF 相交所成的三角形面积是正三角形面积的 $\frac{4}{49}$，求

n 的值.(1992 年日本数学奥林匹克预选赛试题)

12. 设 D,E,F 分别是$\triangle ABC$ 的边 BC,CA,AB 或延长线上的点(图 1.51),令$\frac{BD}{DC}=\lambda_1,\frac{CE}{EA}=\lambda_2,\frac{AF}{FB}=\lambda_3$,求证:$\frac{S_{\triangle DEF}}{S_{\triangle ABC}}=\frac{1+\lambda_1\lambda_2\lambda_3}{(1+\lambda_1)(1+\lambda_2)(1+\lambda_3)}$.

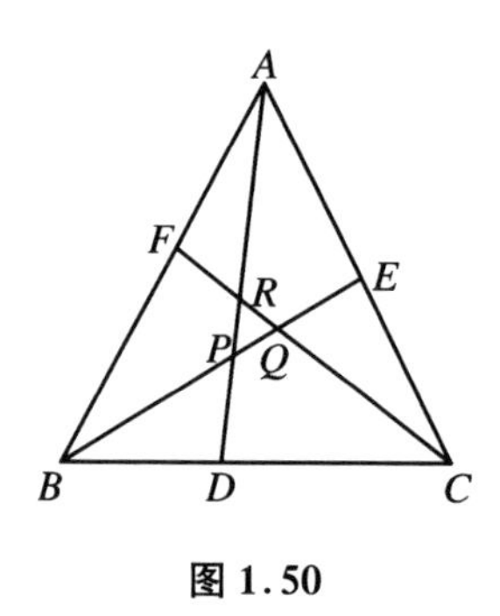

图 1.50

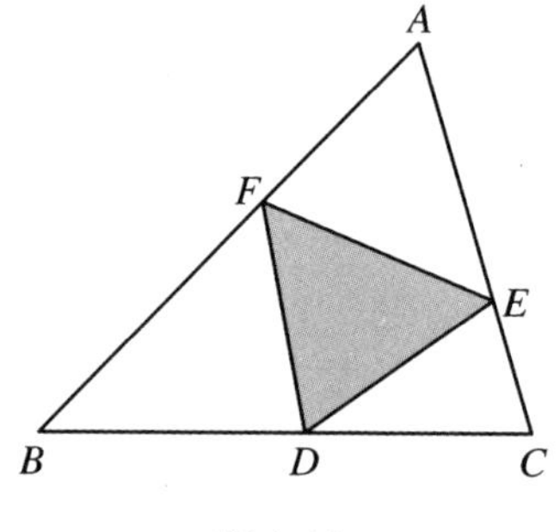

图 1.51

13. 证明托勒密定理:在凸四边形 $ABCD$ 中,$AC\cdot BD\leqslant AB\cdot CD+AD\cdot BC$,等号当且仅当 A,B,C,D 共圆时成立.

14. 已知三个圆 O_1,O_2,O_3 两两外离,设圆 O_2,O_3 的两条内公切线相交于点 P,圆 O_3,O_1 的两条内公切线相交于点 Q,圆 O_1,O_2 的两条内公切线相交于点 R(图 1.52),求证:O_1P,O_2Q,O_3R 交于一点.

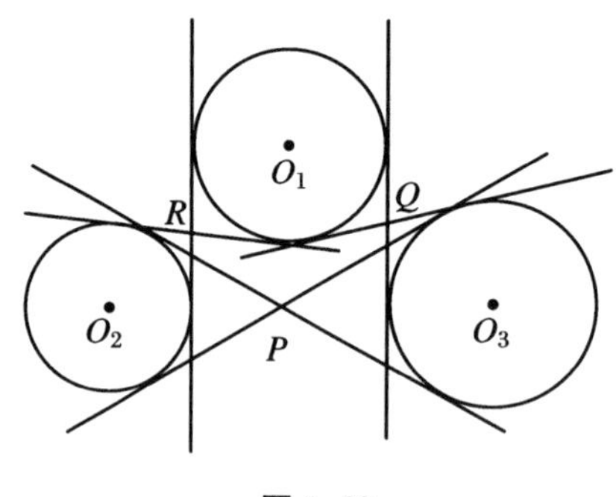

图 1.52

15. 设$\triangle ABC$ 是非等腰非直角三角形,点 O 是它的外接圆圆心,并且 A_1,B_1 和 C_1 分别是边 BC,CA 和 AB 的中点.点 A_2 在射线 OA_1 上,使得$\triangle OAA_1\backsim\triangle OA_2A$.点 B_2 和 C_2 分别在射线 OB_1 和 OC_1 上,使得$\triangle OBB_1\backsim\triangle OB_2B$ 和

$\triangle OCC_1 \backsim \triangle OC_2C$(图 1.53).试证:直线 AA_2,BB_2 和 CC_2 共点.(第 24 届美国数学奥林匹克试题)

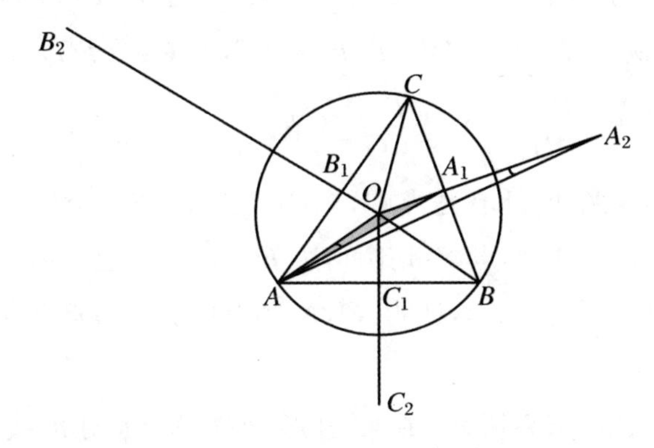

图 1.53

16. 已知$\triangle ABC$ 的内切圆分别切边 BC,CA,AB 于点 D,E,F,又 P 是$\triangle ABC$ 内任意一点,作直线 PA,交内切圆于两点,其中靠近 A 的一点为 X,类似定义点 Y,Z(图 1.54).求证:DX,EY,FZ 交于一点.

17. 在四边形 $ABCD$ 中,$\angle ABC = \angle ADC = 90°$,$P$ 是对角线 AC,BD 的交点,M,N 分别是边 AB,CD 上的点,满足 $DM \perp AC$,$BN \perp AC$(图 1.55).求证:M,N,P 三点共线.

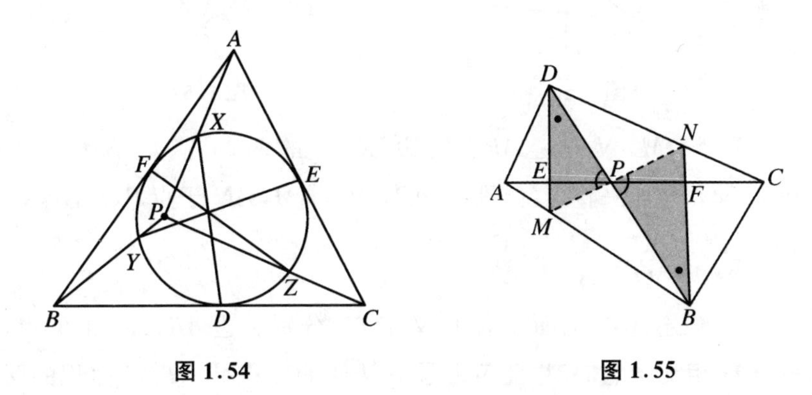

图 1.54 图 1.55

18. 凸四边形 $EFGH$ 的顶点 E,F,G,H 分别在凸四边形 $ABCD$

的边 AB，BC，CD，DA 上，满足 $\frac{AE}{EB}\times\frac{BF}{FC}\times\frac{CG}{GD}\times\frac{DH}{HA}=1$，而点 A，B，C，D 分别在凸四边形 $E_1F_1G_1H_1$ 的边 H_1E_1，E_1F_1，F_1G_1，G_1H_1 上，满足 $H_1E_1 \parallel HE$，$E_1F_1 \parallel EF$，$F_1G_1 \parallel FG$，$G_1H_1 \parallel GH$（图 1.56）. 已知 $\frac{E_1A}{AH_1}=\lambda$，求 $\frac{F_1C}{CG_1}$ 的值.

19. $\triangle ABC$ 的外心是点 O，内心是点 I，作一个旁切圆分别切 AB 和 AC 于 K，M 两点，旁切圆切边 BC 于点 N，已知线段 KM 的中点在 $\triangle ABC$ 的外接圆上，证明：O，N 和 I 共线.（2003 年俄罗斯数学奥林匹克）

20. 如图 1.57 所示，在四边形 $ABCD$ 中，对角线 AC 平分 $\angle BAD$，在 CD 上取点 E，BE 与 AC 相交于点 F，延长 DF，交 BC 于点 G，求证：$\angle GAC=\angle EAC$.（1999 年高中联赛）

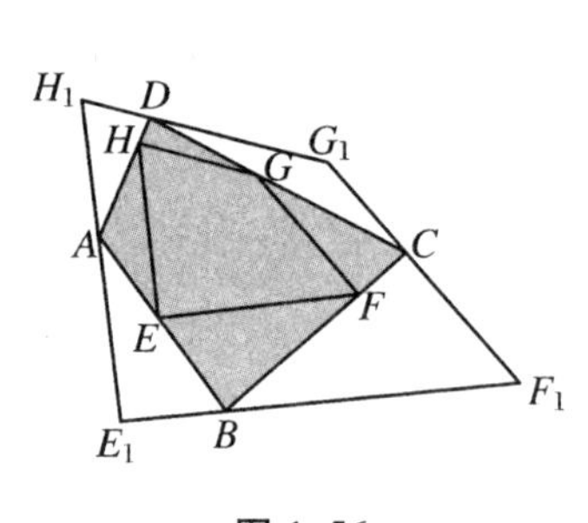

图 1.56

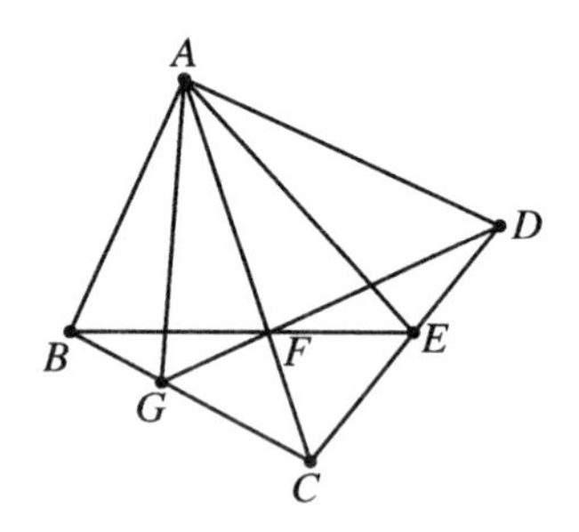

图 1.57

21. 设 M，N 是 $\triangle ABC$ 的边 BC 上的两点，满足 $BM=CN$（图 1.58）. 任作一直线，分别交 AB，AC，AM，AN 于点 P，Q，S，T. 求证：$\frac{AB}{AP}+\frac{AC}{AQ}=\frac{AM}{AS}+\frac{AN}{AT}$.

22. 设 $\triangle ABC$ 的面积为 1，又 D，E 分别是边 AB，AC 上的点，BE，CD 相交于点 P，并且四边形 $BCED$ 的面积是 $\triangle PBC$ 面积的两倍（图 1.59），求 $\triangle PDE$ 面积的最大值.（1992 年日本数学奥林匹克

试题）

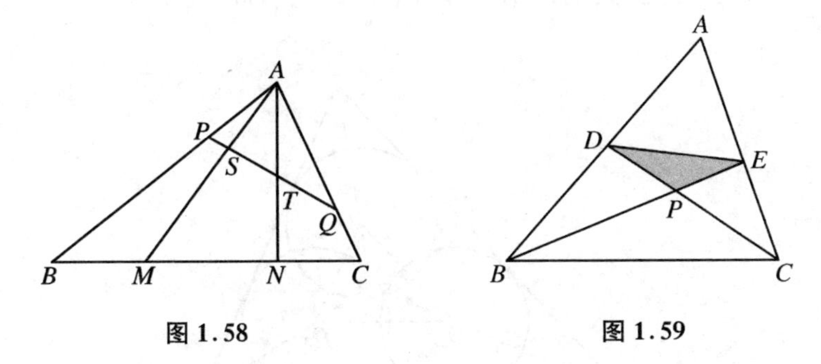

图 1.58　　图 1.59

23. 如图 1.60 所示，在凸四边形 $ABCD$ 中，对角线 AC 平分 $\angle BAD$，E 是 CD 延长线上一点（原题 E 在线段 CD 上），BE 交 AC 于点 G，DG 交 BC 延长线于点 F. 求证：$\angle FAC = \angle EAC$.（《数学教学》2001 年数学问题与解答栏的问题 526）

24. 已知 M 为 $\triangle ABC$ 内一点，由点 M 分别向 BC，CA，AB 作垂线，垂足分别为 A'，B'，C'，设垂足 $\triangle A'B'C'$ 的外心为点 O（图1.61）. 由 A，B，C 分别向 $B'C'$，$C'A'$，$A'B'$ 作垂线. 证明：这三条垂线交于一点 M'，且 O 是线段 MM' 的中点.

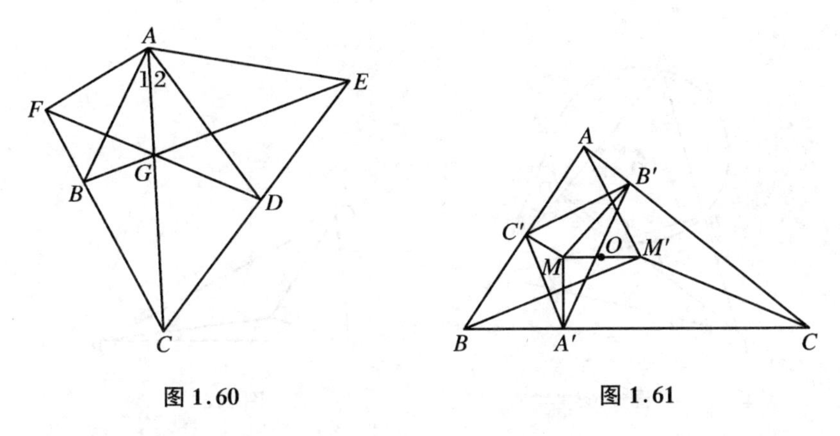

图 1.60　　图 1.61

25. 已知三个等圆有一公共点 O，并且都在一个已知三角形内，每一个圆与三角形的两条边相切(图 1.62).求证:这个三角形的内心 I、外心 K 与点 O 共线.(第 22 届国际数学奥林匹克试题)

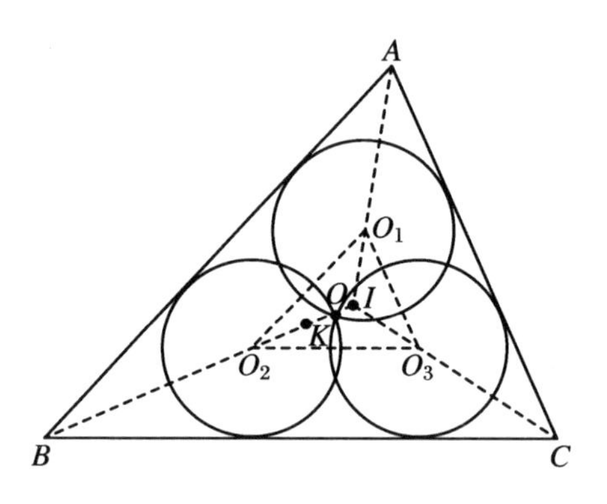

图 1.62

26. 设四边形 $ABCD$ 内接于圆,其边 AB 与 DC 延长交于点 P,AD,BC 延长交于点 Q.由点 Q 作该圆两条切线 QE,QF,切点分别为 E,F(图 1.63).求证:P,E,F 三点共线.(1997 年中国数学奥林匹克试题)

27. 设 D 是锐角$\triangle ABC$ 内部的一个点,使得$\angle ADB=\angle ACB+90^\circ$,并有 $AC\cdot BD=AD\cdot BC$(图 1.64).

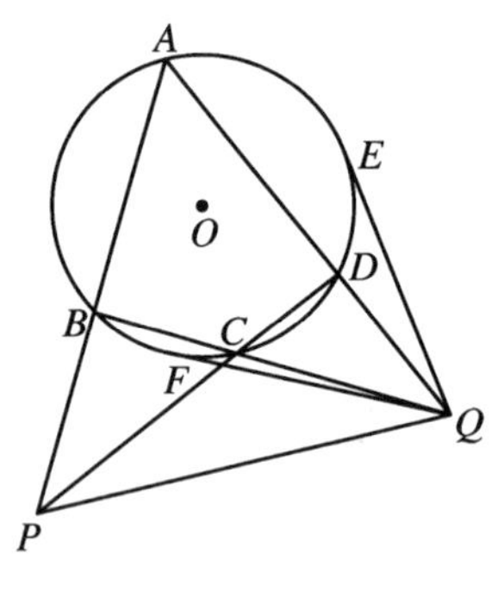

图 1.63

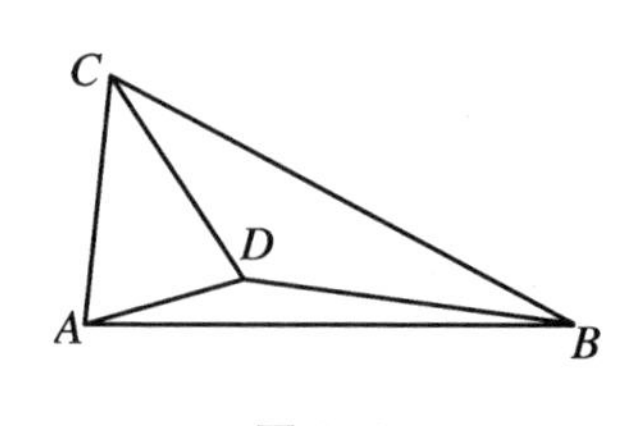

图 1.64

(1) 计算比值$\dfrac{AB \cdot CD}{AC \cdot BD}$;

(2) 求证:$\triangle ACD$ 的外接圆和$\triangle BCD$ 的外接圆在点C 的切线互相垂直.

(1993 年第 34 届国际数学奥林匹克试题)

28. 给定$\triangle ABC$,设 M,N,P 分别是BC,CA,AB 的内点,AM,BN,CP 交$\triangle ABC$ 外接圆于Q,R,S,试证:$\dfrac{AM}{MQ}+\dfrac{BN}{NR}+\dfrac{CP}{PS}\geqslant 9$.(《美国数学杂志》1993 年 3 月号问题 1402)

29. M 是以 AB 为直径的半圆 O 上的任意一点,M 在 AB 上的射影为N,以 NA,NB 为直径在半圆内作两个小半圆(图 1.65),求证:曲边$\triangle AMN$ 与曲边$\triangle BMN$ 的内切圆的半径相等.

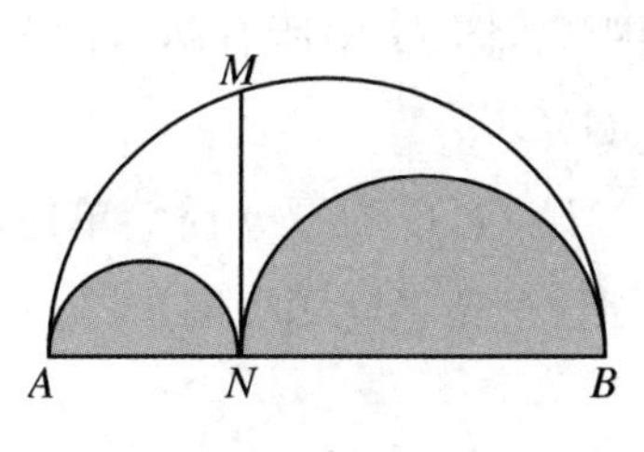

图 1.65

30. 假定 100 个人中的每一个人都知道一个消息,而且这 100 个消息都不相同.为了使所有的人都知道一切消息,他们一共至少要打多少个电话?

31. 将 n^2 个互不相等的数排成如下形式:

$$\begin{matrix} a_{11} & a_{12} & a_{13} & \cdots & a_{1n} \\ a_{21} & a_{22} & a_{23} & \cdots & a_{2n} \\ \vdots & \vdots & \vdots & & \vdots \\ a_{n1} & a_{n2} & a_{n3} & \cdots & a_{nn} \end{matrix}$$

先取每行的最大数,得到 n 个数,其中最小数为 x;再取每列的最小数,也得到 n 个数,其中最大数为 y.试比较 x 和 y 的大小.

32. 已知有 mn 个实数,排列成 $m\times n$ 阶数阵,记作$\{a_{ij}\}_{m\times n}$,使得数阵中的每一行从左到右都是递增的,即对任意的 $i=1,2,\cdots$,

m，当 $j_1<j_2$ 时，都有 $a_{ij_1}<a_{ij_2}$. 现将$\{a_{ij}\}_{m\times n}$的每一列原有的各数按照从上到下递增的顺序排列，形成一个新的 $m\times n$ 阶数阵，记作$\{a'_{ij}\}_{m\times n}$，即对任意的 $i=1,2,\cdots,m$，当 $j_1<j_2$ 时，都有 $a'_{i_1 j}<a'_{i_2 j}$. 试判断$\{a'_{ij}\}_{m\times n}$中每一行的 n 个数的大小关系，并说明理由.（2013年清华大学自主招生试题）

33. 记 $F=\max\limits_{1\leqslant x\leqslant 3}|x^3-ax^2-bx-c|$. 当 a,b,c 取遍所有实数时，求 F 的最小值.（2001年IMO中国国家集训队选拔考试试题）

34. 对图 G 中任意两点，连接它们的最短链的长度称为它们的距离，图 G 中所有两点间的距离的最大值称为 G 的直径，记为 $d(G)$.

设 $G,\overline{G}$ 都是 n 阶简单连通图，求 $d(G)+d(\overline{G})$的最大值.（第1期数学新星问题征解）

习题1解答

1. 目标 $\log_6 16$ 中以6为底的对数是复杂的，应分解为简单的常用对数，于是目标变为$\dfrac{\lg 16}{\lg 6}$.

同样的理由，条件可变为$\dfrac{\lg 27}{\lg 12}=a$.

这两者无法发生直接联系，但它们都可用“中间量”$\lg 2,\lg 3$ 表示，于是目标变为$\dfrac{4\lg 2}{\lg 2+\lg 3}$，条件变为$\dfrac{3\lg 3}{\lg 3+2\lg 2}=a$.

显然 $a\neq 0$，所以 $\lg 2=\dfrac{(3-a)\lg 3}{2a}$，于是

$$\log_6 16=\frac{\lg 16}{\lg 6}=\frac{4\lg 2}{\lg 2+\lg 3}=\frac{4\times\dfrac{(3-a)\lg 3}{2a}}{\dfrac{(3-a)\lg 3}{2a}+\lg 3}$$

$$= \frac{(12-4a)\lg 3}{(3-a)\lg 3+2a\lg 3} = \frac{12-4a}{3+a}.$$

另解:因为条件 $\log_{12}27=a$ 中,$27=3^3$ 是 3 的幂,而 $12=3\times 4$ 也含有 3,且目标 $\log_6 16$ 中 $6=3\times 2$ 含有 2,从而宜取 2 为底的对数(同样的理由,也可取 3 为底的对数).

因为

$$a = \log_{12}27 = \frac{\log_2 27}{\log_2 12} = \frac{3\log_2 3}{2+\log_2 3},$$

所以 $\log_2 3=\frac{2a}{3-a}$,故

$$\log_6 16 = \frac{\log_2 16}{\log_2 6} = \frac{4}{1+\log_2 3} = \frac{4}{1+\frac{2a}{3-a}} = \frac{12-4a}{3+a}.$$

2. 建立主方程:$\angle 1+\angle 2+\angle 3=180^\circ$(图 1.66).

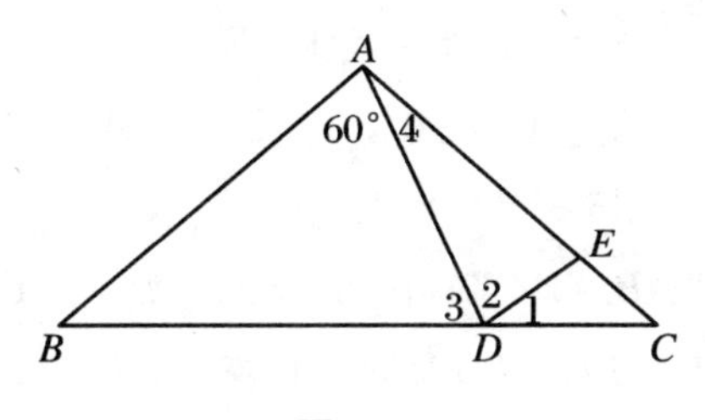

图 1.66

设 $\angle 4=2\alpha$,则

$$\angle 2 = \frac{1}{2}(180^\circ - 2\alpha) = 90^\circ - \alpha,$$

$$\angle B = \frac{1}{2}(180^\circ - 60^\circ - 2\alpha) = 60^\circ - \alpha,$$

于是

$$\angle 3 = 180^\circ - \angle B - 60^\circ = 60^\circ + \alpha,$$

代入主方程,得(α 被消去)$\angle 1=30^\circ$.

3. 如图 1.67 所示,连 BC,则 $\angle 3=\angle 2+\angle A$,于是只需求 $\angle 2+$

$\angle A$.

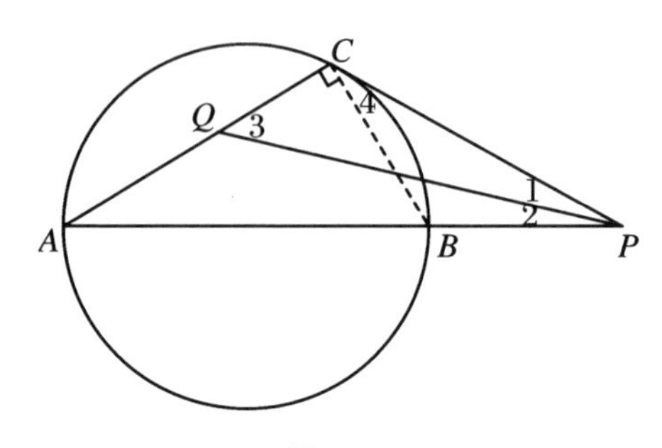

图 1.67

建立主方程：在$\triangle PAC$中，有

$$\angle A+\angle 1+\angle 2+\angle 4+90^\circ=180^\circ.$$

即

$$\angle A+\angle 1+\angle 2+\angle 4=90^\circ. \qquad ①$$

将$\angle 4=\angle A$，$\angle 1=\angle 2$代入式①，得

$$2\angle 2+2\angle A=90^\circ,\quad \angle 2+\angle A=45^\circ,$$

故$\angle 3=\angle 2+\angle A=45^\circ$.

4. 先看条件"$AB=AC$"的作用，得到$\angle B=\angle C$（主方程）.

再看条件"$DE=EF=FD$"的作用，有$\triangle DEF$的内角都是60°.

观察目标：$\angle 1+\angle 3=2\angle 2$（图 1.68），显然只需将主方程中的$\angle B$，$\angle C$用$\angle 1$，$\angle 2$，$\angle 3$表示.

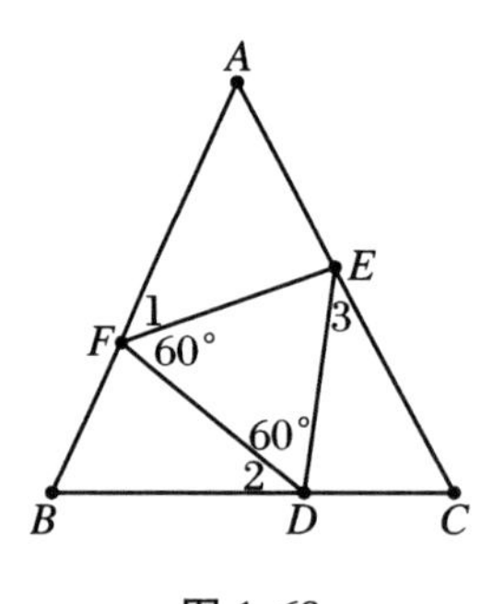

图 1.68

实际上，因为$\angle AFD$是$\triangle BDF$的外角，所以$\angle 1+60^\circ=\angle B+\angle 2$，即$\angle B=60^\circ+\angle 1-\angle 2$.

因为$\angle BDE$是$\triangle DCE$的外角，所以$\angle 2+60^\circ=\angle C+\angle 3$，即$\angle C=60^\circ+\angle 2-\angle 3$.

因为$\angle B=\angle C$，所以$60^\circ+\angle 1-\angle 2=$

$60^\circ+\angle 2-\angle 3$，故$\angle 2=\dfrac{\angle 1+\angle 3}{2}$，即$\angle FDB=\dfrac{\angle AFE+\angle CED}{2}$.

5. 因为 PA,PB,PC 将$\triangle ABC$ 分割为 3 个三角形，从而有主方程

$$\frac{S_{\triangle PAB}}{S_{\triangle ABC}}+\frac{S_{\triangle PBC}}{S_{\triangle ABC}}+\frac{S_{\triangle PCA}}{S_{\triangle ABC}}=1.$$

因为$\triangle PAB$ 与$\triangle ABC$ 有公共边 AB，于是$\dfrac{S_{\triangle PAB}}{S_{\triangle ABC}}=\dfrac{d}{c+d}$.

同理$\dfrac{S_{\triangle PBC}}{S_{\triangle ABC}}=\dfrac{d}{a+d}$，$\dfrac{S_{\triangle PCA}}{S_{\triangle ABC}}=\dfrac{d}{b+d}$，代入主方程，得

$$\frac{d}{c+d}+\frac{d}{a+d}+\frac{d}{b+d}=1.$$

整理得 $2d^3+(a+b+c)d^2-abc=0$，于是 $abc=2\times 3^3+43\times 3^2=441$.

6. 如图 1.69 所示，因为$\angle ACB=90^\circ$，$AC=10$，$\sin B=\dfrac{5}{7}$，所以 $AB=14$. 又$\triangle BEF\backsim\triangle DEC$，且 $S_{\triangle BEF}:S_{\triangle DEC}=4:1$，所以 $FE:EC=2:1$，因此可选择 $FE=2x$，$EC=x$ 为主元.

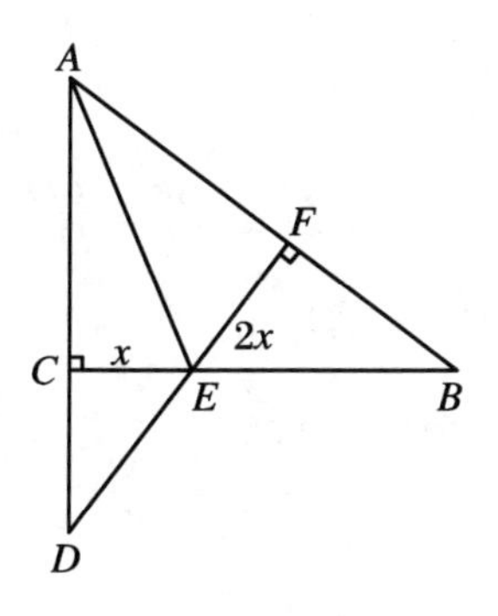

图 1.69

由 $\sin B=\dfrac{5}{7}$，得 $BE=\dfrac{14}{5}x$，于是

$$BC=BE+EC=\frac{14}{5}x+x=\frac{19}{5}x.$$

在 $\text{Rt}\triangle ABC$ 中，$AB=14$，$AC=10$，由勾股定理得

$$14^2=10^2+\left(\frac{19}{5}x\right)^2.$$

解得 $x=\dfrac{20\sqrt{6}}{19}$，于是 $EF=\dfrac{40\sqrt{6}}{19}$，$EC=\dfrac{20\sqrt{6}}{19}$，$EB=\dfrac{56\sqrt{6}}{19}$.

再由 $\text{Rt}\triangle BEF$ 得 $FB=\dfrac{96}{19}$，所以 $AF=AB-FB=\dfrac{170}{19}$，故

$$\frac{S_{\triangle AFE}}{S_{\triangle ACE}}=\frac{\frac{1}{2}AF\cdot EF}{\frac{1}{2}AC\cdot EC}=\frac{\frac{170}{19}\cdot\frac{40\sqrt{6}}{19}}{10\cdot\frac{20\sqrt{6}}{19}}=\frac{34}{19}.$$

7. 我们期望找到中间量 x,y,z,使

$$\frac{AF}{FB}=\frac{x}{y},\quad \frac{BD}{DC}=\frac{y}{z},\quad \frac{CE}{EA}=\frac{z}{x}.$$

想象保持比$\frac{AF}{FB}$不动,即取 $x=AF,y=FB$.现在要将其他比转移到 AB 上,以便找到 z.这沿直线 DEF 投影即可:过 C 作$CG/\!/DF$(图 1.70),交 AB 于点G,由此构造 A 形 $BCGDF$,从而可选择 z 为线段GF,得到 3 元循环比.

因为

$$\frac{BD}{DC}=\frac{FB}{GF},\quad \frac{CE}{EA}=\frac{GF}{AF},$$

所以

$$\frac{AF}{FB}\cdot\frac{BD}{DC}\cdot\frac{CE}{EA}=\frac{AF}{FB}\cdot\frac{FB}{GF}\cdot\frac{GF}{AF}=1.$$

8. 设 AX 交 BC 于点 D,BY 交 CA 于点 E,CZ 交 AB 于点 F(图 1.71),则目标变为$\frac{AF}{FB}\cdot\frac{BD}{DC}\cdot\frac{CE}{EA}=1$.

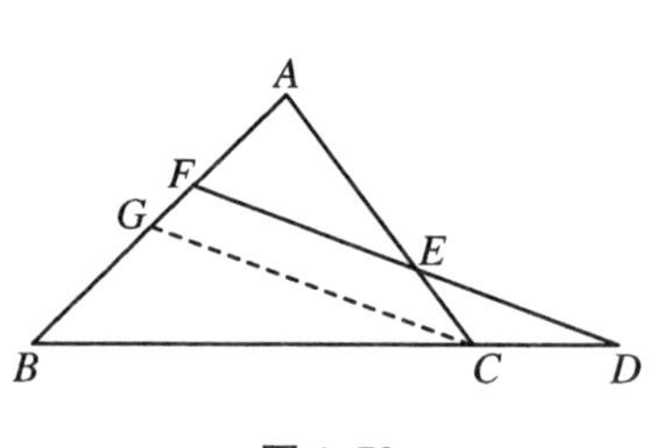

图 1.70

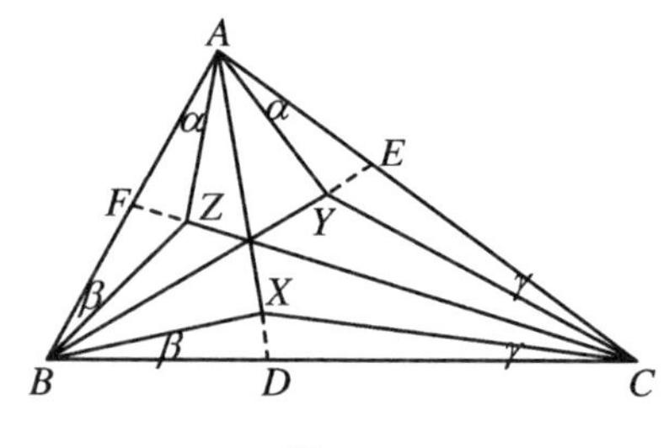

图 1.71

考察局部$\frac{BD}{DC}$.显然有

$$\frac{BD}{DC}=\frac{S_{\triangle ABX}}{S_{\triangle ACX}} \quad \text{（共边 } AX \text{ 的三角形）}$$

$$=\frac{AB\cdot BX\sin\angle ABX}{AC\cdot CX\sin\angle ACX} \quad \text{（面积公式）}$$

$$=\frac{AB\cdot\sin\gamma\sin(\angle ABC-\beta)}{AC\cdot\sin\beta\sin(\angle ACB-\gamma)} \quad \text{（}\triangle BCX\text{ 中利用正弦定理）}.$$

同理

$$\frac{CE}{EA}=\frac{BC\cdot\sin\alpha\sin(\angle ACB-\gamma)}{AB\cdot\sin\gamma\sin(\angle BAC-\alpha)},$$

$$\frac{AF}{FB}=\frac{CA\cdot\sin\beta\sin(\angle BAC-\alpha)}{BC\cdot\sin\alpha\sin(\angle ABC-\beta)},$$

三式相乘即证.

9. 只需证$\frac{BX}{XC}\cdot\frac{CY}{YA}\cdot\frac{AZ}{ZB}=1$.期望

$$\frac{BX}{XC}\cdot\frac{CY}{YA}\cdot\frac{AZ}{ZB}=\frac{x}{y}\cdot\frac{y}{z}\cdot\frac{z}{x}.$$

研究局部$\frac{BX}{XC}$.采用逼近策略：可先考虑怎样得到包含 BX，XC 的等式.观察 BX，XC 的位置，发现它们正好是圆的一条割线，从而由圆幂定理，有 $BX\cdot XC=XA^2$，进而$\frac{BX}{XC}=\frac{XA^2}{XC^2}$，此式轮换相乘，得

$$\frac{BX}{XC}\cdot\frac{CY}{YA}\cdot\frac{AZ}{ZB}=\frac{XA^2}{XC^2}\cdot\frac{YB^2}{YA^2}\cdot\frac{ZC^2}{ZB^2}.$$

没有得到“3 元循环比”，再研究局部$\frac{XA^2}{XC^2}$.观察 XA，XC 所在位置，它们是$\triangle XAC$ 的两边，不好构造 A 形、X 形，但可发现常见的相似形（图 1.72）：由于$\angle 1=\angle 2$，所以$\triangle XAC\backsim\triangle XBA$，其中注意 AC，AB 是$\triangle ABC$ 的两边（可轮换），于是选择含有 CA，AB 的相似比：$\frac{XA}{XC}$（目标中的比）$=\frac{AB}{CA}$（可轮换的比），所以$\frac{XA^2}{XC^2}=\frac{AB^2}{CA^2}$，轮换相

乘即证.

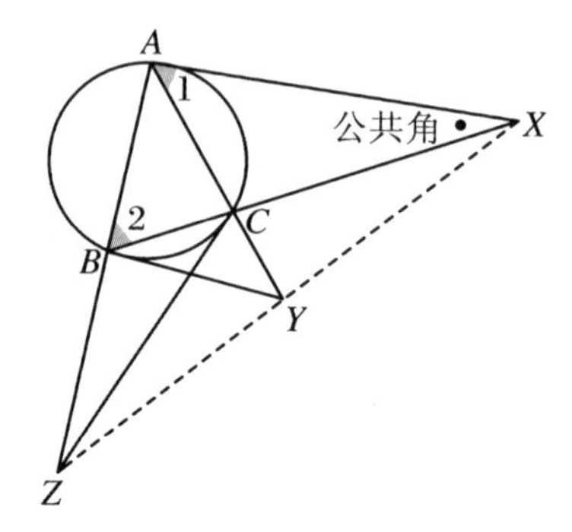

图 1.72

10. 证法 1：AN, BM, CP 为一组塞瓦三线组(延长即可)，从而问题是在塞瓦三线组中证明 $CP \perp AB$. 我们改变顺序(同一法)：作 $CH \perp AB$ 于点 H(图 1.73)，证 CH 过点 P. 这只需证 AN, BM, CH 是塞瓦三线组，于是目标变为 $\dfrac{AH}{HB} \cdot \dfrac{BN}{NC} \cdot \dfrac{CM}{MA} = 1$.

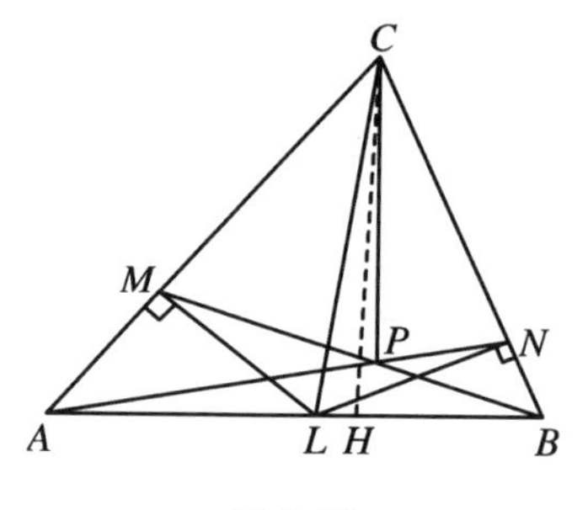

图 1.73

观察局部 $\dfrac{AH}{HB}$，发现在 $\triangle ABC$ 中(记 $\triangle ABC$ 内角分别为 $\angle A$，$\angle B$，$\angle C$)，CH 为高，所以 $\dfrac{AH}{HB} = \dfrac{AH/CH}{HB/CH} = \dfrac{\cot A}{\cot B}$；

同理,在$\triangle CLB$中,LN为高,$\dfrac{BN}{NC}=\dfrac{\cot B}{\cot\dfrac{C}{2}}$;

在$\triangle CLA$中,LM为高,$\dfrac{CM}{MA}=\dfrac{\cot\dfrac{C}{2}}{\cot A}$.

三式相乘,得$\dfrac{AH}{HB}\cdot\dfrac{BN}{NC}\cdot\dfrac{CM}{MA}=1$.

由塞瓦定理,AN,BM,CH共点,于是点P在CH上,故$CP\perp AB$.

证法2:设$CH\perp AB$于点H(图1.74),证CH过点P,从而只需证CH,AN,BM是塞瓦三线组,即证$\dfrac{\sin\angle 1}{\sin\angle 2}\cdot\dfrac{\sin\angle 3}{\sin\angle 4}\cdot\dfrac{\sin\angle 5}{\sin\angle 6}=1$.

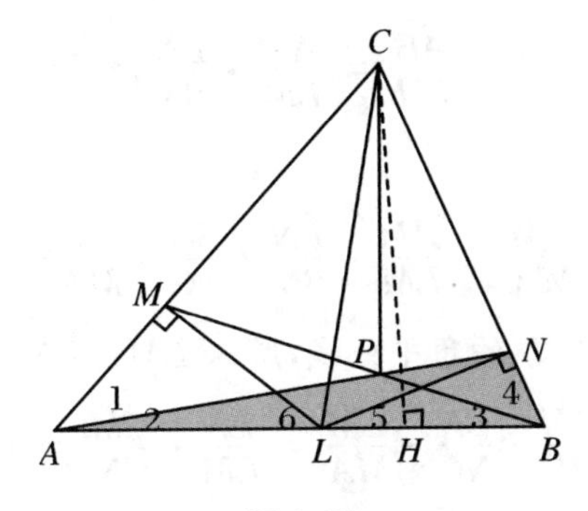

图 1.74

考察$\dfrac{\sin\angle 1}{\sin\angle 2}$,可转化为$\triangle ANC$与$\triangle ANB$的面积比(利用点$N$的性质:与$B$,$C$共线),$S_{\triangle ANC}=\dfrac{1}{2}AN\cdot AC\sin\angle 1$,$S_{\triangle ANB}=\dfrac{1}{2}AN\cdot AB\sin\angle 2$,两式相除,得

$$\frac{\sin\angle 1}{\sin\angle 2}=\frac{AB\cdot S_{\triangle ANC}}{AC\cdot S_{\triangle ANB}}=\frac{AB\cdot NC}{AC\cdot NB}\text{(共底 }AN\text{)}.$$

同理

$$\frac{\sin\angle 4}{\sin\angle 3}=\frac{BA\cdot MC}{BC\cdot MA}\quad (A,B\text{ 交换},N,M\text{ 交换}),$$

$$\frac{\sin\angle 5}{\sin\angle 6}=\frac{BN/LB}{AM/AL}=\frac{BN\cdot AL}{AM\cdot BL}=\frac{BN\cdot AC}{AM\cdot BC}\quad(\text{角平分线}).$$

所以

$$\frac{\sin\angle 1}{\sin\angle 2}\cdot\frac{\sin\angle 3}{\sin\angle 4}\cdot\frac{\sin\angle 5}{\sin\angle 6}=\frac{AB\cdot NC}{AC\cdot NB}\cdot\frac{BC\cdot AM}{AB\cdot MC}\cdot\frac{BN\cdot AC}{AM\cdot BC}=1.$$

证法3：作 $CH\perp AB$ 于点 H，因为 $\angle A$ 公共，所以 $\mathrm{Rt}\triangle AML\backsim\mathrm{Rt}\triangle AHC$，故 $\frac{AH}{CH}=\frac{AM}{LM}$.

同理（A,B 交换，M,N 交换），$\frac{BH}{CH}=\frac{BN}{LN}$（利用相似形转移比）.

两式相除，得

$$\frac{AH}{BH}=\frac{AM}{LM}\cdot\frac{LN}{BN},$$

所以

$$\frac{AH}{HB}\cdot\frac{BN}{NC}\cdot\frac{CM}{MA}=\frac{AM}{LM}\cdot\frac{LN}{BN}\cdot\frac{BN}{NC}\cdot\frac{CM}{MA}=\frac{LN}{LM}\cdot\frac{CM}{CN}.$$

又 CL 是 $\angle ACB$ 的角平分线，所以 $LM=LN$，$CM=CN$，故

$$\frac{AH}{HB}\cdot\frac{BN}{NC}\cdot\frac{CM}{MA}=\frac{LN}{LM}\cdot\frac{CM}{CN}=1.$$

11. 因为 $\triangle ADC$ 被直线 BE 所截，所以由梅涅劳斯定理，知 $\frac{AP}{PD}\cdot\frac{DB}{BC}\cdot\frac{CE}{EA}=1$，即 $\frac{AP}{PD}\cdot\frac{3}{n}\cdot\frac{3}{n-3}=1$，所以 $\frac{AP}{AD}=\frac{n(n-3)}{n(n-3)+9}$.

于是

$$S_{\triangle ABP}=\frac{n(n-3)}{n(n-3)+9}S_{\triangle ABD}=\frac{n(n-3)}{n(n-3)+9}\cdot\frac{3}{n}S_{\triangle ABC}$$
$$=\frac{3(n-3)}{n(n-3)+9}S_{\triangle ABC}.$$

同理

$$S_{\triangle BCQ}=\frac{3(n-3)}{n(n-3)+9}S_{\triangle ABC},\quad S_{\triangle CAR}=\frac{3(n-3)}{n(n-3)+9}S_{\triangle ABC},$$

所以

$$\begin{aligned}S_{\triangle PQR}&=S_{\triangle ABC}-(S_{\triangle ABP}+S_{\triangle BCQ}+S_{\triangle CAR})\\&=S_{\triangle ABC}-3\cdot\frac{3(n-3)}{n(n-3)+9}S_{\triangle ABC},\end{aligned}$$

即

$$\frac{4}{49}S_{\triangle ABC}=S_{\triangle ABC}-3\cdot\frac{3(n-3)}{n(n-3)+9}S_{\triangle ABC},$$

故

$$\frac{4}{49}=1-3\cdot\frac{3(n-3)}{n(n-3)+9},$$

整理得 $5n^2-64n+192=0$，即 $(5n-24)(n-8)=0$.

由于 $n>6$，所以 $n=8$.

12. 因为 $\lambda_1,\lambda_2,\lambda_3$ 都是 $\triangle ABC$ 三边上的线段的比，因此，应将 $\triangle DEF$ 的面积用 $\triangle ABC$ 三边上的线段比来表示，这只需将 $\triangle DEF$ 的面积用 $\triangle ADF,\triangle BDE,\triangle CEF$ 的面积来表示即可.

因为

$$S_{\triangle DEF}=S_{\triangle ABC}-S_{\triangle AEF}-S_{\triangle BDF}-S_{\triangle CDE},$$

所以

$$\begin{aligned}\frac{S_{\triangle DEF}}{S_{\triangle ABC}}&=1-\frac{S_{\triangle AEF}}{S_{\triangle ABC}}-\frac{S_{\triangle BDF}}{S_{\triangle ABC}}-\frac{S_{\triangle CDE}}{S_{\triangle ABC}}\\&=1-\frac{AF\cdot AE}{AB\cdot AC}-\frac{BD\cdot BF}{BC\cdot BA}-\frac{CD\cdot CE}{CB\cdot CA}.\end{aligned}\qquad ①$$

考察 $\frac{AF\cdot AE}{AB\cdot AC}$，其中 $\frac{AF}{FB}=\lambda_3$，所以 $\frac{AF}{AB}=\frac{\lambda_3}{\lambda_3+1}$.

又 $\frac{CE}{EA}=\lambda_2$，即 $\frac{EA}{CE}=\frac{1}{\lambda_2}$，所以 $\frac{AE}{AC}=\frac{1}{1+\lambda_2}$.

于是

$$\frac{AF \cdot AE}{AB \cdot AC}=\frac{\lambda_3}{\lambda_3+1}\cdot\frac{1}{1+\lambda_2}=\frac{\lambda_3}{(1+\lambda_2)(1+\lambda_3)}.$$

同理

$$\frac{BD \cdot BF}{BC \cdot BA}=\frac{\lambda_1}{(1+\lambda_3)(1+\lambda_1)},\quad \frac{CD \cdot CE}{CB \cdot CA}=\frac{\lambda_2}{(1+\lambda_1)(1+\lambda_2)}.$$

将它们代入式①，得

$$\frac{S_{\triangle DEF}}{S_{\triangle ABC}}=\frac{1+\lambda_1\lambda_2\lambda_3}{(1+\lambda_1)(1+\lambda_2)(1+\lambda_3)}.$$

13. 先考虑如何构造 $AB \cdot CD$，我们期望选择中间量 x,y，通过比例式 $\frac{AB}{x}=\frac{y}{CD}$ 来产生 $AB \cdot CD=xy$.

为此，考察分别以 AB，CD 为一边的两个三角形 ABC 与 ACD，我们期望将其中一个三角形割补成与另一个三角形相似.

如图 1.75 所示，对角线 AC 分 $\angle A$ 为两部分，不妨设 $\angle CAB>\angle CAD$，在 $\angle CAB$ 内作射线 EA，使 $\angle 2=\angle 1$，在射线 EA 上取点 E，使 $\angle 3=\angle 4$（并不要求点 E 在四边形 $ABCD$ 内），则 $\triangle ACD \backsim \triangle ABE$，所以 $\frac{AB}{AC}=\frac{BE}{CD}=\frac{AE}{AD}$.

由 $\frac{AB}{AC}=\frac{BE}{CD}$，得

$$AB \cdot CD=AC \cdot BE \quad (\text{构造目标等式中的 } AB \cdot CD). \qquad ①$$

此外，由“两边夹角”可得另一对相似三角形(图 1.76).

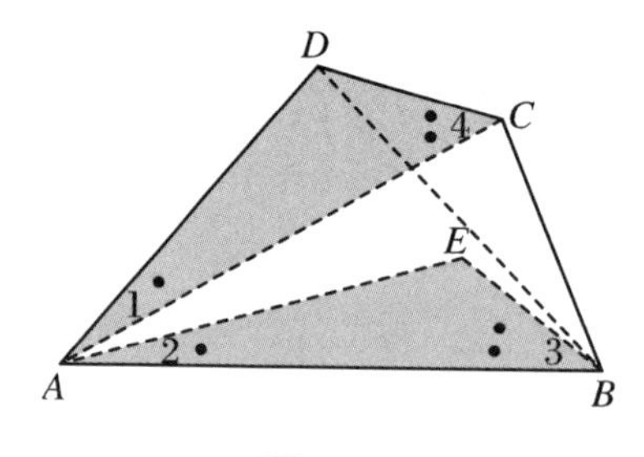

图 1.75

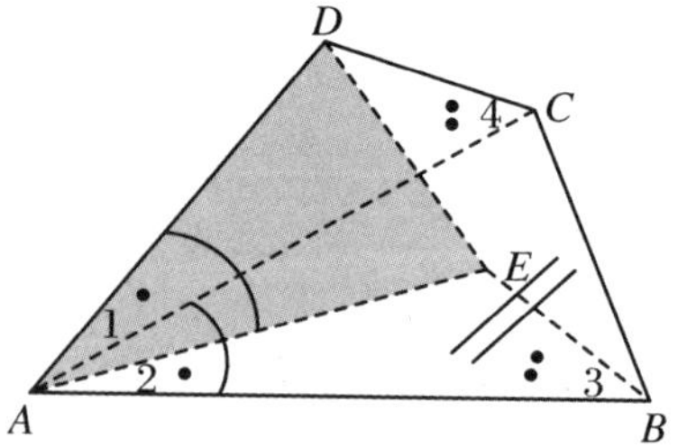

图 1.76

由$\dfrac{AB}{AC}=\dfrac{AE}{AD}$，且$\angle CAB=\angle DAE$，得$\triangle ACB\backsim\triangle ADE$，于是$\dfrac{BC}{DE}=\dfrac{AB}{AE}=\dfrac{AC}{AD}$，有

$$BC\cdot AD=AC\cdot ED\ \text{（构造目标等式中的}\ BC\cdot AD\text{）}.\qquad ②$$

①+②，得

$$AB\cdot CD+AD\cdot BC=AC(BE+ED)\geqslant AC\cdot BD,$$

当且仅当点E在BD上时等号成立，此时$\angle ABD=\angle 3=\angle 4$，即$A$，$B$，$C$，$D$共圆.

14. 对于多圆问题，连心线是自然的辅助线，考察$\triangle O_1O_2O_3$，由圆的性质，P，Q，R分别在其边O_2O_3，O_3O_1，O_1O_2上.

由塞瓦定理，只需证$\dfrac{O_1R}{RO_2}\cdot\dfrac{O_2P}{PO_3}\cdot\dfrac{O_3Q}{QO_1}=1$.

现在利用X形转移比为r_1，r_2，r_3的3元循环比：$f(r_1,r_2,r_3)=\dfrac{r_1}{r_2}\cdot\dfrac{r_2}{r_3}\cdot\dfrac{r_3}{r_1}$.

设圆O_1，O_2，O_3的半径分别为r_1，r_2，r_3，又设圆O_1，O_2的一条内公切线与圆O_1，O_2的切点分别为A，B（图1.77），则$O_1A\perp AB$，$O_2B\perp AB$，所以$O_1A\parallel O_2B$.

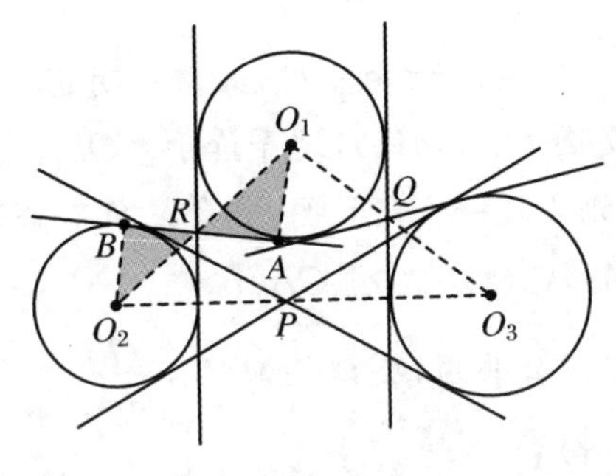

图1.77

在X形 AO_1BO_2 中，$\dfrac{O_1R}{RO_2}=\dfrac{O_1A}{BO_2}=\dfrac{r_1}{r_2}$. 同理 $\dfrac{O_2P}{PO_3}=\dfrac{r_2}{r_3}$，$\dfrac{O_3Q}{QO_1}=\dfrac{r_3}{r_1}$，于是 $\dfrac{O_1R}{RO_2}\cdot\dfrac{O_2P}{PO_3}\cdot\dfrac{O_3Q}{QO_1}=1$，所以 O_1P，O_2Q，O_3R 交于一点.

15. 先直观猜想，$\triangle ABC$ 是 $\triangle A_2B_2C_2$ 的塞瓦三角形，这包括两个方面的内容：

(1) A，B，C 分别在 B_2C_2，C_2A_2，A_2B_2 上；

(2) $\dfrac{B_2A}{AC_2}\cdot\dfrac{C_2B}{BA_2}\cdot\dfrac{A_2C}{CB_2}=1$.

先证(1)：连 A_2B_2，B_2C_2，C_2A_2（图 1.78）.

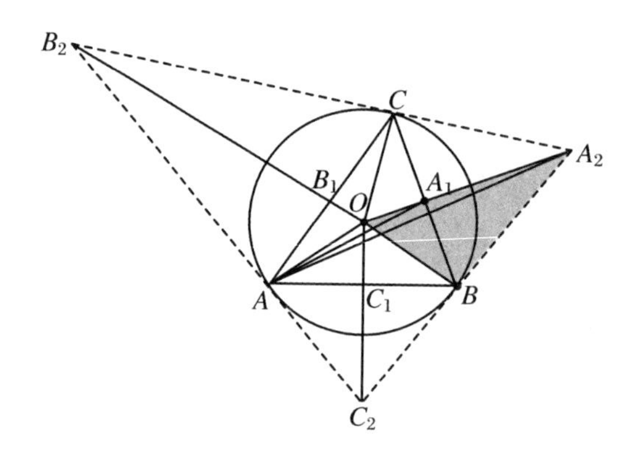

图 1.78

为证明点 B 在 C_2A_2 上，由直观，只需证明 BA_2 是圆 O 的切线（由对称性，BC_2 是圆 O 的切线），这等价于 $\angle OBA_2=90^\circ$.

想象它成立，则发现一个定式图：直角三角形斜边上的高产生的相似形（$BA_1\perp OA_2$）$\triangle OBA_2\backsim\triangle OA_1B$.

这两个三角形有公共角，要证相似只需 $\dfrac{OB}{OA_1}=\dfrac{OA_2}{OB}$，将其中 OB 换作 OA，得 $\dfrac{OA}{OA_1}=\dfrac{OA_2}{OA}$，这恰好是题设条件中的相似比.

因为 $\triangle OAA_1\backsim\triangle OA_2A$，所以 $\dfrac{OA}{OA_1}=\dfrac{OA_2}{OA}$，而 $OA=OB$，所以

$\frac{OB}{OA_1}=\frac{OA_2}{OB}$.

又$\angle BOA_1$公共，由此得到另一对相似三角形：$\triangle OBA_2 \backsim \triangle OA_1B$，$\angle OBA_2=\angle OA_1B=90^\circ$，所以$A_2B$和圆$O$相切．同理$A_2C$与圆$O$相切，于是$A_2B=A_2C$，同理$B_2C=B_2A$，$C_2A=C_2B$（圆$O$是$\triangle A_2B_2C_2$的外接圆），所以$\frac{B_2A}{AC_2}\cdot\frac{C_2B}{BA_2}\cdot\frac{A_2C}{CB_2}=1$，由塞瓦定理，得$A_2A$，$B_2B$，$C_2C$共点．

16．因为DX，EY，FZ分别是$\triangle DEF$的顶点引出的3条直线，于是想到在$\triangle DEF$中塞瓦定理的角元形式（因为X，Y，Z不在其边上）．

设$\angle FDX=\alpha_1$，$\angle XDE=\alpha_2$，$\angle DEY=\alpha_3$，$\angle YEF=\alpha_4$，$\angle EFZ=\alpha_5$，$\angle ZFD=\alpha_6$，$\angle BAP=\beta_1$，$\angle PAC=\beta_2$，$\angle ACP=\beta_3$，$\angle PCB=\beta_4$，$\angle CBP=\beta_5$，$\angle PBA=\beta_6$（图1.79）．

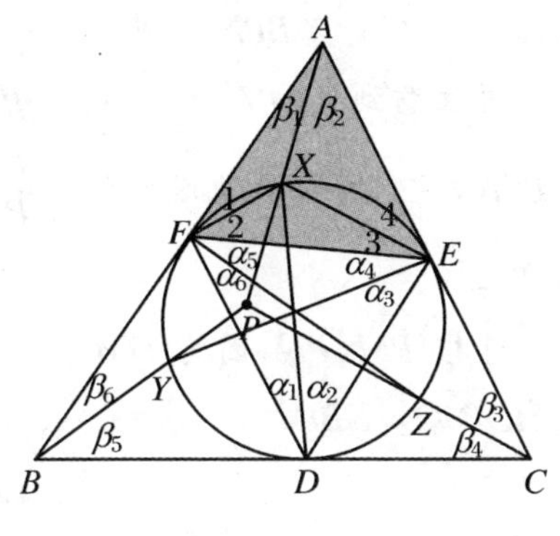

图 1.79

如何建立目标与条件的联系？思考局部$\frac{\sin\alpha_1}{\sin\alpha_2}$，发现$\alpha_1$，$\alpha_2$可利用圆的性质转移到与条件中的量$\beta_1$，$\beta_2$在同一个$\triangle AFE$中．

$\alpha_1=\angle 3$（同弧）$=\angle 1$（弦切角），　$\alpha_2=\angle 2=\angle 4$.

而在$\triangle AEF$中，因为AX，EX，FX交于一点，于是$\frac{\sin\beta_1}{\sin\beta_2}\cdot\frac{\sin\alpha_2}{\sin\alpha_1}\cdot\frac{\sin\alpha_2}{\sin\alpha_1}=1$，所以

$$\frac{\sin\alpha_1}{\sin\alpha_2}=\sqrt{\frac{\sin\beta_1}{\sin\beta_2}}.$$

同理

$$\frac{\sin\alpha_3}{\sin\alpha_4}=\sqrt{\frac{\sin\beta_3}{\sin\beta_4}},\quad \frac{\sin\alpha_5}{\sin\alpha_6}=\sqrt{\frac{\sin\beta_5}{\sin\beta_6}}.$$

三式相乘，得

$$\frac{\sin\alpha_1}{\sin\alpha_2}\cdot\frac{\sin\alpha_3}{\sin\alpha_4}\cdot\frac{\sin\alpha_5}{\sin\alpha_6}=\sqrt{\frac{\sin\beta_1}{\sin\beta_2}}\cdot\sqrt{\frac{\sin\beta_3}{\sin\beta_4}}\cdot\sqrt{\frac{\sin\beta_5}{\sin\beta_6}}.$$

又 AP,BP,CP 交于一点，有$\frac{\sin\beta_1}{\sin\beta_2}\cdot\frac{\sin\beta_3}{\sin\beta_4}\cdot\frac{\sin\beta_5}{\sin\beta_6}=1$，于是$\frac{\sin\alpha_1}{\sin\alpha_2}\cdot\frac{\sin\alpha_3}{\sin\alpha_4}\cdot\frac{\sin\alpha_5}{\sin\alpha_6}=1$，由塞瓦定理的角元形式知 DX,EY,FZ 交于一点.

17. 要证 M,N,P 三点共线，因为有 D,P,B 三点共线，所以只需证$\angle DPM=\angle BPN$.

再注意到 $DM/\!/BN$，有$\angle MDP=\angle NBP$，所以必有$\triangle DPM\backsim\triangle BPN$，这只需证夹边成比例：$\frac{BP}{DP}=\frac{BN}{DM}$，利用面积法向原始线段转移可证.

连接 PM,PN，因为 $DM\perp AC,BN\perp AC$，所以 $DM/\!/BN$，所以$\angle MDP=\angle NBP$.

又

$$\frac{BP}{DP}=（两侧加入\ A,C）\frac{S_{\triangle ABC}}{S_{\triangle ADC}}=\frac{AB\cdot BC}{AD\cdot DC}（向原始线段转移）. \quad ①$$

对于$\frac{BN}{DM}$，分别加入 A,C（边界转移），设 DM,BN 分别交AC 于点E,F，则有$\frac{BN}{DM}=\frac{S_{\triangle NBC}}{S_{\triangle MAD}}\cdot\frac{AE}{CF}$.

又由$\angle ABC=\angle ADC=90^\circ$，有$\angle DAM,\angle BCN$ 互补，得$\frac{S_{\triangle NBC}}{S_{\triangle MAD}}=\frac{NC\cdot BC}{AM\cdot AD}$. 于是

$$\frac{BN}{DM}=\frac{S_{\triangle NBC}}{S_{\triangle MAD}}\cdot\frac{AE}{CF}=\frac{NC\cdot BC}{AM\cdot AD}\cdot\frac{AE}{CF}. \quad ②$$

下面消去 NC，AE，AM，CF，其中 NC，CF 组成 Rt$\triangle CNF$，AE，AM 组成 Rt$\triangle AEM$.

由 Rt$\triangle CNF \backsim$ Rt$\triangle CAD$（直角三角形中截小直角三角形），得 $\dfrac{CN}{CF}=\dfrac{CA}{CD}$；

由 Rt$\triangle AME \backsim$ Rt$\triangle ACB$（直角三角形中截小直角三角形），得 $\dfrac{AE}{AM}=\dfrac{AB}{AC}$.

代入式②，得

$$\frac{BN}{DM}=\frac{AB\cdot BC}{AD\cdot DC}. \qquad ③$$

由式①和式③，得 $\dfrac{BP}{DP}=\dfrac{BN}{DM}$，所以 $\triangle DPM \backsim \triangle BPN$.

因此 $\angle DPM=\angle BPN$，而 D，P，B 三点共线，故 M，N，P 三点共线.

18. 由条件中的局部比：$\dfrac{AE}{EB}$，$\dfrac{BF}{FC}$，想到 EFO 截 $\triangle ABC$（图 1.80），于是设 EF 与 AC 交于点 O，则由梅涅劳斯定理，得 $\dfrac{AE}{EB}\times\dfrac{BF}{FC}\times\dfrac{CO}{OA}=1$，结合条件知 $\dfrac{CG}{GD}\times\dfrac{DH}{HA}\times\dfrac{AO}{OC}=1$，于是 GH 过点 O.

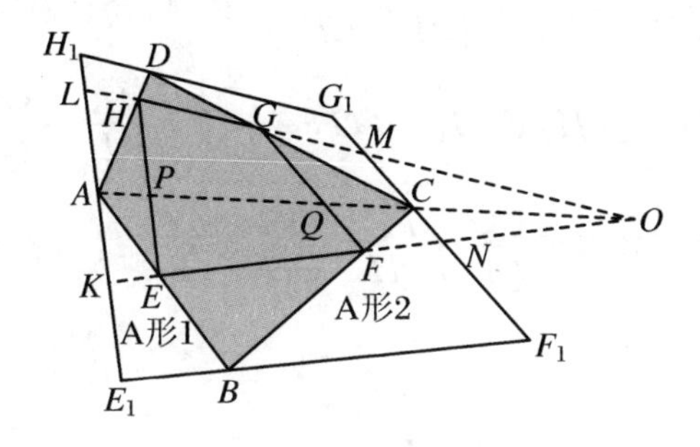

图 1.80

设 E_1H_1 和 EF，GH 分别交于点 K，L，F_1G_1 和 EF，GH 分别交于点 N，M，AC 和 EH，FG 分别交于点 P，Q，由 $E_1F_1 /\!/ EF$，得 $\frac{AE_1}{AK}=\frac{AB}{AE}$，$\frac{CF_1}{CN}=\frac{CB}{CF}$.

两式相除，得 $\frac{AE_1}{CF_1}=\frac{AB}{AE}\times\frac{CF}{CB}\times\frac{AK}{CN}$. 由其中的比，看到另一个三角形 $\triangle BEF$.

因为 ACO 截 $\triangle BEF$，由梅涅劳斯定理，得 $\frac{BA}{AE}\times\frac{EO}{OF}\times\frac{FC}{CB}=1$，所以

$$\frac{AE_1}{CF_1}=\frac{AB}{AE}\times\frac{CF}{CB}\times\frac{AK}{CN}=\frac{OF}{OE}\times\frac{AK}{CN}.$$

同理 $\frac{AH_1}{CG_1}=\frac{OG}{OH}\times\frac{AL}{CM}$，我们猜想

$$\frac{AE_1}{CF_1}=\frac{AH_1}{CG_1}. \qquad ①$$

事实上

$$\begin{aligned}\text{式①} \quad &\Leftrightarrow \quad \frac{OF}{OE}\times\frac{AK}{CN}=\frac{OG}{OH}\times\frac{AL}{CM}\\ &\Leftrightarrow \quad \frac{CM}{AL}\times\frac{AK}{CN}=\frac{OG}{OH}\times\frac{OE}{OF} \quad (\text{含 } O \text{ 的放一边})\\ &\Leftrightarrow \quad \frac{CM}{CN}\times\frac{AK}{AL}=\frac{OG}{OH}\times\frac{OE}{OF} \quad (\text{交换，含相同字母的放一起}).\end{aligned}$$

注意 $E_1H_1 /\!/ EH$，$F_1G_1 /\!/ FG$，有 $\frac{CM}{CN}\times\frac{AK}{AL}=\frac{QG}{QF}\times\frac{PE}{PH}$（向四边形顶点转移），只需证 $\frac{QG}{QF}\times\frac{PE}{PH}=\frac{OG}{OH}\times\frac{OE}{OF}$，这将左边的线段都对点 O 张角即可.

而

$$\frac{QG}{QF}\times\frac{PE}{PH}=\frac{S_{\triangle OQG}}{S_{\triangle OQF}}\times\frac{S_{\triangle OPE}}{S_{\triangle OPH}}$$

$$= \frac{\frac{1}{2}OQ \times OG\sin\angle QOG}{\frac{1}{2}OQ \times OF\sin\angle QOF} \times \frac{\frac{1}{2}OP \times OE\sin\angle POE}{\frac{1}{2}OP \times OH\sin\angle POF}$$

$$= \frac{OG}{OF} \times \frac{OE}{OH},$$

所以式①成立,故$\frac{CF_1}{CG_1} = \frac{AE_1}{AH_1} = \lambda$.

19. 设 KM 中点为 P,连接 PA,PB,PC,OA,OB,OC(图 1.81),设点 O,I 在BC 上的射影分别为点D,L,并采用三角形中常用记号,我们先证明

$$\cos A + \cos B + \cos C = 1 + \frac{r}{R}. \qquad ①$$

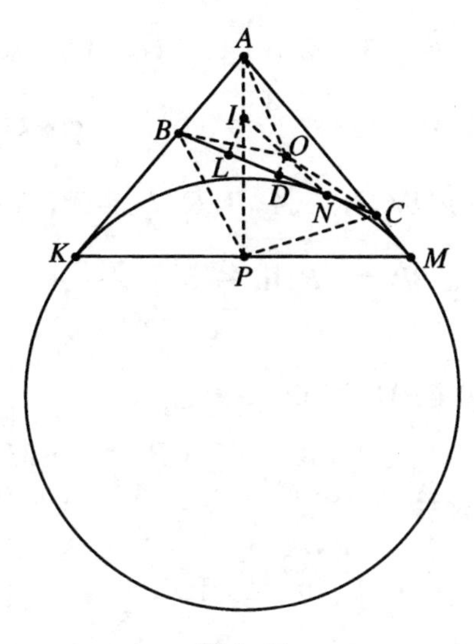

图 1.81

事实上,由射影定理,得

$$bR\cos C + cR\cos B = aR,$$
$$aR\cos C + cR\cos A = bR,$$
$$aR\cos B + bR\cos A = cR.$$

又由正弦定理得 $aR\cos A = R^2\sin 2A = 2S_{\triangle BOC}$.

同理得另两式,相加得

$aR\cos A + bR\cos B + cR\cos C = 2\Delta = r(a+b+c)$.

再与前三式相加,并约去 $R(a+b+c)$,即得式①.

下面证明原题,若 $b=c$,则点 O,N,I 均在对称轴上;

若 $b\neq c$,易知 $CN=\dfrac{c+a-b}{2}=BL$,而 O 是 BC 的中点,所以 $LN=2DN$.

要证点 O,K,L 共线,只需证 $IL=2OD$,注意到 $IL=r$,且在 $\text{Rt}\triangle ODC$ 中有 $OD=OC\cos\angle DOC=R\cos A$,所以

$$\begin{aligned} IL=2OD &\Leftrightarrow 2\cos A=\frac{r}{R} \\ &\Leftrightarrow 1+2\cos A=\cos A+\cos B+\cos C \\ &\Leftrightarrow 2\cos^2\frac{A}{2}=\cos B+\cos C. \end{aligned}$$

由于 AP 平分 $\angle BAC$,且 A,B,C,P 共圆,于是由正弦定理,有

$$BP=2R\sin\frac{A}{2}=\frac{a}{2\cos\frac{A}{2}}.$$

在 $\triangle BPK$ 和 $\triangle CPM$ 中,由正弦定理,有

$$\frac{BP}{\cos\frac{A}{2}}=\frac{BK}{\cos C},\quad \frac{CP}{\cos\frac{A}{2}}=\frac{CM}{\cos B}.$$

由于 $BK=p-c$,$CM=p-b$,于是

$$\frac{a}{2\cos^2\frac{A}{2}}=\frac{p-b}{\cos B}=\frac{p-c}{\cos C}=\frac{2p-b-c}{\cos B+\cos C}=\frac{a}{\cos B+\cos C}.$$

故结论成立.

20. 从目标看,要证明 $\angle 1=\angle 2$,可以构造含 $\angle 1,\angle 2$ 的全等三角形.

先看含$\angle 1$的$\triangle ACG$，它显然不合乎要求（难以找到或构造与之全等的三角形）. 注意到AC是原始线，可从点C出发引线段重新封闭，假设在AG，AE上分别取点I，J，则需要$\angle ACI=\angle ACJ$（因题给条件是角的关系）. 利用条件$\angle BAC=\angle DAC$，想到作$CI/\!/AB$，交AG于点I，作$CJ/\!/AD$，交AE于点J（图 1.82），则$\triangle AIC$，$\triangle AJC$有一个对应角相等（等角的补角相等），这样一来，对应选择CI，CJ为中间量，要证两三角形全等，只需证$CI=CJ$.

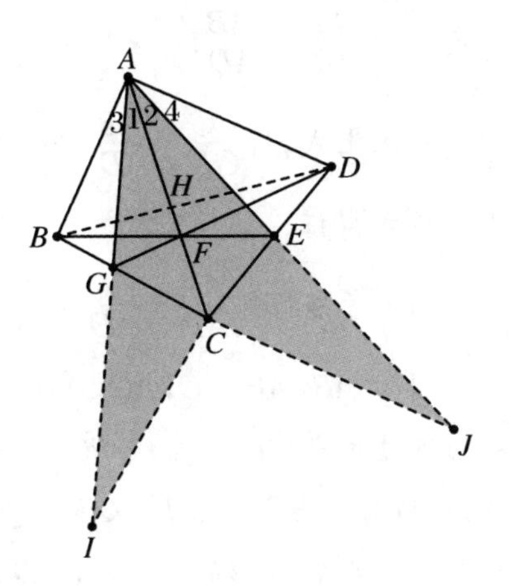

图 1.82

现将CI，CJ用原始线段表示出.

平行线产生 X 形，有$\dfrac{CI}{AB}=\dfrac{CG}{GB}$，$\dfrac{CJ}{AD}=\dfrac{CE}{ED}$，所以$CI=AB\cdot\dfrac{CG}{GB}$，$CJ=AD\cdot\dfrac{CE}{ED}$，于是，问题转化为$AB\cdot\dfrac{CG}{GB}=AD\cdot\dfrac{CE}{ED}$，即$\dfrac{CG}{GB}\cdot\dfrac{AB}{AD}\cdot\dfrac{ED}{CE}=1$.

由此想到找塞瓦三角形，注意$\dfrac{CG}{GB}$在线段BGC上，$\dfrac{ED}{CE}$在线段CED上，自然想到找$\triangle BCD$，发现有一组塞瓦线（三线段“穿越”共点），而且含有上述等式中的比，连三线组相间端点构成塞瓦三角形（这里只需连BD即可构造塞瓦三角形BCD）.

连BD交AC于点H，在$\triangle BCD$中由塞瓦定理，得$\dfrac{CG}{GB}\cdot\dfrac{BH}{HD}\cdot\dfrac{DE}{EC}=1$.

再看条件 AC 平分 $\angle BAD$，假设 BD 交 AC 于点 H，则由角平分线定理，得 $\frac{BH}{HD}=\frac{AB}{AD}$.

代入上式，得 $\frac{CG}{GB}\cdot\frac{AB}{AD}\cdot\frac{DE}{EC}=1$.

原式得证.

21. 考察局部 $\frac{AB}{AP}+\frac{AC}{AQ}$ 与 $\frac{AM}{AS}+\frac{AN}{AT}$.

因为 AB,AP,AC,AQ,AM,AS,AN,AT 都是从点 A 出发的线，从而可过端点 A 作“截线 PQ”的平行线构造 4 个 A 形(图 1.83)：作 $AE\parallel PQ$，交 BC 于点 E，又设 PQ 交 BC 于点 D. 这样，所有的线段的比都可用 4 个 A 形的公共线段 DE 为公分母进行“通分”.

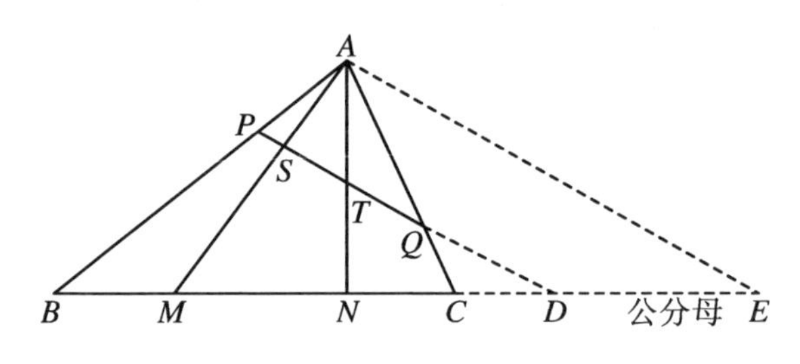

图 1.83

因为 $BM=CN$，所以

$$BE+CE=(BM+ME)+CE=(CN+ME)+CE=ME+NE.$$

因为 $DQ\parallel AE$，所以 $\frac{AC}{AQ}=\frac{CE}{DE}$.

将点 C 分别换成点 B,M,N，同理，有 $\frac{AB}{AP}=\frac{BE}{DE},\frac{AM}{AS}=\frac{ME}{DE},\frac{AN}{AT}=\frac{NE}{DE}$. 于是

$$\frac{AB}{AP}+\frac{AC}{AQ}=\frac{BE+CE}{DE}=\frac{ME+NE}{DE}=\frac{AM}{AS}+\frac{AN}{AT}.$$

另证：因为 AB,AP,AC,AQ,AM,AS,AN,AT 都是从点 A

出发的线，从而可过端点 A 作“边线 BC”的平行线构造 4 个 X 形（图 1.84）：作 $AE /\!/ BC$，交 PQ 于点 E. 这样，所有的线段的比都可用 4 个 X 形的公共“边线”AE 为公分母“通分”.

设 PQ 交 BC 于点 D. 因为 $BM = CN$，所以

$$BD + CD = MD + ND.$$

因为 $AE /\!/ BD$，所以 $\frac{AB}{AP} = 1 + \frac{BP}{AP} = 1 + \frac{BD}{AE}$，类似得其他 3 个等式即证.

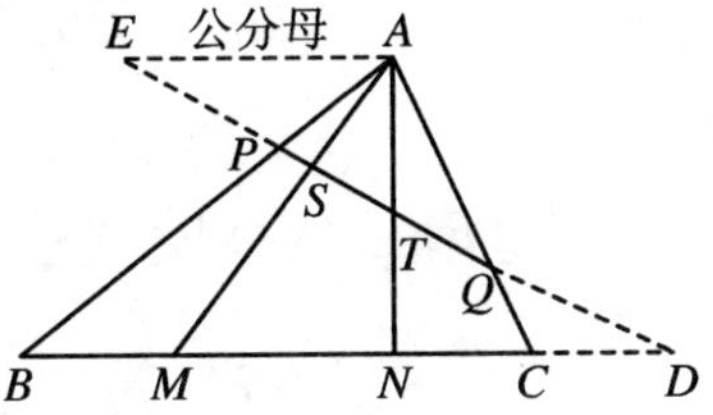

图 1.84

22. 目标可看成是求 $\frac{S_{\triangle PDE}}{S_{\triangle ABC}}$ 的最值，为了利用常见的分割三角形的面积比，可构造循环比进行转化：

$$\frac{S_{\triangle PDE}}{S_{\triangle ABC}} = \frac{S_{\triangle PDE}}{S_{\triangle BDE}} \cdot \frac{S_{\triangle BDE}}{S_{\triangle BAE}} \cdot \frac{S_{\triangle BAE}}{S_{\triangle BAC}} = \frac{PE}{BE} \cdot \frac{BD}{BA} \cdot \frac{AE}{AC},$$

而 $S_{\triangle ABC} = 1$，所以 $S_{\triangle PDE} = \frac{PE}{BE} \cdot \frac{BD}{BA} \cdot \frac{AE}{AC}$.

由点 D, E 的任意性，可选择中间自由量

$$\frac{AD}{AB} = x, \quad \frac{AE}{AC} = y$$

为主元，建立二元函数，则

$$\frac{BD}{BA} = \frac{AB - AD}{AB} = 1 - x.$$

下面求 $\frac{PE}{BE}$（用 x, y 表示）.

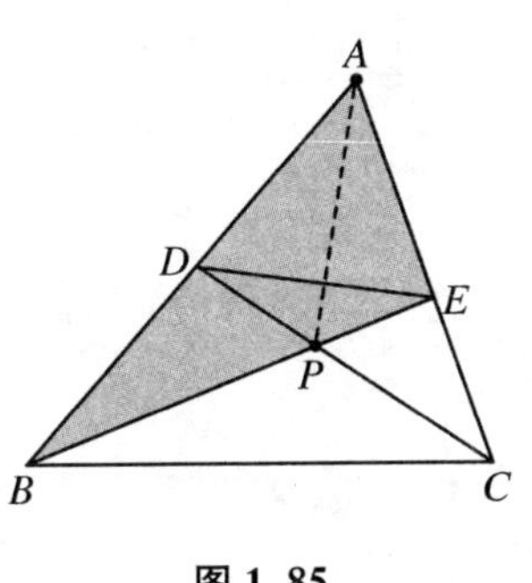

图 1.85

观察 PE, BE（图 1.85），发现过点 P（P 为梅氏点，B, E 为三角形顶点）的梅氏线 PCD 截 $\triangle ABE$（或过点 E 的梅氏线 ECA 截 $\triangle BPD$），有

$$\frac{AD}{DB}\cdot\frac{BP}{PE}\cdot\frac{EC}{CA}=1,$$

所以

$$\frac{PE}{BP}=\frac{AD}{DB}\cdot\frac{EC}{CA}=\frac{x(1-y)}{1-x},$$

故

$$\frac{PE}{BE}=\frac{x(1-y)}{1-x+x-xy}=\frac{x-xy}{1-xy},$$

$$S_{\triangle PDE}=\frac{PE}{BE}\cdot\frac{BD}{BA}\cdot\frac{AE}{AC}=\frac{x-xy}{1-xy}\cdot(1-x)\cdot y$$

$$=\frac{xy(1-x)(1-y)}{1-xy}\text{(目标函数)}.$$

但目标函数含有两个变量，需建立 x,y 之间的联系，这由条件：四边形 $BCED$ 的面积是$\triangle PBC$ 面积的两倍，即 $1-S_{\triangle ADE}=2S_{\triangle PBC}$ 得出.

只需将 $S_{\triangle ADE}$，$S_{\triangle PBC}$ 用 x,y 表示出，其中显然有 $S_{\triangle ADE}=xy$，从而只需将 $S_{\triangle PBC}$ 用 x,y 表示出.

将 $S_{\triangle PBC}$ 与 $S_{\triangle ABC}$ 作比，然后构造循环比：

$$\frac{S_{\triangle PBC}}{S_{\triangle ABC}}=\frac{S_{\triangle PBC}}{S_{\triangle EBC}}\cdot\frac{S_{\triangle EBC}}{S_{\triangle ABC}}=\frac{PB}{BE}\cdot\frac{EC}{CA},$$

即

$$S_{\triangle PBC}=\frac{PB}{BE}\cdot\frac{EC}{CA}=\left(1-\frac{x-xy}{1-xy}\right)(1-y)=\frac{(1-x)(1-y)}{1-xy}.$$

代入上式，得

$$1-xy=\frac{2(1-x)(1-y)}{1-xy},$$

即

$$\frac{(1-x)(1-y)}{1-xy}=\frac{1}{2}(1-xy). \qquad ①$$

利用式①，目标函数简化为

$$S_{\triangle PDE}=\frac{xy(1-x)(1-y)}{1-xy}=\frac{1}{2}(1-xy)xy=f(xy).$$

现在要由约束条件求出 xy 的变化范围，这可“对等式使用不等式”，以消去 $x+y$ 结构，即可转化为关于 xy 的不等式.

由式①去分母，得

$$\begin{aligned}(1-xy)^2&=2(1+xy-(x+y))\leqslant 2(1+xy-2\sqrt{xy})\\&=2(1-\sqrt{xy})^2.\end{aligned}$$

因为 $x<1,y<1$，所以 $1-xy>0,1-\sqrt{xy}>0$，上式开方，得

$$1-xy\leqslant\sqrt{2}(1-\sqrt{xy}).$$

约去 $1-\sqrt{xy}$，得 $1+\sqrt{xy}\leqslant\sqrt{2}$，即 $\sqrt{xy}\leqslant\sqrt{2}-1$，所以 $0<xy\leqslant 3-2\sqrt{2}$.

注意到二次函数 $t(1-t)$ 在 $\left(0,\frac{1}{2}\right)$ 内是增函数，且 $3-2\sqrt{2}<\frac{1}{2}$，所以

$$\begin{aligned}S_{\triangle PDE}&=\frac{1}{2}xy(1-xy)\leqslant\frac{1}{2}(3-2\sqrt{2})\cdot(1-(3-2\sqrt{2}))\\&=\frac{1}{2}(3-2\sqrt{2})\cdot(2\sqrt{2}-2)=5\sqrt{2}-7,\end{aligned}$$

等号在 $xy=3-2\sqrt{2}$ 且 $x=y$ 时成立.

故 $x=y=\sqrt{2}-1$ 时，$S_{\triangle PDE}$ 达到最大值 $5\sqrt{2}-7$.

23. 构造含有 $\angle FAC$，$\angle EAC$ 的全等三角形，因为 AC 是两个角的公共边，从而应以 AC 为公共边构造两个三角形，关键是如何由点 C 引直线封闭成三角形.

注意到要利用 $\angle 1=\angle 2$（图 1.86），从而过点 C 引 $\angle 1$，$\angle 2$ 另两边的平行线，与 AE，AF 的反向延长线分别交于点 N，M，由于 $\angle 5=$

$\angle 6$(对顶角),要证$\angle FAC=\angle EAC$,即$\angle NAC=\angle MAC$,只要证$\triangle NAC\cong\triangle MAC$,又有$\angle 3=\angle 4$(平行线转移$\angle 1=\angle 2$),即只要证$CM=CN$.

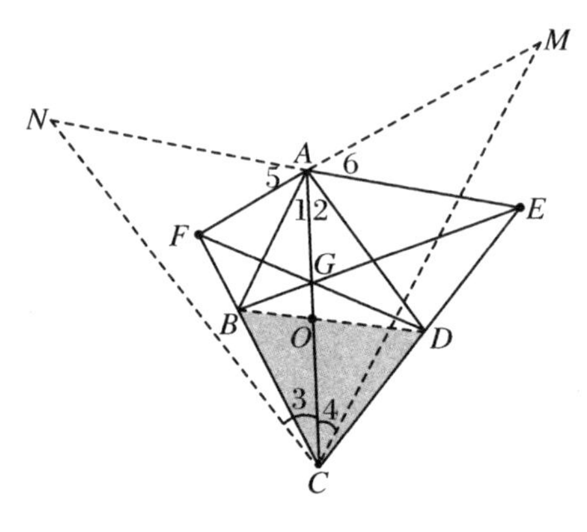

图 1.86

下面利用平行线产生的A形,将CM,CN用原始线段表示.

由A形$ACM\text{-}BA$($\triangle ABF\backsim\triangle MCF$),知$\dfrac{AB}{MC}=\dfrac{BF}{CF}$,所以$MC=AB\cdot\dfrac{CF}{BF}$.

由A形$ENC\text{-}AD$($\triangle AED\backsim\triangle NEC$),知$\dfrac{AD}{NC}=\dfrac{ED}{EC}$,所以$NC=AD\cdot\dfrac{EC}{ED}$.

只要证$AB\cdot\dfrac{CF}{BF}=AD\cdot\dfrac{EC}{ED}$,即

$$\frac{AB}{AD}\cdot\frac{CF}{FB}\cdot\frac{DE}{EC}=1. \tag{①}$$

因为DF,BE,CA交于一点G,对$\triangle BCD$使用塞瓦定理,有$\dfrac{CF}{FB}\cdot\dfrac{BO}{OD}\cdot\dfrac{DE}{EC}=1$.

下面消去 OB,OD,利用 CA 平分$\angle BAD$,有$\dfrac{BO}{OD}=\dfrac{AB}{AD}$,代入上式即得式①.

24. 以垂足$\triangle A'B'C'$的位似垂足$\triangle DEF$为中间量.设点 M 关于 BC,CA,AB 的对称点分别为 D,E,F(图 1.87),则 $AE=AM=AF$,且点 A 是$\triangle MEF$的外心.

同理,B,C 分别是$\triangle MDF$,$\triangle MDE$的外心.

因为 A',B' 分别是 MD,ME 的中点,所以 $DE /\!/ A'B'$,于是,由 A,B,C 分别向 $B'C',C'A',A'B'$ 作的垂线,就是由 A,B,C 分别向 EF,FD,DE 作的垂线,也就是 EF,FD,DE 的中垂线(因为 $AE=AF$ 等),而 EF,FD,DE 的中垂线交于一点 M',且交点 M' 为$\triangle DEF$的外心.

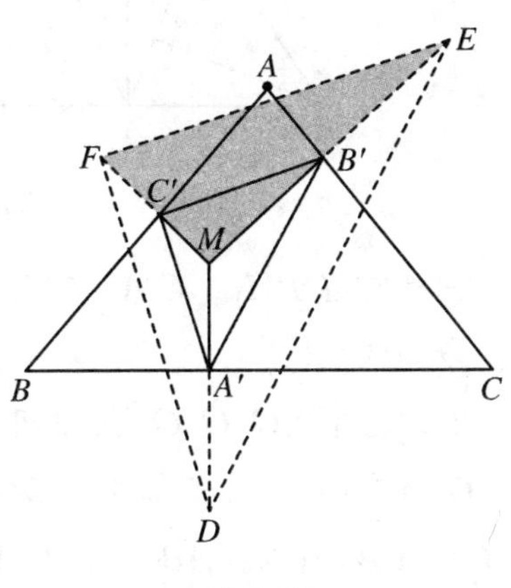

图 1.87

因为 M 是垂足$\triangle A'B'C'$与$\triangle DEF$的位似中心,且位似比为 2,而 O(外心),M'(外心)是其对应点,所以 M',O,M 三点共线,且 O 是线段 MM' 的中点.

另证(同一法):连 MO,并延长至点 M_1(图 1.88),使 $MO=OM_1$(保证 O 是 MM_1 的中点).

下面只需证明 $M_1A\perp B'C'$等.

构造中位线:设 AM 的中点为 O',则 $OO' /\!/ AM_1$,且 O' 是 AM 的中点.

又$\angle AC'M$,$\angle AB'M$ 都是直角,从而 O' 为四边形 $AC'MB'$ 的外接圆的圆心,$B'C'$ 是该圆与圆 $A'B'C'$ 的公共弦,因此 $OO'\perp B'C'$.

又因为 $AM_1 /\!/ OO'$，所以有 $AM_1 \perp B'C'$.

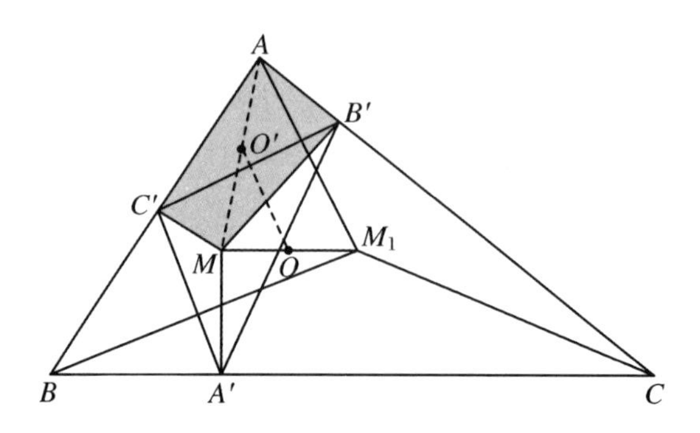

图 1.88

同理可得 $BM_1 \perp C'A'$，$CM_1 \perp A'B'$.

命题获证.

25. 选择$\triangle O_1O_2O_3$ 为中间量，设三个等圆的半径为 r，因为点 O_1，O_2 到 AB 的距离都为 r，所以 $O_1O_2 /\!/ AB$，同理 $O_2O_3 /\!/ BC$，$O_3O_1 /\!/ CA$，所以$\triangle ABC \backsim \triangle O_1O_2O_3$.

因为 AO_1，BO_2，CO_3 是$\triangle ABC$ 的角平分线，所以它们相交于$\triangle ABC$ 的内心 I，于是$\triangle ABC$ 与$\triangle O_1O_2O_3$ 位似，I 为位似中心.

因为 O 是三等圆的公共点，所以 $OO_1 = OO_2 = OO_3 = r$，故 O 是$\triangle O_1O_2O_3$ 的外心.

所以，$\triangle ABC$ 的外心 K，$\triangle O_1O_2O_3$ 的外心 O 是关于位似中心 I 的两个位似点，故 K，O，I 三点共线.

26. 设 $ABCD$ 内接圆圆心为 O. 连 PF，并延长交$\odot O$ 于点 E_1，连 QE_1(图 1.89)，我们只需证明 QE_1 为切线，这只需 $QE_1 = QF$，即$\angle 1 = \angle 2$.

在$\triangle PQE_1$ 中选择一个中间量$\angle 3$，使$\angle 3 = \angle 2$，且$\angle 3$ 有一条边在原始线段 PQ 上.

对此，最常见的方法是作平行线 $MF /\!/ QE_1$，交 PQ 于点 M，但这里$\angle PFM$无法充当有效的中间量，须采用另外的方法.

另一种定式是在PQ上取点M，使$\angle PMF=\angle 2$，即F,M,Q,E_1四点共圆.

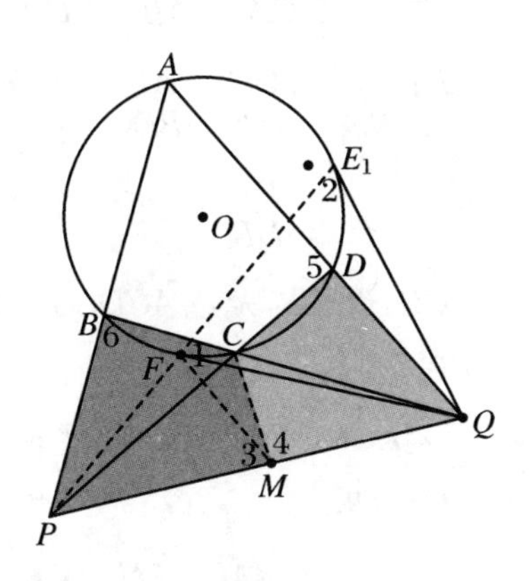

图 1.89

于是，设圆E_1FQ交PQ于点M，则$\angle 2=\angle 3$.

下面只需证明$\angle 1=\angle 3$，换成补角，只需证$\angle PFQ=\angle FMQ$.

在相应的两个三角形中，$\angle FQM$公共，只需证夹边成比例，即$QF^2=QM\cdot QP$.

实际上，因为$PM\cdot PQ=$（圆E_1FQ）$PF\cdot PE_1=$（已知圆O）$PC\cdot PD$，所以C,M,Q,D四点共圆.

因此$\angle 4=$（圆$CMQD$）$\angle 5=$（已知圆O）$\angle 6$，故C,B,P,M共圆，于是$QF^2=$（已知圆O）$QC\cdot QB=$（圆$CBPM$）$QM\cdot QP$.

命题得证.

27.（1）先看条件$AC\cdot BD=AD\cdot BC$，以BC为边向$\triangle ABC$外作$\triangle CBE\backsim\triangle CAD$（图 1.90），则$\dfrac{AC}{BC}=\dfrac{AD}{BE}$.

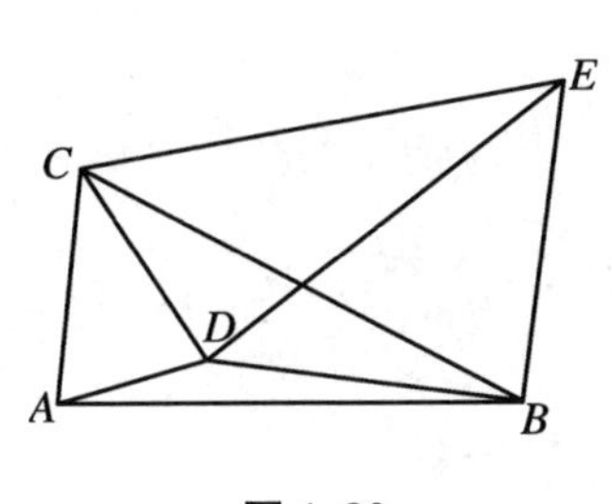

图 1.90

由已知，$\dfrac{AC}{BC}=\dfrac{AD}{BD}$，所以$BD=BE$.

又$\angle DBE=\angle DBC+\angle CBE=\angle DBC+\angle CAD=\angle ADB-\angle ACB=90^\circ$，所以$\triangle DBE$是等腰直角三角形，$\dfrac{DE}{DB}=\sqrt{2}$.

由$\triangle CBE\backsim\triangle CAD$，有$\triangle CAB\backsim$

$\triangle CDE$，所以$\dfrac{CD}{CA}=\dfrac{DE}{AB}$，即$\dfrac{CD}{CA}\cdot\dfrac{AB}{DE}=1$，故

$$\frac{AB\cdot CD}{AC\cdot BD}=\frac{CD}{CA}\cdot\frac{AB}{BD}=\frac{CD}{CA}\cdot\frac{AB}{DE}\cdot\frac{DE}{BD}\text{（插入中间量线段 }DE\text{）}$$

$$=\frac{DE}{DB}=\sqrt{2}.$$

(2) 设 CK 是$\triangle ACD$ 的外接圆的切线，CL 是$\triangle BCD$ 的外接圆的切线，则

$$\angle LCK=\angle LCD+\angle KCD=\angle CBD+\angle CAD=90^\circ,$$

故 $CL\perp CK$.

28. 显然，$\dfrac{AM}{MQ}+\dfrac{BN}{NR}+\dfrac{CP}{PS}=\dfrac{S_{\triangle ABC}}{S_{\triangle QCB}}+\dfrac{S_{\triangle ABC}}{S_{\triangle RCA}}+\dfrac{S_{\triangle ABC}}{S_{\triangle SAB}}$，又 $S_{\triangle ABC}$一定，于是，当 $S_{\triangle QBC}$，$S_{\triangle RCA}$，$S_{\triangle SAB}$分别达到最大值时，原式最小，此时，Q,R,S 都是相应弧的中点，即 AM,BN,CP 是$\triangle ABC$ 的三条角平分线.

因此，我们只需证明：AM,BN,CP 都是$\triangle ABC$ 的角平分线时，有$\dfrac{AM}{MQ}+\dfrac{BN}{NR}+\dfrac{CP}{PS}\geqslant 9$.

选择$\triangle ABC$ 的三边 a,b,c 为主元，将相关线段用 a,b,c 表示.

由$\triangle AQB\backsim\triangle ACM$，有$\dfrac{AQ}{AB}=\dfrac{AC}{AM}$，所以 $bc=AQ\cdot AM$. 故

$$\frac{AM}{MQ}=\frac{AM^2}{AM\cdot MQ}=\frac{bc-BM\cdot MC}{BM\cdot MC}=\frac{bc}{BM\cdot MC}-1.$$

又$\dfrac{BM}{MC}=\dfrac{c}{b}$，$BM+MC=a$，所以 $BM\cdot MC=\dfrac{a^2bc}{(b+c)^2}$，故

$$\frac{AM}{MQ}=\frac{(b+c)^2}{a^2}-1.$$

于是有

$$\sum\frac{AM}{MQ}=\sum\frac{(b+c)^2}{a^2}-3\geqslant\sum\frac{4bc}{a^2}-3$$

$$\geqslant 3\sqrt[3]{\prod \frac{4bc}{a^2}} - 3 = 12 - 3 = 9.$$

命题获证.

29. 设 AN 的中点为 O_1，BN 的中点为 O_2，曲边△AMN 与曲边△BMN 的内切圆分别为圆 P，Q，半径分别为 a，b(图 1.91).

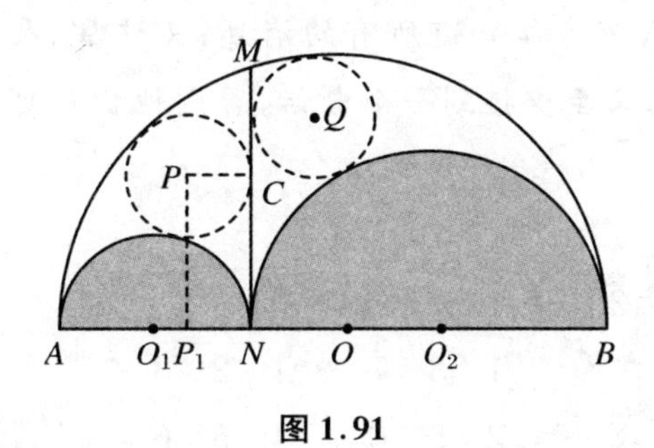

图 1.91

选择 O，O_1，O_2 的半径 r，r_1，r_2 为主元，其中显然有 $r_1 + r_2 = r$.

设圆 P 与 MN 切于点 C，过点 P 作 PP_1 垂直 AB 于点 P_1，则

$$P_1N = PC = a, \quad O_1P_1 = r_1 - a,$$

$$OP_1 = OA - AN + P_1N = r + a - 2r_1.$$

又 $O_1P^2 = O_1P_1^2 + OP^2 - OP_1^2$，即 $O_1P^2 - OP^2 = O_1P_1^2 - OP_1^2$，所以

$$(r_1 + a)^2 - (r - a)^2 = (r_1 - a)^2 - (r + a - 2r_1)^2,$$

解得 $a = \frac{r_1(r - r_1)}{r} = \frac{r_1 r_2}{r}$.

同理，$b = \frac{r_2(r - r_2)}{r} = \frac{r_1 r_2}{r}$.

命题获证.

30. 198 个.

考虑一种特殊的通话过程：先由 99 人每人打一个电话给 A，A 再给 99 人每人打一个电话，这样一共打了 198 个电话，而且每人都

知道了所有的消息.

下面我们说明这是次数最少的.考虑一种能使所有人知道一切消息的通话过程中的关键性的一次通话,这次通话后,有一个接话人A知道了所有的消息,而在此之前还没有人知道所有的消息.

除了A以外的99人每人在这个关键性的通话前,必须打出电话一次,否则A不可能知道所有的消息;又这99人每人在这个关键性的通话后,又至少接到一个电话,否则他们不可能知道所有的消息.

31. $x \geqslant y$.

先讨论 $n=3$ 的情况,任取如下两种:

1	3	7		1	2	3
2	5	6		4	5	6
8	9	4		7	8	9

左上 $x=6, y=4$;右上 $x=3, y=3$.两个都满足 $x \geqslant y$,所以可以猜想 $x \geqslant y$.

一般地,设 x 是第 i 行第 j 列的数 a_{ij},y 是第 l 行第 m 列的数 a_{lm}.考虑 x 所在的行与 y 所在的列交叉的那个数,即第 i 行第 m 列的数 a_{im}.显然有 $a_{ij} \geqslant a_{im} \geqslant a_{lm}$,当 $i=l, j=m$ 时等号成立,所以 $x \geqslant y$.

32. 先证明数阵 $\{a'_{ij}\}_{m \times n}$ 中每一行的 n 个数从左到右都是递增的.

实际上,要证明数阵 $\{a'_{ij}\}_{m \times n}$ 中每一行的 n 个数从左到右都是递增的,只需证明对于任意 $i=1,2,\cdots,m$,都有 $a'_{ij} < a'_{i(j+1)}$,其中 $j=1,2,3,\cdots,n-1$.

若存在一组 $a'_{pq} > a'_{p(q+1)}$,令 $a'_{k(q+1)} = a'_{i_k(q+1)}$,其中 $k=1,2,\cdots,m$,$\{i_1, i_2, \cdots, i_k\} = \{1,2,\cdots,m\}$,则当 $t \leqslant p$ 时,都有 $a_{i_t q} \leqslant a_{i_t(q+1)} = a'_{t(q+1)} \leqslant a'_{p(q+1)} < a'_{pq}$.也即在 a_{iq} $(i=1,2,\cdots,m)$ 中,至

少有 p 个数小于 a'_{pq}，也即 a'_{pq} 在数阵 $\{a'_{ij}\}_{m\times n}$ 中的第 q 列中，至少排在第 $p+1$ 行，与 a'_{pq} 排在第 p 行矛盾.

所以对于任意的 $i=1,2,\cdots,m$，都有 $a'_{ij}<a'_{i(j+1)}$，即数阵 $\{a'_{ij}\}_{m\times n}$ 中每一行的 n 个数从左到右都是递增的.

33. 先平移，令

$$\begin{aligned}f(x)&=(x+2)^3-a(x+2)^2-b(x+2)-c\\&=x^3+(6-a)x^2+(12-4a-b)x+(8-4a-2b-c).\end{aligned}$$

记 $6-a=a_1$，$12-4a-b=b_1$，$8-4a-2b-c=c_1$，则

$$f(x)=x^3+a_1x^2+b_1x+c_1,$$

且问题化为求 $\max\limits_{-1\leqslant x\leqslant 1}|f(x)|$ 的最小值. 显然有

$$\begin{aligned}|f(x)|&=|x^3+a_1x^2+b_1x+c_1|\\&\leqslant|x^3|+|a_1x^2|+|b_1x|+|c_1|\\&\leqslant 1+|a_1|+|b_1|+|c_1|.\end{aligned}$$

利用对比联想，选择 $1+|a_1|+|b_1|+|c_1|$ 为中间量，期望找到参数 k，使

$$k\cdot\max_{-1\leqslant x\leqslant 1}|f(x)|\geqslant 1+|a_1|+|b_1|+|c_1|.$$

通过实验，发现 $k=7$ 合乎要求，即有

$$1+|a_1|+|b_1|+|c_1|\leqslant 7\max_{-1\leqslant x\leqslant 1}|f(x)|. \quad ①$$

（式①的证明放在最后.）这样：

当 $|a_1|+|b_1|+|c_1|\geqslant\dfrac{3}{4}$ 时

$$\max_{-1\leqslant x\leqslant 1}|f(x)|\geqslant\frac{1}{4}. \quad ②$$

当 $|a_1|+|b_1|+|c_1|<\dfrac{3}{4}$ 时

$$|f(1)|\geqslant 1-|a_1|-|b_1|-|c_1|>\frac{1}{4}. \quad ③$$

从而由式②和式③得

$$\max_{-1\leqslant x\leqslant 1}|f(x)|\geqslant\frac{1}{4},\quad\forall a_1,b_1,c_1\in\mathbf{R}.\tag{④}$$

令 $a_1=0,b_1=-\dfrac{3}{4},c_1=0$，即 $a=6,b=-12+\dfrac{3}{4}=-\dfrac{45}{4},c=-16+\dfrac{45}{2}=\dfrac{13}{2}$，则 $f(x)=x^3-\dfrac{3}{4}x$.

由于 $f(x)-f(1)=(x-1)\left(x^2+x+1-\dfrac{3}{4}\right)=(x-1)\left(x+\dfrac{1}{2}\right)^2$，从而 $f(x)\leqslant f(1)=\dfrac{1}{4},\forall x\in[-1,1]$.

同理可证 $f(x)-f(-1)=(x+1)\left(x-\dfrac{1}{2}\right)^2$，即 $f(x)\geqslant f(-1)=-\dfrac{1}{4},\forall x\in[-1,1]$.

于是得

$$\max_{-1\leqslant x\leqslant 1}|f(x)|=|f(1)|=\frac{1}{4}.\tag{⑤}$$

由式④和式⑤可知 $\max\limits_{1\leqslant x\leqslant 3}|x^3-ax^2-bx-c|$ 的最小值为 $\dfrac{1}{4}$，当且仅当 $a=6$，$b=-\dfrac{45}{4}$，$c=\dfrac{13}{2}$ 时达到.

最后证明式①.这只要证明以下命题：

设实系数三次多项式 $p(x)=\alpha x^3+\beta x^2+\gamma x+\delta$ 满足

$$|p(x)|\leqslant 1,\quad\forall|x|\leqslant 1,\tag{⑥}$$

则 $|\alpha|+|\beta|+|\gamma|+|\delta|\leqslant 7$.

实际上，由于 $\pm p(\pm x)$ 均满足式⑥，不妨设 $\alpha,\beta\geqslant 0$.

(i) 当 $\gamma,\delta\geqslant 0$ 时，则

$$|\alpha|+|\beta|+|\gamma|+|\delta|=\alpha+\beta+\gamma+\delta=p(1)\leqslant 1.$$

(ii) 当 $\gamma\geqslant 0,\delta\leqslant 0$ 时，则

$$|\alpha|+|\beta|+|\gamma|+|\delta|=\alpha+\beta+\gamma-\delta=p(1)-2p(0)\leqslant 3.$$

(ⅲ) 当 $\gamma<0,\delta\geqslant0$ 时,则

$$\begin{aligned}&|\alpha|+|\beta|+|\gamma|+|\delta|\\&=\alpha+\beta-\gamma+\delta\\&=\frac{4}{3}(\alpha+\beta+\gamma+\delta)-\frac{1}{3}(-\alpha+\beta-\gamma+\delta)\\&\quad-\frac{8}{3}\left(\frac{\alpha}{8}+\frac{\beta}{4}+\frac{\gamma}{2}+\delta\right)+\frac{8}{3}\left(-\frac{\alpha}{8}+\frac{\beta}{4}-\frac{\gamma}{2}+\delta\right)\\&=\frac{4}{3}p(1)-\frac{1}{3}p(-1)-\frac{8}{3}p\left(\frac{1}{2}\right)+\frac{8}{3}p\left(-\frac{1}{2}\right)\leqslant7.\end{aligned}$$

(ⅳ) 当 $\gamma<0,\delta<0$ 时,则

$$\begin{aligned}|\alpha|+|\beta|+|\gamma|+|\delta|&=\alpha+\beta-\gamma-\delta\\&=\frac{5}{3}p(1)-4p\left(\frac{1}{2}\right)+\frac{4}{3}p\left(-\frac{1}{2}\right)\\&\leqslant7.\end{aligned}$$

所以式⑥成立.

综上所述,F 的最小值为$\frac{1}{4}$.

34. 显然 $n\geqslant4$,否则,$G,\overline{G}$ 中必有一个不连通,矛盾.

用 $d(A,B)$,$\overline{d}(A,B)$分别表示两点 A,B 在 $G,\overline{G}$ 中的距离,我们将 $G,\overline{G}$ 作在一个图中,其中 G 的边用实边表示,$\overline{G}$ 的边用虚边表示.先证明下面的结论:

若 $d(G)\geqslant3$,则 $d(\overline{G})\leqslant3$.

实际上,设 A,B 是 G 的直径的两个端点,选择 A,B 为中间量,其他任意两点之间距离都通过其与 A 或 B 的距离来估计.

由于 $d(G)\geqslant3$,所以 $d(A,B)\geqslant3$,于是 AB 为虚边,且对 A,B 外的任意一点 P,PA,PB 不能都是实边,否则 $d(A,B)=2$,矛盾.所以 PA,PB 中至少有一条是虚边.

考虑任意两个点 M,N,如果$\{M,N\}=\{A,B\}$,则 $\overline{d}(M,N)=1$.如果 $M\in\{A,B\}$,$N\notin\{A,B\}$,则因 NA,NB 中至少有一条是虚边,且

AB 是虚边，所以 $\overline{d}(M,N)\leqslant 2$. 如果 $N\in\{A,B\}$，$M\notin\{A,B\}$，则同理有 $\overline{d}(M,N)\leqslant 2$. 如果 $M\notin\{A,B\}$，$N\notin\{A,B\}$，则因为 MA，MB 中至少有一条是虚边，NA，NB 中至少有一条是虚边，且 AB 是虚边，所以 $\overline{d}(M,N)\leqslant 3$. 于是，不论哪种情况，都有 $\overline{d}(M,N)\leqslant 3$，所以 $d(\overline{G})\leqslant 3$.

进一步可知，若 $d(G)\geqslant 4$，则 $d(\overline{G})\leqslant 2$. 否则，$d(\overline{G})\geqslant 3$，在上述结论中将 G 换成 $\overline{G}$，有 $d(G)\leqslant 3$，与 $d(G)\geqslant 4$ 矛盾.

下面证明：$d(G)+d(\overline{G})\leqslant\max\{6,n+1\}$.

(1) 若 $d(G)\leqslant 3$，$d(\overline{G})\leqslant 3$，则 $d(G)+d(\overline{G})\leqslant 6\leqslant\max\{6,n+1\}$.

(2) 若 $d(G)\geqslant 4$，则由上面所证，有 $d(\overline{G})\leqslant 2$. 又 G 中连接 A，B 的路有 $d(G)+1$ 个顶点(含 A，B)，且这些顶点互异，否则不是最短路，于是 $d(G)+1\leqslant n$. 所以

$$d(G)+d(\overline{G})\leqslant(n-1)+2=n+1\leqslant\max\{6,n+1\}.$$

另一方面，当 G 是长为 $n-1$ 的链时，$d(G)+d(\overline{G})=\max\{6,n+1\}$.

实际上，若 $n=4$，则 G 与 $\overline{G}$ 都是长为 3 的链，$d(G)+d(\overline{G})=3+3=6=\max\{6,n+1\}$.

若 $n\geqslant 5$，则 $d(G)=n-1$，对任意两点 P，Q，如果 P，Q 在 G 中不相连，则 P，Q 在 $\overline{G}$ 中的距离为 1. 如果 P，Q 在 G 中相连，则 P，Q 在 $\overline{G}$ 中的距离不小于 2. 因为 P，Q 在 $\overline{G}$ 中的度都是 $n-3$，其度的和为 $2n-6$，于是，由抽屉原理，P，Q 外的其余 $n-2$ 个点中，至少有一个点向 A，B 之间连边数 $\geqslant\dfrac{2n-6}{n-2}=\dfrac{(n-1)+(n-5)}{n-2}\geqslant\dfrac{n-1}{n-2}>1$，所以至少有一个点与 P，Q 都连边，因此 P，Q 在 $\overline{G}$ 中的距离为 2. 所以 $d(G)+d(\overline{G})=(n-1)+2=n+1=\max\{6,n+1\}$.

综上所述，所求 $d(G)+d(\overline{G})$ 的最大值为 $\max\{6,n+1\}$.

另解：同上，$n\geqslant 4$. 设 $G,\overline{G}$ 的直径分别为 n,r，先证明 $k+r\leqslant \max\{6,n+1\}$.

(1) 若 n,r 中有一个不小于 4，不妨设 $k\geqslant 4$，并设 A,B 是 G 的直径的两个端点.

对 G 中的任意顶点 G，定义 $f(G)$ 为 A,G 之间在 G 中的距离，特别地，$f(A)=0$.

易知，对 G 中的任意两个顶点 P,Q，若 P,Q 在 G 中相连，则 $|f(P)-f(Q)|\leqslant 1$.

事实上，不妨设 $f(P)\leqslant f(Q)$，则由于 P 与 A 在 G 中的距离为 $f(P)$，而 P,Q 在 G 中相连，故 $f(Q)\leqslant f(P)+1$，于是 $|f(P)-f(Q)|\leqslant 1$.

由此可见，对 G 中的任意两个顶点 P,Q，若 $|f(P)-f(Q)|\geqslant 2$，则 P,Q 在 G 中不相连，从而在 $\overline{G}$ 中相连.

下面证明：$r\leqslant 2$. 实际上，我们证明，对于 $\overline{G}$ 中的任意两个顶点 P,Q，其在 $\overline{G}$ 中的距离不大于 2.

（ⅰ）若 $|f(P)-f(Q)|\geqslant 2$，则 P,Q 在 G 中不相连，从而 P,Q 在 $\overline{G}$ 中距离为 1，结论成立.

（ⅱ）若 $|f(P)-f(Q)|=0$，则 $f(P)=f(Q)$，显然 $f(P)=f(Q)\neq 0$，否则 $P=Q=A$，矛盾.

若 $f(P)=f(Q)=1$，则在 G 中 P,A 相连，Q,A 相连，而 $f(B)\geqslant 4$，于是在 G 中 P,B 不连，Q,B 不连，所以在 $\overline{G}$ 中有一条路：$P\rightarrow B\rightarrow Q$，结论成立；若 $f(P)=f(Q)\geqslant 2$，则在 G 中 P,A 不相连，Q,A 不相连，从而在 $\overline{G}$ 中有一条路：$P\rightarrow A\rightarrow Q$，结论成立.

（ⅲ）若 $|f(P)-f(Q)|=1$，不妨设 $f(P)-f(Q)=1$.

若 $f(P)=1$，则 $f(Q)=0$，从而 P,A 相连，$Q=A$，但 $f(B)\geqslant 4$，所以在 G 中 P,B 不连，Q,B 不连，故在 $\overline{G}$ 中有一条路：$P\rightarrow B\rightarrow Q$，结论成立.

若 $f(P)=2$，则 $f(Q)=1$，此时 Q,A 相连，但 $f(B)\geqslant 4$，所以 Q,B 不相连，且 P 与 B,Q 中至少一个点不相连，否则 $d(A,B)\leqslant 3$，矛盾. 当 P,Q 不连时，在 $\overline{G}$ 中有一条路：$P\to Q$，结论成立；当 P,B 不连时，在 $\overline{G}$ 中有一条路：$P\to B\to Q$，结论成立.

若 $f(P)\geqslant 3$，则 $f(Q)=f(P)-1\geqslant 2$，在 G 中 P,A 不相连，Q,A 不相连，从而在 $\overline{G}$ 中有一条路：$P\to A\to Q$，结论成立.

所以 $r\leqslant 2$.

因为 G 中连接 A,B 的路有 $k+1$ 个顶点(含 A,B)，且这些顶点互异，否则不是最短路，于是 $k+1\leqslant n$，所以 $k+r\leqslant k+2\leqslant n+1$.

(2) 若 k,r 都不大于 3，则 $k+r\leqslant 6$.

由(1)和(2)，有 $k+r\leqslant \max\{6,n+1\}$.

2 回归推理

所谓回归推理，就是对某个数学对象按照某种规则进行变换，若干次变换后得到的结果，又回到原对象的最初表现形式，我们称这样一系列的变换为回归推理.

2.1 恒等回归

对某个对象进行一系列恒等变换的回归推理称为恒等回归.由恒等回归得到的结果通常是关于某个数学对象的一个等式，我们称之为回归方程.通过解回归方程，即可得出相关对象的取值.

恒等回归推理的基本模式为

$$A=B=C=\cdots=f(A).$$

例1 设 $n\in\mathbf{N},k\geqslant 2n-1$，求证：在三角形中，有

$$\sum\frac{a^n}{k(b^n+c^n)-a^n}\geqslant\frac{3}{2k-1}.$$

分析与证明 选择式子 $k(b^n+c^n+a^n)$为不等式左边各分式的分母的“统一项”，为此，我们应对各分式的“通项”配上一个项：$\frac{k(b^n+c^n)+(k-1)a^n}{k(b^n+c^n)-a^n}$.这样

$$\sum\frac{a^n}{k(b^n+c^n)-a^n}$$

$$= \sum \frac{a^n}{k(b^n+c^n)-a^n} + \sum \frac{k(b^n+c^n)+(k-1)a^n}{k(b^n+c^n)-a^n}$$

$$- \sum \frac{k(b^n+c^n)+(k-1)a^n}{k(b^n+c^n)-a^n}$$

$$= \sum \frac{k(b^n+c^n+a^n)}{k(b^n+c^n)-a^n} - \sum \frac{k(b^n+c^n)+(k-1)a^n}{k(b^n+c^n)-a^n}$$

$$= k(a^n+b^n+c^n)\sum \frac{1}{k(b^n+c^n)-a^n}$$

$$- \sum \frac{k(b^n+c^n)-a^n+ka^n}{k(b^n+c^n)-a^n}$$

$$= k(a^n+b^n+c^n)\sum \frac{1}{k(b^n+c^n)-a^n}$$

$$- \sum \left(1+\frac{ka^n}{k(b^n+c^n)-a^n}\right)$$

$$= k(a^n+b^n+c^n)\sum \frac{1}{k(b^n+c^n)-a^n}$$

$$- k\cdot \boxed{\sum \frac{a^n}{k(b^n+c^n)-a^n}} - 3.$$

解上述关于$\sum \frac{a^n}{k(b^n+c^n)-a^n}$的回归方程,得

$$(k+1)\sum \frac{a^n}{k(b^n+c^n)-a^n}$$

$$= k(a^n+b^n+c^n)\sum \frac{1}{k(b^n+c^n)-a^n} - 3. \quad ①$$

注意到由柯西不等式,有

$$\frac{1}{x}+\frac{1}{y}+\frac{1}{z} \geqslant \frac{9}{x+y+z},$$

于是

$$\sum \frac{1}{k(b^n+c^n)-a^n} \geqslant \frac{9}{\sum (k(b^n+c^n)-a^n)}$$

$$= \frac{9}{(2k-1)(a^n+b^n+c^n)},$$

代入式①,得

$$(k+1)\sum\frac{a^n}{k(b^n+c^n)-a^n}$$

$$\geqslant k(a^n+b^n+c^n)\times\frac{9}{(2k-1)(a^n+b^n+c^n)}-3$$

$$=\frac{9k}{2k-1}-3=\frac{3(k+1)}{2k-1},$$

约去 $k+1$,得

$$\sum\frac{a^n}{k(b^n+c^n)-a^n}\geqslant\frac{3}{2k-1}.$$

例 2 在平行四边形 $ABCD$ 中,$\angle A$ 的角平分线与 BC,DC 的延长线分别交于点 E,F,点 O,O_1 分别为$\triangle CEF$,$\triangle ABE$ 的外心.求证:

(1) O,E,O_1 三点共线;

(2) $\angle OBD=\frac{1}{2}\angle ABC$.

分析与证明 (1) 因为 AF 是次原始线,O,O_1 位于次原始线 AF 两旁,所以要证 O,E,O_1 三点共线,只需证明$\angle OEF=\angle AEO_1$.

连 AO_1,FO(图 2.1),将其封闭成两个三角形:$\triangle AO_1E$,$\triangle FOE$,发现它们都是等腰三角形,易证其相似.

实际上,因为 $ABCD$ 是平行四边形,所以

$$\angle ABE=\angle ECF.$$

又因为 O,O_1 分别为$\triangle CEF$,$\triangle ABE$ 的外心,所以

$$OE=OF,\quad O_1A=O_1E,$$

故

$$\angle EOF=2\angle ECF=2\angle ABE=\angle AO_1E,$$

于是$\triangle OEF\backsim\triangle O_1EA$,所以

$$\angle OEF=\angle AEO_1,$$

故 O,E,O_1 三点共线.

(2) 注意到$\angle OBD$被原始线BC分割为两部分(图 2.2),从而

$$\angle OBD = \angle 8 + \angle 10.$$

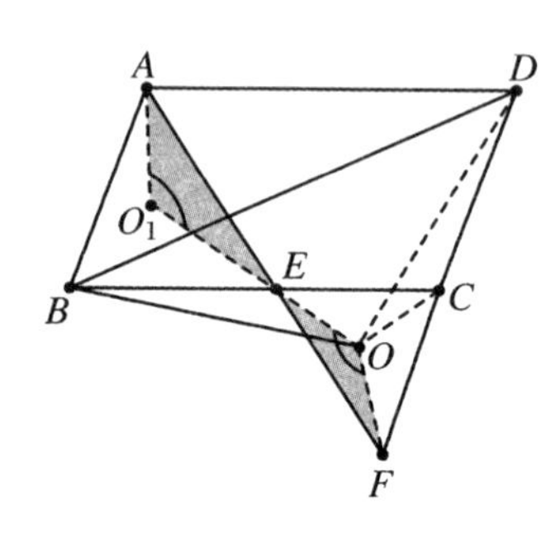

图 2.1

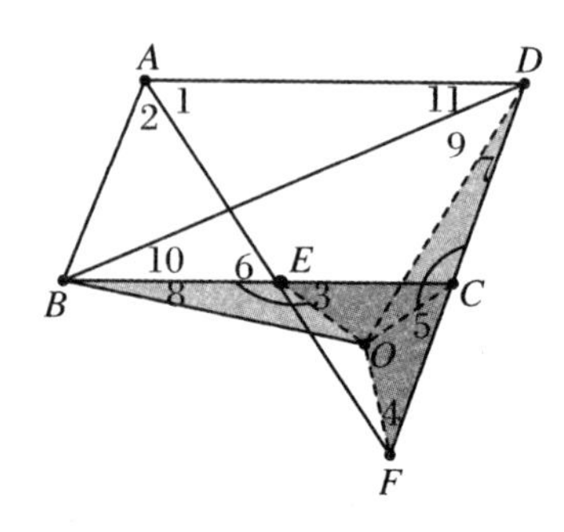

图 2.2

下面转移$\angle 8$,$\angle 10$,在另外的子图形中计算.

先考虑如何转移$\angle 8$,首先是如何封闭成三角形,最容易想到的是连OC,设法证明$\triangle BOC \cong \triangle DOF$.

尽管这两个三角形是全等的,但这一结论似乎难于证明.

今改为连OE,设法证明$\triangle BOE \cong \triangle DOC$,这利用角平分线$AF$即可.

实际上,因为$ABCD$是平行四边形,所以

$$\angle CEF = \angle 1 = \angle 2 = \angle CFE,$$

所以$CE = CF$.

又因为O为$\triangle CEF$的外心,所以$OE = OF$,故

$$\triangle OCE \cong \triangle OCF(SSS),$$

所以$\angle 3 = \angle 4$.

又$\angle 4 = \angle 5(OC = OF)$,所以$\angle 3 = \angle 5$,进而

$$\angle OEB = \angle OCD(\text{补角相等}).$$

又$\angle 2 = \angle 1 = \angle 6$(内错角),所以$EB = AB = DC$,故

$$\triangle OCD \cong \triangle OEB(SAS),$$

因此$\angle 7 = \angle 8$,$OD = OB$.于是$\angle 9 = \angle OBD(OD = OB)$.

故有

$$\angle OBD=\angle 8+\angle 10=\angle 7+\angle 11=\angle ADC-\angle 9$$
$$=\angle ABC-\angle OBD,$$

解关于$\angle OBD$的回归方程，得

$$\angle OBD=\frac{1}{2}\angle ABC.$$

注 我们同时也证明了$\triangle BOC\cong\triangle DOF(SSS)$.

例3 求出所有的正整数$n(n\geqslant 5)$，使得可以在圆周上放n个不全为零的整数(未必互异)，其中任何连续5个数中都有3个数的和是另外2个数的和的2倍.(2007年白俄罗斯数学奥林匹克试题改编，原题$n=2\,007$)

分析与解 先根据条件，研究环形数列所具有的性质.

设圆周上的n个数依次为$x_1,x_2,\cdots,x_n$，则依条件，有

$$x_1+x_2+x_3+x_4+x_5=3(x_i+x_j)\quad(1\leqslant i,j\leqslant 5),$$

于是

$$x_1+x_2+x_3+x_4+x_5\equiv 0\ (\bmod 3),\qquad ①$$

同理

$$x_2+x_3+x_4+x_5+x_6\equiv 0\ (\bmod 3).$$

比较两式，得$x_1\equiv x_6(\bmod 3)$.

由对称性，对任何$1\leqslant i\leqslant n$，有$x_i\equiv x_{i+5}(\bmod 3)$，其中下标按模$n$理解.

由此可见

$$x_1\equiv x_6\equiv x_{11}\equiv\cdots\equiv x_{5n-4}(\bmod 3).\qquad ②$$

(1) 当$(5,n)=1$时，若k取遍模n的完系，则$5k-4$也取遍模n的完系.令$k=1,2,\cdots,n$，可知$1,6,11,\cdots,5n-4$是模n的完系，所以$x_1,x_6,x_{11},\cdots,x_{5n-4}$是$x_1,x_2,\cdots,x_n$的一个排列.

于是，由式②可知，对任何$1\leqslant i,j\leqslant n$，有$x_i\equiv x_j(\bmod 3)$.

令 $x_1\equiv x_2\equiv\cdots\equiv x_5\equiv a \pmod 3$，则由式①可知

$$0\equiv x_1+x_2+x_3+x_4+x_5\equiv 5a \pmod 3.$$

而$(3,5)=1$，所以 $a\equiv 0 \pmod 3$，即 $x_1\equiv 0 \pmod 3$.

由对称性，对任何 $1\leqslant i\leqslant n$，有 $x_i\equiv 0 \pmod 3$，即 $3\mid x_i$.

令 $x_i=3y_i$，则 $y_1,y_2,\cdots,y_n$ 也满足同样的条件(回归)，同理有 $3\mid y_i$，即 $3^2\mid x_i$.

如此下去，对任何正整数 r，有 $3^r\mid x_i$，从而 $x_i=0$，矛盾.

(2) 当$(5,n)\neq 1$时，有 $5\mid n$.

令 $n=5k$，取 $x_{5i+1}=x_{5i+2}=x_{5i+3}=4$，$x_{5i+4}=x_{5i+5}=3(0\leqslant i\leqslant k-1)$，则任何连续5个数中有3个4，2个3，而$4+4+4=2(3+3)$，从而这些数合乎条件.

综上所述，所求的正整数 n 为5的任何正整数倍数.

2.2 放缩回归

对某个对象进行一系列放缩变换的回归推理称为放缩回归.由放缩回归得到的不等式称为回归不等式，通过解回归不等式，即可得出相关对象的取值范围.

放缩回归推理的基本模式为

$$A\geqslant B\geqslant C\geqslant\cdots\geqslant f(A).$$

例1 证明平均值不等式：若 $a_1,a_2,\cdots,a_n$ 都为正数，则

$$\sqrt[n]{a_1a_2\cdots a_n}\leqslant\frac{a_1+a_2+\cdots+a_n}{n},$$

其中等号当且仅当 $a_1=a_2=\cdots=a_n$ 时成立.

分析与证明 这个不等式的证法很多，通常都是采用反向归纳法，我们先介绍众多反向归纳证法中的一种非常巧妙的证法.

证法1 对 n 归纳：当 $n=2$ 时，不等式显然成立；

设 $n=k$ 时不等式成立，即

$$a_1 + a_2 + \cdots + a_k \geqslant k \cdot \sqrt[k]{a_1 a_2 \cdots a_k},$$

那么

$$\begin{aligned}
&(a_1 + a_2 + \cdots + a_k) + (a_{k+1} + a_{k+2} + \cdots + a_{2k}) \\
&\geqslant k \cdot \sqrt[k]{a_1 a_2 \cdots a_k} + k \cdot \sqrt[k]{a_{k+1} a_{k+2} \cdots a_{2k}} \\
&\geqslant 2k \cdot \sqrt{\sqrt[k]{a_1 a_2 \cdots a_k} \cdot \sqrt[k]{a_{k+1} a_{k+2} \cdots a_{2k}}} \\
&= 2k \cdot \sqrt[2k]{a_1 a_2 \cdots a_{2k}},
\end{aligned}$$

所以 $n = 2k$ 时,不等式成立;

令 $A_{k-1} = \dfrac{a_1 + a_2 + \cdots + a_{k-1}}{k-1}$,则

$$\begin{aligned}
A_{k-1} &= \frac{kA_{k-1}}{k} = \frac{a_1 + a_2 + \cdots + a_{k-1} + A_{k-1}}{k} \\
&\geqslant \sqrt[k]{a_1 a_2 \cdots a_{k-1} A_{k-1}},
\end{aligned}$$

两边 k 次方,得

$$(A_{k-1})^{k-1} \geqslant a_1 a_2 \cdots a_{k-1},$$

所以

$$\frac{a_1 + a_2 + \cdots + a_{k-1}}{k-1} \geqslant \sqrt[k-1]{a_1 a_2 \cdots a_{k-1}},$$

故 $n = k - 1$ 时不等式成立,根据归纳原理,原不等式获证.

显然,上述证明的难点是由 $n = k$ 时不等式成立推出 $n = k - 1$ 时不等式成立.

从表面上看,突破这一难点的关键步骤是换元:

$$A_{k-1} = \frac{a_1 + a_2 + \cdots + a_{k-1}}{k-1}.$$

其实不然,换元不过是使书写简便而已,真正的关键变形是项的凑配,然后得到回归不等式:

$$a_1 + a_2 + \cdots + a_{k-1} + \frac{a_1 + a_2 + \cdots + a_{k-1}}{k-1}$$

$$\geqslant k \cdot \sqrt[k]{a_1 a_2 \cdots a_{k-1} \frac{a_1 + a_2 + \cdots + a_{k-1}}{k-1}},$$

解此关于 $a_1 + a_2 + \cdots + a_{k-1}$ 的回归不等式，即得

$$\frac{a_1 + a_2 + \cdots + a_{k-1}}{k-1} \geqslant \sqrt[k-1]{a_1 a_2 \cdots a_{k-1}}.$$

这种凑配变形是非常“巧”的了，但它是如何想到的？通过思考，我们找到了与之类似的其他 9 个不同的“新”证明，这 9 种证法好像还没有其他人提及过.

容易看出，上述证明过程中的变形来源于对解题目标的审视. 我们的目标是

$$a_1 + a_2 + \cdots + a_{k-1} \geqslant (k-1) \cdot \sqrt[k-1]{a_1 a_2 \cdots a_{k-1}}.$$

假定我们从不等式的左边入手，为了利用归纳假设，左边必须添加一项使 $k-1$ 个项变为 k 个项，但为什么是添加项 $\frac{a_1 + a_2 + \cdots + a_{k-1}}{k-1}$，而不是其他一个什么项呢？这是由目标的结构特征所决定的.

观察目标不等式

$$\frac{a_1 + a_2 + \cdots + a_{k-1}}{k-1} \geqslant \sqrt[k-1]{a_1 a_2 \cdots a_{k-1}}$$

的几何特点，它可以理解为

$$f\left(\frac{a_1 + a_2 + \cdots + a_{k-1}}{k-1}, \sqrt[k-1]{a_1 a_2 \cdots a_{k-1}}\right) \geqslant 0.$$

也就是说，目标不等式所含的变元是两种字母团体

$$\frac{a_1 + a_2 + \cdots + a_{k-1}}{k-1} \quad 与 \quad \sqrt[k-1]{a_1 a_2 \cdots a_{k-1}}.$$

其次，目标不等式还有一个显著的特点是：等号成立的条件为 $a_1 = a_2 = \cdots = a_{k-1}$. 我们所添加的项应使得推理的中间结果至少符合上述两个特点.

假定添加的项为 $g(a_1, a_2, \cdots, a_{k-1})$（满足特点之一），那么，由

归纳假设有

$$a_1+a_2+\cdots+a_{k-1}+g(a_1,a_2,\cdots,a_{k-1})$$
$$\geqslant k\cdot\sqrt[k]{a_1a_2\cdots a_{k-1}g(a_1,a_2,\cdots,a_{k-1})},$$

此不等式等号成立的条件是

$$a_1=a_2=\cdots=a_{k-1}=g(a_1,a_2,\cdots,a_{k-1}).$$

因此,为了满足另一个特点,必须由 $a_1=a_2=\cdots=a_{k-1}$ 能推出

$$a_1=g(a_1,a_2,\cdots,a_{k-1}).$$

显然,满足这一要求的一个多项式为

$$g(a_1,a_2,\cdots,a_{k-1})=\frac{a_1+a_2+\cdots+a_{k-1}}{k-1},$$

这样便得到我们前述的证法.

此外,能否有其他形式的多项式 g 合乎要求?易知

$$g(a_1,a_2,\cdots,a_{k-1})=\sqrt[k-1]{a_1a_2\cdots a_{k-1}}$$

也合乎要求,由此便得到一个新证法(我们只证明在 $n=k$ 时命题成立必有 $n=k-1$ 时命题成立).

证法2 (添加项 $\sqrt[k-1]{a_1a_2\cdots a_{k-1}}$) 由归纳假设,有

$$a_1+a_2+\cdots+a_{k-1}+\sqrt[k-1]{a_1a_2\cdots a_{k-1}}$$
$$\geqslant k\cdot\sqrt[k]{a_1a_2\cdots a_{k-1}\sqrt[k-1]{a_1a_2\cdots a_{k-1}}}$$
$$=k\cdot\sqrt[k]{\sqrt[k-1]{(a_1a_2\cdots a_{k-1})^{k-1}}\cdot\sqrt[k-1]{a_1a_2\cdots a_{k-1}}}$$
$$=k\cdot\sqrt[k-1]{a_1a_2\cdots a_{k-1}},$$

此式变形即得

$$\frac{a_1+a_2+\cdots+a_{k-1}}{k-1}\geqslant\sqrt[k-1]{a_1a_2\cdots a_{k-1}}.$$

上述两个证明都是对"和"的一边(左边)进行凑配(配项)的,如果对"积"的一边(右边)凑配(配因子),又可得到两个类似的新证法.

证法3 $\left(\text{配因子}\dfrac{a_1+a_2+\cdots+a_{k-1}}{k-1}\right)$ 由归纳假设,有

$$a_1a_2\cdots a_{k-1}\cdot\frac{a_1+a_2+\cdots+a_{k-1}}{k-1}$$

$$\leqslant\left(\frac{a_1+a_2+\cdots+a_{k-1}+\dfrac{a_1+a_2+\cdots+a_{k-1}}{k-1}}{k}\right)^k$$

$$=\left(\frac{a_1+a_2+\cdots+a_{k-1}}{k-1}\right)^k,$$

此式变形即得

$$\frac{a_1+a_2+\cdots+a_{k-1}}{k-1}\geqslant\sqrt[k-1]{a_1a_2\cdots a_{k-1}}.$$

证法 4 （配因子$\sqrt[k-1]{a_1a_2\cdots a_{k-1}}$） 由归纳假设，有

$$a_1a_2\cdots a_{k-1}\cdot\sqrt[k-1]{a_1a_2\cdots a_{k-1}}$$

$$\leqslant\left(\frac{a_1+a_2+\cdots+a_{k-1}+\sqrt[k-1]{a_1a_2\cdots a_{k-1}}}{k}\right)^k,$$

此式变形即得

$$\frac{a_1+a_2+\cdots+a_{k-1}}{k-1}\geqslant\sqrt[k-1]{a_1a_2\cdots a_{k-1}}.$$

上述四种方法都是反向归纳法，我们自然提出这样的问题：上述思路能否适应于正向归纳法的证明呢？回答是肯定的.

实际上，设 $n=k$ 时不等式成立，要证明 $n=k+1$ 时不等式成立，即

$$a_1+a_2+\cdots+a_{k+1}\geqslant(k+1)\sqrt[k+1]{a_1a_2\cdots a_{k+1}}.\qquad①$$

假定从左边入手，为了利用归纳假设，应将左边的 $k+1$ 项“变为”k 项，这似乎要减少 1 项. 但这里的项是无法舍弃的，由此想到将其平均分成两组（每组的项相对减少），然后对每一组使用归纳假设即可.

但总项数未必是偶数，这可用“充分条件分类”的方法来处理：当项数是偶数时，直接分成两组；当项数是奇数时，添加一项后再分成两组.

同样,所添加的项应使得推理的中间结果至少符合目标式①具备的两个类似特点.因此,选择不同的添加项又可得到不同的证法.

为叙述问题方便,对正整数 n,记 $A_n=\dfrac{a_1+a_2+\cdots+a_n}{n}$,$G_n=\sqrt[n]{a_1a_2\cdots a_n}$.

证法 5 (正向归纳法,分类添加项 A_{k+1}) 设 $n\leqslant k$ 时结论成立,那么,当 k 为奇数时,令 $k+1=2t$(直接将 $k+1$ 个项分为两组),则

$$\begin{aligned}
&a_1+a_2+\cdots+a_k+a_{k+1}\\
&\quad=(a_1+a_2+\cdots+a_t)+(a_{t+1}+a_{t+2}+\cdots+a_{k+1})\\
&\quad\geqslant t\sqrt[t]{a_1a_2\cdots a_t}+t\cdot\sqrt[t]{a_{t+1}a_{t+2}\cdots a_{2t}}\\
&\quad\geqslant 2t\cdot\sqrt[2t]{a_1a_2\cdots a_ka_{k+1}}\\
&\quad=(k+1)\cdot\sqrt[k+1]{a_1a_2\cdots a_ka_{k+1}},
\end{aligned}$$

所以 $n=k+1$ 时不等式成立.

当 k 为偶数时(先补充一个项 A_{k+1},再将 $k+2$ 个项分为两组),令 $k=2t-2$,则

$$\begin{aligned}
&a_1+a_2+\cdots+a_k+a_{k+1}+A_{k+1}\\
&\quad=(a_1+a_2+\cdots+a_t)+(a_{t+1}+a_{t+2}+\cdots+a_{k+1}+A_{k+1})\\
&\quad\geqslant t\sqrt[t]{a_1a_2\cdots a_t}+t\cdot\sqrt[t]{a_{t+1}a_{t+2}\cdots a_{k+1}A_{k+1}}\\
&\quad\geqslant 2t\cdot\sqrt[2t]{a_1a_2\cdots a_ka_{k+1}A_{k+1}},
\end{aligned}$$

$$(k+2)A_{k+1}\geqslant(k+2)\cdot\sqrt[k+2]{a_1a_2\cdots a_ka_{k+1}A_{k+1}},$$

解此关于 A_{k+1} 的回归不等式,得

$$A_{k+1}\geqslant\sqrt[k+1]{a_1a_2\cdots a_{k+1}},$$

所以 $n=k+1$ 时不等式成立.

证法 6 (正向归纳法,分类添加项 G_{k+1}) 设 $n\leqslant k$ 时结论成立,考虑 $k+1$ 的情形:当 k 为奇数时,同上,直接将 $k+1$ 个项分为

两组,可证结论成立;

当 k 为偶数时(先补充一个项 G_{k+1},再将 $k+2$ 个项分为两组),令 $k=2t-2$,则

$$\begin{aligned}
&a_1+a_2+\cdots+a_k+a_{k+1}+G_{k+1}\\
&\quad=(a_1+a_2+\cdots+a_t)+(a_{t+1}+a_{t+2}+\cdots+a_{k+1}+G_{k+1})\\
&\quad\geqslant t\sqrt[t]{a_1a_2\cdots a_t}+t\cdot\sqrt[t]{a_{t+1}a_{t+2}\cdots a_{k+1}G_{k+1}}\\
&\quad\geqslant 2t\cdot\sqrt[2t]{a_1a_2\cdots a_ka_{k+1}G_{k+1}},
\end{aligned}$$

$$\begin{aligned}
(k+1)A_{k+1}+G_{k+1}&\geqslant(k+2)\cdot\sqrt[k+2]{a_1a_2\cdots a_ka_{k+1}G_{k+1}}\\
&=(k+2)\cdot G_{k+1},
\end{aligned}$$

$$A_{k+1}\geqslant G_{k+1},$$

所以 $n=k+1$ 时不等式成立.

证法 7 (正向归纳法,分类配因子 A_{k+1}) 设 $n\leqslant k$ 时结论成立,那么,当 k 为奇数时,令 $k+1=2t$,则

$$\begin{aligned}
a_1a_2\cdots a_ka_{k+1}&=(a_1a_2\cdots a_t)\cdot(a_{t+1}a_{t+2}\cdots a_{2t})\\
&\leqslant\left(\frac{a_1+a_2+\cdots+a_t}{t}\right)^t\cdot\left(\frac{a_{t+1}+a_{t+2}+\cdots+a_{2t}}{t}\right)^t\\
&\leqslant\left(\frac{a_1+a_2+\cdots+a_{k+1}}{2t}\right)^{2t}\\
&=\left(\frac{a_1+a_2+\cdots+a_{k+1}}{k+1}\right)^{k+1},
\end{aligned}$$

所以 $n=k+1$ 时不等式成立.

当 k 为偶数时,令 $k=2t-2$,则

$$\begin{aligned}
&a_1a_2\cdots a_ka_{k+1}\cdot A_{k+1}\\
&\quad=(a_1a_2\cdots a_t)\cdot(a_{t+1}a_{t+2}\cdots a_{k+1}A_{k+1})\\
&\quad\leqslant\left(\frac{a_1+a_2+\cdots+a_t}{t}\right)^t\cdot\left(\frac{a_{t+1}+a_{t+2}+\cdots+a_{k+1}+A_{k+1}}{t}\right)^t\\
&\quad\leqslant\left(\frac{a_1+a_2+\cdots+a_{k+1}+A_{k+1}}{2t}\right)^{2t}
\end{aligned}$$

$$= \left(\frac{(k+2)A_{k+1}}{k+2}\right)^{k+2} = A_{k+1}^{k+2},$$

$$a_1 a_2 \cdots a_k a_{k+1} \leqslant A_{k+1}^{k+1},$$

$$\sqrt[k+1]{a_1 a_2 \cdots a_{k+1}} \leqslant A_{k+1},$$

所以 $n = k+1$ 时不等式成立.

证法 8 （正向归纳法，分类配因子 G_{k+1}） 设 $n \leqslant k$ 时结论成立，那么，当 k 为奇数时，同上可证结论成立；

当 k 为偶数时，令 $k = 2t-2$，则

$$\begin{aligned} & a_1 a_2 \cdots a_k a_{k+1} \cdot G_{k+1} \\ & = (a_1 a_2 \cdots a_t) \cdot (a_{t+1} a_{t+2} \cdots a_{k+1} G_{k+1}) \\ & \leqslant \left(\frac{a_1 + a_2 + \cdots + a_t}{t}\right)^t \cdot \left(\frac{a_{t+1} + a_{t+2} + \cdots + a_{k+1} + G_{k+1}}{t}\right)^t \\ & \leqslant \left(\frac{a_1 + a_2 + \cdots + a_{k+1} + G_{k+1}}{2t}\right)^{2t} \\ & = \left(\frac{(k+1)A_{k+1} + G_{k+1}}{k+2}\right)^{k+2}, \end{aligned}$$

解此关于 G_{k+1} 的回归不等式，得

$$G_{k+1} \leqslant A_{k+1},$$

所以 $n = k+1$ 时不等式成立.

我们进一步思考：正向归纳法能否不分类使不等式获证？这只需添加若干个项，使其凑成偶数个项即可. 显然，添加 $k-1$ 个项可凑成两个“k 项的和”.

证法 9 （正向归纳法，避免分类，添加多个项 A_{k+1}） 由归纳假设，有

$$\begin{aligned} & (a_1 + a_2 + \cdots + a_k) + (a_{k+1} + (k-1)A_{k+1}) \\ & \geqslant k\sqrt[k]{a_1 a_2 \cdots a_k} + k \cdot \sqrt[k]{a_{k+1} A_{k+1}^{k-1}} \\ & \geqslant 2k \cdot \sqrt{\sqrt[k]{a_1 a_2 \cdots a_k} \cdot \sqrt[k]{a_{k+1} A_{k+1}^{k-1}}} \end{aligned}$$

$$= 2k \cdot \sqrt[2k]{a_1 a_2 \cdots a_k a_{k+1} A_{k+1}^{k-1}},$$

$$(k+1)A_{k+1} + (k-1)A_{k+1} \geqslant 2k \cdot \sqrt[2k]{a_1 a_2 \cdots a_k a_{k+1} A_{k+1}^{k-1}},$$

$$(A_{k+1})^{2k} \geqslant a_1 a_2 \cdots a_k a_{k+1} A_{k+1}^{k-1},$$

$$A_{k+1} \geqslant \sqrt[k+1]{a_1 a_2 \cdots a_{k+1}},$$

所以 $n = k+1$ 时不等式成立.

证法 10 （正向归纳法，避免分类，添加多个项 G_{k+1}） 由归纳假设，有

$$\begin{aligned}
&(a_1 + a_2 + \cdots + a_k) + (a_{k+1} + (k-1)G_{k+1}) \\
&\geqslant k\sqrt[k]{a_1 a_2 \cdots a_k} + k \cdot \sqrt[k]{a_{k+1} G_{k+1}^{k-1}} \\
&\geqslant 2k \cdot \sqrt{\sqrt[k]{a_1 a_2 \cdots a_k} \cdot \sqrt[k]{a_{k+1} G_{k+1}^{k-1}}} \\
&= 2k \cdot \sqrt[2k]{a_1 a_2 \cdots a_k a_{k+1} G_{k+1}^{k-1}} \\
&= 2k \cdot \sqrt[2k]{G_{k+1}^{k+1} G_{k+1}^{k-1}} = 2k \cdot G_{k+1}.
\end{aligned}$$

$$a_1 + a_2 + \cdots + a_k + a_{k+1} \geqslant (k+1)G_{k+1},$$

即 $n = k+1$ 时不等式成立.

证法 11 （正向归纳法，避免分类，配多个因子 A_{k+1}） 由归纳假设，有

$$\begin{aligned}
&(a_1 a_2 \cdots a_k) \cdot (a_{k+1} A_{k+1}^{k-1}) \\
&\leqslant \left(\frac{a_1 + a_2 + \cdots + a_k}{k}\right)^k \cdot \left(\frac{a_{k+1} + (k-1)A_{k+1}}{k}\right)^k \\
&\leqslant \left(\frac{a_1 + a_2 + \cdots + a_{k+1} + (k-1)A_{k+1}}{2k}\right)^{2k} \\
&= \left(\frac{(k+1)A_{k+1} + (k-1)A_{k+1}}{2k}\right)^{2k} \\
&= A_{k+1}^{2k},
\end{aligned}$$

$$a_1 a_2 \cdots a_k a_{k+1} \leqslant A_{k+1}^{k+1},$$

$$\sqrt[k+1]{a_1 a_2 \cdots a_{k+1}} \leqslant A_{k+1},$$

所以 $n=k+1$ 时不等式成立.

证法 12 （正向归纳法，避免分类，配多个因子 G_{k+1}） 由归纳假设，有

$$
\begin{aligned}
&(a_1a_2\cdots a_k)(a_{k+1}\cdot G_{k+1}^{k-1})\\
&\quad\leqslant\left(\frac{a_1+a_2+\cdots+a_k}{k}\right)^k\cdot\left(\frac{a_{k+1}+(k-1)G_{k+1}}{k}\right)^k\\
&\quad=\left(\frac{a_1+a_2+\cdots+a_k}{k}\cdot\frac{a_{k+1}+(k-1)G_{k+1}}{k}\right)^k\\
&\quad\leqslant\left(\frac{a_1+a_2+\cdots+a_{k+1}+(k-1)G_{k+1}}{2k}\right)^{2k},
\end{aligned}
$$

$$
(G_{k+1})^{k+1}(G_{k+1})^{k-1}\leqslant\left(\frac{a_1+a_2+\cdots+a_{k+1}+(k-1)G_{k+1}}{2k}\right)^{2k},
$$

$$
G_{k+1}\leqslant\frac{a_1+a_2+\cdots+a_{k+1}+(k-1)G_{k+1}}{2k},
$$

$$
G_{k+1}\leqslant\frac{a_1+a_2+\cdots+a_{k+1}}{k+1},
$$

所以 $n=k+1$ 时不等式成立.

上述正向归纳法证明都是通过“先添项，后分组”达到减项目的的，能否采用“并项”技巧直接减项？我们来试试.

设不等式对小于 n 的自然数成立，考察 n 的情形，其目标不等式为

$$
a_1+a_2+\cdots+a_n\geqslant n\cdot\sqrt[n]{a_1a_2\cdots a_n}.
$$

假定从左边入手，则要将左边的 n 个项变成 $n-1$ 个项，如果将 a_{n-1}, a_n 合并为一项，则由归纳假设，有

$$
\begin{aligned}
&a_1+a_2+\cdots+(a_{n-1}+a_n)\\
&\quad\geqslant(n-1)\sqrt[n-1]{a_1a_2\cdots a_{n-2}(a_{n-1}+a_n)},
\end{aligned}
$$

但这种变形破坏了等号成立的条件，因为 $a_1=a_2=\cdots=a_n$ 时，$a_1\neq a_{n-1}+a_n$.

如果将 $a_{n-1}+a_n$ 除以2,则可保证等号成立,但这种变形也不能使解题获得成功$\left(因为左边又多出一个部分:\frac{a_{n-1}+a_n}{2}\right)$,大家不妨一试.

而一种可行的方案是:将 a_{n-1},a_n 合并后再减去一个算术平均值A_n:$\frac{a_1+a_2+\cdots+a_n}{n}$,这样,由归纳假设,有

$$\begin{aligned}(n-1)A_n&=a_1+a_2+\cdots+a_{n-2}+a_{n-1}+a_n-A_n\\&=a_1+a_2+\cdots+a_{n-2}+(a_{n-1}+a_n-A_n)\\&\geqslant(n-1)\sqrt[n-1]{a_1a_2\cdots a_{n-2}(a_{n-1}+a_n-A_n)},\end{aligned}$$

所以

$$A_n\geqslant\sqrt[n-1]{a_1a_2\cdots a_{n-2}(a_{n-1}+a_n-A_n)},$$

去根号,得

$$A_n^{n-1}\geqslant a_1a_2\cdots a_{n-2}(a_{n-1}+a_n-A_n),$$

两边同乘以 A_n,得

$$A_n^n\geqslant a_1a_2\cdots a_{n-2}(a_{n-1}+a_n-A_n)\cdot A_n.$$

瞄准目标,期望有

$$a_1a_2\cdots a_{n-2}(a_{n-1}+a_n-A_n)\cdot A_n\geqslant a_1a_2\cdots a_n,$$

即

$$(a_{n-1}+a_n-A_n)\cdot A_n\geqslant a_{n-1}a_n,$$

这等价于

$$(a_{n-1}-A_n)\cdot(a_n-A_n)\leqslant 0,$$

此式成立的一个充分条件是 $a_{n-1}\leqslant A_n\leqslant a_n$,这只需限定 a_{n-1},a_n 分别是$a_1,a_2,\cdots,a_n$ 中的最小者和最大者即可.由此得到如下的证法.

证法13 当 $n=2$ 时,不等式显然成立;设不等式对小于 n 的自然数成立.

对自然数 n，设 a_{n-1}，a_n 分别是 $a_1,a_2,\cdots,a_n$ 中的最小者和最大者，那么 $a_{n-1}\leqslant A_n\leqslant a_n$，于是

$$(a_{n-1}-A_n)\cdot(a_n-A_n)\leqslant 0,$$

$$(a_{n-1}+a_n-A_n)\cdot A_n\geqslant a_{n-1}a_n.$$

因此

$$\begin{aligned}(n-1)A_n&=a_1+a_2+\cdots+a_{n-2}+a_{n-1}+a_n-A_n\\&=a_1+a_2+\cdots+a_{n-2}+(a_{n-1}+a_n-A_n)\\&\geqslant(n-1)\sqrt[n-1]{a_1a_2\cdots a_{n-2}(a_{n-1}+a_n-A_n)},\end{aligned}$$

所以

$$A_n\geqslant\sqrt[n-1]{a_1a_2\cdots a_{n-2}(a_{n-1}+a_n-A_n)},$$

解此关于 A_n 的回归不等式，得

$$A_n\geqslant\sqrt[n]{a_1a_2\cdots a_n}.$$

如果改变入手方向，则又可得到如下一个新证法.

证法 14 当 $n=2$ 时，不等式显然成立；设不等式对小于 n 的自然数成立，对自然数 n，令 $G_n=\sqrt[n]{a_1a_2\cdots a_n}$，并设 a_{n-1}，a_n 分别是 $a_1,a_2,\cdots,a_n$ 中的最小者和最大者，那么

$$a_{n-1}\leqslant G_n\leqslant a_n,$$

$$(a_{n-1}-G_n)\cdot(a_n-G_n)\leqslant 0,$$

$$a_{n-1}a_n+G_n^2\leqslant(a_{n-1}+a_n)G_n,$$

$$\frac{a_{n-1}a_n}{G_n}+G_n\leqslant a_{n-1}+a_n.$$

于是

$$\begin{aligned}G_n&=\sqrt[n]{a_1a_2\cdots a_n}=\sqrt[n-1]{a_1a_2\cdots a_{n-2}\left(\frac{a_{n-1}a_n}{G_n}\right)}\\&\leqslant\frac{a_1+a_2+\cdots+a_{n-2}+\dfrac{a_{n-1}a_n}{G_n}}{n-1},\end{aligned}$$

解此关于 G_n 的回归不等式，得

$$G_n \leqslant \frac{a_1 + a_2 + \cdots + a_n}{n}.$$

例 2 求证：$\sqrt{2\,012+\sqrt{2\,011+\sqrt{\cdots+\sqrt{2+\sqrt{1}}}}}<46$.（2013 年匈牙利数学奥林匹克试题）

分析与证明 令 $\sqrt{2\,012+\sqrt{2\,011+\sqrt{\cdots+\sqrt{2+\sqrt{1}}}}}=A$，考虑解题目标的前一步，我们需要建立关于 A 的一个不等式，由此想到利用回归变形，将 A 放缩到 $f(A)$.

如果通过减少一些项的方式将 A 的值缩小，则缩小后的式子中看不到 A 原来的“影子”，所以只能采用添加一些项的方式将 A 扩大. 实际上，由于

$$\begin{aligned}
A &= \sqrt{2\,012+\sqrt{2\,011+\sqrt{\cdots+\sqrt{2+\sqrt{1}}}}} \\
&< \sqrt{2\,013+\sqrt{2\,012+\sqrt{\cdots+\sqrt{3+\sqrt{2}}}}} \\
&< \sqrt{2\,013+\sqrt{2\,012+\sqrt{\cdots+\sqrt{3+\sqrt{2+\sqrt{1}}}}}} \\
&< \sqrt{2\,013+A},
\end{aligned}$$

得 $A^2<2\,013+A$，解得

$$A<\frac{1+\sqrt{8\,053}}{2}<\frac{1+\sqrt{8\,100}}{2}=\frac{91}{2}<46.$$

注 本题原解答似乎有误，参见《中等数学》2014 年增刊 p52.

例 3 设 $x_1 \geqslant x_2 \geqslant x_3 \geqslant x_4 \geqslant 2$，$x_2+x_3+x_4 \geqslant x_1$，求证：

$$(x_1+x_2+x_3+x_4)^2 \leqslant 4x_1x_2x_3x_4.$$

分析与证明 注意到条件“$x_2+x_3+x_4 \geqslant x_1$”，自然想到以下两种变形：要么将目标不等式左边的 $x_2+x_3+x_4$ 缩小到 x_1，但此时放

缩的结果与"目标不等式"的方向相反；要么将目标不等式左边的 x_1 放大到 $x_2+x_3+x_4$，但此时使左边"消去"了 x_1，而右边仍含有 x_1，且无法利用条件"$x_2+x_3+x_4\geqslant x_1$"将其消去.

所以上述两种变形都失效，由此想到引入伸缩参数，将条件中的不等式转化为等式加以应用.

因为 $x_2+x_3+x_4\geqslant x_1$，可引入伸缩参数 $0<k\leqslant 1$：令

$$x_1=k(x_2+x_3+x_4),\qquad ①$$

代入目标不等式消去 x_1，化为

$$(1+k)^2(x_2+x_3+x_4)^2\leqslant 4kx_2x_3x_4(x_2+x_3+x_4),$$

即

$$\frac{(1+k)^2}{4k}\leqslant\frac{x_2x_3x_4}{x_2+x_3+x_4}.\qquad ②$$

下面证明不等式②，我们采用借助中间量分别估计式②两边范围的方法.先考虑

$$\frac{x_2x_3x_4}{x_2+x_3+x_4}\geqslant ?$$

显然有

$$\frac{x_2x_3x_4}{x_2+x_3+x_4}\geqslant\frac{8}{x_2+x_3+x_4}\geqslant\frac{8}{3x_2},$$

但显然$\frac{8}{3x_2}$并不能作为"中间量".

不过，上述变形的大方向是正确的，稍作修改即可：保留 x_2，仅将 x_3，x_4 放缩.

对于分子中的 $x_2x_3x_4$，将 x_3，x_4 缩小到 2，则有

$$\frac{x_2x_3x_4}{x_2+x_3+x_4}\geqslant\frac{4x_2}{x_2+x_3+x_4}.$$

再将分母中的 x_3，x_4 扩大到 x_2，有

$$\frac{x_2x_3x_4}{x_2+x_3+x_4}\geqslant\frac{4x_2}{x_2+x_3+x_4}\geqslant\frac{4x_2}{x_2+x_2+x_2}=\frac{4}{3}.$$

再估计$\frac{(1+k)^2}{4k}$，选择$\frac{4}{3}$为中间量，我们期望有

$$\frac{(1+k)^2}{4k} \leqslant \frac{4}{3},$$

它等价于

$$(3k-1)(k-3) \leqslant 0.$$

注意到 $k \leqslant 1$，有 $k-3<0$，因此只需证明 $k \geqslant \frac{1}{3}$.

由此可见，解题的最后目标为：求出 k 的变化范围，这就要在含有 k 的有关式子中进行放缩变形.

通过观察前面推理中出现的若干结果，即可发现，对等式①进行回归放缩便能实现目标. 实际上

$$x_1 = k(x_2+x_3+x_4) \leqslant k(x_1+x_1+x_1) = 3kx_1$$

（从 x_1 放缩到 $f(x_1)$），

得 $k \geqslant \frac{1}{3}$.

注 采用“主元中间量”方法，我们得到该不等式的一个非常简单的证明.

因为 $x_2+x_3+x_4 \geqslant x_1$，可令

$$x_1 = k(x_2+x_3+x_4),$$

其中 $0<k \leqslant 1$，则

$$x_1 = k(x_2+x_3+x_4) \leqslant k(x_1+x_1+x_1),$$

得 $k \geqslant \frac{1}{3}$.

又 $k \leqslant 1$，所以$\frac{1}{3} \leqslant k \leqslant 1$.

$$M = \frac{(x_1+x_2+x_3+x_4)^2}{4x_1x_2x_3x_4} = \frac{(k+1)^2(x_2+x_3+x_4)}{4kx_2x_3x_4}$$

$$= \left(k+\frac{1}{k}+2\right)\frac{x_2+x_3+x_4}{4x_2x_3x_4}$$

$$\leqslant \left(k+\frac{1}{k}+2\right)\frac{x_2+x_2+x_2}{4x_2 \cdot 2 \cdot 2}.$$

$$\leqslant \frac{3}{16}\left(k+\frac{1}{k}+2\right).$$

因为 $f(k)=k+\dfrac{1}{k}$ 在 $(0,1]$ 上递减,在 $(1,+\infty)$ 上递增,而 $k\in\left(\dfrac{1}{3},1\right)$,所以

$$k+\frac{1}{k}\leqslant \max\left\{f(1),f\left(\frac{1}{3}\right)\right\}=\frac{10}{3}.$$

故

$$M\leqslant \frac{3}{16}\left(\frac{10}{3}+2\right)=\frac{3}{16}\cdot\frac{16}{3}=1.$$

例 4 设 $x_1,x_2,\cdots,x_6\in \mathbf{N}^*$,且 $x_1+x_2+\cdots+x_6=x_1x_2\cdots x_6$,求证:

$$1<\frac{x_1+x_2+\cdots+x_6}{6}\leqslant 2.$$

分析与证明 首先,因为 $x_i\geqslant 1$,从而

$$\frac{x_1+x_2+\cdots+x_6}{6}\geqslant \frac{1+1+\cdots+1}{6}=1.$$

又由条件 $x_1+x_2+\cdots+x_6=x_1x_2\cdots x_6$,可知 x_i 不全为 1,从而上式等号不成立,目标不等式左边获证.

其次,引入容量参数,不妨设 $x_1\geqslant x_2\geqslant\cdots\geqslant x_k>1$, $x_{k+1}=x_{k+2}=\cdots=x_6=1$,对 $i=1,2,\cdots,k$,令 $x_i=1+y_i$,则

$$y_1\geqslant y_2\geqslant\cdots\geqslant y_k\geqslant 1.$$

这样,条件变为

$$y_1+y_2+\cdots+y_k+6=(1+y_1)(1+y_2)\cdots(1+y_k), \qquad ①$$

目标不等式变为

$$y_1+y_2+\cdots+y_k\leqslant 6. \qquad ②$$

如何在条件①的右边构造目标②中的 $y_1+y_2+\cdots+y_k$? 从特

例开始：

若 $k=1$，则式①变为

$$y_1+6=1+y_1,$$

矛盾，从而 $k\geqslant 2$.

若 $k=2$，则式①变为

$$y_1+y_2+6=(1+y_1)(1+y_2)=1+y_1+y_2+y_1y_2,$$

即 $6=1+y_1y_2$.

若利用不等式 $y_1y_2\leqslant\left(\frac{y_1+y_2}{2}\right)^2$，由此虽可产生式②中的 y_1+y_2，但其结果与不等式②的方向相反！于是，采用“添加项”的策略强行构造相同.

对 $6=1+y_1y_2$ 两边同时加上 $-y_1-y_2$，得

$$6-(y_1+y_2)=1+y_1y_2-y_1-y_2=(1-y_1)(1-y_2)\geqslant 0,$$

所以式②成立.

显然，$k=2$ 的情形还不具备一般性，再看 $k=3$ 的情形. 此时，式①变为

$$\begin{aligned}
&y_1+y_2+y_3+6\\
&\quad=(1+y_1)(1+y_2)(1+y_3)\\
&\quad=(1+y_1+y_2+y_1y_2)(1+y_3)\\
&\quad=1+y_1+y_2+y_1y_2+y_3+y_3y_1+y_2y_3+y_1y_2y_3\\
&\quad=(y_1+y_2+y_3)+(y_1y_2+y_2y_3+y_3y_1)+y_1y_2y_3+1,
\end{aligned}$$

即

$$6=(y_1y_2+y_2y_3+y_3y_1)+y_1y_2y_3+1.$$

而目标为 $6\geqslant y_1+y_2+y_3$，于是只需证明

$$(y_1y_2+y_2y_3+y_3y_1)+y_1y_2y_3+1\geqslant y_1+y_2+y_3,$$

这是显然的，因为由 $y_1\geqslant y_2\geqslant\cdots\geqslant y_k\geqslant 1$，知

$$y_1y_2+y_2y_3+y_3y_1\geqslant y_1+y_2+y_3.$$

显然，对 $k>3$，上面的推理仍然成立. 实际上，若 $k\geqslant 3$，则对式①进行回归放缩，有

$$\begin{aligned} & y_1+y_2+\cdots+y_k+6 \\ &= (1+y_1)(1+y_2)\cdots(1+y_k) \\ &\geqslant y_1+y_2+\cdots+y_k+y_1y_2+y_2y_3+\cdots+y_ky_1 \\ &\geqslant 2(y_1+y_2+\cdots+y_k), \end{aligned}$$

移项即得式②，不等式获证.

另证 不妨设 $x_1\leqslant x_2\leqslant\cdots\leqslant x_6$，则 $x_1x_2\cdots x_6=x_1+x_2+\cdots+x_6\leqslant 6x_6$，所以 $x_1x_2\cdots x_5\leqslant 6$.

若 $x_3\geqslant 2$，则 $x_3x_4x_5\geqslant 8$，矛盾.

若 $x_3=1$，则 $x_1=x_2=x_3=1$，于是，条件变为 $x_4x_5x_6=3+x_4+x_5+x_6$ 且 $x_4x_5\leqslant 6$.

由 $x_4x_5\leqslant 6=2\cdot 3=1\cdot 6$，得 $x_4=2, x_5=3$ 或 $x_4=1, x_5=6$.

当 $x_4=2, x_5=3$ 时，方程 $x_4x_5x_6=3+x_4+x_5+x_6$ 无解；

当 $x_4=1, x_5=6$ 时，由方程 $x_4x_5x_6=3+x_4+x_5+x_6$ 解得 $x_1=x_2=x_3=x_4=1, x_5=2, x_6=6$.

于是，只有唯一一组正整数满足 $x_1+x_2+\cdots+x_6=x_1x_2\cdots x_6$，将其代入要证的不等式，可知其成立.

注 若将不等式推广到 n 个变元的一般情形，则第一种证法仍然适用，而第二种证法则不能奏效. 由此可见，对解答本题而言，当然是方法 2 简单，但就其功能而言，方法 1 则更具有一般性.

例 5 设 $a_i\in\mathbf{R}, A_k=a_1+a_2+\cdots+a_k$，求证：$\sum_{k=1}^{n}\left(\frac{A_k}{k}\right)^2\leqslant 12\sum_{k=1}^{n}a_k^2$.

分析与证明 目标不等式左边含 A_k，右边含 a_k，于是要在左边构造右边的 a_k.

但若直接将 A_k 换作 $a_1+a_2+\cdots+a_k$，则不等式变得更复杂. 于是，只能在左边采用“添加项”的方式强行构造相同：

$$\left(\frac{A_k}{k}\right)^2=\left(a_k+\left(\frac{A_k}{k}-a_k\right)\right)^2\leqslant 2\left(a_k^2+\left(\frac{A_k}{k}-a_k\right)^2\right)$$

$$=4a_k^2+2\left(\frac{A_k}{k}\right)^2-4a_k\cdot\frac{A_k}{k}.$$

所以

$$\sum_{k=1}^{n}\left(\frac{A_k}{k}\right)^2\leqslant 4\sum_{k=1}^{n}a_k^2+2\sum_{k=1}^{n}\left(\frac{A_k}{k}\right)^2-4\sum_{k=1}^{n}\frac{a_kA_k}{k}. \qquad ①$$

式①右边的 $\frac{a_kA_k}{k}$ 是目标不等式中不出现的量，自然想到采用回归放缩，将其“变成”$\left(\frac{A_k}{k}\right)^2$ 的形式，为此，应将 a_k 换作 A_k-A_{k-1}.

于是，规定 $A_0=0$，则对 $k=1,2,\cdots,n$，都有 $a_k=A_k-A_{k-1}$，所以

$$\frac{a_kA_k}{k}=\frac{A_k-A_{k-1}}{k}\cdot A_k=\frac{A_k^2-A_kA_{k-1}}{k}$$

$$\geqslant\frac{A_k^2-\frac{A_k^2+A_{k-1}^2}{2}}{k}\quad（回归放缩）$$

$$=\frac{A_k^2-A_{k-1}^2}{2k},$$

故

$$4\sum_{k=1}^{n}\frac{a_kA_k}{k}\geqslant 2\sum_{k=1}^{n}\frac{A_k^2-A_{k-1}^2}{k}=2\sum_{k=1}^{n}\frac{A_k^2}{k}-2\sum_{k=1}^{n}\frac{A_{k-1}^2}{k}$$

$$=2\sum_{k=1}^{n}\frac{A_k^2}{k}-2\sum_{k=0}^{n-1}\frac{A_k^2}{k+1}\quad（错位合并）$$

$$=2\sum_{k=1}^{n}\frac{A_k^2}{k}-2\sum_{k=1}^{n-1}\frac{A_k^2}{k+1}\quad（因为 A_0=0）$$

$$=2\sum_{k=1}^{n}\left(\frac{A_k^2}{k}-\frac{A_k^2}{k+1}\right)+\frac{2A_n^2}{n+1}$$

$$= 2\sum_{k=1}^{n} \frac{A_k^2}{k(k+1)} + \frac{2A_n^2}{n+1}.$$

将之代入式①，得

$$\begin{aligned}\sum_{k=1}^{n}\left(\frac{A_k}{k}\right)^2 &\leqslant 4\sum_{k=1}^{n} a_k^2 + 2\sum_{k=1}^{n}\left(\frac{A_k}{k}\right)^2 - 2\sum_{k=1}^{n}\frac{A_k^2}{k(k+1)} - \frac{2A_n^2}{n+1} \\ &\leqslant 4\sum_{k=1}^{n} a_k^2 + 2\sum_{k=1}^{n}\left(\frac{A_k}{k}\right)^2 - 2\sum_{k=1}^{n}\frac{A_k^2}{k(k+1)} \quad \text{（舍项）} \\ &= 4\sum_{k=1}^{n} a_k^2 + \sum_{k=1}^{n}\left(\left(2-\frac{2k}{k+1}\right)\left(\frac{A_k}{k}\right)^2\right) \quad \text{（合并）} \\ &= 4\sum_{k=1}^{n} a_k^2 + \sum_{k=1}^{n}\left(\frac{2}{k+1}\left(\frac{A_k}{k}\right)^2\right) \quad \text{（通分）},\end{aligned}$$

移项，得

$$\sum_{k=1}^{n}\left(\frac{k-1}{k+1}\left(\frac{A_k}{k}\right)^2\right) \leqslant 4\sum_{k=1}^{n} a_k^2.$$

我们希望

$$3\sum_{k=1}^{n}\left(\frac{k-1}{k+1}\left(\frac{A_k}{k}\right)^2\right) \geqslant \sum_{k=1}^{n}\left(\frac{A_k}{k}\right)^2,$$

一个充分条件是

$$\frac{k-1}{k+1} \geqslant \frac{1}{3},$$

即 $k \geqslant 2$.

上面的推导稍作修改：起点后移，分拆出 $k=1$ 的项，对 $k \geqslant 2$ 放缩即可.

当 $n=1$ 时，结论显然成立；当 $n \geqslant 2$ 时，上面的变形中保留第一项不变，其余的项（从第二项开始的各项）进行类似的回归放缩，有

$$\sum_{k=2}^{n}\left(\frac{A_k}{k}\right)^2 \leqslant 4\sum_{k=2}^{n} a_k^2 + 2\sum_{k=2}^{n}\left(\frac{A_k}{k}\right)^2 - 4\sum_{k=2}^{n}\frac{a_k A_k}{k}. \qquad ②$$

而

$$4\sum_{k=2}^{n}\frac{a_kA_k}{k}=4\sum_{k=2}^{n}\frac{A_k^2-A_kA_{k-1}}{k}\geqslant 4\sum_{k=2}^{n}\frac{A_k^2-\dfrac{A_k^2+A_{k-1}^2}{2}}{k}$$

$$=2\sum_{k=2}^{n}\frac{A_k^2-A_{k-1}^2}{k}=2\sum_{k=2}^{n}\frac{A_k^2}{k}-2\sum_{k=2}^{n}\frac{A_{k-1}^2}{k}$$

$$=2\sum_{k=2}^{n}\frac{A_k^2}{k}-2\sum_{k=1}^{n-1}\frac{A_k^2}{k+1}\quad（错位合并）$$

$$=2\sum_{k=2}^{n}\left(\frac{A_k^2}{k}-\frac{A_k^2}{k+1}\right)+\frac{2A_n^2}{n+1}-2\cdot\frac{A_1^2}{1+1}$$

$$=2\sum_{k=2}^{n}\frac{A_k^2}{k(k+1)}+\frac{2A_n^2}{n+1}-a_1^2,$$

代入式②，得

$$\sum_{k=2}^{n}\left(\frac{A_k}{k}\right)^2\leqslant 4\sum_{k=2}^{n}a_k^2+2\sum_{k=2}^{n}\left(\frac{A_k}{k}\right)^2-2\sum_{k=2}^{n}\frac{A_k^2}{k(k+1)}-\frac{2A_n^2}{n+1}+a_1^2$$

$$\leqslant 4\sum_{k=2}^{n}a_k^2+2\sum_{k=2}^{n}\left(\frac{A_k}{k}\right)^2-2\sum_{k=2}^{n}\frac{A_k^2}{k(k+1)}+a_1^2\quad（舍项）$$

$$=4\sum_{k=2}^{n}a_k^2+2\sum_{k=2}^{n}\frac{A_k^2}{k^2(k+1)}+a_1^2,$$

移项（合并回归项），得

$$\sum_{k=2}^{n}\left(\frac{k-1}{k+1}\left(\frac{A_k}{k}\right)^2\right)\leqslant 4\sum_{k=2}^{n}a_k^2+a_1^2.$$

因为 $k\geqslant 2$，所以 $\frac{1}{3}\leqslant\frac{k-1}{k+1}$，于是

$$\frac{1}{3}\sum_{k=2}^{n}\left(\frac{A_k}{k}\right)^2\leqslant\sum_{k=2}^{n}\left(\frac{k-1}{k+1}\left(\frac{A_k}{k}\right)^2\right)\leqslant 4\sum_{k=2}^{n}a_k^2+a_1^2,$$

因此

$$\sum_{k=2}^{n}\left(\frac{A_k}{k}\right)^2\leqslant 12\sum_{k=2}^{n}a_k^2+3a_1^2,$$

故

$$\sum_{k=1}^{n}\left(\frac{A_k}{k}\right)^2 = a_1^2 + \sum_{k=2}^{n}\left(\frac{A_k}{k}\right)^2 \leqslant a_1^2 + 12\sum_{k=2}^{n} a_k^2 + 3a_1^2$$

$$\leqslant 12a_1^2 + 12\sum_{k=2}^{n} a_k^2 = 12\sum_{k=1}^{n} a_k^2.$$

例 6 求最小的正数 t,使对任何 $n \in \mathbf{N}$ 及 $a_i, b_i \in [1,2](1 \leqslant i \leqslant n)$, $\sum_{i=1}^{n} a_i^2 = \sum_{i=1}^{n} b_i^2$,都有 $\sum_{i=1}^{n} \frac{a_i^3}{b_i} \leqslant t\sum_{i=1}^{n} a_i^2$.

分析与解 先求 t 的下界,这只需取适当的 $n\in\mathbf{N}$ 及 $a_i, b_i\in [1,2]$,代入相应的不等式中即可.

实际上,令 $n=2, a_1=1, a_2=2, b_1=2, b_2=1$,则

$$\frac{1}{2} + 8 \leqslant t(1^2 + 2^2),$$

所以 $t\geqslant\frac{17}{10}$.

下面证明 $t = \frac{17}{10}$合乎条件,即对任何 $n\in\mathbf{N}$ 及 $a_i, b_i\in[1,2]$ $(1\leqslant i\leqslant n)$,有

$$\sum_{i=1}^{n} \frac{a_i^3}{b_i} \leqslant \frac{17}{10} \cdot \sum_{i=1}^{n} a_i^2. \qquad ①$$

注意到

$$a_i^2 = \sqrt{\frac{a_i^3}{b_i} a_i b_i} = \sqrt{\frac{a_i^3}{b_i}} \cdot \sqrt{a_i b_i},$$

于是令

$$x_i = \sqrt{\frac{a_i^3}{b_i}}, \quad y_i = \sqrt{a_i b_i},$$

则原不等式变为

$$\sum_{i=1}^{n} x_i^2 \leqslant \frac{17}{10} \cdot \sum_{i=1}^{n} x_i y_i.$$

因为$\frac{x_i}{y_i} = \frac{a_i}{b_i} \in \left[\frac{1}{2}, 2\right]$,所以$\frac{1}{2}\leqslant\frac{x_i}{y_i}\leqslant 2$,即$\frac{y_i}{2}\leqslant x_i\leqslant 2y_i$,故

$$(2x_i-y_i)(x_i-2y_i)\leqslant 0,\quad x_iy_i\geqslant\frac{2}{5}(x_i^2+y_i^2),$$

同样有 $a_ib_i\geqslant\frac{2}{5}(a_i^2+b_i^2)$.

先后两次使用这两个不等式,得

$$\sum_{i=1}^n x_iy_i\geqslant\frac{2}{5}\sum_{i=1}^n(x_i^2+y_i^2)=\frac{2}{5}\sum_{i=1}^n x_i^2+\frac{2}{5}\sum_{i=1}^n a_ib_i\quad(\text{代回原变量})$$

$$\geqslant\frac{2}{5}\sum_{i=1}^n x_i^2+\frac{2}{5}\cdot\frac{2}{5}\sum_{i=1}^n(a_i^2+b_i^2)$$

$$=\frac{2}{5}\sum_{i=1}^n x_i^2+\frac{4}{25}\cdot 2\sum_{i=1}^n a_i^2=\frac{2}{5}\sum_{i=1}^n x_i^2+\frac{8}{25}\sum_{i=1}^n x_iy_i.$$

解关于 $\sum\limits_{i=1}^n x_iy_i$ 的回归不等式,得

$$\sum_{i=1}^n x_i^2\leqslant\frac{17}{10}\cdot\sum_{i=1}^n x_iy_i.$$

所以不等式①成立.

综上所述,t 的最小值为$\frac{17}{10}$.

下面再给出不等式①的另两个简单证法.

另证 1 因为$\frac{a_i}{b_i}\in\left[\frac{1}{2},2\right]$,即$\frac{1}{2}\leqslant\frac{a_i}{b_i}\leqslant 2$,所以

$$\left(\frac{a_i}{b_i}-\frac{1}{2}\right)\left(\frac{a_i}{b_i}-2\right)\leqslant 0,$$

$$(2a_i-b_i)(a_i-2b_i)\leqslant 0,$$

$$a_i^2+b_i^2\leqslant\frac{5}{2}a_ib_i.\qquad ②$$

两边同时乘以$\frac{a_i}{b_i}$(构造目标式),得

$$\frac{a_i^3}{b_i}+a_ib_i\leqslant\frac{5}{2}a_i^2,$$

于是

$$\frac{a_i^3}{b_i}\leqslant\frac{5}{2}a_i^2-a_ib_i\leqslant\frac{5}{2}a_i^2-\frac{2}{5}(a_i^2+b_i^2)$$

$$=\frac{21}{10}a_i^2-\frac{2}{5}b_i^2\quad\text{（利用了新条件或式②）},$$

所以

$$\sum_{i=1}^{n}\frac{a_i^3}{b_i}\leqslant\sum_{i=1}^{n}\left(\frac{21}{10}a_i^2-\frac{2}{5}b_i^2\right)=\frac{21}{10}\sum_{i=1}^{n}a_i^2-\frac{2}{5}\sum_{i=1}^{n}b_i^2$$

$$=\frac{21}{10}\sum_{i=1}^{n}a_i^2-\frac{2}{5}\sum_{i=1}^{n}a_i^2=\frac{17}{10}\cdot\sum_{i=1}^{n}a_i^2.$$

另证 2　同上，有

$$a_i^2+b_i^2-\frac{5}{2}a_ib_i\leqslant 0,$$

两边同时乘以$\frac{a_i}{b_i}+\frac{2}{5}$以构造目标式，但其中$+\frac{2}{5}$不易想到，目的是为了抵消 a_ib_i，这样，有

$$\frac{a_i^3}{b_i}-\frac{21}{10}a_i^2+\frac{2}{5}b_i^2\leqslant 0,$$

$$\frac{a_i^3}{b_i}\leqslant\frac{21}{10}a_i^2-\frac{2}{5}b_i^2,$$

所以

$$\sum_{i=1}^{n}\frac{a_i^3}{b_i}\leqslant\sum_{i=1}^{n}\left(\frac{21}{10}a_i^2-\frac{2}{5}b_i^2\right)=\frac{21}{10}\sum_{i=1}^{n}a_i^2-\frac{2}{5}\sum_{i=1}^{n}b_i^2$$

$$=\frac{21}{10}\sum_{i=1}^{n}a_i^2-\frac{2}{5}\sum_{i=1}^{n}a_i^2=\frac{17}{10}\cdot\sum_{i=1}^{n}a_i^2.$$

习　题　2

1. 在一直线上从左到右依次排列着 n 个点 $P_1,P_2,\cdots,P_n$，满足：对任何正整数 $k(2\leqslant k\leqslant n-1)$，$P_k$ 是线段 $P_{k-1}P_{k+1}$ 的 k 等分点中最靠近 P_{k+1} 的那个点，且 $P_1P_2=1$. 求证：$P_{n-1}P_n<\frac{3^{4-n}}{2}$.

2. 证明琴生(Jensen)不等式:若 $f\left(\frac{x+y}{2}\right)\leqslant\frac{f(x)+f(y)}{2}$,则

$$f\left(\frac{x_1+x_2+\cdots+x_n}{n}\right)\leqslant\frac{f(x_1)+f(x_2)+\cdots+f(x_n)}{n},$$

当且仅当 $x_1=x_2=\cdots=x_n$ 时等号成立.

3. 设 $x>0,y>0,x\neq y,x^2-y^2=x^3-y^3$.求证:$1<x+y<\frac{4}{3}$.

4. 设 $x_1,x_2,\cdots,x_n\in\mathbf{N}^*$,且 $x_1+x_2+\cdots+x_n=x_1x_2\cdots x_n,n\geqslant6$.求证:$1<\frac{x_1+x_2+\cdots+x_n}{n}\leqslant2$.

5. 给定平面上 n 个不在同一直线上的点,每两点确定一条直线,设 S 是这些直线中两两相交的直线组成的集合,求证:$|S|_{\max}\geqslant[\sqrt{2n-2}]+1$.

习题 2 解答

1. 由题意得

$$\begin{aligned}P_kP_{k+1}&=\frac{1}{k}P_{k-1}P_{k+1}=\frac{1}{k}(P_{k-1}P_k+P_kP_{k+1})\\&=\frac{1}{k}P_{k-1}P_k+\frac{1}{k}P_kP_{k+1},\end{aligned}$$

解关于 P_kP_{k+1} 的回归方程,得 $P_kP_{k+1}=\frac{1}{k-1}P_{k-1}P_k$.于是

$$\begin{aligned}P_{n-1}P_n&=\frac{1}{n-2}P_{n-2}P_{n-1}=\frac{1}{n-2}\cdot\frac{1}{n-3}P_{n-3}P_{n-2}\\&=\cdots\\&=\frac{1}{n-2}\cdot\frac{1}{n-3}\cdots\frac{1}{3}\cdot\frac{1}{2}P_2P_1=\frac{1}{(n-2)!}\\&<\frac{1}{3}\cdot\frac{1}{3}\cdot\cdots\cdot\frac{1}{3}\cdot\frac{1}{2}=\frac{3^{4-n}}{2}.\end{aligned}$$

2. 证法 1:当 $n=2$ 时,不等式显然成立.

设 $n=k$ 时不等式成立，那么当 $n=2k$ 时，有

$$f\left(\frac{x_1+x_2+\cdots+x_{2k}}{2k}\right)$$

$$=f\left(\frac{x_1+x_2+\cdots+x_k}{2k}+\frac{x_{k+1+}x_{k+2}+\cdots+x_{2k}}{2k}\right)$$

$$=f\left(\frac{\frac{x_1+x_2+\cdots+x_k}{k}+\frac{x_{k+1}+x_{k+2}+\cdots+x_{2k}}{k}}{2}\right)$$

$$\leqslant\frac{1}{2}\cdot\left(f\left(\frac{x_1+x_2+\cdots+x_k}{k}\right)+f\left(\frac{x_{k+1}+x_{k+2}+\cdots+x_{2k}}{k}\right)\right)$$

$$\leqslant\frac{1}{2}\cdot\left(\frac{f(x_1)+f(x_2)+\cdots+f(x_k)}{k}\right.$$

$$\left.+\frac{f(x_{k+1})+f(x_{k+2})+\cdots+f(x_{2k})}{k}\right)$$

$$=\frac{f(x_1)+f(x_2)+\cdots+f(x_{2k})}{2k},$$

所以 $n=2k$ 时，不等式成立.

如何证明 $n=k-1$ 时不等式成立?

考察条件

$$f\left(\frac{x_1+x_2+\cdots+x_k}{k}\right)$$

$$\leqslant\frac{f(x_1)+f(x_2)+\cdots+f(x_k)}{k}\quad\text{（归纳假设）},$$

而目标不等式为

$$f\left(\frac{x_1+x_2+\cdots+x_{k-1}}{k-1}\right)\leqslant\frac{f(x_1)+f(x_2)+\cdots+f(x_{k-1})}{k-1}.$$

如何在目标的左边添加一项以利用归纳假设?

注意到 $A_{k-1}=\dfrac{x_1+x_2+\cdots+x_{k-1}}{k-1}=\dfrac{x_1+x_2+\cdots+x_{k-1}+A_{k-1}}{k}$，

令 $A_k=\dfrac{x_1+x_2+\cdots+x_k}{k}$，则

$$f(A_{k-1})=f\left(\frac{x_1+x_2+\cdots+x_{k-1}+A_{k-1}}{k}\right)$$

$$\leqslant\frac{f(x_1)+f(x_2)+\cdots+f(x_{k-1})+f(A_{k-1})}{k},$$

解关于 $f(A_{k-1})$ 的回归不等式,得

$$f(A_{k-1})\leqslant\frac{f(x_1)+f(x_2)+\cdots+f(x_{k-1})}{k-1},$$

所以 $n=k-1$ 时,不等式成立.

根据反向归纳原理,不等式获证.

证法 2:当 $n=2$ 时,不等式显然成立.

设 $n=k$ 时不等式成立,令 $A_k=\dfrac{x_1+x_2+\cdots+x_k}{k}$,那么

$$f\left(\frac{\dfrac{x_1+x_2+\cdots+x_k}{k}+\dfrac{x_{k+1}+A_{k+1}+\cdots+A_{k+1}}{k}}{2}\right)$$

$$\leqslant\frac{1}{2}\cdot\left(f\left(\frac{x_1+x_2+\cdots+x_k}{k}\right)+f\left(\frac{x_{k+1}+A_{k+1}+\cdots+A_{k+1}}{k}\right)\right)$$

$$\leqslant\frac{1}{2}\cdot\left(\frac{f(x_1)+f(x_2)+\cdots+f(x_k)}{k}\right.$$

$$\left.+\frac{f(x_{k+1})+f(A_{k+1})+\cdots+f(A_{k+1})}{k}\right)$$

$$=\frac{f(x_1)+f(x_2)+\cdots+f(x_{k+1})+(k-1)f(A_{k+1})}{2k},$$

所以

$$f(A_{k+1})$$

$$=f\left(\frac{(k+1)A_{k+1}+(k-1)A_{k+1}}{2k}\right)$$

$$=f\left(\frac{x_1+x_2+\cdots+x_k+x_{k+1}+(A_{k+1}+A_{k+1}+\cdots+A_{k+1})}{2k}\right)$$

$$= f\left(\frac{\dfrac{x_1+x_2+\cdots+x_k}{k}+\dfrac{x_{k+1}+A_{k+1}+\cdots+A_{k+1}}{k}}{2}\right)$$

$$\leqslant \frac{f(x_1)+f(x_2)+\cdots+f(x_{k+1})+(k-1)f(A_{k+1})}{2k}.$$

于是

$$2k\cdot f(A_{k+1})\leqslant f(x_1)+f(x_2)+\cdots+f(x_{k+1})+(k-1)f(A_{k+1}),$$

解关于 $f(A_{k+1})$的回归不等式,得

$$(k+1)f(A_{k+1})\leqslant f(x_1)+f(x_2)+\cdots+f(x_{k+1}),$$

所以 $n=k+1$ 时,不等式成立.

根据归纳原理,不等式获证.

3. 先将条件化简:因为 $x^2-y^2=x^3-y^3$,所以

$$(x-y)(x+y)=(x-y)(x^2+xy+y^2).$$

又 $x\neq y$,所以

$$x+y=x^2+xy+y^2. \qquad ①$$

现在要将式①中的 xy,x^2+y^2 都转化为关于 $x+y$ 的函数,可采用放缩变形,但应先利用恒等变形减少结构,以减少放缩次数.

于是式①化为 $x+y=(x+y)^2-xy$.

再利用 $xy>0$,得

$$x+y=(x+y)^2-xy<(x+y)^2,$$

解关于 $x+y$ 的回归不等式,得 $x+y>1$.

又由 $xy\leqslant\left(\dfrac{x+y}{2}\right)^2$,有

$$x+y=(x+y)^2-xy>(x+y)^2-\left(\frac{x+y}{2}\right)^2$$

$$=\frac{3}{4}(x+y)^2 \quad (x\neq y),$$

解关于 $x+y$ 的回归不等式,得 $x+y<\dfrac{4}{3}$.

4. 首先,因为 $x_i \geqslant 1$,从而

$$\frac{x_1+x_2+\cdots+x_n}{n} \geqslant \frac{1+1+\cdots+1}{n}=1.$$

又由条件 $x_1+x_2+\cdots+x_n=x_1x_2\cdots x_n$,可知 x_i 不全为1,从而上式等号不成立,目标不等式左边获证.

其次,引入容量参数,不妨设 $x_1 \geqslant x_2 \geqslant \cdots \geqslant x_k > 1, x_{k+1}=x_{k+2}=\cdots=x_n=1$.

令 $x_i=1+y_i(i=1,2,\cdots,k)$,则 $y_1 \geqslant y_2 \geqslant \cdots \geqslant y_k \geqslant 1$.这样,条件变为

$$y_1+y_2+\cdots+y_k+n=(1+y_1)(1+y_2)\cdots(1+y_k). \quad ①$$

要证的不等式右边变为

$$y_1+y_2+\cdots+y_k \leqslant n. \quad ②$$

(1) 若 $k=1$,则式①变为 $y_1+n=1+y_1$,矛盾.

(2) 若 $k=2$,则式①变为

$$y_1+y_2+n=(1+y_1)(1+y_2)=1+y_1+y_2+y_1y_2,$$

即 $n=1+y_1y_2$.所以

$$n-(y_1+y_2)=1+y_1y_2-y_1-y_2=(1-y_1)(1-y_2) \geqslant 0,$$

于是 $n \geqslant y_1+y_2$,即不等式②成立.

(3) 若 $k \geqslant 3$,则对等式①进行回归放缩,有

$$\begin{aligned}
&y_1+y_2+\cdots+y_k+n \\
&\quad=(1+y_1)(1+y_2)\cdots(1+y_k) \\
&\quad\geqslant y_1+y_2+\cdots+y_k+y_1y_2+y_2y_3+\cdots+y_ky_1 \\
&\quad\geqslant 2(y_1+y_2+\cdots+y_k),
\end{aligned}$$

移项即得式②.

综上所述,不等式获证.

5. 考察 n 个点的凸包,设为凸 k 边形 $A_1A_2\cdots A_k$,将点 A_1 与其他 $n-1$ 个点都相连,设连成了 r 条直线 $l_1,l_2,\cdots,l_r$(图2.3).引入容

量参数:记 l_i 上除 A_1 外的已知点的个数为 $a_i(1\leqslant i\leqslant r)$,则 $\sum\limits_{i=1}^{r}a_i = n-1$.

任取两条直线 l_i,l_j,设 l_i 上除 A_1 外的已知点分别为 $P_1,P_2,\cdots,P_{a_i}$;l_j 上除 A_1 外的已知点分别为 $Q_1,Q_2,\cdots,Q_{a_j}$(图 2.4),考察直线 $P_1Q_2,P_1Q_3,\cdots,P_1Q_{a_j}$ 及直线 $Q_1P_2,Q_1P_3,\cdots,Q_1P_{a_i}$,它们两两相交,从而互不平行,有 $(a_i-1)+(a_j-1)=a_i+a_j-2$ 条不同方向的直线,连同直线 l_i,l_j,P_1Q_1,共有 a_i+a_j+1 条不同方向的直线,于是,令 $d=|S|_{\max}$,则 $d\geqslant a_i+a_j+1$. 因为 $1\leqslant i<j\leqslant r$,于是

$$C_r^2 d\geqslant \sum_{1\leqslant i<j\leqslant n}(a_i+a_j+1)=\sum_{1\leqslant i<j\leqslant n}(a_i+a_j)+C_r^2.$$

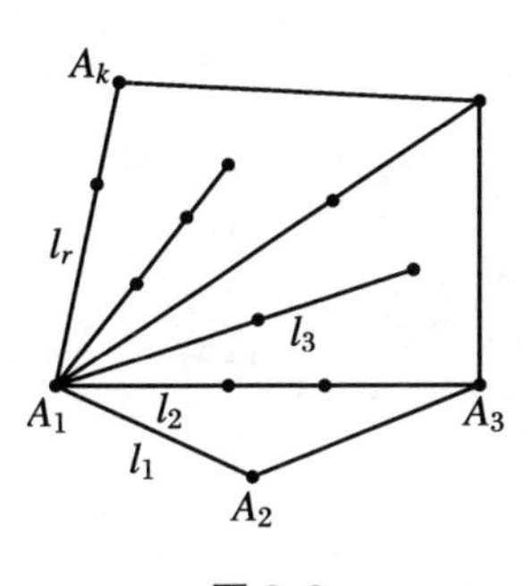

图 2.3

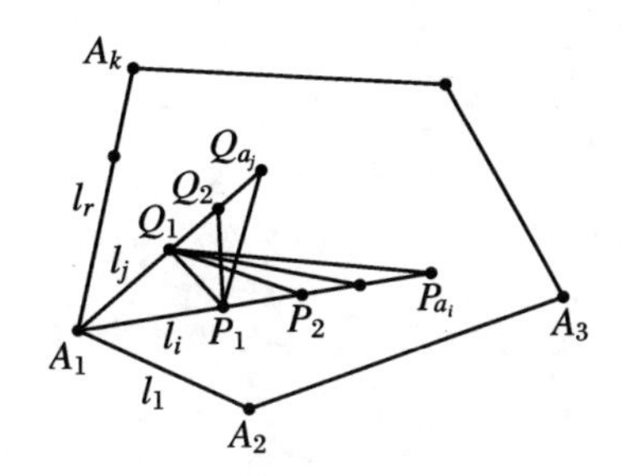

图 2.4

因为每条直线 $l_i(i=1,2,\cdots,r)$ 都与其他 $r-1$ 条直线组成 $r-1$ 个直线对,从而每个 $a_i(i=1,2,\cdots,r)$ 都在 $\sum\limits_{1\leqslant i<j\leqslant n}(a_i+a_j)$ 中计算 $r-1$ 次,所以

$$\begin{aligned}C_r^2 d&\geqslant \sum_{1\leqslant i<j\leqslant n}(a_i+a_j)+C_r^2=(r-1)\sum_{i=1}^{r}a_i+C_r^2\\&=(r-1)(n-1)+C_r^2,\end{aligned}$$

故 $d\geqslant\dfrac{2n-2}{r}+1$. 又显然有 $d\geqslant r$,所以

$$d \geqslant \frac{2n-2}{r}+1 \geqslant \frac{2n-2}{d}+1.$$

解关于 d 的回归不等式，得 $d(d-1) \geqslant 2n-2$，即 $\sqrt{d(d-1)} \geqslant \sqrt{2n-2}$，于是

$$d > \sqrt{d(d-1)} \geqslant [\sqrt{d(d-1)}] \geqslant [\sqrt{2n-2}],$$

故 $d \geqslant [\sqrt{2n-2}]+1$.

命题获证.

3 特征函数

通过引入一个涉及若干变量的函数,借以刻画某些对象或状态的性质与特征,我们称这样的函数为特征函数.

研究特征函数的性质,常常可以发掘问题的本质特征,从而使问题迎刃而解.

3.1 不变量

所谓不变量,就是指状态的特征函数的值在特定的变化过程中保持不变.发掘问题中涉及的不变量,是解决有关问题特别是操作问题的常用思考方法.

例 1 对图 3.1 的数表操作,每次将其中某两个相邻(有公共边)的格中的数同时加上一个数(包括负数).问能否通过有限次操作,使:(1) 数表中的数都是 0?

0	3	2
6	7	0
4	9	5

图 3.1

(2) 数表中 4 个角处的数都是 1,其余的数都是 0?

分析与解 题中操作可以表示为

$$(u,v)\to(u+x,v+x),\quad 或者\quad (u,v)^{\mathrm{T}}\to(u+x,v+x)^{\mathrm{T}}.$$

由此可发现其中的不变量:$u-v$.

但对于状态 $M=\begin{pmatrix} a & b & c \\ d & e & f \\ g & h & i \end{pmatrix}$，我们不能定义其特征函数为

$$f(M)=a-b,$$

因为操作未必对第一行的前两个格中的数 a,b 进行，从而 $a-b$ 未必不变.我们需要从整体上定义状态的特征函数为

$$f(M)=A-B,$$

其中

$$A=a+c+e+g+i,\quad B=b+d+f+h.$$

因为每次操作使 A,B 同时增加 1，从而 $f(M)$ 在操作中不变.

对于(2)，初始状态中 $S(M_0)=0$，目标状态中 $S(M_1)=4$，故操作目标不能实现.

对于(1)，由于 $S(M_0)=0=S(M_1)$，故操作目标有可能实现.

我们采用逐步逼近的策略：先使第一行为 0，再使第二行为 0，最后使第三行为 0.操作过程如下：

$$\begin{pmatrix} 0 & 3 & 2 \\ 6 & 7 & 0 \\ 4 & 9 & 5 \end{pmatrix} \xrightarrow{-2} \begin{pmatrix} 0 & 1 & 0 \\ 6 & 7 & 0 \\ 4 & 9 & 5 \end{pmatrix} \xrightarrow{-1} \begin{pmatrix} 0 & 0 & 0 \\ 6 & 6 & 0 \\ 4 & 9 & 5 \end{pmatrix} \xrightarrow{-6} \begin{pmatrix} 0 & 0 & 0 \\ 0 & 0 & 0 \\ 4 & 9 & 5 \end{pmatrix}$$

$$\xrightarrow{-4} \begin{pmatrix} 0 & 0 & 0 \\ 0 & 0 & 0 \\ 0 & 5 & 5 \end{pmatrix} \xrightarrow{-5} \begin{pmatrix} 0 & 0 & 0 \\ 0 & 0 & 0 \\ 0 & 0 & 0 \end{pmatrix}.$$

综上所述，目标(1)可以实现，而目标(2)不能实现.

例 2 给定正整数 m,n，对 $m\times n$ 的数表进行操作，每次操作是将某一行或某一列的每个数都增加 1 或都减少 1.试问：是否存在形如 M 的数表，能通过有限次操作，使其变成形如 N 的数表？

其中

$$M=\begin{pmatrix}2 & 0 & \cdots & 1 & 5\\ \vdots & \vdots & & \vdots & \vdots\\ 2 & 0 & \cdots & 1 & 5\end{pmatrix},\quad N=\begin{pmatrix}2 & 0 & \cdots & 1 & 5\\ \vdots & \vdots & & \vdots & \vdots\\ 2 & 0 & \cdots & 1 & 6\end{pmatrix}.$$

(原创题)

分析与解 利用模2,题中的操作规则"每个数都增加1或都减少1"可以统一为"每个数都增加1",从而可适当定义特征函数,然后考虑其奇偶性.

对表格操作问题,通常是取定表格 X 的一个子表 A,对子表 A 的格定义一个运算来构造 X 的特征函数 $f(X)$.

观察初始状态与目标状态,只有角上一个数存在差异,从而特征函数中的变量必定含有该位置的数.

再注意到操作对象是一行或一列的数,我们期望每次操作都含有子表 A 的偶数个数,于是子表 A 应该每行每列都有偶数个数,特别地,取 2×2 的子表 A 即可.

根据上面的分析,子表 A 要含有右下方角上一格,但右下方角上 2×2 的子表并不满足前面的要求,从而想到改造 A 的外部形式,A 的元素在原表格中可以分散分布,于是,取 $A=\{a_{11},a_{mn},a_{m1},a_{1n}\}$即可.

对棋盘 $X=(a_{ij})_{m\times n}$,定义

$$f(X)=a_{11}+a_{1n}+a_{m1}+a_{mn},$$

则 $f(X)$在操作中模2不变.

实际上,记 $A=\{a_{11},a_{1n},a_{m1},a_{mn}\}$,则每次操作含有 A 中偶数个数(0或2个),A 中有偶数个数改变奇偶性,从而 $f(X)$的奇偶性不变.

对于表 M,$f(M)=2+2+5+5\equiv0\pmod 2$;对于表 N,$f(N)=2+2+5+6\equiv1\pmod 2$,所以目标不能实现.

注 如果需要特征函数本身在操作中不变,则对棋盘 $X=$

$(a_{ij})_{m\times n}$，定义

$$f(X)=(a_{11}+a_{mn})-(a_{m1}+a_{1n})$$

即可，此时，第二个表格中的数字6改为7，结论同样成立.

记 $A=\{a_{11},a_{1n},a_{m1},a_{mn}\}$，并将 a_{11},a_{mn} 染红色，a_{m1},a_{1n} 染蓝色. 考察任意一次操作，棋盘 M 变成棋盘 M'.

如果操作的行(或列)不包含 A 中的数，则显然 $f(M')=f(M)$.

如果操作的行(或列)包含 A 中的数，则一定是一个红数和一个蓝数(同色的数不同行也不同列)，于是 $f(M)$ 的被减数与减数同时增加(减少)1，所以操作中 $f(M)$ 不变.

例3 设 $m,n(1\leqslant m\leqslant n)$ 是给定的正整数，在 $m\times n$ 方格棋盘的每个方格中都填一个整数，得到一个 $m\times n$ 数表. 今对 $m\times n$ 数表 M 进行如下操作：任取一个整数 a，将 M 某一行或某一列的每个数都同时加上 a(先后两次操作中取的数 a 未必一样). 如果能通过有限次操作，使数表 M 中的每个数都变得一样，则称数表 M 是可平衡的.

试问：是否存在可平衡的 $m\times n$ 数表 M，使 M 中恰有 r 个数为1，而其余的数都为2(其中 $1\leqslant r<m\leqslant n$)？(原创题)

分析与解 合乎要求的可平衡数表不存在.

用反证法. 假设 $m\times n$ 数表 M 中有 r 个数为1，其余的数都为2，我们证明：M 不是可平衡的.

实际上，记 $M=(a_{ij})_{m\times n}$，其中 a_{ij} 表示 M 的位于第 i 行、第 j 列格上的数，$a_{ij}=1$ 或 $2(1\leqslant i\leqslant m,1\leqslant j\leqslant n)$.

因为 M 中只有 r 个数为1，而 $r<m$，从而 M 中至少有一行没有1，设此行为第 i 行，则第 i 行中全为2，即

$$a_{i1}=a_{i2}=\cdots=a_{in}=2.$$

同样，M 中至少有一列没有1，设此列为第 j 列，则有

$$a_{1j}=a_{2j}=\cdots=a_{mj}=2.$$

在 M 中任取一个 1,设为 $a_{pq}=1(p\neq i,q\neq j)$,定义

$$f(M)=(a_{ij}+a_{pq})+(a_{iq}+a_{pj}).$$

记

$$A=\{a_{ij},a_{pq},a_{iq},a_{pj}\}.$$

考察任意一次操作,设此次操作中取的加数为 a.

如果操作的行(或列)包含 A 中的数,则一定恰含 A 中 2 个数,此时操作使 $f(M)$增加 $2a$.

如果操作的行(或列)不包含 A 中的数,则操作中 $f(M)$不变.

由此可见,操作中 $f(M) \pmod 2$不变.

假设通过有限次操作,使数表 M 中的每个数都变成 x,则 x 为整数.那么,对于最初的数表 M_1,有

$$f(M_1)=2+2+2+1\equiv 1 \pmod 2;$$

对于最终的数表 M_2,有

$$f(M_2)=x+x+x+x=4x\equiv 0 \pmod 2.$$

因为 $f(M_1)\not\equiv f(M_2) \pmod 2$,与 $f(M) \pmod 2$不变矛盾,所以目标不能实现,即 M 不是可平衡的.

例 4 设 m,n 是给定的大于 1 的正整数,在 $m\times n$ 方格表的每个方格中都填上一个非零实数,交替进行如下两种操作:一种是"P 操作":取其中任意一个 $p\times p$ 子表($1\leqslant p\leqslant \min\{m,n\}$,$p\in \mathbf{N}$),将子表中每个数都变成原来数的相反数;另一种是"Q 操作":取其中任意一个 $q\times q$ 子表($1\leqslant q\leqslant \min\{m,n\}$,$q\in \mathbf{N}$),将子表中每个数都变成原来数的相反数.

如果对任何初始状态,都可通过有限次操作,使数表中的数都变成正数,求所有的正整数对(p,q).(原创题)

分析与解 基本想法是,将一些格染黑色,使任何 $p\times p$ 或 $q\times q$ 子表中都含有偶数个黑格,从而操作过程中各黑格标数的积 $\pi_{黑}$ 的符号不变.

具体办法是：让 $m\times n$ 方格表的每一行或者没有黑格，或者连续 q 个格含有偶数个（比如 2 个）黑格（这就要求 $q>1$），每一列或者没有黑格，或者连续 p 个格含有偶数个黑格（这就要求 $p>1$），且行、列都周期地染色.

首先，当 $p=1$ 时，操作变成：交替改变一个单位格和一个 $q\times q$ 子表中所有数的符号.

对于任何初始状态，取定左上角的一个 $q\times q$ 子表 A，我们先证明，如果该子表中的数不全同号，则可以交替进行有限次 P（单位格）操作和 Q（$q\times q$ 子表）操作，使子表 A 中的数都变成同号.

假定子表 A 中共有 r 个负数，这些负数所在的格分别记为 a_1，a_2，…，a_r，今交替进行 r 次 P（单位格）操作和 r 次 Q（$q\times q$ 子表）操作，其中第 $i(1\leqslant i\leqslant r)$ 次 P（单位格）操作是将格 a_i 中的数变号，而每次 Q（$q\times q$ 子表）操作是将取定的 $q\times q$ 子表中的数变号. 经过这些操作后，负数都比正数多进行了 1 次操作（P 操作只对一个负格进行，而 Q 操作对所有格进行），所以各数都变得同号.

下面证明，如果此时 $m\times n$ 表中有负数，则可适当交替进行有限次 P（单位格）操作和 Q（$q\times q$ 子表）操作，使 $m\times n$ 表中的数都变成正数.

实际上，如果 $q\times q$ 子表外有负数（此时，先将它们都变成正数），不妨设 $q\times q$ 子表外共有 t 个负数，记这些负数所在的格分别为 b_1，b_2，…，b_t.

今交替进行 t 次 P 操作和 t 次 Q（$q\times q$ 子表）操作，其中第 j（$1\leqslant j\leqslant t$）次 P 操作是将格 b_j 中的数变号，而每次 Q（$q\times q$ 子表）操作是将取定的 $q\times q$ 子表中的数变号. 经过这些操作后，$q\times q$子表外的负数都变成了正数，而 $q\times q$ 子表中的数仍同号.

如果 $q\times q$ 子表外没有负数（包括 $q=m$ 的情形），则当 $q\times q$ 子表中的数都是正数时，结论已经成立；当 $q\times q$ 子表中的数都是负数时,取定 $q\times q$ 子表中的一个格 x,对 x 进行一次 P 操作,则格 x 中的数变成正,而 $q\times q$ 子表中其余数仍是负,再对 $q\times q$ 子表进行一次 Q($q\times q$ 子表)操作,则格 x 中的数变成负,而 $q\times q$ 子表中其余数都是正,最后对 x 进行一次 P 操作,则 $q\times q$ 子表中的数都变正,此时,$m\times n$ 表中的数都变成正数,结论成立.

由此可见,$(p,q)=(1,q)$合乎条件.

同样可知,$(p,q)=(p,1)$合乎条件.

下面证明:当 $p>1$ 且 $q>1$ 时,(p,q)都不合乎要求.

将 $m\times n$ 方格表记为 $A=\begin{pmatrix} a_{1,1} & a_{1,2} & \cdots & a_{1,n} \\ a_{2,1} & a_{2,2} & \cdots & a_{2,n} \\ \vdots & \vdots & & \vdots \\ a_{m,1} & a_{m,2} & \cdots & a_{m,n} \end{pmatrix}$,其中 $a_{i,j}$ 是表中第 i 行、第 j 列的方格.

令 $G=\{a_{i,j}\in A\mid i\equiv 1,2\pmod p, j\equiv 1,2\pmod q\}$,将 G 中所有方格染黑色,用 $\pi(A)$表示 A 中所有黑格所填数的积.

对任意一个 $p\times p$ 子表,设它的某一列的 p 个格为 $a_{i,j}$, $a_{i+1,j},\cdots,a_{i+p-1,j}$,因为 $i,i+1,\cdots,i+p-1$ 是模 p 的完系,所以其中恰有一个模 p 余 1 的数,也恰有一个模 p 余 2 的数,于是,当 $j\equiv 1,2\pmod p$)时,$a_{i,j},a_{i+1,j},\cdots,a_{i+p-1,j}$ 中恰有两个黑格;当 $j\equiv 3,4,\cdots,p\pmod p$)时,$a_{i,j},a_{i+1,j},\cdots,a_{i+p-1,j}$ 中没有黑格,所以 $p\times p$ 子表的每一行都有偶数个黑格,从而 $p\times p$ 子表中共有偶数个黑格.

对任意一个 $q\times q$ 子表,设它的某一行的 q 个格为 $a_{i,j}$, $a_{i,j+1},\cdots,a_{i,j+q-1}$,因为 $j,j+1,\cdots,j+q-1$ 是模 q 的完系,所以其中恰有一个模 q 余 1 的数,也恰有一个模 q 余 2 的数,于是,当 $i\equiv 1,2\pmod p$)时,$a_{i,j},a_{i,j+1},\cdots,a_{i,j+q-1}$ 中恰有两个黑格;当 $j\equiv 3,4,\cdots,p\pmod p$)时,$a_{i,j},a_{i,j+1},\cdots,a_{i,j+q-1}$ 中没有黑

格，所以 $q\times q$ 子表的每一列都有偶数个黑格，从而 $q\times q$ 子表中共有偶数个黑格.

由此可见，每次操作都恰改变偶数个黑格中的数的符号，从而 $\pi(A)$的符号不变.

取这样一个初始状态 A_0：A_0 中只有一个黑格填负数，其余黑格都填正数，另外的格任意填数，则 $\pi(A_0)<0$.

对于最终状态 A_1，其所有数都是正数，有 $\pi(A_1)>0$，这与 $\pi(A)$的符号不变矛盾，所以 $p>1$ 且 $q>1$ 时，(p,q)都不合乎要求.

综上所述，所有合乎条件的正整数对为$(p,q)=(1,q)$或$(p,1)$，其中 p,q 是满足 $1\leqslant\max\{p,q\}\leqslant\min\{m,n\}$的任何正整数.

例 5 设 n 是给定的大于 3 的正整数，对一个 n 阶完全图进行如下操作：选择一个长度为 4(含有 4 条边)的圈，去掉此圈中的一条边.反复进行以上操作，直至得到的图 G 不含有长度为 4 的圈，求最后得到的图 G 中 $\|G\|$ 的最小值.(第 45 届 IMO 预选题)

分析与解 解题的关键是发现操作中如下的一些不变性，假定图 G 经过一次操作得到图H，则：

(1) G 是连通图，等价于 H 是连通图；

(2) G 是二部分图，等价于 H 是二部分图.

先证明(1).

如果 G 是连通图，设 H 由去掉圈 $ABCD$ 中的边 AB 而得到.考察 H 的任意两个顶点x,y，则 x,y 在G 中有一条连接x,y 的路.

若边 AB 不在该路中，则此路仍在 H 中，x 与 y 连通.若边 AB 在该路中，则用 $BCDA$ 代替此边，得到的路在 H 中，x 与 y 连通，所以 H 是连通图.

如果 H 是连通图，则 H 添加一条边后当然是连通图，所以 G 是连通图.

再证明(2).

如果 G 是二部分图,则因为 H 是由 G 去掉一条边后得到的图,所以 H 当然仍是二部分图.

如果 H 是二部分图,设 H 是由 G 去掉圈 $ABCD$ 中的边 AB 而得到的.

因为边 BC 在 H 中,所以 B,C 分属 H 的两个不同部分,同样,C,D 分属 H 的两个不同部分,从而 B,D 属于 H 的同一个部分.

同理,A,C 属于 H 的同一个部分.

补回边 AB,得到图 G,由于 A,B 分属 H 的两个不同部分,于是补回边 AB 后仍是二部分图,所以 G 是二部分图.

解答原题.

因为最初的完全图是连通图,且不是二部分图(含有三角形),从而,由上面的不变性,可知最终的图 G 是连通图,且不是二部分图.

由 G 的连通性,有 $\|G\| \geqslant n-1$.

如果 $\|G\|=n-1$,则是一棵树,此时 G 是二部分图,矛盾,所以 $\|G\| \geqslant n$.

下面证明,存在一种操作方式,使 n 阶完全图操作后得到一个含有 n 条边的图 G.

将 n 阶完全图的顶点划分为两个集合 $P=\{A_1,A_2,\cdots,A_{n-3}\}$,$Q=\{A_{n-2},A_{n-1},A_n\}$(图 3.2).

取 G 是这样的图,其中 Q 中三个点构成一个三角形,此外,点 A_n 与 P 中每一个点都连一条边,此时 $\|G\|=n$.

下面证明这样的 G 可以由 n 阶完全图经过适当操作而得到.

首先去掉 P 中的所有边,而使其他不属于 P 中的边都不去掉.实际上,对 P 中还没有去掉的边 A_iA_j,由于不属于 P 中的边都存在,必定存在圈 $A_iA_jA_{n-2}A_{n-1}$,于是去掉圈 $A_iA_jA_{n-2}A_{n-1}$ 中的边

A_iA_j 即可($1 \leqslant i < j \leqslant n-3$).

然后去掉 A_{n-2} 与 P 中点连的所有边,这去掉圈 $A_nA_iA_{n-2}A_{n-1}$ 中的边 A_iA_{n-2} 即可($1 \leqslant i \leqslant n-3$),因为只去掉了 P 中的边及 A_{n-2} 与 P 中点连的边,从而所取的圈存在.

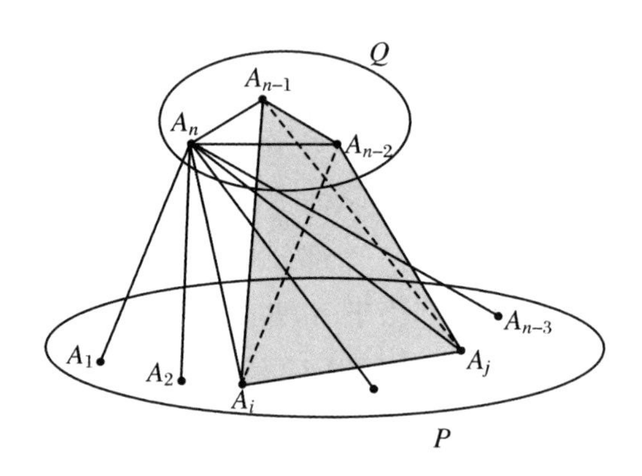

图 3.2

最后去掉 A_{n-1} 与 P 中点连的所有边,这去掉圈 $A_nA_jA_{n-1}A_{n-2}$(X 形)中的边 A_jA_{n-1} 即可($1 \leqslant j \leqslant n-3$),因为只去掉了 P 中的边及 A_{n-2},A_{n-1} 与 P 中点连的边,从而所取的圈存在.

例 6 有 n 张书签,每张书签的一面为白色,另一面为黑色.将它们排成一排,且所有书签都白面朝上.每次操作(如果可能的话)是拿走一张非最靠边的白面朝上的书签,并将与之相邻的两张书签都翻到另一面.试证:能够使最后只剩下两张书签的充分必要条件是 $3 \nmid n-1$.(第 46 届 IMO 预选题)

分析与证明 操作中一个显然的不变量是:状态中黑书签(黑色朝上)的数目的奇偶性不变.

这是因为每次操作颜色改变为:(白,白)↔(黑,黑)(黑色增加或减少 2),或(白,黑)↔(黑,白)(黑色不增不减).

因为最初黑书签数目为偶数 0,由这个不变量可知,如果最后剩下两张书签,则这两张书签中黑书签数目为偶数 0 或 2,从而这两张书签同色.

下面发掘操作中的另一个不变量!观察操作

$$(\cdots,x,白,y,\cdots) \quad \rightarrow \quad (\cdots,x',y',\cdots),$$

其中 $x,y\in\{黑,白\}$,而 x 与 x',y 与 y' 异色.

由于操作同时改变两张书签的颜色,且位于中间的一张白色被去掉,相对于这 3 张书签外的其他书签而言,它相当于改变连续两张书签的颜色,从而对其他任何一张书签,它一侧(左边或右边)黑书签数目的奇偶性不变!

由此想到,对操作中出现的每一个状态,都按以下法则将每张书签标数:在每张白书签上标数 1 或 -1,如果某张白书签的左边有奇数张黑书签,则在上面标 -1,否则标 1;而所有黑书签上都标数 0(实际上可以不标数,但标 0 表述更方便).

令 S 是状态中所有书签上的标数的和,我们证明 $S\pmod 3$在操作中不变.

考察一次操作中被操作的 3 张书签$(x,白,y)\rightarrow(x',y')$(其他书签上的标数不变).

如果 x,y 都是黑,则操作为(黑,白,黑)→(白,白).

不妨设操作前被操作的中间那张白书签左边有 t 张黑书签,则它上面的标数为$(-1)^t$,于是,操作中标数的改变为

$$(0,(-1)^t,0) \quad \rightarrow \quad ((-1)^{t-1},(-1)^{t-1}),$$

于是 S 的增量为

$$(-1)^{t-1}+(-1)^{t-1}-(-1)^t=3(-1)^{t-1}\equiv 0\pmod 3,$$

所以,$S\pmod 3$在操作中不变.

如果 x,y 都是白,则操作为(白,白,白)→(黑,黑).

不妨设操作前被操作的中间那张白书签左边有 t 张黑书签,则它上面的标数为$(-1)^t$,于是,操作中标数的改变为

$$((-1)^t,(-1)^t,(-1)^t) \quad \rightarrow \quad (0,0),$$

于是 S 的增量为

$$0-((-1)^t+(-1)^t+(-1)^t)=-3(-1)^t \equiv 0 \pmod 3,$$

所以,$S \pmod 3$ 在操作中不变.

如果 x,y 异色,则不妨设操作为(白,白,黑)→(黑,白).

不妨设操作前被操作的中间那张白书签左边有 t 张黑书签,则它上面的标数为$(-1)^t$,于是,操作中标数的改变为

$$((-1)^t,(-1)^t,0) \quad \rightarrow \quad (0,(-1)^{t+1}),$$

于是 S 的增量为

$$(-1)^{t+1}-((-1)^t+(-1)^t)=3(-1)^{t+1} \equiv 0 \pmod 3,$$

所以,$S \pmod 3$ 在操作中不变.

因为最初 n 张白书签上都标 1,所以最初 $S_0=n$.

因为最终剩下两张同色书签,要么都标 0,要么都标 1,所以最终 $S_1=0$ 或 2. 故 $n \equiv 0$ 或 $2 \pmod 3$,即 $3 \nmid n-1$.

反之,若 $3 \nmid n-1$,我们证明,可适当操作,使之只剩下两张书签.

当 $n=2$ 时,结论显然成立. 当 $n=3$ 时,操作一次即可,结论也成立. 下设当 $n \geqslant 5$ 时,每次操作都去掉最左边可以去掉的白书签,连续操作 3 次,剩下 $n-3$ 张白书签:

(白,白,白,白,白,…) → (黑,□,黑,白,白,…)
→ (黑,□,白,□,黑,…)
→ (白,□,□,□,白,…) →

其中"□"表示去掉了的书签. 将这连续 3 次操作看作一个大操作,如此下去,若干次大操作后,直至剩下 $k(k \leqslant 4)$ 张白书签.

由于每次大操作减少 3 张书签,从而书签张数模 3 不变,所以 $3 \nmid k-1$,故 $k \neq 4$.

当 $k=2$ 时,结论已经成立. 当 $k=3$ 时,操作一次即可.

综上所述,命题获证.

例 7 设 r 是给定的正整数,对数列 $\{a_n\}$ 进行如下操作:任取其中连续 r 个项 $a_i, a_{i+1}, \cdots, a_{i+r-1}$,将其反序排列为 a_{i+r-1}, $a_{i+r-2}, \cdots, a_{i+1}, a_i$,其余各项位置不变.

对于下列两种情形,讨论数列 1,2,3,…,2 013 能否经过若干次"操作",使其变为 101,102,103,…,2 013,1,2,…,100.

(1) $r=4$;

(2) $r=5$.

(原创题)

分析与解 基本想法是,考虑能否对一个局部进行若干次操作后,使某个数向前移动若干个位置,而其他的数保持顺序不变,由此捆绑成一个大操作,如此下去,若干次大操作直至该数移动到最前面.

(1) $r=4$ 时,操作可以实现.

当 $r=4$ 时,先考虑一个数通过大操作可以移动多少个位置,这显然与 r 相关,因为 $r=4$,猜想可以移动 4 个位置,因此所取的局部应至少包含 5 个数(实际上,对局部 4 个数反复操作得到的状态是正序状态与反序状态交替出现).

取 5 个数的局部来实验,此时操作方式本质上是唯一的:

$$(a,b,c,d,e) \rightarrow (a,e,d,c,b) \rightarrow (c,d,e,a,b)$$
$$\rightarrow (c,b,a,e,d) \rightarrow (e,a,b,c,d).$$

将上述连续 4 次操作捆绑在一起看作一个"大操作",显然,"大操作"具有这样的功能:它可以将一个数 e(只要它前面至少有 4 个数)往前挪动 4 个位置,而其他各数的相对顺序不变.我们称该"大操作"是对数 e 进行的.

现在,对 2 013 进行一次"大操作",得到序列

1,2,3,…,2 007,2 008,2 013,2 009,2 010,2 011,2 012,

此时,2 013 前移了 4 个位置,其他各数的相对顺序不变.

再对 2 013 进行一次"大操作",则 2 013 又前移了 4 个位置,其

他各数的相对顺序不变. 如此下去，注意到 $2\,013=503\cdot 4+1$，所以通过 503 次“大操作”，2 013 共前移了 2 012 个位置，其他各数的相对顺序不变，故得到数列

$$2\,013,1,2,\cdots,2\,011,2\,012.$$

将上述 503 次“大操作”捆绑在一起看作一个“超级操作”，则对数列进行一次“超级操作”，可将数列的最后一项移至第一项，而其余各项都向后移一项. 于是，数列 $1,2,3,\cdots,2\,013$ 经过 1 913 次“超级操作”，即可变成

$$101,102,103,\cdots,2\,013,1,2,\cdots,100.$$

(2) 当 $r=5$ 时，我们取 6 个数的局部来实验：

$$(a,b,c,d,e,f) \rightarrow (a,f,e,d,c,b) \rightarrow (c,d,e,f,a,b)$$
$$\rightarrow (c,b,a,f,e,d) \rightarrow (e,f,a,b,c,d).$$

这样的大操作一次只能同时移动 2 个数，只有当总共有 $4k+2$ 个数时，才能经若干次操作将 2 个数同时移动到最前面，但 2 013 不是形如 $4k+2$ 的数.

所以，我们猜想 $r=5$ 时，操作不能实现，这就要发掘操作中的不变量.

假定按照规则对 5 个连续的数 a,b,c,d,e 进行操作，并设操作前这 5 个数在数列中的序号分别为 $i-2,i-1,i,i+1,i+2$，则操作后它们的序号分别变为 $i+2,i+1,i,i-1,i-2$，于是各数的序号模 2 不变.

考察最终状态中最后一个位置的数 100 的序号. 对最终的数列

$$2\,013,1,2,\cdots,2\,011,2\,012,$$

其中 100 的序号为 2 013，为奇数；

对最初的数列

$$1,2,3,\cdots,2\,012,2\,013,$$

其中 100 的序号为 100，为偶数.

故操作目标不能实现.

例 8 设 r 是给定的正整数,对数列$\{a_n\}$进行如下操作:任取其中连续 $2r$ 个项,将其前 r 个项按原来的顺序移动到它后 r 个项的后面,即$(a_{i+1}, a_{i+2}, \cdots, a_{i+r}, a_{i+r+1}, a_{i+r+2}, \cdots, a_{i+2r}) \to (a_{i+r+1}, a_{i+r+2}, \cdots, a_{i+2r}, a_{i+1}, a_{i+2}, \cdots, a_{i+r})$,其余的项不变.

求出所有的正整数 r,使存在大于 1 的正整数 n,数列 $1,2,3,\cdots,n$ 能经过若干次上述"操作",最后变为 $n,n-1,n-2,\cdots,2,1$.(原创题)

分析与解 $r=1,2$.

首先,当 $r=1$ 时,取 $n=3$,则操作目标可以实现:

$$(1,2,3) \to (1,3,2) \to (3,2,1).$$

当 $r=2$ 时,取 $n=5$,则操作目标可以实现:

$$(1,2,3,4,5) \to (1,4,5,2,3) \to (5,2,1,4,3) \to (5,4,3,2,1).$$

所以 $r=1,2$ 合乎条件.

其次证明,当 $r\geqslant 3$ 时,对任何大于 1 的正整数 n,操作目标不能实现.

实际上,假定按照规则对 $2r$ 个数$a_{i+1},a_{i+2},\cdots,a_{i+2r}$进行操作,将其排列为

$$a_{i+r+1},a_{i+r+2},\cdots,a_{i+2r},a_{i+1},a_{i+2},\cdots,a_{i+r} \quad (i\in \mathbf{N}).$$

显然,操作中这 $2r$ 个数在数列中的序号模r 不变(增加 r 或减少 r),比如第 $i+1$ 项变为第 $i+r+1$ 项,第 $i+r+1$ 项变为第 $i+1$ 项,从而序号 $i+1$ 与 $i+r+1$ 互换,模 r 不变.

由此可见,操作中数列各项在数列中的序号模 r 不变.

当 n 为奇数时,令 $n=2k+1$,对最初的数列 $1,2,3,\cdots,n$,其中 k 的序号为k;对最终的数列 $n,n-1,n-2,\cdots,2,1$,其中 k 的序号为$k+2$.

因为 $r\geqslant 3$，有 $k\not\equiv k+2 \pmod r$，故操作目标不能实现.

当 n 为偶数时，令 $n=2k$，对最初的数列 $1,2,3,\cdots,n$，其中 k 的序号为 k；对最终的数列 $n,n-1,n-2,\cdots,2,1$，其中 k 的序号为 $k+1$.

因为 $r\geqslant 3$，有 $k\not\equiv k+1 \pmod r$. 故操作目标不能实现.

例 9 对数列 $\{a_n\}$ 进行如下操作：任取其中连续 4 个项 a_{i+1}，a_{i+2}，a_{i+3}，a_{i+4}，将其排列为 a_{i+3}，a_{i+4}，a_{i+1}，a_{i+2}，其余的项不变（即将连续 4 个数中的前 2 个数移到后 2 个数的后面）.

求出所有的正整数 n，使数列 $1,2,3,\cdots,n$ 能经过若干次“操作”，最后变为 $n,n-1,n-2,\cdots,2,1$.（原创题）

分析与解 本题是例 8 在 $r=2$ 的操作情形的变异，答案为 $n=4k+1(k\in\mathbf{N}^*)$.

首先证明，当 n 为偶数时，操作目标不能实现.

实际上，假定按照规则对数列 $\{a_n\}$ 中的连续 4 个数 a_{i+1}，a_{i+2}，a_{i+3}，a_{i+4} 进行操作，将其排列为 a_{i+3}，a_{i+4}，a_{i+1}，a_{i+2}（$i\in\mathbf{N}$），显然，操作中这 4 个数在数列中的序号模 2 不变，比如第 $i+1$ 项变为第 $i+3$ 项，第 $i+3$ 项变为第 $i+1$ 项，从而序号 $i+1$ 与 $i+3$ 互换，模 2 不变.

由此可见，操作中数列各项在数列中的序号模 2 不变.

对最初的数列 $1,2,3,\cdots,n$，其中 1 的序号为 1；对最终的数列 $n,n-1,n-2,\cdots,2,1$，其中 1 的序号为 n.

因为当 n 为偶数时，$1\not\equiv n \pmod r$，故操作目标不能实现，所以 n 为奇数.

下面证明，当 n 为奇数时，若操作目标可以实现，则 $n=4k+1$（$k\in\mathbf{N}^*$）.

我们将原操作分拆成两个对换 T，所谓对换 T，就是将一个数与它相隔一个位置的数交换位置，显然，原操作是由两次对换 T 合并而成的.

对于数列$\{a_n\}$,如果存在$i<j$,使$a_i>a_j$,则称这两项构成一个逆序,数列中所有逆序的总个数记为S.

考察S在一次对换中的变化,设对换是对数列中的连续3项a,b,c进行的,对换中交换了a,c的位置.显然,对换后,a,b,c与数列中其他数构成的逆序的个数不变,我们只需考虑a,b,c之间的逆序的个数的变化情况.

如果$a<b<c$,其逆序个数由0变为3,S增加3;

如果$a<b$,$b>c$,$a<c$,其逆序个数由1变为2,S增加1;

如果$a<b$,$b>c$,$a>c$,其逆序个数由2变为1,S增加-1;

如果$a>b>c$,其逆序个数由3变为0,S增加-3;

如果$a>b$,$b<c$,$a<c$,其逆序个数由1变为2,S增加1;

如果$a>b$,$b<c$,$a>c$,其逆序个数由2变为1,S增加-1.

由此可见,不论哪种情况,S的增量都是奇数,即每次对换都改变S的奇偶性.

因为原操作中对换是成对出现的,于是对换的总次数必定为偶数,从而S改变了偶数次奇偶性,故S的奇偶性在操作中不变.

由于最初$1,2,\cdots,n$中的逆序个数为0,它是偶数,从而n,$n-1,\cdots,1$中逆序个数也为偶数.

由于对于数列$n,n-1,\cdots,1$,其中n与后面的项构成$n-1$个逆序,$n-1$与后面的项构成$n-2$个逆序,…,2与后面的项构成1个逆序,所以数列$n,n-1,\cdots,1$中逆序个数为$(n-1)+(n-2)+\cdots+1=\dfrac{n(n-1)}{2}$.

因此$\dfrac{n(n-1)}{2}$为偶数,令$\dfrac{n(n-1)}{2}=2p$,则$n(n-1)=4p$,所以$4\mid n(n-1)$.

又n为奇数,有$(4,n)=1$,所以$4\mid n-1$.

令 $n-1=4k$，则 $n=4k+1(k\in\mathbf{N}^*)$.

最后证明，对所有的 $n=4k+1(k\in\mathbf{N}^*)$，操作目标可以实现，对 k 归纳.

当 $k=1$ 时，$n=5$，此时操作目标可以实现：$(1,2,3,4,5)\to(1,4,5,2,3)\to(5,2,1,4,3)\to(5,4,3,2,1)$，所以结论成立.

我们将这 3 次操作合并为一个大操作 T，显然，大操作是将数列中连续 5 个项反序.

假定结论对 k 成立，考察 $k+1$ 的情形，此时 $n=4(k+1)+1=(4k+1)+4$.

考察数列 $A=(1,2,\cdots,4k+1,4k+2,4k+3,4k+4,4k+5)$，由归纳假设，可对数列 $1,2,\cdots,4k+1$ 进行若干次操作，使之变成 $4k+1,4k,\cdots,1$，这时，数列 A 变成 $A=(4k+1,4k,\cdots,1,4k+2,4k+3,4k+4,4k+5)$.

现在，将最大的 4 个项 $4k+2,4k+3,4k+4,4k+5$ 看成一个小组 $(4k+2,4k+3,4k+4,4k+5)$，再对 A 实行“大操作”，每次大操作都是对小组及小组前面且与小组相邻的一个项进行，每次大操作使小组整体向前移动一个位置且小组中各项反序，而小组前面与小组相邻的那个数则移动到小组后面与小组相邻. 于是，小组 $(4k+2,4k+3,4k+4,4k+5)$ 经过 $4k+1$（奇数）次反序后变成 $(4k+5,4k+4,4k+3,4k+2)$，而 $1,2,\cdots,4k+1$ 则依次按原来的顺序移动到小组的后面，从而得到数列 $4k+5,4k+4,\cdots,1$，结论成立.

综上所述，$n=4k+1(k\in\mathbf{N}^*)$.

例 10　有这样一种单人电脑游戏，任意设定一个大于 1 的正整数 n，游戏开始时，屏幕上随机显示 n 个自然数. 允许玩游戏者进行如下操作：或者将其中一个数减少 n，并将另一个数增加 n；或者将其中 $n-1$ 个数分别减少 1，并将另一个数增加 $n-1$. 如果存在一种方案，使有限次操作后，屏幕上至少出现 $n-1$ 个零，则操作者赢得这场游戏.试问:n 设定为哪些值时,该游戏对玩游戏者有利(即能赢得游戏的概率 p_n 大于$\frac{1}{2}$)?(原创题)

分析与解 当 $n=2$ 时,设屏幕上随机显示的 2 个数为 a_1,a_2,则对 a_1 进行 a_1 次减少 1 的操作,可使屏幕上至少出现 1 个零,从而所求的概率 $p_2=1$.

当 $n>2$ 时,设屏幕上随机显示的 n 个数分别为 $a_1,a_2,\cdots,a_n$,我们证明:当且仅当各 a_i 中至少有 $n-1$ 个关于模 n 同余时操作者能赢得游戏.

实际上,对任何 $1\leqslant i<j\leqslant n$,令 $p_{ij}=a_i-a_j$,则 p_{ij}在操作中关于模 n 不变.

这是因为:每次操作,对于 a_i 和 a_j,或者一个减少 n,另一个增加 n;

或者一个减少(增加 n),另一个不变;

或者同时减少 1;

或者一个减少 1,另一个增加 $n-1$;

或者一个不变,另一个增加 n.

由此可见,若两个数关于模 n(不)同余,则操作后仍关于模 n(不)同余.

由于赢得游戏时的目标状态至少有 $n-1$ 个零,这 $n-1$ 个数它们关于模 n 两两同余,于是,$a_1,a_2,\cdots,a_n$ 中至少有 $n-1$ 个关于模 n 两两同余.

反之,若 $a_1,a_2,\cdots,a_n$ 中至少有 $n-1$ 个关于模 n 两两同余,不妨设

$$a_1\equiv a_2\equiv\cdots\equiv a_{n-1}\equiv r.$$

令 $a_i=k_in+r$,分别将 a_i 进行 k_i 次减少 n 的操作,并将减少的数都加到 a_n 上,再对 $a_1,a_2,\cdots,a_{n-1}$进行 r 次减少 1 的操作,并

将减少的数都加到 a_n 上，则屏幕上至少出现 $n-1$ 个零.

因为各 a_i 关于模 n 的余数都有 n 种可能，于是 $(a_1,a_2,\cdots,a_n)$ 关于模 n 的余数有 n^n 种可能.

当 $a_1,a_2,\cdots,a_n$ 中恰有 $n-1$ 个关于模 n 同余时，从 n 个数中选取 $n-1$ 个数有 n 种可能，它们关于模 n 的余数相同，其余数亦有 n 种可能，而另一数与其余数不相同，有 $n-1$ 种可能，于是当 a_1，$a_2,\cdots,a_n$ 中恰有 $n-1$ 个关于模 n 同余时，$(a_1,a_2,\cdots,a_n)$ 关于模 n 的余数有 $n^2(n-1)$ 种可能.

又当 $a_1,a_2,\cdots,a_n$ 关于模 n 全同余时，$(a_1,a_2,\cdots,a_n)$ 关于模 n 的余数有 n 种可能，所以当 $a_1,a_2,\cdots,a_n$ 中至少有 $n-1$ 个关于模 n 同余时，$(a_1,a_2,\cdots,a_n)$ 关于模 n 的余数有 $n^2(n-1)+n=n^3-n^2+n$ 种可能，所以

$$p_n=\frac{n^3-n^2+n}{n^n}\quad(n>2).$$

故

$$p_3=\frac{3^3-3^2+3}{3^3}=\frac{7}{9}>\frac{1}{2}.$$

而当 $n\geqslant4$ 时，$p_n=\dfrac{n^3-n^2+n}{n^n}\leqslant\dfrac{n^3}{n^n}=\dfrac{1}{n^{n-3}}\leqslant\dfrac{1}{n}\leqslant\dfrac{1}{4}$.

综上所述，当且仅当 n 设定为 2 和 3 时，该游戏对玩游戏者有利.

例 11 在 $m\times n(m,n>2)$ 棋盘中的每个方格填数 1 或 -1，每次操作允许改变两个恰有一个公共方格的 2×2 正方形内所有数的符号. 问：对怎样的 m,n，不论原来的数如何填，总可以通过有限次操作，使表中的数都变为原来的数的相反数？(1991 年苏联训练题)

分析与解 因为操作图形"两个恰有一个公共方格的 2×2 正方形"不规范，所以我们先捆绑若干次操作为一个"大操作"，使"大操作"变成在规范图形上进行.

如图 3.3 所示，将 3×3 表适当操作两次，可以使 4 个角上的数字变号，而其余的数不变号.

我们把这样的两次操作看作是一个大操作 A，则 A 恰改变 3×3 表的 4 个角上的数的符号(得到 3×3 的规范操作).

1	1	1
1	1	1
1	1	1

→

1	-1	-1
-1	-1	-1
-1	-1	1

→

-1	1	-1
1	1	1
-1	1	-1

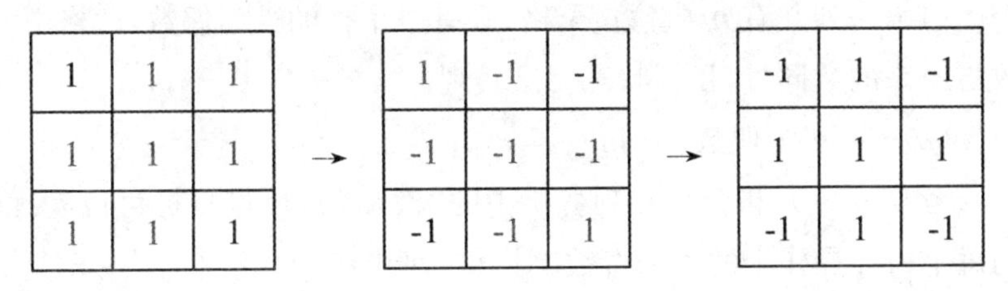

图 3.3

对某一个 4×4 表，将此表的每一个 3×3 子表都施行操作 A，则 4 次操作 A 可以改变此 4×4 表内各个数的符号(其中每个格只充当一次 3×3 表的角上格)，将这样的 4 个操作合并看成一个大的操作 B(图 3.4).

1	2	1	2
3		3	
1	2	1	2
3		3	

图 3.4

于是，当 $4\mid m$ 且 $4\mid n$ 时，将 $m\times n$ 表划分为若干个 4×4 表，每个 4×4 表都施行一次操作 B，则所有数都改变成相反的符号.

下面证明，当 m,n 中有一个不是 4 的倍数时，目标状态无法实现.

基本想法是：考察数表中每个方格在操作中改变符号的次数(我们称为该格的秩).

首先注意尽管操作图形的形状不确定，但它们有如下的共同点：第一列是 2 个格，第二列是 3 个格.

不妨设 m 不是 4 的倍数，则 m 为奇数或 $m=4k+2$.

对于 m 为奇数的情形，考察操作图形的第一列产生的秩，此时要计算 $m\times n$ 棋盘中第一列格的秩和.

对于 $m=4k+2$ 的情形，考察操作图形的第二列产生的秩，此时

要计算 $m\times n$ 棋盘中第二列格的秩和.

(1) 若 m 为奇数,考察 $m\times n$ 棋盘第一列各格在操作中的“秩和”S.因为每次操作改变第一列 0 或 2 个格的符号,对 S 的贡献为偶数,所以第一列各个格的秩和 S 为偶数.

但第一列共有 m(奇数)个格,必有一个格的秩为偶数,此格中的数与原来的数同号,目标状态无法实现.

(2) 若 m 为偶数,令 $m=4k+2$.

考察 $m\times n$ 棋盘第二列各格中的“秩和”S,反设目标可以实现,则每个格在操作中的秩为奇数.但第二列共有 m(偶数)个格,于是 S 是偶数个奇数的和,所以 S 为偶数.

另一方面,所有操作可分为如下两类:第一类是含有第一列格的操作,第二类是不含第一列格的操作.

我们先证明,第一类操作共有奇数个. (*)

实际上,设第一列的格从上到下依次为 $a_1,a_2,\cdots,a_{4k+2}$,为了叙述问题方便,对两个恰有一个公共格的 2×2 的数表 $ABCD$ 和 $DEFG$ 进行操作(图 3.5),我们认为是对 A,B 两个格进行的.

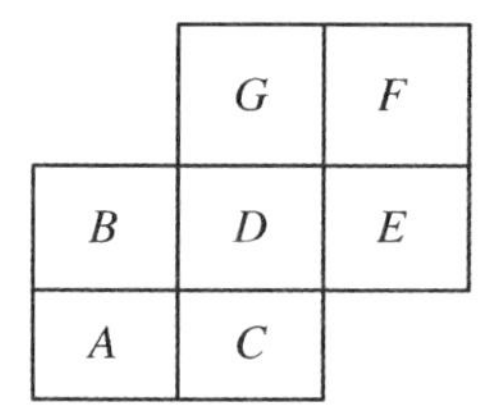

图 3.5

将对 a_i,a_{i+1} 两格进行的操作记为 $T_i(i=1,2,\cdots,4k+1)$,由于 a_1 变动奇数次,从而操作 T_1 有奇数个.

又由于 a_2 变动奇数次,而 a_2 在奇数个 T_1 中已变动了奇数次,于是操作 T_2 有偶数个.

如此下去,有奇数个操作 T_{2i-1},有偶数个操作 T_{2i},这样,第一类

操作的个数为

$$\sum_{j=1}^{4k+1} t(T_j) \equiv (\text{舍弃为偶数的项}) \sum_{j=1}^{2k+1} t(T_{2j-1}) \equiv 1 \pmod 2,$$

其中 $t(T_j)$表示 T_j 出现的次数,所以结论(*)成立.

每个第一类的操作改变第二列的 3 个格,从而奇数次第一类操作对 S 的贡献为奇数.每个第二类操作改变第二列的 0 或 2 个格,对第二列"秩和"的贡献为偶数,于是二列"秩和"S 为奇数,矛盾.

综上所述,所求的 m,n 都为 4 的倍数.

增量分析

所谓增量分析,就是考察每一个操作中相关特征函数值的改变量,我们称之为操作增量.在大多数情况下,如果我们能证明操作增量是一个确定的常数,则问题的解决就变得轻而易举.

显然,增量分析是"不变性"的推广,因为"不变性"的实质就是"0 增量".

例 1 将 n 个正整数排成一行,每次操作是任取其中两个相邻的数 x,y($x>y$ 且 x 在 y 的左边),并用($y+1$,x)或($x-1$,x)来替代(x,y).试证:上述操作只能进行有限次.(2014 年 IMO 预选题)

分析与证明 用(a_1,a_2,…,a_n)表示 n 个正整数依次为a_1,a_2,…,a_n 的状态,我们想象定义状态的特征值 $d(a_1,a_2,\cdots,a_n)$,使每次操作特征值的增量不小于某个常数,则无限次操作将使特征值变得无穷大.如果我们能够证明特征值只有有限个取值,则可导出矛盾,从而命题获证.

最容易想到的特征值是状态中各分量的和:

$$d(a_1,a_2,\cdots,a_n) = a_1 + a_2 + \cdots + a_n.$$

但此时,其操作未必使特征值严格增加.实际上,考察任意一次操作,假定取定数对(a_i,a_{i+1}),并用(c,a_i)来代替,其中 $a_i>a_{i+1}$,

$c=a_{i+1}+1$ 或 a_i-1. 于是，后一状态与前一状态的特征值之差：

$$H=(c+a_i)-(a_i+a_{i+1})=c-(a_i-1).$$

其中当 $c=a_i-1$ 且 $a_{i+1}=a_i-1$ 时，$H=c-a_{i+1}=(a_i-1)-(a_i-1)=0$，操作增量为 0.

尽管上述特征函数的定义无效，但其基本形式还是可取的，因为“特征值之差”的计算较为方便，且能保持不减. 我们将特征函数中“和”的形式改进为“加权和”，则可达到操作过程操作增量递增的目的. 定义

$$d(a_1,a_2,\cdots,a_n)=a_1+2a_2+\cdots+na_n$$

为状态 $(a_1,a_2,\cdots,a_n)$ 的特征值.

考察任意一次操作，假定该操作中取定数对 (a_i,a_{i+1})，并用 (c,a_i) 来代替，其中 $a_i>a_{i+1}$，$c=a_{i+1}+1$ 或 a_i-1.

注意到由 $a_i-a_{i+1}\geqslant 1$，得 $a_i-1\geqslant a_{i+1}$，从而有 $c\geqslant a_{i+1}$. 于是，后一状态与前一状态的特征值之差：

$$\begin{aligned}H&=(ic+(i+1)a_i)-(ia_i+(i+1)a_{i+1})\\&=(a_i-a_{i+1})+i(c-a_{i+1}).\\&\geqslant a_i-a_{i+1}>0.\end{aligned}$$

这表明，每次操作，状态的特征值至少增加 1.

设最初的 n 个正整数中最大的数为 M，注意到 $x>y$ 时

$$\max\{y+1,x\}=\max\{x-1,x\}=\max\{x,y\}=x,$$

从而操作中 n 个正整数中的最大数 $\max\{a_1,a_2,\cdots,a_n\}$ 不变. 于是，对任何状态 $(a_1,a_2,\cdots,a_n)$，有

$$d(a_1,a_2,\cdots,a_n)=a_1+2a_2+\cdots+na_n\leqslant(1+2+\cdots+n)M.$$

所以，所有状态的特征值只有有限个不同值. 由此可见，特征值不能无限增大，从而只能操作有限次.

例 2 给定正整数 n，满足 $24\mid n+1$. 在凸 n 边形的顶点处按逆时针方向依次放置 $1,2,\cdots,n$ 根火柴，每次操作允许将某个顶点处移动两根火柴，分别放到它两侧相邻顶点处各一根. 求证：如果若干次移动

后,各顶点处的火柴数都相等,那么操作的次数为 n 的倍数.(原创题)

分析与证明 用$(a_1,a_2,\cdots,a_n)$表示 n 个顶点处放置火柴的根数依次为 $a_1,a_2,\cdots,a_n$ 的状态,我们想象定义状态的特征值 $f(a_1,a_2,\cdots,a_n)$,使每次操作特征值的增量等于某个非零常数 c,则 r 次操作后的总增量为 rc.由此建立等式

$$f(x_1,x_2,\cdots,x_n)-f(1,2,\cdots,n)=rc, \qquad ①$$

使命题获证.

其中$(x_1,x_2,\cdots,x_n)$为目标状态,$(1,2,\cdots,n)$为初始状态.

这里特征值显然不能定义为 $f(a_1,a_2,\cdots,a_n)=a_1+a_2+\cdots+a_n$,因为它在操作中是一个不变量,此时等式①为恒等式 $0=0$,不能导出操作次数 r 为 n 的倍数.

容易知道,将其改进为例 1 中"加权和"$f(a_1,a_2,\cdots,a_n)=a_1+2a_2+\cdots+na_n$ 也不能达到目的,但进一步修改为如下的"加权和":

$$S=f(x_1,x_2,\cdots,x_n)=1^2\cdot x_1+2^2\cdot x_2+\cdots+n^2\cdot x_n,$$

则可达到目的.

实际上,考察任意一次操作,假定某次操作是顶点 i 处的火柴挪动两根到顶点 $i-1,i+1$ 处各一根,则其操作可以表示为

$$(x_1,x_2,\cdots,x_n)$$
$$\to\quad(x_1,x_2,\cdots,x_{i-2},x_{i-1}+1,x_i-2,x_{i+1}+1,x_{i+2},\cdots,x_n).$$

考察操作中 S 的改变量

$$\begin{aligned}S'-S&=(i-1)^2(x_{i-1}+1)+i^2(x_i-2)+(i+1)^2(x_{i+1}+1)\\&\quad-((i-1)^2x_{i-1}+i^2\cdot x_i+(i+1)^2x_{i+1})\\&=(i-1)^2-2i^2+(i+1)^2=2.\end{aligned}$$

由此可见,在模 n 的意义下,每次操作使特征值增加 2.

由于操作中火柴总数不变,而火柴总数为

$$1+2+\cdots+n=\frac{1}{2}n(n+1),$$

所以当各顶点处的火柴数都相等时，每个顶点处的火柴数

$$x_1 = x_2 = \cdots = x_n = \frac{1}{2}(n+1),$$

此时

$$S = (1^2 + 2^2 + \cdots + n^2)x_1 = \frac{1}{6}n(n+1)(2n+1) \cdot \frac{1}{2}(n+1)$$

$$= \frac{1}{12}n(2n+1)(n+1)^2.$$

又最初状态中，$(x_1, x_2, \cdots, x_n) = (1, 2, \cdots, n)$，相应的

$$S_0 = 1^2 \cdot 1 + 2^2 \cdot 2 + \cdots + n^2 \cdot n$$

$$= 1^3 + 2^3 + \cdots + n^3 = \frac{1}{4}n^2(n+1)^2.$$

假定共操作 t 次，那么，在模 n 的意义下，操作增量为 $2t \pmod n$，于是

$$\frac{1}{12}n(2n+1)(n+1)^2 - \frac{1}{4}n^2(n+1)^2 \equiv 2t \pmod n,$$

$$\frac{1}{12}n(n+1)^2(1-n) \equiv 2t \pmod n.$$

又$(2, n) = 1$，所以

$$\frac{1}{24}n(n+1)^2(1-n) \equiv t \pmod n.$$

因为$\frac{1}{24}(n+1) \in \mathbf{N}$，所以

$$\frac{1}{24}n(n+1)^2(1-n) \equiv 0 \pmod n,$$

故 t 是n 倍数.

命题获证.

例 3 今有 1 990 堆石头，各由 1, 2, 3, …, 1 990 块石头堆成，每次允许从中挑选任意若干堆，从这些堆中各扔掉相同数目的石头. 试问：最少经过多少轮，就可扔掉全部石头？（第 24 届全苏数学奥林匹克试题）

分析与解 基本想法是，让各堆石头的数目中互异数的个数逐步减少，直至都相等(全为0).

我们证明至少要经过11轮，才可扔掉全部石头.

先证需要11轮.

记 $A=(1,2,\cdots,1\,990)$，$T_k(A)$为 A 操作 k 次后的状态.

对于状态 $M=(x_1,x_2,\cdots,x_{1\,990})$，将 $x_1,x_2,\cdots,x_{1\,990}$ 中凡相等的数都看作一组(包括0也看作一组)，用$|M|$表示状态 M 中不同组的个数，称为状态 M 的特征值.

设某个状态 M 的特征值为n，在下一轮操作中选出了若干堆，设这些堆的石头数有 $k(k\leqslant n)$个不同值，那么，扔掉这 k 堆中各相同数目的石头后，它们仍有 k 个不同值，而 A 的另 $n-k$ 个不同值不变，仍有 $n-k$ 个不同值.

所以

$$|T(M)|\geqslant \max\{k,n-k\}\geqslant \frac{n}{2}=\frac{1}{2}|M|.$$

于是，令 $f_k=|T_k(A)|$，则 $f_{k+1}\geqslant\dfrac{f_k}{2}$.

由此可知

$f_0=1\,990$，$f_1\geqslant 995$，$f_2\geqslant 498$，$f_3\geqslant 249$，$f_4\geqslant 125$，
$f_5\geqslant 63$，$f_6\geqslant 32$，$f_7\geqslant 16$，$f_8\geqslant 8$，$f_9\geqslant 4$，$f_{10}\geqslant 2$，
$f_{11}\geqslant 1$，

于是至少要11轮.

其次，存在操作，使11轮扔掉所有的石头.

第 k 次操作从块数不少于a_k 的堆中扔掉a_k 块石头($k=1,2,\cdots,11$)，其中 a_k 是数列

$$995,498,249,125,63,32,16,8,4,2,1$$

的第 k 个项.

操作过程如下(用$\{y_1, y_2, \cdots, y_t\}$表示各堆石头数目中互异数为$y_1, y_2, \cdots, y_t$的状态):

$$\{1,2,\cdots,1\,990\} \to \{0,1,2,\cdots,995\} \to \{0,1,2,\cdots,497\}$$
$$\to \{0,1,2,\cdots,248\} \to \{0,1,2,\cdots,124\}$$
$$\to \{0,1,2,\cdots,62\} \to \{0,1,2,\cdots,31\}$$
$$\to \{0,1,2,\cdots,15\} \to \{0,1,2,\cdots,7\}$$
$$\to \{0,1,2,3\} \to \{0,1\} \to \{0\}.$$

综上所述,至少要经过11轮,才可扔掉全部石头.

例4 有限个孩子围成一圈,他们每个人手中有一些糖,并进行如下的游戏:若某些小孩手中有奇数块糖,则对每个有奇数块糖的小孩各加一块糖,然后每个小孩(不管他当时是否加了一块糖)都同时把手中的糖分一半给他右邻的小孩.求证:有限次操作之后,每个人手中的糖数相等.

分析与证明 本题是一种"磨光"操作,解题应从最多块糖数与最少块糖数的差入手,逐步减少其差值.

注意每次操作,使糖的总数增加,不可能证明最大糖数(有糖最多的孩子手中糖的数目)减少,应证明最大糖数不增,至少有一最小糖数增加1.

由于操作中每次对有奇数块糖的小孩各加一块糖,为了保证以后操作持最多糖者糖数不增,我们在第一次操作前先给有奇数块糖的小孩都加一块糖,并把给有奇数块糖的小孩都加一块糖后得到状态叫作初始状态,而把操作定义为:每个人同时将自己手中的糖分一半给他的右邻,然后给有奇数块糖的小孩各加一块糖.

设初始状态中有糖最多的人有$2m$块糖,有糖最少的人有$2n$块糖.

若$m=n$,则结论成立.设$m>n$,那么,操作一次以后,各人的糖数具有如下性质:

(1) 每个人的糖数仍在$2n \sim 2m$之间.

实际上,设操作前某人 A 有 $2k$ 块糖,他左边的人有 $2r$ 块糖($2n\leqslant 2k\leqslant 2m, 2n\leqslant 2r\leqslant 2m$),那么,操作后 A 的糖数为 $k+r$($k+r$为偶数)或 $k+r+1$($k+r$ 为奇数).

注意到

$$2n\leqslant k+r\leqslant 2m, \qquad ①$$

所以,当 $k+r$ 为偶数时,结论(1)成立.

当 $k+r$ 为奇数时,由式①,有 $2n<k+r<2m$,所以 $2n<k+r+1\leqslant 2m$,结论(1)也成立.

(2) 原来糖数大于 $2n$ 的人,操作后的糖数仍然大于 $2n$.

实际上,设 $2k>2n$,而 $2r\geqslant n$,于是 $k>n, r\geqslant n$,从而有 $k+r>2n$,结论(2)成立.

(3) 至少有一个人原来拿 $2n$ 块糖(最少糖数)的人操作后糖数增加.

实际上,至少有一个拿 $2n$ 块糖的孩子,他的左边的人拿的糖数大于 $2n$(否则,$m=n$),设为 $2r$($r>n$)块,那么,操作后,此人的糖数变为 $n+r>2n$,结论(3)成立.

由于拿糖最多的人数不增,而拿糖最少的人每次至少减少 1,所以有限次操作以后,每个拿糖最少的人的糖数都增加.如此下去,这个数不可能无限递增下去.必有一个时刻,$m'=n'$.此时,再完成分一半给他的右邻,各人的糖数仍然一样多,命题获证.

例 5 黑板上写有数 $1,2,\cdots,20$,一次操作是选择其中两个数 a,b,其中 $b\geqslant a+2$,擦去 a,b,写上 $a+1,b-1$.求最多可能的操作次数.(2011 年 IMO 摩尔瓦多国家队选拔考试试题)

分析与解 考虑一般的问题:黑板上写有数 $1,2,\cdots,n$,求题中操作的最大可能操作次数.

用 $S=(s_1,s_2,\cdots,s_n)$表示黑板上的 n 个数的状态,最初状态 $S_0=(1,2,3,\cdots,n)$.

一次操作可以表示为$(a,b)(b\geqslant a+2)\rightarrow(a+1,b-1)$,显然,

此操作具有如下的不变性：S 中各数的和保持不变.

但这一特征值（$s_1+s_2+\cdots+s_n$）对计算操作次数没有作用（但可以用来研究最终状态的表现形式），从而想到将其改进为“平方和”.

对任意一个状态 $S=(s_1,s_2,\cdots,s_n)$，定义它的特征值为

$$f(S)=s_1^2+s_2^2+\cdots+s_n^2.$$

假设一个状态 S，选择其中两个数 $a,b(b\geqslant a+2)$ 进行操作得到状态 T，那么

$$\begin{aligned}f(S)-f(T)&=a^2+b^2-(a+1)^2-(b-1)^2\\&=2(b-a-1)\geqslant 2,\end{aligned}$$

其中当且仅当 $b=a+2$ 时等号成立.

由此可见，每次操作，状态的特征值至少减少 2.

假定经过 p 次操作后操作结束，得到最终状态 S_p，由于 S_p 不能再进行操作，从而 S_p 使黑板上的数或者全相等，或者恰有两个不同值且这两个不同值为连续自然数.

再注意到操作使 S 中各数的和保持不变，如果最终状态 S_p 中的数全相等，设各数都是 m，那么 $mn=\dfrac{n(n+1)}{2}$，解得 $m=\dfrac{n+1}{2}$，从而 n 为奇数，令 $n=2k+1$，则 $m=k+1$.

反之，当 n 为奇数时，令 $n=2k+1$，若最终状态 S_p 中恰有两个不同值，设两个不同值是 $m,m+1$.

若 $m\leqslant k$，则状态 S_p 中黑板上的数的和 S 满足

$$\begin{aligned}(k+1)(2k+1)=S&\leqslant m+(n-1)(m+1)\\&\leqslant k+(n-1)(k+1)\\&<(k+1)+(n-1)(k+1)\\&=n(k+1)=(k+1)(2k+1),\end{aligned}$$

矛盾.

若 $m \geqslant k+1$，则状态 S_p 中黑板上的数的和

$$\begin{aligned}(k+1)(2k+1)=S &\geqslant (m+1)+(n-1)m \\ &\geqslant k+2+(n-1)(k+1) \\ &> k+1+(n-1)(k+1) \\ &= (k+1)(2k+1),\end{aligned}$$

矛盾.

所以，当且仅当 n 为奇数时，最终状态 S_p 中所有数都相等，此时

$S_p=(k+1,k+1,\cdots,k+1)$,

$$\begin{aligned}f(S_0)-f(S_p) &= \frac{(2k+1)(2k+2)(4k+3)}{6}-(2k+1)(k+1)^2 \\ &= (2k+1)(k+1)\left(\frac{4k+3}{3}-k-1\right) \\ &= \frac{k(k+1)(2k+1)}{3}.\end{aligned}$$

故操作次数

$$p \leqslant \frac{1}{2}(f(S_0)-f(S_p))=\frac{k(k+1)(2k+1)}{6}=\frac{n(n^2-1)}{24}.$$

当 n 为偶数时，令 $n=2k$，此时最终状态 S_p 中恰有两个不同值，设两个不同值是 $m,m+1$.

若 $m \leqslant k-1$，则状态 S_p 中黑板上的数的和 S 满足

$$\begin{aligned}k(2k+1)=S &\leqslant m+(n-1)(m+1) \leqslant k-1+(n-1)k \\ &= nk-1 < k(2k+1),\end{aligned}$$

矛盾.

若 $m \geqslant k+1$，则状态 S_p 中黑板上的数的和

$$\begin{aligned}k(2k+1)=S &\geqslant (m+1)+(n-1)m \\ &\geqslant k+2+(n-1)(k+1) \\ &= nk+n+1 > k(2k+1),\end{aligned}$$

矛盾.

所以 $m=k$,即黑板上两个不同值是 $k,k+1$.

设有 r 个 k,则有 $2k-r$ 个 $k+1$,于是

$$rk+(2k-r)(k+1)=k(2k+1),$$

解得 $r=k$.此时

$$S_p=(k,k,\cdots,k+1,k+1)(k\text{ 个 }k\text{ 和 }k\text{ 个 }k+1),$$

$$\begin{aligned}f(S_0)-f(S_p)&=\frac{(2k)(2k+1)(4k+1)}{6}-k\cdot k^2-k(k+1)^2\\&=k\left(\frac{8k^2+6k+1}{3}-2k^2-2k-1\right)\\&=\frac{2k(k^2-1)}{3}.\end{aligned}$$

所以操作次数

$$p\leqslant\frac{1}{2}(f(S_0)-f(S_p))=\frac{k(k^2-1)}{3}.$$

下面构造一系列操作,使操作次数 p 为$\frac{n(n^2-1)}{24}$(n 为奇),$\frac{n(n^2-4)}{24}$(n 为偶).

由上述不等式等号成立的条件,只需每一个操作都是对形如$(a,a+2)$数对进行即可.

为方便,用(a)表示对数对$(a,a+2)$进行操作,先考虑 n 为偶数的情形.

若 $n=4$,从最小的数开始操作,使"小数"逐步增大,取操作依次为(1),(2)即可:

$$(1,2,3,4)\xrightarrow{(1)}(2,2,2,4)\xrightarrow{(2)}(2,2,3,3)$$

此时操作次数 $p=2=\frac{4(4^2-4)}{24}$,结论成立.

若 $n=6$,先仿照上面的规律,取操作(1),(2),(3),(4),得到

$$(1,2,3,4,5,6) \xrightarrow{(1)} (2,2,2,4,5,6) \xrightarrow{(2)} (2,2,3,3,5,6)$$
$$\xrightarrow{(3)} (2,2,3,4,4,6)$$
$$\xrightarrow{(4)} (2,2,3,4,5,5).\text{(第一批)}$$

以下,我们每次操作,都是对能够进行操作的"最小数"进行的.

$$(2,2,3,4,5,5) \xrightarrow{(2)} (2,3,3,3,5,5) \xrightarrow{(3)} (2,3,3,4,4,5)$$
$$\xrightarrow{(2)} (3,3,3,3,4,5)$$
$$\xrightarrow{(3)} (3,3,3,4,4,4).\text{(第二批)}$$

于是,各次操作依次为

$$(1)(2)(3)(4),\quad (2)(3)(2)(3),$$

将其改记为

$$[(1)(2)(3)(4)]^1,\quad [(2)(3)]^2,$$

此时

$$p = 1 \cdot 4 + 2 \cdot 2 = 8 = \frac{6(6^2 - 4)}{24},$$

结论成立.

若 $n = 8$,我们每次操作,都是对能够进行操作的"最小数"进行的,则其操作依次为

$$[(1)(2)\cdots(6)]^1,\quad [(2)(3)(4)(5)]^2,\quad [(3)(4)]^3.$$

具体操作过程如下:

$$(1,2,3,4,5,6,7,8) \xrightarrow{(1)} (2,2,2,4,5,6,7,8)$$
$$\xrightarrow{(2)} (2,2,3,3,5,6,7,8)$$
$$\xrightarrow{(3)} (2,2,3,4,4,6,7,8)$$
$$\xrightarrow{(4)} (2,2,3,4,5,5,7,8)$$
$$\xrightarrow{(5)} (2,2,3,4,5,6,6,8)$$

$$\xrightarrow{(6)} (2,2,3,4,5,6,7,7);(\text{第一批})$$

$$\xrightarrow{(2)} (2,3,3,3,5,6,7,7)$$

$$\xrightarrow{(3)} (2,3,3,4,4,6,7,7)$$

$$\xrightarrow{(4)} (2,3,3,4,5,5,7,7)$$

$$\xrightarrow{(5)} (2,3,3,4,5,6,6,7)$$

$$\xrightarrow{(2)} (3,3,3,3,5,6,6,7)$$

$$\xrightarrow{(3)} (3,3,3,4,4,6,6,7)$$

$$\xrightarrow{(4)} (3,3,3,4,5,5,6,7)$$

$$\xrightarrow{(5)} (3,3,3,4,5,6,6,6);(\text{第二批})$$

$$\xrightarrow{(3)} (3,3,4,4,4,6,6,6)$$

$$\xrightarrow{(4)} (3,3,4,4,5,5,6,6)$$

$$\xrightarrow{(3)} (3,4,4,4,4,5,6,6)$$

$$\xrightarrow{(4)} (3,4,4,4,5,5,5,6)$$

$$\xrightarrow{(3)} (4,4,4,4,4,5,5,6)$$

$$\xrightarrow{(4)} (4,4,4,4,5,5,5,5).(\text{第三批})$$

此时

$$p = 1 \cdot 6 + 2 \cdot 4 + 3 \cdot 2 = 20 = \frac{8(8^2 - 4)}{24},$$

结论成立.

同样,若 $n = 10$,其操作依次为

$$[(1)(2)\cdots(8)]^1, \quad [(2)(3)(4)\cdots(7)]^2,$$

$$[(3)(4)\cdots(6)]^3, \quad [(4)(5)]^4.$$

此时

$$p=1\cdot8+2\cdot6+3\cdot4+4\cdot2=40=\frac{10(10^2-4)}{24},$$

结论成立.

一般地说,对偶数 $n=2k$,可用“双重数学归纳法”证明合乎要求的操作依次为

$$[(1)(2)\cdots(2k-2)]^1,\quad [(2)(3)(4)\cdots(2k-3)]^2,$$
$$[(3)(4)\cdots(2k-4)]^3,\quad \cdots,\quad [(k-1)(k)]^{k-1}.$$

此时

$$\begin{aligned}
p&=1\cdot(2k-2)+2\cdot(2k-4)+3\cdot(2k-6)+\cdots+(k-1)\cdot2\\
&=1\cdot2(k-1)+2\cdot2(k-2)+3\cdot2(k-3)+\cdots+(k-1)\cdot2\\
&=2(1\cdot(k-1)+2\cdot(k-2)+3\cdot(k-3)+\cdots+(k-1)\cdot1)\\
&=2(1+2+\cdots+k)k-2(1^2+2^2+\cdots+k^2)\\
&=k^2(k+1)-\frac{k(k+1)(2k+1)}{3}\\
&=k(k+1)\left(k-\frac{2k+1}{3}\right)\\
&=\frac{k(k^2-1)}{3}=\frac{n(n^2-4)}{24},
\end{aligned}$$

结论成立.

从而最多的操作次数为$\frac{n(n^2-4)}{24}$(n 为偶数).

同样可知,n 为奇数时,最多的操作次数为$\frac{n(n^2-1)}{24}$.

注 我们可用如下“双重数学归纳法”证明其合乎要求.

加强命题,对偶数 $n=2k$,其操作可分为 $k-1$ 批,依次为

$$[(1)(2)\cdots(2k-2)]^1,\quad [(2)(3)(4)\cdots(2k-3)]^2,$$
$$[(3)(4)\cdots(2k-4)]^3,\quad \cdots,\quad [(k-1)(k)]^{k-1}.$$

且经过第 r 批操作$[(r)(r+1)\cdots(2k-r-1)]^r$ 后,状态变成

$$(\underbrace{r+1,r+1,\cdots,r+1}_{r+1\text{个相同项}},\underbrace{r+2,r+3,\cdots,2k-r-1}_{2k-2r-2\text{个连续正整数}},$$

$$\underbrace{2k-r,2k-r,\cdots,2k-r}_{r+1\text{个相同项}}).$$

先对 k 归纳.

当 $k=2$ 时,结论成立.假定结论对 k 的正整数成立,考虑 $k+1$ 的情形,此时 $S_0=(1,2,\cdots,2k,2k+1,2k+2)$.

再对操作批次 r 归纳,证明 $n=2k+2$ 时,第 r 批操作 $[(r)(r+1)\cdots(2k+1-r)]^r$ 后,状态变成

$$\underbrace{(r+1,r+1,\cdots,r+1}_{r+1\text{个相同项}},\underbrace{r+2,r+3,\cdots,2k+1-r}_{2k-2r\text{个连续正整数}},$$

$$\underbrace{2k+2-r,2k+2-r,\cdots,2k+2-r}_{r+1\text{个相同项}}). \qquad (*)$$

实际上,当 $r=1$ 时,利用第一重归纳假设中的第一批操作结论,经过操作$[(1)(2)\cdots(2k-2)]^1$ 后,状态变成

$$(2,2,\mid 3,4,\cdots,2k-2,\mid 2k-1,2k-1,\mid 2k+1,2k+2).$$

于是,再经过操作$[(2k-1)(2k)]^1$ 后,状态变成

$$(2,2,\mid 3,4,\cdots,2k-2,2k-1,2k,\mid 2k+1,2k+1).$$

所以 $r=1$ 时,$(*)$成立.

设 $r=s$ 时$(*)$成立,即第 s 批操作$[(s)(s+1)\cdots(2k+1-s)]^s$ 后,状态变成

$$\underbrace{(s+1,s+1,\cdots,s+1}_{s+1\text{个相同项}},\underbrace{s+2,s+3,\cdots,2k+1-s}_{2k-2s\text{个连续正整数}},$$

$$\underbrace{2k+2-s,2k+2-s,\cdots,2k+2-s}_{s+1\text{个相同项}}).$$

现在来进行第 $s+1$ 批操作$[(s+1)(s+2)\cdots(2k-s)]^{s+1}$,依次得到

$$(s+1,s+1,\cdots,s+1,s+2,s+2,s+2,s+4,s+5,\cdots,$$
$$2k+1-s,2k+2-s,\cdots,2k+2-s),$$
$$(s+1,s+1,\cdots,s+1,s+2,s+2,s+3,s+3,s+5,\cdots,$$
$$2k+1-s,2k+2-s,\cdots,2k+2-s),$$

$(s+1, s+1, \cdots, s+1, s+2, s+2, s+3, s+4, s+4, \cdots,$

$2k+1-s, 2k+2-s, \cdots, 2k+2-s)$,

……

如此下去，$r=s+1$ 时，结论成立.

于是，在(*)中令 $r=k$，得到状态

$$(k+1, k+1, \cdots, k+1, k+2, k+2, \cdots, k+2).$$

例 6 (1) 求一切正整数 m，使全体正整数可分割为 m 个没有公共项且公差不全相等的无穷等差数列的并.

(2) 是否存在正整数 m，使全体正整数可分割为 m 个没有公共项的无穷等比数列的并?

(原创题)

分析与解 (1) 显然 $m>1$.

其次，$m\neq 2$，否则，设两个等差数列为$\{a_n\}$，$\{b_n\}$，公差分别为 d_1，d_2. 若 $d_1=1$，则$\{b_n\}$只有有限项，矛盾. 若 $d_1=2$，则因剩余的项都属于$\{b_n\}$，从而 $d_2=2$，矛盾.

下面证明 $m\geqslant 3$ 时，一切 m 合乎要求，采用递归构造即可.

我们证明更强的命题：全体正整数可分割为 m 个没有公共项且公差不全相等的无穷等差数列的并，且公差最大的一个等差数列为$\{2^{m-1}n\}$.

当 $m=3$ 时，取 3 个等差数列为$\{2n-1\}$，$\{4n-2\}$，$\{4n\}$，其中公差最大的一个等差数列为$\{2^{3-1}n\}$，结论成立.

设 $m=k$ 时结论成立，并设 k 个等差数列为$\{a_n^{(1)}\}$，$\{a_n^{(2)}\}$，…，$\{a_n^{(k)}\}$，其中公差最大的一个等差数列为 $a_n^{(k)}=2^{k-1}n$.

当 $m=k+1$ 时，取 $k+1$ 个等差数列为$\{a_n^{(1)}\}$，$\{a_n^{(2)}\}$，…，$\{a_n^{(k-1)}\}$，$\{2^k n-2^{k-1}\}$，$\{2^k n\}$.

由归纳假设，$\{a_n^{(1)}\}$，$\{a_n^{(2)}\}$，…，$\{a_n^{(k)}\}$的公差 $d_1, d_2, \cdots, d_k$ 不全相等，且最大公差为 $d_k=2^{k-1}$.

又$\{a_n^{(1)}\}$，$\{a_n^{(2)}\}$，…，$\{a_n^{(k-1)}\}$，$\{2^k n-2^{k-1}\}$，$\{2^k n\}$的公差分别为 $d_1,d_2,\cdots,d_{k-1},2d_k,2d_k$.

由于 $2d_k=d_k+d_k\geqslant d_{k-1}+d_k>d_{k-1}$，从而 $d_1,d_2,\cdots,d_{k-1},2d_k,2d_k$ 不全相等，且公差最大的一个等差数列为$\{2^k n\}$，结论成立.

(2) 采用间距分析即可.

基本思路：等比数列的间距越来越大，到后面必定跳过一些正整数.

实际上，假定全体正整数可分割为 m 个没有公共元素的无穷等比数列的并，则这些等比数列的公比不能全为 1，否则它们只包含 m 个不同自然数，矛盾.

设共有 r 个公比不为 1 的等比数列$\{a_n^{(1)}\}$，$\{a_n^{(2)}\}$，…，$\{a_n^{(r)}\}$，公比分别为 $q_1,q_2,\cdots,q_r$，由于是无穷数列，从而公比都大于 1.

由于 $m-r$ 个公比为 1 的等比数列只包含 $m-r$ 个不同自然数，从而可找到正整数 M，使 $n>M$ 时，n 属于 r 个等比数列$\{a_n^{(1)}\}$，$\{a_n^{(2)}\}$，…，$\{a_n^{(r)}\}$之一.

考察其中第 i 个等比数列$\{a_n^{(i)}\}$.

因为 $a_{n+1}^{(i)}-a_n^{(i)}=q_i a_n^{(i)}-a_n^{(i)}=(q_i-1)a_n^{(i)}$，又 $q_i-1>0$，且 $a_n^{(i)}$ 严格递增，从而间距 $a_{n+1}^{(i)}-a_n^{(i)}$ 是严格递增的，故可以找到正整数 N_i，使 $n>N_i$ 时，$a_{n+1}^{(i)}-a_n^{(i)}>m$(间距大于 m).

取 $N=\max\{N_i(1\leqslant i\leqslant m)\}$，则 $n>N$ 时，对每一个 i，有

$$a_{n+1}^{(i)}-a_n^{(i)}>m \qquad ①$$

(即从第 $N+1$ 项起，所有序列的间距都大于 m).

取正整数 k，使 $k>M$(保证 k 及以后的数都属于 r 个数列)，且使 k 大于每一个序列的前 N 个项(保证 k 及以后的数都属于 r 个数列的“后段”)，从而 $m+1$ 个数 $k,k+1,k+2,\cdots,k+m$ 中每一个数都属于某个序列且位于第 N 个项之后.因为 $r\leqslant m<m+1$，由抽屉原理，其中必定有两个数 $a,b\in\{k,k+1,k+2,\cdots,k+m\}$，$a<b$，

使 a,b 属于同一个序列的第 N 个项之后,由式①知,$b-a>m$,这与 $a,b\in\{k,k+1,k+2,\cdots,k+m\}$矛盾.

所以(2)的答案是"不存在".

3.3 单调性

所谓单调性,就是证明操作中相关特征函数保持增加或保持减少.

显然,单调性是增量分析的推广,因为单调性的实质就是"恒正(负)增量".利用操作中特征函数的单调性,常可估计操作次数的取值范围或判断操作必然终止.

例 1 在一个 100×100 的方格棋盘中,甲、乙两人各有一枚棋子分别放在棋盘左下方第一格内和右下方第一格内玩游戏,规则如下:甲、乙轮流将自己的棋子移动到它所在格的邻格(有公共边)中,甲先开始.试证:无论乙如何移动,甲都有办法使有限次移动后两枚棋子相遇,即两枚棋子分别位于一对邻格中.(2006 年德国数学奥林匹克试题)

分析与证明 关键是构造一个特征函数 f,使 f 在操作中不增,且不能无限次保持不变.

考察棋盘中包含两枚棋子的最小矩形,记矩形的长、宽分别为 a,b,称 $f=a+b$ 为棋盘的特征值.

设甲、乙各移动 i 次后棋盘的特征值为 $f_i=a_i+b_i$,那么

$$f_0=a_0+b_0=100+1=101(\text{奇数}).$$

注意到甲、乙的每次移动各使棋盘的特征值 f 增加或减少 1,从而他们各移动一次后,f 的增量为

$$(\pm1)+(\pm1)\equiv1+1\equiv0\ (\mathrm{mod}\ 2),$$

所以操作使棋盘的特征值奇偶性不变,恒为奇数.

由此可见,$a_i\neq b_i$,从而 $a_i>b_i\geqslant1$.

如果操作后两枚棋子还没有相遇，则 $a_i \geqslant 3$，甲采用这样的策略：移动使矩形的长边 a_i 减少1，从而甲移动一次使棋盘的特征值减少1，而乙移动一次使棋盘的特征值增加、减少1，于是，甲、乙各移动一次后棋盘的特征值增量为$(-1)+1$或$(-1)=0$或-2，于是，操作使棋盘的特征值 f 不增.

但因棋盘大小是有限的，乙不能单方面使 f 无限次增加，于是，一定在有限次操作以后使 f 减少.继续操作，又一定在有限次操作以后使 f 减少.如此下去，f 必定减少到3，此时两枚棋子相遇.

例2 考虑下列单人游戏：在平面上，选取的有限个格点和有限条线段组成的集合称为一种状态，如果它们满足：

(1) 每条所选取的线段的端点都是格点；

(2) 每条所选取的线段都平行于坐标轴或平行于直线 $y=\pm x$；

(3) 每条所选取的线段上恰有5个格点(包括端点)，且它们都是被选取的；

(4) 任意2条所选取的线段至多有一个公共点(图3.6).

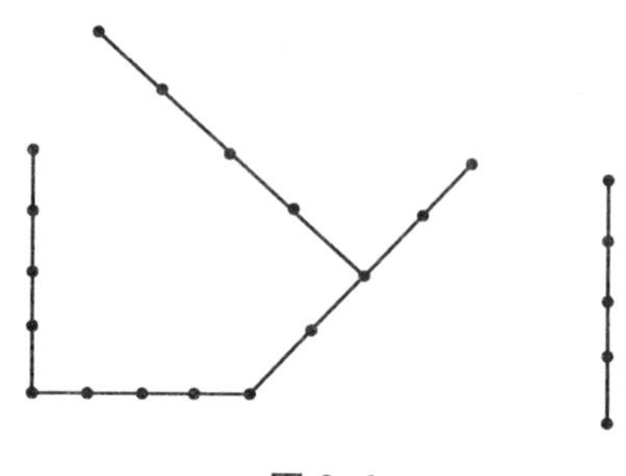

图 3.6

该游戏的一次操作是指：选取一个新的格点和一条新的线段，使所有被选取的点和线仍构成一种状态.试问：是否存在一种初始状态，使游戏能进行无限次操作？(1999年奥地利-波兰地区数学竞赛题)

分析与解 本题原解答相当烦琐，我们利用“特征函数”找到了一个简单的解法.

先画一些格点和一些线段是通常的想法,但本题无法从直观上打开思路.

定义如下的特征函数:记状态中格点个数与线段条数之比为 f.

引入容量参数,设最初有 a 个格点,r 条线段.今对线段计算格点个数:每条线段上有 5 个格点,从而共有 $5r$ 个格点(包括重复),而每个格点至多属于 4 条线段(横向、纵向、左斜、右斜),所以格点个数不少于$\frac{5r}{4}$,即 $a\geqslant\frac{5r}{4}$,故

$$f=\frac{a}{r}\geqslant\frac{5}{4}.$$

考察操作 n 次以后的状态,此时有 $a+n$ 个格点,$r+n$ 条线段,同样的理由,有

$$\frac{a+n}{r+n}\geqslant\frac{5}{4},$$

解得 $n\leqslant 4a-5r$(常数).

这表明,对于任何初始状态,游戏都只能进行有限次操作!

例 3 在正五边形每个顶点处放一个整数,使五个数的和为正,若三个相邻的数 x,y,z 满足 $y<0$,则可进行如下操作:$(x,y,z)\rightarrow(x+y,-y,z+y)$,只要正五边形顶点上有负数,这个操作就继续进行.问:此操作能否在有限次操作后必然停止?(第 27 届 IMO 试题)

分析与解 设最初的五个数为 x_1,x_2,x_3,x_4,x_5,若定义它的特征值为

$$f(x_1,x_2,x_3,x_4,x_5)=x_1+x_2+x_3+x_4+x_5,$$

那么,f 在操作中不变.

为了证明操作必将终止,我们期望构造一个在操作中递减的 f.

再尝试函数 $f(x_1,x_2,x_3,x_4,x_5)=x_1^2+x_2^2+x_3^2+x_4^2+x_5^2$,此时有 f 递增.

注意到 a^x 在 $0<a<1$ 时递减，想到这样的修改方案：减小上述特征函数各项的二次幂底数的绝对值，构造“邻数差的平方和”函数 $f(x_1,x_2,x_3,x_4,x_5)=(x_1-x_2)^2+(x_2-x_3)^2+\cdots+(x_5-x_1)^2$，则此函数递减.

实际上，在状态 (x_1,x_2,x_3,x_4,x_5) 中，不妨设 $x_1<0$，则操作一次，有

$$(x_1,x_2,x_3,x_4,x_5)\to(-x_1,x_2+x_1,x_3,x_4,x_5+x_1),$$

所以

$$\begin{aligned}\Delta f&=f(-x_1,x_2+x_1,x_3,x_4,x_5+x_1)-f(x_1,x_2,\cdots,x_5)\\&=(-x_1-x_3)^2+(x_2+x_1-x_4)^2\\&\quad+(x_3-x_5-x_1)^2+(x_4+x_1)^2+(x_5-x_2)^2\\&\quad-((x_1-x_3)^2+(x_2-x_4)^2+\cdots+(x_5-x_2)^2)\\&=((x_1+x_3)^2-(x_1-x_3)^2)+((x_2+x_1-x_4)^2\\&\quad-(x_2-x_4)^2)+((x_3-x_5-x_1)^2-(x_3-x_5)^2)\\&\quad+((x_4+x_1)^2-(x_4-x_1)^2)\\&=4x_1x_3+(2x_2-2x_4)x_1+(2x_3-2x_5)(-x_1)+4x_4x_1\\&=2x_1(x_1+x_2+\cdots+x_5)\leqslant-2.\end{aligned}$$

故每次操作使特征值 f 至少减少 2，若干次操作以后必然停止.

例 4 若对 (a,b,c,d) 操作一次后，得到 $(a-b,b-c,c-d,d-a)$，求证：只要最初的 4 个数不全等，则可适当操作有限次，使得到的 4 个数中至少有一个数大于 1 985.（第 19 届全苏数学奥林匹克试题）

分析与证明 其解题策略是使特征值无限递增. 设最初的 4 个数为 (x,y,z,t)，对此数组操作 $i(i\in\mathbf{N}^*)$ 次以后得到的 4 个数记为 (x_i,y_i,z_i,t_i)，并规定 $(x_0,y_0,z_0,t_0)=(x,y,z,t)$，那么

$$x_i=x_{i-1}-y_{i-1},\quad y_i=y_{i-1}-z_{i-1},$$
$$z_i=z_{i-1}-t_{i-1},\quad t_i=t_{i-1}-x_{i-1},$$

于是

$$x_i + y_i + z_i + t_i = 0,$$

$$\begin{aligned}0 &= (x_i + y_i + z_i + t_i)^2\\ &= x_i^2 + y_i^2 + z_i^2 + t_i^2 + 2x_iy_i + 2x_iz_i + 2x_it_i\\ &\quad + 2y_iz_i + 2y_it_i + 2z_it_i,\end{aligned}$$

所以

$$\begin{aligned}&2x_iy_i + 2x_iz_i + 2x_it_i + 2y_iz_i + 2y_it_i + 2z_it_i\\ &\quad = -(x_i^2 + y_i^2 + z_i^2 + t_i^2),\end{aligned} \tag{①}$$

$$\begin{aligned}&x_{i+1}^2 + y_{i+1}^2 + z_{i+1}^2 + t_{i+1}^2 \quad (\text{令 } a = x_i \text{ 等})\\ &\quad = (a-b)^2 + (b-c)^2 + (c-d)^2 + (d-a)^2\\ &\quad = 2(a^2 + b^2 + c^2 + d^2) - 2(ab + bc + cd + da)\\ &\quad = 3(a^2 + b^2 + c^2 + d^2) + 2ac + 2bd \quad (\text{由于式①})\\ &\quad \geqslant 3(a^2 + b^2 + c^2 + d^2) - (a^2 + c^2) - (b^2 + d^2)\\ &\quad = 2(a^2 + b^2 + c^2 + d^2) = 2(x_i^2 + y_i^2 + z_i^2 + t_i^2),\end{aligned}$$

由上述不等式迭代,得

$$x_n^2 + y_n^2 + z_n^2 + t_n^2 \geqslant 2^{n-1}(x_1^2 + y_1^2 + z_1^2 + t_1^2).$$

由于 x,y,z,t 不全等,从而 x_1,y_1,z_1,t_1 不全为0,于是

$$x_1^2 + y_1^2 + z_1^2 + t_1^2 > 0.$$

取 n 充分大,比如

$$n > 1 + \log_2\frac{4(3\times 1\,985)^2}{x_1^2 + y_1^2 + z_1^2 + t_1^2},$$

可使

$$2^{n-1}(x_1^2 + y_1^2 + z_1^2 + t_1^2) > 4(3\times 1\,985)^2.$$

这样,x_n^2,y_n^2,z_n^2,t_n^2 中必有一个,比如 $x_n^2>(3\times 1\,985)^2$,所以,$|x_n|>3\times 1\,985$.

又 $x_n+y_n+z_n+t_n=0$,若 $x_n>0$,则 $x_n>1\,985$;

若 $x_n<0$,则 $y_n+z_n+t_n>3\times 1\,985$,其中必有一个数,比如 t_n

$>1\,985$,结论成立.

另证 定义

$$f_n = f(a_n, b_n, c_n, d_n) = (a_n - c_n)^2 + (b_n - d_n)^2,$$

则

$$\begin{aligned} f_{n+1} &= f(a_{n+1}, b_{n+1}, c_{n+1}, d_{n+1}) \\ &= f(a_n - b_n, b_n - c_n, c_n - d_n, d_n - a_n) \\ &= (a_n - b_n - c_n + d_n)^2 + (b_n - c_n - d_n + a_n)^2 \\ &= ((a_n - c_n) - (b_n - d_n))^2 + ((a_n - c_n) + (b_n - d_n))^2 \\ &= 2((a_n - c_n)^2 + (b_n - d_n)^2) = 2f_n. \end{aligned}$$

下略.

例 5 给定正整数 n,在一个正六边形的顶点上各写一个自然数,使其和为 $2n+1$.先进行如下操作:任取其中一个顶点,抹去该顶点上的数,重新写上它两侧与其相邻顶点上的数的差的绝对值.试证:不论最初的数是什么,总可以适当操作,使最后每个顶点上的数都是 0.(第 32 届美国数学奥林匹克试题)

分析与证明 用 $P=(A,B,C,D,E,F)$表示 6 个顶点上的数依次为 A,B,C,D,E,F 的状态P,其操作可以表示为

$$(A,B,C,D,E,F) \quad \to \quad (|F-B|,B,C,D,E,F).$$

考察目标状态 $P_t=(0,0,0,0,0,0)$,自然想到适当操作,使每个数逐步减小.进一步思考可知,只要每次操作使状态中最大分量减小.

记 $M(P)=\max\{A,B,C,D,E,F\}$,考察一次操作

$$(A,B,C,D,E,F) \quad \to \quad (|F-B|,B,C,D,E,F),$$

是否一定有最大者 M 减小?——不一定,但可发现最大分量不增.实际上

$$|F-B| \leqslant \max\{F,B\} \leqslant M.$$

由此可见,只要$|F-B| \neq M$,则$|F-B|<M$.一个充分条件是

$|F-B|$与 M 不同奇偶，这恰好与题给的条件相接近，因为在最初状态 P_0 中，所有数的和 $S(P_0)$为奇数 $2n+1$.

设想：对于状态 P，如果通过若干次操作，使 P 中每个数都改变奇偶性，则这些操作使 $M(P)$减小.

但满足上述要求的若干个操作无法找到. 修改设想：对于状态 P，如果操作使 P 中某个数变得与 $M(P)$不同奇偶，则操作后该数小于 $M(P)$.

此外，如果被操作数两侧的数都小于 M，那么操作后该数小于 M，这是因为

$$|F-B| \leqslant \max\{F,B\} < M.$$

这样，我们需要确定每个状态中每个数的奇偶性，但由条件，只知道其和为奇数，从而有奇数个奇数，最简单的情形是恰有一个奇数.

于是，我们可将原结论分解为如下两个命题.

命题1：对于和为奇数的状态 P，总可以经过适当操作变成恰有一个奇数的状态 Q.

证明：考察任意一个和为奇数的状态 $P=(A,B,C,D,E,F)$，其中 $S(P)=A+B+C+D+E+F$ 为奇数，我们设法将 P 中大多数奇数改变成偶数.

假设对奇数 A 操作，则要使 A 变为偶数，只需 A 两侧的数同奇偶. 注意到“两侧的数”具有跳跃性（中间隔一个数），由此想到将 $S(P)$分为两组：$A+C+E$，$B+D+F$，显然，这两组一奇一偶.

不妨设 $A+C+D$ 为奇，则有以下两种情况：

(1) A,C,D 中恰有一个奇数，不妨设 A 为奇数，C,D 为偶数，则进行如下一系列操作，首先让 B,D,F 变成有确定的奇偶性，进而只保留一个奇数. 我们用 1 表示奇数，0 表示偶数，并用 $\underline{x}$ 表示状态中数 x 的值为 x，具体操作如下：

$(1,\underline{B},0,\underline{D},0,\underline{F}) \to (1,1,0,0,0,1) \to (0,1,0,0,0,1)$
$\to (0,0,0,0,0,1)$.

该状态还可以继续变得全为偶数，但全为偶数时反而无法改变奇偶性使 M 减小.

(2) A,C,D 都为奇数，则进行如下一系列操作，首先让 B,D,F 变成有确定的奇偶性，进而只保留一个奇数：

$(1,\underline{B},1,\underline{D},1,\underline{F}) \to (1,0,1,0,1,0) \to (1,0,0,0,0,0)$.

综上所述，命题1获证.

命题2：对于恰有一个奇数的状态 P，总可以经过适当操作变成各分量的和为奇数的状态 Q，且 $M(Q)<M(P)$，或者变成0状态(所有数都为0).

证明：考察恰有一个奇数的状态 $P=(A,B,C,D,E,F)$，其中 A 为奇数，B,C,D,E,F 都为偶数.

(1) M 为奇数，则 $A=M$，且 $B,C,D,E,F<M$.

要使 M 减小是很容易的，对最大数 A 操作一次使其变成 $|B-F|$ 即可，但此时得到的是全为偶数的状态，以下无法得到奇状态(和为奇数)，因此第一次不能对 A 操作.

假设第一次对 B 操作，则 $B \to A-C$，为了保证 $A-C<A=M$，需要 $C\neq 0$，分情况讨论如下：

若 $C\neq 0$，此时按照 $BFAF$ 的顺序进行如下一系列操作：

$P=(1,0,0,0,0,0) \to (1,1,0,0,0,0)$
(偶状态，且 A 没有减小，需要变成奇状态且减小 A)
$\to (1,1,0,0,0,1)$
(奇状态，但 A 没有减小，需要减小 A，这里，如果操作的是将第3个数变成1，则下一步无法减小 A，所以只能将第6

个数变成 1)

$\to$ (0,1,0,0,0,1)

(偶状态,A 已减小,只需要变成奇状态)

$\to$ (0,1,0,0,0,0)

$= (A_1, B_1, C_1, D_1, E_1, F_1) = Q.$

因为除 B_1 外,其他都变为偶数,与 M 不同奇偶,从而都小于 M,而 $C \neq 0$,知 $B_1 = |A - C| < A = M$,从而 $M(Q) < M(P)$.

若 $E \neq 0$,由对称性,可类似操作,结论成立.

若 $C = E = 0$,则进行如下一系列操作,使 P 变成全为 0 的状态,$M(P)$减小:

$$(\underline{A}, \underline{B}, \underline{0}, \underline{D}, \underline{0}, \underline{F}) \to (\underline{A}, \underline{A}, \underline{0}, \underline{0}, \underline{0}, \underline{A}) \to (\underline{0}, \underline{A}, \underline{0, 0, 0}, \underline{A}) \to (\underline{0, 0, 0, 0, 0, 0}).$$

(2) M 为偶数,则 $A < M$,且 $M \in \{B, C, D, E, F\}$. 此时,尽管我们不知道 B, C, D, E, F 中谁为 M,但我们可以逐一将它们都改变奇偶性,使它们每个数都变得小于 M,于是,按照 $BCDEF$ 的顺序进行如下一系列操作:

$$P = (1,0,0,0,0,0) \to (1,1,0,0,0,0) \to (1,1,1,0,0,0)$$
$$\to (1,1,1,1,0,0) \to (1,1,1,1,1,0)$$
$$\to (1,1,1,1,1,0)$$
$$= (A_1, B_1, C_1, D_1, E_1, F_1) = Q.$$

因为 $A_1 = A < M$,而 B_1, C_1, D_1, E_1 都为奇数,与 M 不同奇偶,所以 $B_1, C_1, D_1, E_1 < M$,且 $F_1 = |A_1 - E_1| \leqslant \max\{A_1, E_1\} < M$,从而 $M(Q) < M(P)$.

综合命题 1 和命题 2,对于和为奇数的状态 P,总可以经过适当操作变成 0 状态,或者变成和为奇数的状态 Q,使 $M(Q) < M(P)$,由于 M 不能无限减小,所以操作必定停止为 0 状态.

习　题　3

1. 在黑板上写有 1,2,3,…,1 986,1 987,每次操作可以擦去其中若干个数,并写上擦去的数的和关于模 7 的余数.若干次操作以后,黑板上剩下了两个数 987 与 x,求 x.(第 13 届全俄数学奥林匹克试题)

2. 对 89,12,3 进行操作,每次任取其中两个数,求其和再除以 $\sqrt{2}$,得到一个数.同时,求其差再除以 $\sqrt{2}$,得到另一个数,并用新得到的两个数替换所取的两个数.比如:对 (a,b,c) 中的 b,c 进行操作,得到 $\left(a,\dfrac{b+c}{\sqrt{2}},\dfrac{b-c}{\sqrt{2}}\right)$,问有限次操作以后,能否得到 90,10,14?

3. 圆周上写有 1,2,…,12 形成一个圆形的钟面字盘,将其固定在黑板上,钟面可绕中心转动 30° 的任意整数倍的角度.在黑板上钟面每个数字对应的位置写上“0”,每次转动后,将钟面对应位置的数加到黑板上.问:有限次转动以后,能否使黑板上的数都是 2 016?

4. 在 2×2 棋盘中放有 3 个黑子和 1 个白子(每个格中放一个子),每次操作是取定一行或一列,将其中所有的子变成相反的颜色.问:能否经过有限次操作,使得棋盘中变成 2 个黑子和 2 个白子?

5. 给定 3 个数 $2,\sqrt{2},\dfrac{1}{\sqrt{2}}$,在其中任取两个数 x,y,用 $\dfrac{x+y}{\sqrt{2}}$,$\dfrac{x-y}{\sqrt{2}}$ 代替这两个数,问:是否可通过有限次操作,使最后得到 3 个数 $1,\sqrt{2},1+\sqrt{2}$?(第 5 届全俄数学奥林匹克试题)

6. 大海中有 45 条龙,其中有 13 条为白色龙,15 条为红色龙,17 条为蓝色龙.已知:两条不同色的龙相遇时,它们都变成第三种颜色的龙.问:这些龙是否可以变成同一种颜色的龙?

7. 给定三个数 3,4,12,在其中任取两个数 x,y,用 $\dfrac{3x}{5}-\dfrac{4y}{5}$,$\dfrac{3y}{5}$

$+\dfrac{4x}{5}$代替这两个数，问：是否可通过有限次操作，使最后得到三个数为：

(1) 4,6,12；

(2) x,y,z，其中$|x-4|<\dfrac{1}{\sqrt{3}}$，$|y-6|<\dfrac{1}{\sqrt{3}}$，$|z-12|<\dfrac{1}{\sqrt{3}}$？

8. 在8×8棋盘中，将任意32个格染黑色，其余32个格染白色，然后对染了色的棋盘进行操作，每次操作是把棋盘的任一行或任一列中8个方格都改成相反的颜色，问：有限次操作后，能否使得到的棋盘恰有一个方格为黑色？

9. 一个99边形各边依次染上红，蓝，红，蓝，…，红，蓝，黄色. 每次操作可以改变任意一边的颜色，但须使任何两相邻边不同色. 问：能否适当操作有限次，使各边的颜色最后变为红，蓝，红，蓝，…，红，黄，蓝？（1994年美国数学奥林匹克试题）

10. 圆周上按顺时针方向依次排列着$1,2,\cdots,n$这n个盒子，每个盒子装着一枚棋，每次操作是从中任选两个非空的盒子，将其中一个盒子里的一枚棋按顺时针方向移到它相邻的盒子里，另一个盒子里的一枚棋按逆时针方向移到它相邻的盒子里. 问：n为何值时，可以适当进行有限次操作，使所有棋移到同一个盒子里？

11. 数列1,0,1,0,1,0,3,…中每一个项都等于它前面连续6个项的和的个位数. 求证：数列中没有这样的连续6个项0,1,0,1,0,1.

12. 有3堆石子，分别有21,10,11个石子，现进行如下操作：从其中两堆中各取一个石子放入另一堆中. 问：能否通过有限次操作，使得：

(1) 三堆石子的石子数分别为4,14,24(不计顺序)；

(2) 三堆石子的石子数均为14？

如果能满足要求，则请用最少的操作次数给出一种操作方案；如

果不能满足要求,则请说明理由.

13. 设 r 是给定的正整数,对数列$\{a_n\}$定义进行如下操作:任取其中连续 $2r$ 个项,将其前 r 个项按原来的顺序移动到它后 r 个项的后面,即$(a_{i+1},a_{i+2},\cdots,a_{i+r},a_{i+r+1},a_{i+r+2},\cdots,a_{i+2r})$操作一次变为$(a_{i+r+1},a_{i+r+2},\cdots,a_{i+2r},a_{i+1},a_{i+2},\cdots,a_{i+r})$,其余的项不变.

求出所有的正整数 r,使存在大于 1 的正整数 n,数列 $1,2,3,\cdots,n$ 能经过若干次上述"操作",最后变为 $n,n-1,n-2,\cdots,2,1$.(原创题)

14. 在 8×8 的方格表的每个方格中都填上一个自然数,每次操作取其中一个 3×3 或 4×4 的子表中的每个数都增加 1.问:能否对任何初始状态,都可通过有限次操作,使数表中的数都变成是 10 的倍数?

15. 给定有限个正整数组成的等差数列 $a_1,a_2,\cdots,a_k$,其中 a_1+a_k 为质数,且公差 d 满足 $0<d\leqslant a_1$.两人轮流从 n 个石子中取走石子,规定:每次每人可取 $a_i(1\leqslant i\leqslant k)$个石子,取走的石子不再放回,取到最后一个石子者为胜.试问:谁有必胜策略?

16. 设 $f_1=(a_1,a_2,\cdots,a_n)$是整数序列$(n>2)$,对 $f_k=(c_1,c_2,\cdots,c_n)$,定义 $f_{k+1}=(c_{i_1},c_{i_2},c_{i_3}+1,c_{i_4}+1\cdots,c_{i_n}+1)$,其中 $c_{i_1},c_{i_2},\cdots,c_{i_n}$ 是 $c_1,c_2,\cdots,c_n$ 的一个排列(操作实际上就是将其中任意 $n-2$ 个分量加 1).试给出 f_1 满足的充要条件,使对任何满足条件的$(a_1,a_2,\cdots,a_n)$及 n,都存在 k,其中 f_k 的各个分量都相等.(第 26 届 IMO 预选题)

17. 对于直角坐标平面上的点 $P(x,y)$,它可以移动到 $P_1(x,y+2x)$,$P_2(x,y-2x)$,$P_3(x-2y,y)$,$P_4(x+2y,y)$四点之一,但若有 A 移动到 B,则不能由 B 移动到 A.

求证:从$(1,\sqrt{2})$出发按上述规则运动,则无法返回出发点.(1990 年匈牙利数学奥林匹克试题)

18. 在若干堆棋子中任取 2 堆，在其中棋子数较多的一堆中拿出若干枚棋子放入另一堆，使另一堆棋子数增加一倍，我们称这样的操作为“倍增操作”．求所有的正整数 n，使 n 枚棋子任意分成 2 堆，都能通过适当的倍增操作并成一堆．（原创题）

19. 给定正整数 m,n,k，在 $m\times n$ 矩形各个方格内填上自然数，每次操作可以将相邻两个方格内的两个数同时加上或减去一个整数 k，使这两个格中的数都变为自然数．试问：当且仅当数表中填入哪些数时，可适当进行有限次操作，使表中各个数都变为 0？（第 30 届 IMO 备选题推广）

20. 有 m 个盒子，每个盒子中都有一些球，进行如下操作：选取其中的 $n(n<m)$ 个盒子，在每个盒子中各增加一个球．求 m,n 满足的充要条件，使得无论最初的盒子中各有多少个球，都可通过有限次操作使盒子中的球数变得相等．

21. 考虑一个 7×7 的数表 $A=(a_{ij})_{1\leqslant i,j\leqslant 7}$，其中 $a_{ij}=(i^2+j)\cdot(j^2+i)$．我们称将任意一个由 7 个整数组成的等差数列的每一项分别依次加到某一行（或列）对应的项上为一次操作．问：能否对 A 进行有限次操作，得到一个数表，使其每一行的 7 个数都构成等差数列？（2007 年 IMO 中国国家集训队测试题）

22. 黑板上写着 $1,2,\cdots,1\,988$，现交替使用如下两种操作 A,B：其中 A 是对每个数都减去同一个正整数（不同操作 A 减去的数可以不同），B 是擦去其中的两个数，并换上这两个数的和．当操作 A,B 各进行若干次以后仅剩下一个数时操作停止，若最后剩下的数 x 是自然数，求 x．（1988 年全俄数学奥林匹克试题）

23. 设 S 由平面上 $n\geqslant2$ 个点组成，其中任意三点不共线．所谓“风车”是指这样一个过程：从只经过 S 中的一个点 P 的一条直线 l 出发，以 P 为中心顺时针旋转，直到首次遇到一个 S 中的点，记作 Q，接着这条直线以 Q 为中心顺时针旋转，直到首次遇到一个 S 中的点，再更换此点为新的中心，这样的过程无限持续下去.求证：可以适当选择 S 中的一个点 P，以及一条过 P 的直线 l，使得由此形成的"风车"将 S 中的每个点都无限次用作旋转中心.（2011 年国际数学奥林匹克试题）

24. 求具有如下性质的最小正整数 $n(n\geqslant 3)$：对直线上 n 个点 $A_1,A_2,\cdots,A_n$ 进行 2-染色，则一定存在同色的 3 个点 $A_i,A_j,A_{2j-i}(1\leqslant i<2j-i\leqslant n)$.（1998 年保加利亚数学奥林匹克试题）

25. 如图 3.7 所示，圆形的水池被分割为 $2n(n\geqslant 5)$个"格子".我们把有公共隔墙（公共边或公共弧）的"格子"称为相邻的，从而每个"格子"都有三个邻格.

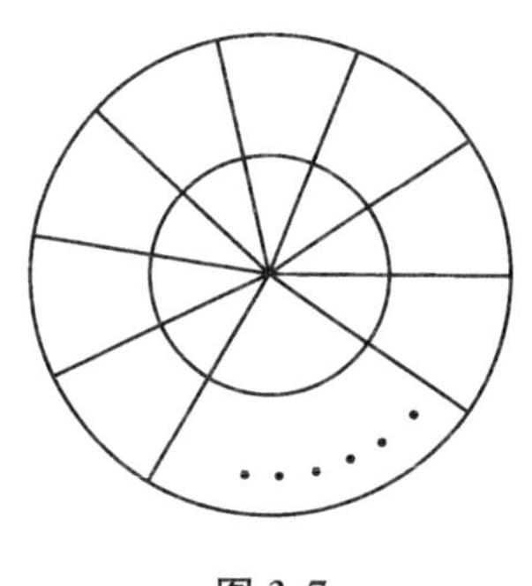
图 3.7

水池中一共跳入了 $4n+1$ 只青蛙，青蛙难于安静共处，只要某个"格子"中有不少于 3 只青蛙，那么迟早一定会有其中 3 只分别同时跳往三个不同邻格.证明：只要经过一段时间之后，青蛙便会在水池中大致分布均匀.

所谓大致分布均匀，就是任取其中一个"格子"，或者它里面有青蛙，或者它的三个邻格里都有青蛙.（2005 年中国数学奥林匹克试题）

26. 设 $n\geqslant 2$ 为正整数，在一条直线上有 n 只跳蚤，且它们不全在同一点上，对任意给定的一个正实数 λ，可以定义如下的"移动"：

(1) 选取任意两只跳蚤，设它们分别位于点 A 和 B，且 A 位于 B 的左边；

(2) 令位于点 A 的跳蚤跳到该直线上位于点 B 右边的点 C，使得 $\dfrac{BC}{AB}=\lambda$.

试确定所有可能的正实数 λ，使得对于直线上任意给定的点 M 以及这 n 只跳蚤的任意初始位置，总能够经过有限多次移动之后使所有的跳蚤都位于 M 的右边.(2000 年国际数学奥林匹克试题)

27. 圆周上写有一些数，若 4 个相邻的数 a,b,c,d 满足 $(a-d)(b-c)<0$，则 b,c 可交换位置. 求证：这样操作有限次以后必然终止.

28. 黑板上写有 n 个数，每次操作是擦去其中任两个数 a,b，而写上一个新数 $\frac{a+b}{4}$，当操作 $n-1$ 次后，黑板上仅剩下一个数. 试证：若开始的 n 个数都为 1，则最后一个数不小于 $\frac{1}{n}$.(第 25 届全苏数学奥林匹克试题)

29. 对任意自然数 n，在黑板上写出自然数 $n,n+1,\cdots,3n-1$，从中任意去掉两个数 $a,b(a\leqslant b)$，再加上一个数 $\frac{a}{2}$，称为一次操作. 求证：不论如何操作，$2n-1$ 次操作后，最后剩下的一个数小于 1.(1993 年圣彼得堡数学奥林匹克试题)

30. 给定一组正数 (a,b,c,d)，通过一次操作后得到一组新的正数 (ab,bc,cd,da)，如此下去，经过有限次操作后又得到最初的数组 (a,b,c,d)，求 a,b,c,d 的值.(全俄第 1 届数学奥林匹克试题)

31. 在一个凸 n 边形的顶点处分别标上实数 $x_1,x_2,\cdots,x_n$，对于连续 4 个顶点处的标号 a,b,c,d，如果 $(a-d)(b-c)<0$，则把 b 与 c 对换位置，试判断：这种操作是否可以无限进行下去？(德国数学奥林匹克训练题)

32. 设 $S=\{a,b,c,d\}$，定义 $T(S)=(|a-b|,|b-c|,|c-d|,|d-a|)$，问：对下述两种情况，能否对任何合乎条件的 S，通过有限次操作，使 S 变为 $(0,0,0,0)$？

(1) a,b,c,d 都是正整数；

(2) a,b,c,d 都是正实数.

33. 设 $n\geqslant 3$,在黑板上写上 $1,2,\cdots,n$,每次操作是擦去其中任意两个数 a,b,而写上两个新数 $a+b$ 及 $|a-b|$,若经过若干次操作后可使黑板上的数都变为 k,求 k 的所有可能值.(第25届全苏数学奥林匹克试题)

习题3解答

1. 定义 S 为黑板上各个数的和,由题意,操作中 S 关于模7不变.

因为 $S\equiv 1+2+\cdots+1\,987\equiv\dfrac{1\,987\times 1\,988}{2}\equiv 0\pmod 7$,所以 $x+987\equiv 0$,$x\equiv 0\pmod 7$.

由于987与 x 中必有一个数为新写的数,但新写的数不大于6,于是,x 是新写的数,所以 $x<7$,故 $x=0$.

2. 对于状态对 (a,b,c),定义其特征函数为 f 对 $(a,b,c)=a^2+b^2+c^2$.

因为 $a^2+\left(\dfrac{b+c}{\sqrt{2}}\right)^2+\left(\dfrac{b-c}{\sqrt{2}}\right)^2=a^2+b^2+c^2$,所以操作中特征函数的值不变.又 $89^2+12^2+3^2\neq 90^2+10^2+14^2$,所以操作目标不能实现.

3. 引入特征函数:设 S 是黑板上所有数的和,则每次操作 S 增加 $1+2+\cdots+12=78$,所以 S 模78不变.

但目标状态中 $S=2\,016\cdot 12$ 不是78的倍数,所以操作目标不能实现.

4. 用1表示白色,-1 表示黑色,则操作可表示为 $(a,b)\to(-a,-b)$ 或 $(a,b)^{\mathrm{T}}\to(-a,-b)^{\mathrm{T}}$.

令 $f(M)$ 为 M 中各数的积,则 $f(M)$ 在操作中不变.

但初始状态 $f(M)=(-1)^3=-1$,目标状态 $f(M)=(-1)^2=$

1,所以不能按要求操作.

5. 对操作中的任一状态(x,y,z),定义它的特征值为$f(x,y,z)=x^2+y^2+z^2$,则可证明S在操作中不变.

实际上,不妨设(x,y,z)操作一次以后变为$\left(\frac{x+y}{\sqrt{2}},\frac{x-y}{\sqrt{2}},z\right)$,则

$$f'=\left(\frac{x+y}{\sqrt{2}}\right)^2+\left(\frac{x-y}{\sqrt{2}}\right)^2+z^2=x^2+y^2+z^2=f.$$

又最初的$f=2^2+(\sqrt{2})^2+\left(\frac{1}{\sqrt{2}}\right)^2=\frac{13}{2}$,最终的$f=1^2+(\sqrt{2})^2+(1+\sqrt{2})^2=6+2\sqrt{2}$,故操作目标不能实现.

6. 结论是否定的.

从状态$(x,y,z)=(13,15,17)$出发,期望产生状态$(45,0,0)$,$(0,45,0)$,$(0,0,45)$.

我们证明:操作中,$f=x-y$的值模3不变.

实际上,若$(x,y,z)\to(x-1,y-1,z+2)$,则$x'-y'=(x-1)-(y-1)=x-y$,模3不变.

若$(x,y,z)\to(x-1,y+2,z-1)$,则$x'-y'=(x-1)-(y+2)=x-y-3\equiv x-y$,模3不变.

若$(x,y,z)\to(x+2,y-1,z-1)$,则$x'-y'=(x+2)-(y-1)=x-y+3\equiv x-y$,模3不变.

但最初f模3余1,最终模3余0,故目标状态不能实现.

7. 对操作中的任一状态(x,y,z),定义它的特征值为$f(x,y,z)=x^2+y^2+z^2$,则S在操作下不变.

对于(1),最初的特征值$f=3^2+4^2+12^2=13^2<$最终的特征值$f'=4^2+6^2+12^2=14^2$,故操作不能实现.

对于(2),最初的特征值$f=3^2+4^2+12^2=13^2$,假定操作目标可以实现,则最终的特征值$f'=x^2+y^2+z^2=3^2+4^2+12^2=13^2$.

所以

$$\begin{aligned}&(x-4)^2+(y-6)^2+(z-12)^2\\&\quad=x^2+y^2+z^2+4^2+6^2+12^2-8x-12y-24z\\&\quad\geqslant 13^2+14^2-\sqrt{8^2+12^2+24^2}\cdot\sqrt{x^2+y^2+z^2}\\&\quad=13^2+14^2-\sqrt{8^2+12^2+24^2}\sqrt{13^2}=1.\end{aligned}$$

但$|x-4|<\dfrac{1}{\sqrt{3}}$，$|y-6|<\dfrac{1}{\sqrt{3}}$，$|z-12|<\dfrac{1}{\sqrt{3}}$，有

$$(x-4)^2+(y-6)^2+(z-12)^2<3\times\frac{1}{3}=1,$$

矛盾，故操作目标不能实现.

8. 不能.

对黑格填数 1，白格填数 -1，表中各个数的积记为 T.

每次操作改变 8 个数的符号，操作后 T 变为 $T\cdot(-1)^8=T$，即 T 在操作中不变.

最初有 $T_0=1$，最终有 $T_n=-1$，故操作目标不能实现.

9. 结论是否定的.我们期望定义状态的特征值，使操作下特征值不变.考虑到最初状态与目标状态应存在差异方可导出矛盾，所选特征值应与颜色的轮换顺序有关.

记 99 边形的各边依次为 1，2，…，99.令

$$f(i)=\begin{cases}0 & (i-1\text{与}i+1\text{同色});\\ 1 & (\text{三边}\ i-1,i,i+1\ \text{的颜色依次为红蓝黄的一个轮换});\\ -1 & (\text{三边}\ i-1,i,i+1\ \text{的颜色依次为红黄蓝的一个轮换}).\end{cases}$$

考察有色 99 边形的特征值

$$F=\sum_{i=1}^{99}f(i),$$

可知 F 在操作下不变.

实际上，考察某个状态中的连续 5 个格 a,b,c,d,e，假定操作

是对格 c 进行的.

由对称性,不妨设 a 为红,则 b 只能为蓝或黄.又由对称性,不妨设 b 为蓝,则 c 为红或黄.

若 c 为红,考察状态 $A=$(红,蓝,红,蓝,黄)$\to B=$(红,蓝,黄,蓝,黄),则

$$F = S+f(b)+f(c)+f(d) = S+0+0+1 = S+1,$$

$$F' = S+f(b)+f(c)+f(d) = S+1+0+0 = S+1,$$

所以 $F=F'$.

其他情况类似可证.但最初有 $F=3$,而最终有 $F'=-3$,从而目标状态不能实现.

10. 操作可理解为:有一枚棋前进一步,有一枚棋后退一步,于是,对任何一个状态,若某枚棋在第 i 号盒子里,则称此棋为第 i 号棋,记 S 为 n 枚棋子的标号之和.

设某次操作选定了第 i,j 两只盒子,其中 i 号棋操作后变为 $i+1\ (\mathrm{mod}\ n)$号棋,j 号棋操作后变为 $j-1\ (\mathrm{mod}\ n)$号棋,其余的棋不动,这样,操作一次以后,S 的改变量为 $i+j-((i+1)+(j-1))\equiv 0\ (\mathrm{mod}\ n)$,即操作中 S 关于模 n 不变.

注意到最初时 $S=1+2+\cdots+n=\dfrac{n(n+1)}{2}$,结束时 $S'=kn\equiv 0\ (\mathrm{mod}\ n)$,所以 $\dfrac{n(n+1)}{2}\equiv 0\ (\mathrm{mod}\ n)$,故 $\dfrac{n+1}{2}$ 为整数,即 n 为奇数.

反之,当 n 为奇数时,令 $n=2k+1$,记圆周上 n 个盒子按顺时针方向依次为 $a_0,a_1,a_2,\cdots,a_k,b_k,b_{k-1},\cdots,b_1$.

先将 a_k,b_k 内的棋子分别移到 b_{k-1},a_{k-1} 内,再移到 b_{k-2},a_{k-2} 内,如此下去,移到 b_1,a_1 内,最后都移到 a_0 内.

类似地移动 $b_{k-j},a_{k-j}(j=1,2,\cdots,k-1)$内的棋子,则所有棋子都可以移到 a_0 中.

综上所述,所求的 n 为奇数.

11. 最初的连续 6 个项为 $a_1,a_2,\cdots,a_6$,可捆绑看作一个状态 $(a_1,a_2,\cdots,a_6)$,而下一个连续 6 个项 $(a_2,a_3,\cdots,a_7)$ 可看作是由前一状态 $(a_1,a_2,\cdots,a_6)$ 操作得到的.

对于状态 $a_i,a_{i+1},\cdots,a_{i+5}$,我们期望定义它的特征值(加权和)

$$f(a_i,a_{i+1},\cdots,a_{i+5})=k_1a_i+k_2a_{i+1}+k_3a_{i+2}+k_4a_{i+3}+k_5a_{i+4}+k_6a_{i+5},$$

使 f 满足:

(1) f 在操作下某个参数不变;

(2) 初始状态与目标状态的特征值参数不同.

经过试验,发现取 k_1,k_2,k_3,k_4,k_5,k_6 为等差数列(2,4,6,8,10,12)时合乎要求,即

$$f(a_i,a_{i+1},\cdots,a_{i+5})=2a_i+4a_{i+1}+6a_{i+2}+8a_{i+3}+10a_{i+4}+12a_{i+5}.$$

实际上

$$\begin{aligned}&f(a_2,a_3,\cdots,a_7)-f(a_1,a_2,\cdots,a_6)\\&=(2a_2+4a_3+6a_4+8a_5+10a_6+12a_7)\\&\quad-(2a_1+4a_2+6a_3+8a_4+10a_5+12a_6)\\&=-2(a_1+a_2+a_3+a_4+a_5+a_6)+12a_7\\&\equiv-2(a_1+a_2+a_3+a_4+a_5+a_6)\\&\quad+12(a_1+a_2+a_3+a_4+a_5+a_6)\\&\equiv10(a_1+a_2+a_3+a_4+a_5+a_6)\equiv0\pmod{10},\end{aligned}$$

所以,f(加权和)在操作中模 10 不变.由于最初 $f(1,0,1,0,1,0)\equiv8\pmod{10}$,最终 $f(0,1,0,1,0,1)\equiv4\pmod{10}$,从而操作目标不能实现,结论成立.

12. (1) 能满足要求.操作方案如下:

$$(21,10,11)\ \rightarrow\ (23,9,10)\ \rightarrow\ (22,8,12)$$

$$\to (24,7,11) \to (23,6,13)$$
$$\to (25,5,12) \to (24,4,14).$$

注意到10变到4都至少减少6,从而至少操作6次.

(2) 不能满足要求.

将操作记为$(a,b,c)\to(a-1,b-1,c+2)$.

定义状态(a,b,c)的特征函数为

$$f(a,b,c)=(a-b,b-c,c-a),$$

由于

$$(a-1)-(b-1)=a-b,$$
$$(b-1)-(c+2)=b-c-3\equiv b-c \pmod 3,$$
$$(c+2)-(a-1)=c-a+3\equiv c-a \pmod 3,$$

这表明,操作中,状态特征函数中的三个数关于模3不变.这样一来,如果最初状态的三个数分属于模3的$k(1\leqslant k\leqslant 3)$个剩余类,则操作后的状态中三个数仍分属于模3的$k$个剩余类.

因为最初状态21,10,11分属于模3的3个剩余类,而目标状态14,14,14分属于模3的一个剩余类,从而操作目标不能实现.

13. 观察操作特点:每个数向左边或右边移动0或r个位置,其所在的位置序号模r不变.容易得到所有合乎要求的$r=1,2$.

首先,当$r=1$时,取$n=3$,则操作目标可以实现:

$$(1,2,3) \to (1,3,2) \to (3,2,1).$$

当$r=2$时,取$n=5$,则操作目标可以实现:

$$(1,2,3,4,5) \to (1,4,5,2,3) \to (5,2,1,4,3)$$
$$\to (5,4,3,2,1).$$

所以$r=1,2$合乎条件.

其次证明,当$r\geqslant 3$时,对任何大于1的正整数n,操作目标不能实现.

实际上,假定按照规则对$2r$个数$a_{i+1},a_{i+2},\cdots,a_{i+2r}$进行操作,

将其排列为 $a_{i+r+1}, a_{i+r+2}, \cdots, a_{i+2r}, a_{i+1}, a_{i+2}, \cdots, a_{i+r}(i \in \mathbf{N})$，显然，操作中这 $2r$ 个数在数列中的序号模 r 不变（增加 r 或减少 r），比如第 $i+1$ 项变为第 $i+r+1$ 项，第 $i+r+1$ 项变为第 $i+1$ 项，从而序号 $i+1$ 与 $i+r+1$ 互换，模 r 不变.

由此可见，操作中数列各项在数列中的序号模 r 不变.

当 n 为奇数时，令 $n=2k+1$，对最初的数列 $1,2,3,\cdots,n$，其中 k 的序号为 k；对最终的数列 $n,n-1,n-2,\cdots,2,1$，其中 k 的序号为 $k+2$.

因为 $r \geqslant 3$，有 $k \not\equiv k+2 \pmod r$，故操作目标不能实现.

当 n 为偶数时，令 $n=2k$，对最初的数列 $1,2,3,\cdots,n$，其中 k 的序号为 k；对最终的数列 $n,n-1,n-2,\cdots,2,1$，其中 k 的序号为 $k+1$.

因为 $r \geqslant 3$，有 $k \not\equiv k+1 \pmod r$. 故操作目标不能实现.

14. 将一些格染黑色，使每个 3×3 和 4×4 的子表中都含有偶数个黑格，从而操作下各黑格中标数的和 S 的奇偶性不变.

具体办法是：对于 3×3 的操作，让其含有每一行的偶数个格，这只需每行连续 3 个格中有 2 个黑格，然后周期染色，比如按“黑黑白”的方式周期地染色；

对于 4×4 的操作，让其含有每一列的偶数个格，这只需每行连续 4 个格中有 2 个黑格，然后周期染色，比如“黑黑白白”或“黑黑黑黑”，从而有多种构造方法.

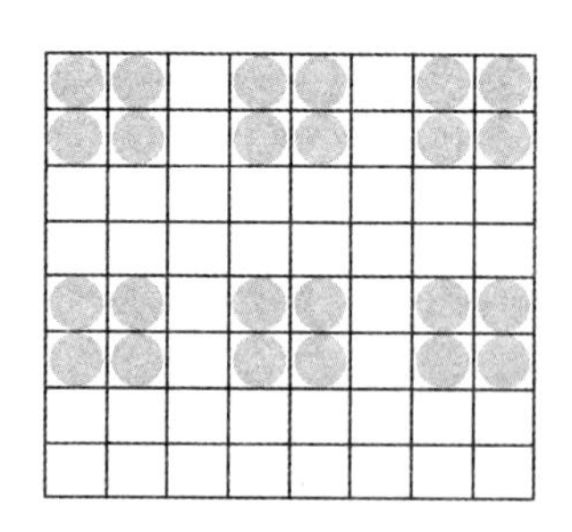

图 3.8

如图 3.8 所示，将一些格染黑色，则每次操作含有偶数个黑格.

实际上，每个 1×3 矩形中有 2 或 0（偶数）个黑格，从而 3×3 子表中恰有偶数个黑格.

每个 4×1 矩形中有 2 或 0（偶数）个黑格，于是 4×4 子表中恰有偶数个

黑格.

记黑格中各数的和为 S,则 S 模 2 不变.由于最终各数都是偶数,于是,最终状态中 $S_1\equiv 0\ (\bmod 2)$.

所以,当初始状态中 S_0 为奇数时(比如一个黑格填 1,其余黑格都填 2),操作目标不能实现.

此外,如图 3.9,图 3.10 的染色方式都是可行的.

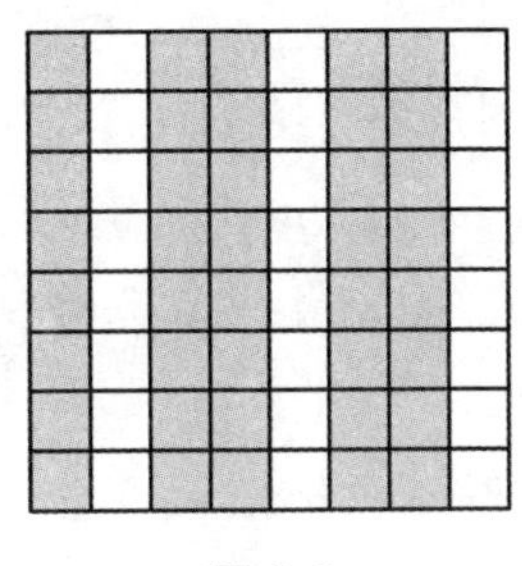

图 3.9

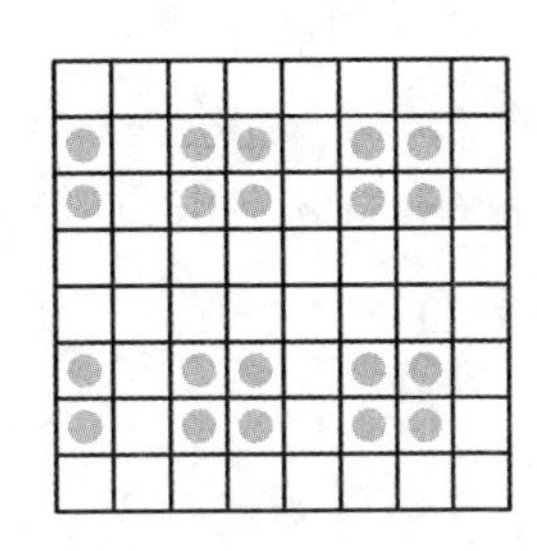

图 3.10

15. 因为 a_1+a_k 为质数,记 $p=a_1+a_k$(p 为质数),其策略是使剩余石子数模 p 为 0.

设 $n\equiv r\ (\bmod a_1+a_k)$,其中 $0\leqslant r\leqslant a_1+a_k-1$,记 $S=\{a_1,a_2,\cdots,a_k\}$,$T=\{1,2,\cdots,a_1+a_k-1\}\setminus S$,那么,当 $r=0$ 时,后走者有必胜策略;当 $r\in S$ 时,先走者有必胜策略;当 $r\in T$ 时,每个人都有不输的策略.

证明如下:

(1) 当 $r=0$ 时,B 可以这样应对(使剩下的石子数一直模 p 为 0):若 A 取 a_i 个石子,则由等差数列的性质,存在 a_j,使 $a_i+a_j=a_1+a_k$,B 取 a_j 个石子.

这样,B 每次都保证他取后剩下的石子数模 a_1+a_k 余 0(不变性),这使得 A 每次都不能使他取后剩下的石子数模 a_1+a_k 余 0,从而 A 无法取到最后一个石子.

又每次操作,A,B 合起来共取 a_1+a_k 个石子,而 n 是 a_1+a_k

的倍数,若干次操作后石子全部取走,B 可取到最后一个石子,后走者获胜.

(2) 当 $r\in S$ 时,A 可以这样应对(使剩下的石子数一直模 p 为0):先取走 r 个石子,则剩下的石子数模 a_1+a_k 余0,转化为前面的情形(1),先走者获胜.

(3) 当 $r\in T$ 时,我们证明每个人都有不输的策略(使剩下的石子数一直在 T 中).

因为 $r\notin(S\cup\{0\})$,考察各种可能剩余石子数列 $r-a_1,r-a_2,\cdots,r-a_k(\text{mod }a_1+a_k)$,因为 $a_1,a_2,\cdots,a_k(\text{mod }a_1+a_k)$的各项互不相同,所以 $r-a_1,r-a_2,\cdots,r-a_k(\text{mod }a_1+a_k)$的各项互不相同.

由此可以断言:$r-a_1,r-a_2,\cdots,r-a_k(\text{mod }a_1+a_k)$中一定有一个属于 T.

首先,上述各项不能都属于 S,否则,$r-a_1,r-a_2,\cdots,r-a_k(\text{mod }a_1+a_k)$是 $a_1,a_2,\cdots,a_k$ 的一个排列,所以

$$(r-a_1)+(r-a_2)+\cdots+(r-a_k)$$
$$\equiv a_1+a_2+\cdots+a_k(\text{mod }a_1+a_k),$$

即

$$kr\equiv 2(a_1+a_2+\cdots+a_k)(\text{mod }a_1+a_k),$$

故

$$a_1+a_k\mid kr-2(a_1+a_2+\cdots+a_k).$$

又由

$$\begin{aligned}&2(a_1+a_2+\cdots+a_k)\\&\quad=(a_1+a_2+\cdots+a_k)+(a_k+a_{k-1}+\cdots+a_1)\\&\quad=k(a_1+a_k),\end{aligned}$$

知 $a_1+a_k\mid 2(a_1+a_2+\cdots+a_k)$,所以 $a_1+a_k\mid kr$.

因为 a_1+a_k 为质数,所以 $a_1+a_k\mid k$ 或 $a_1+a_k\mid r$,但 a_1+a_k

$\geqslant 1+k>k, a_1+a_k>r$，矛盾.

其次，上述各项都不为0，否则 $r-a_i \pmod{a_1+a_k} \notin \{0\}$，有 $r\in S$，与 $r\in T$ 矛盾.

所以 $r-a_1, r-a_2, \cdots, r-a_k \pmod{a_1+a_k}$ 中至少有一个项，设为 $r-a_i \pmod{a_1+a_k}$，它属于 T.

由此可见，若 $r>a_i$，则 A 可取 a_i 个石子，使剩下的石子数模 a_1+a_k 的余数仍属于 T.

此外，若 $r<a_1$，则游戏已经终止；

若 $a_1<r<a_i$，则必定存在 j，使 $a_j<r<a_{j+1}$，此时，A 可取 a_j 个石子，剩下的石子数 $r-a_j$ 满足 $0<r-a_j<a_{j+1}-a_j=d\leqslant a_1$，于是 $r-a_j<a_1$，游戏终止.

综上所述，A 总可适当取石子，使剩下的石子数模 a_1+a_k 的余数仍属于 T，或者游戏终止.

同样，B 也可适当取石子，使剩下的石子数模 a_1+a_k 的余数仍属于 T，或者游戏终止.

于是，两者都有不输的策略.

16. 由操作的目标状态可以看出，此操作等价于从 $a_1, a_2, \cdots, a_n$ 中选出两个数各减去1.

此操作具有显然的不变性：$S=\sum_{i=1}^{n} a_i$ 的奇偶性不变，为了使最终状态 $b_1+b_2+\cdots+b_n=nb_1$ 有确定的奇偶性，一个充分条件是 n 为偶数，此时要求初始状态 $a_1+a_2+\cdots+a_n$ 为偶数，由此发现分类讨论的时机.

(1) 若 n 为奇数，令 $n=2m+1$.

因为每次操作使两个项减少1，操作 m 次，可使 $2m$ 个不同的项减少1，这等价于将第 $2m+1$ 个项增加1.

我们把这 m 次操作合并看作一个大操作 A，则操作 A 可使序列

中的一个项增加 1.

这样，将每个项都逐步增加到与最大的项相等，便可实现操作的目标状态.

(2) 若 n 为偶数，令 $n=2m$.

(ⅰ) $a_1+a_2+\cdots+a_n$ 为奇数.

由于每次操作使 $a_1+a_2+\cdots+a_n$ 的奇偶性不变，而最终 $b_1+b_2+\cdots+b_n=nb_1$ 为偶数，但最初 $a_1+a_2+\cdots+a_n$ 为奇数，矛盾. 所以，目标状态无法实现.

(ⅱ) $a_1+a_2+\cdots+a_n$ 为偶数.

考察 $S_1=a_1+a_2+\cdots+a_m$, $S_2=a_{m+1}+a_{m+2}+\cdots+a_{2m}$，则 $S_1-S_2\equiv S_1+S_2\equiv a_1+a_2+\cdots+a_n\equiv 0\pmod 2$.

不妨设 $S_1-S_2=2k(k\in\mathbf{N})$，则对 S_1 操作 k 次，可使 $S_1'=S_2'$.

设此时的数列为 $\{b_1,b_2,b_m,b_{m+1},b_{m+2},\cdots,b_{2m}\}$，其中 $b_1+b_2+\cdots+b_m=b_{m+1}+b_{m+2}+\cdots+b_{2m}$，并设 $b_j=\min\{b_1,b_2,\cdots,b_{2m}\}$.

现对此序列进行操作，每次操作都在 S_1, S_2 中各减去 1(取两个数，每组中取一个)，使各个项都等于 $b_1,b_2,\cdots,b_{2m}$ 中的最小项 b_j，故目标状态可以实现.

综上所述，序列 f_1 满足的充要条件为：n 为奇数或 n 与 $a_1+a_2+\cdots+a_n$ 都为偶数.

17. 假设点 P 从 M_1 出发，按照规则移动，得到的路径为 M_1, $M_2,\cdots,M_n$，考察数列 $|OM_i|(1\leqslant i\leqslant n)$，其中 O 为坐标原点，有如下性质：

对于路径中的连续 3 点 M_{i-1}, M_i, M_{i+1}，只要 M_i 不在坐标轴和两条直线 $y=x$, $y=-x$ 上，则

$$|OM_i|\neq|OM_{i-1}|,\quad |OM_i|\neq|OM_{i+1}|,$$

且

$$|OM_{i-1}|, |OM_{i+1}| \text{ 中至多有一个小于 } |OM_i|. \qquad (*)$$

实际上,如果 $P(x,y)$ 不在坐标轴和两条直线 $y=x, y=-x$ 上,考察点 P 走一步可达到的四个可能位置 P_1, P_2, P_3, P_4,我们只需证明 $|OP_1|, |OP_2|, |OP_3|, |OP_4|$ 都不等于 $|OP|$,且至多有一个小于 $|OP|$.记

$$p_1 = |OP_1|^2 - |OP|^2 = (x^2+y^2+4x^2+4xy) - (x^2+y^2)$$
$$= 4x^2 + 4xy,$$

令 $p_1=0$,得 $x=0$ 或 $x=-y$.

$$p_2 = |OP_2|^2 - |OP|^2 = 4x^2 - 4xy,$$

令 $p_2=0$,得 $x=0$ 或 $x=y$.

$$p_3 = |OP_3|^2 - |OP|^2 = 4y^2 - 4xy,$$

令 $p_3=0$,得 $y=0$ 或 $x=y$.

$$p_4 = |OP_4|^2 - |OP|^2 = 4y^2 + 4xy,$$

令 $p_4=0$,得 $y=0$ 或 $x=-y$.

显然,当 x,y 同号时,有 $p_1>0, p_4>0$,且

$$p_2p_3 = 4x(x-y)\cdot 4y(y-x) = -16xy(x-y)^2 < 0,$$

所以 p_2, p_3 中恰有一个小于 0,于是 $|OP_1|, |OP_2|, |OP_3|, |OP_4|$ 中恰有一个小于 $|OP|$.

当 x,y 异号时,有 $p_2>0, p_3>0$,且 $p_1p_4 = 16xy(x+y)^2<0$,所以 p_1, p_4 中恰有一个小于 0,于是 $|OP_1|, |OP_2|, |OP_3|, |OP_4|$ 中恰有一个小于 $|OP|$,于是结论(*)成立.

易知,P 从点 $M_1(1,\sqrt{2})$ 出发,按规则前进,P 永远走不到坐标轴和两条直线 $y=x, y=-x$ 上.

实际上,当 $P(x,y)$ 满足 $\frac{y}{x}$ 为无理数时,P 在操作中恒保持这一性质,这是因为 $\frac{y+2x}{x} = 2+\frac{y}{x} \notin Q$, $\frac{x+2y}{y} = 2+\frac{x}{y} \notin Q$.

于是,结论(*)在操作中恒成立,下面证明满足(*)的数列不能形成一个圈.

设想从点 $M_1(1,\sqrt{2})$ 出发,经过 n 步,走到 $M_1,M_2,\cdots,M_n$ 又回到出发点 $M_1(1,\sqrt{2})$,设 $|OM_1|,|OM_2|,\cdots,|OM_n|$ 中的最大者为 $|OM_k|$.

由(*)可知,$|OM_{k-1}|\neq|OM_k|$,$|OM_{k+1}|\neq|OM_k|$,所以由 $|OM_k|$ 的最大性,有 $|OM_{k-1}|<|OM_k|$,$|OM_{k+1}|<|OM_k|$,这与(*)矛盾.

18. 所求 $n=2^r(r\in\mathbf{N}^*)$.

(1) 首先证明:如果 $n=2^r(r\in\mathbf{N}^*)$,n 枚棋子任意分成 2 堆,都能通过适当的倍增操作并成一堆.

对 r 归纳.当 $r=1$ 时,$n=2$,初始状态只能是(1,1),操作一次后得到(2,0),结论成立.

设 $r=k$ 时结论成立,考察 $r=k+1$ 的情形,此时 $n=2^{k+1}(k\in\mathbf{N}^*)$.

设此时的状态为 (a,b),其中 $a+b=2^{k+1}$ 为偶数,从而 a,b 同奇偶.

若 a,b 同为奇数,则操作一次以后变成同为偶数,于是不妨设 a,b 同为偶数.

令 $a=2a_1,b=2b_1$,则 $a_1+b_1=2^k(k\in\mathbf{N}^*)$.

将每两枚棋子捆绑在一起看成一个"大棋子",则状态变成 (a_1,b_1),其中 $a_1+b_1=2^k(k\in\mathbf{N}^*)$.

由归纳假设,所有棋子可以并成一堆,结论成立.

(2) 其次证明:如果 $n=2^r\cdot t$($r\in\mathbf{N}$,t 为大于 1 的奇数),则当初始状态为 $(2,n-2)$ 时,不能通过适当的倍增操作并成一堆.

实际上,对于任意一个状态 (a,b),其中 $a+b=n$,如果 $t\nmid a$,$t\nmid b$,设操作一次以后得到 $(2a,b-a)$,那么 $t\nmid 2a$,$t\nmid b-a$,否

则，若 $t|2a$，则有 $(2,t)=1$，有 $t|a$，矛盾．若 $t|b-a$，则由 $t|n$，即 $t|a+b$，有 $t|(a+b)-(b-a)$，即 $t|2a$，矛盾．

由此可见，上述“不被 t 整除”的性质在操作中不变．

因为初始状态中，有 $t\nmid 2$，$t\nmid n-2$，而目标状态中，有 $t|n$，$t|0$，从而操作目标不能实现，即不能并成一堆．

19．将数表的各个格2-染色，使任何两个相邻的格异色．记数表中各个黑色格内所填的数的和为 S_1，各个白色格内所填的数的和为 S_2，令 $S=S_1-S_2$．

显然，每次操作 S 不变，是因 S_1，S_2 同时增加或同时减少 k．

要使目标状态中的各个数为0，则目标状态中 $S=0$，于是，初始状态中 $S=0$，即 $S_1=S_2$．

其次，操作中每个数模 k 不变，要使目标状态中的各个数为0，则初始状态中的各个数模 k 都为0．

最后，每个数加 k 要变成自然数，又每个数模 k 都为0，则每个数都是自然数．

由此可见，数表中每个数都是 k 的倍数的自然数，且黑格中的数的和与白格中的数的和相等．

下面证明此条件也是充分的．

我们只需具体给出一个操作方法，逐步减少数表中非0的数的个数．

如图3.11所示，将 $m\times n$ 数表中 mn 个数排成一个数列 A：a_1，a_2，…，a_{mn}，使数列 A 中相邻两个数在数表中是相邻（所在格具有公共边）的．

先考虑如何使 a_1 变成0，似乎只需对 (a_1,a_2) 操作若干次即可：若 $a_1\leqslant a_2$，则直接对 (a_1,a_2) 操作 $\frac{a_1}{k}$ 次减少 k 的操作即可使 a_1 变成0（共减少 a_1）．

若 $a_1>a_2$，则还需要借助第 3 个项 a_3 进行操作，先对 (a_2,a_3) 操作，使 a_2 变成 a_1（增加 a_1-a_2）.

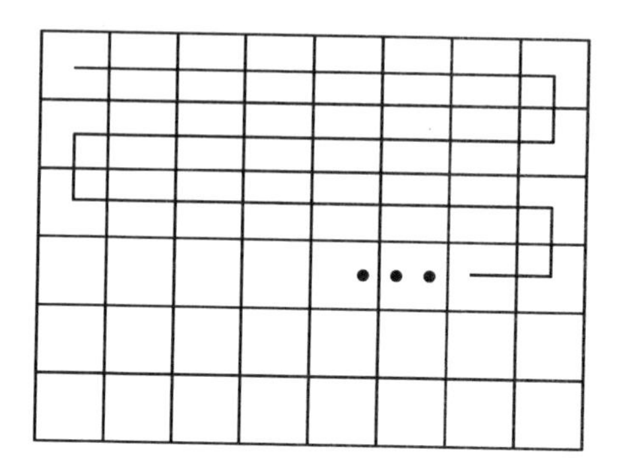

图 3.11

由此可见，总可通过连续 3 个项 a_1,a_2,a_3，使 a_1 变成 0. 如此下去，剩下最后两个项 a_{mn-1},a_{mn}，其余项都变成 0.

因为 $S_1=S_2$，且操作中 S_1-S_2 不变，必有 $a_{mn-1}=a_{mn}$，再对这两个数连续进行若干次减少 k 的操作，可使所有数都变成 0.

20. m,n 满足的充要条件是 $(m,n)=1$.

必要性：设 $(m,n)=d>1$，取最初状态为 $(d,d,\cdots,d,d+1)$，令 P 为状态中各个盒子内的球数之和.

每次操作使得 P 增加 n，而 $d\mid n$，所以 P 在操作过程中模 d 不变.

最初状态中，$P_0=md+1\equiv1\not\equiv0 \pmod d$，最末状态中，设各个盒子有 k 个球，则 $P_n=mk\equiv0 \pmod d$，故操作目标不能实现.

充分性：考察球数的变化，每次操作使得球增加 n 个，x 次操作使球总数增加 nx 个.

由于 $(m,n)=1$，由裴蜀定理，存在自然数 x,y，使得 $nx-my=1$，即 $nx=my+1=(m-1)y+1\cdot(y+1)$.

由此可猜想，适当操作 x 次，可使得 $m-1$ 个盒子都增加 y 个球,而另一个盒子则增加 $y+1$ 个球.

实际上,将 m 的盒子编号为 $1,2,\cdots,m$,第 i 次操作将连续 n 个盒子 $(i-1)n+1,(i-1)n+2,\cdots,in$ 都放入一个球,其中编号按模 m 理解.

这种操作相当于依次将各个盒子内的球数增加1,于是任何时刻任何两个盒子内增加的球数相差不大于1.

操作 x 次以后,球的总数增加 $nx=my+1=(m-1)y+1\cdot(y+1)$,各个盒子内球的增量只能是 $y,y,\cdots,y,y+1$ 分布.

我们这 x 次操作看作一次大的操作,并认为这次操作是对增加了 $y+1$ 个球的盒子进行的,它使这个盒子内的球数相对增加1.

因此,有限次操作,可使得各个盒子内的球数变得相等.

21. 先假定操作目标可以实现,考察 A 中左上角 6×6 的子表 $B=(a_{ij})_{1\leqslant i,j\leqslant 6}$,对于任意一个整数等差数列,它的连续6个项的和为

$$\begin{aligned}&a+(a+d)+(a+2d)+\cdots+(a+5d)\\&=6a+15d\equiv 0 \text{ 或 } 3\pmod 6,\end{aligned}$$

所以,操作中,子表 B 各数的和关于模6的余数要么不变,要么增加3.

若干次操作后,假定有 k 次使子表 B 各数的和关于模6的余数增加3,则共增加 $3k$,其关于模6的余数仍是要么不变,要么增加3.

子表 B 最初各数的和关于模6的余数为

$$\begin{aligned}&\sum_{i=1}^{6}\sum_{j=1}^{6}(i^2+j)(j^2+i)\\&=\sum_{i=1}^{6}\sum_{j=1}^{6}i^3+\sum_{i=1}^{6}\sum_{j=1}^{6}j^3+\sum_{i=1}^{6}i\sum_{j=1}^{6}j+\sum_{i=1}^{6}i^2\sum_{j=1}^{6}j^2\\&\equiv\left(\frac{6\times7}{2}\right)^2+\left(\frac{6\times7\times13}{2}\right)^2\end{aligned}$$

$$= (3\times 7)^2 + (7\times 13)^2 \equiv 4 \pmod 6,$$

于是,操作结束时,子表 B 各数的和关于模 6 的余数为 1 或 4.

(∗)

另一方面,操作结束时,子表 B 每一行的 7 个数都构成等差数列,设第 i 行的等差数列为

$$c_i + (j-1)d_i \quad (1\leqslant i,j\leqslant 7),$$

其各数的和关于模 6 的余数为

$$\sum_{i=1}^{6}\sum_{j=1}^{6}(c_i + (j-1)d_i)$$

$$= \sum_{i=1}^{6}\sum_{j=1}^{6}c_i + \sum_{i=1}^{6}\sum_{j=1}^{6}(j-1)d_i$$

$$= \sum_{i=1}^{6}6c_i + \sum_{i=1}^{6}\sum_{j=1}^{6}(j-1)d_i \equiv \sum_{i=1}^{6}\sum_{j=1}^{6}(j-1)d_i$$

$$\equiv \sum_{i=1}^{6}d_i\sum_{j=1}^{6}(j-1) \equiv 15\sum_{i=1}^{6}d_i \equiv 3\sum_{i=1}^{6}d_i \equiv 0 \text{ 或 } 3 \pmod 6,$$

与(∗)矛盾.故操作目标不能实现.

22. 先后进行一次操作 A 和 B,我们称为一次运动,每次运动后,黑板上的数的个数减少 1,从而共运动 1 987 次以后,运动即停止.

设第 k 次操作 A 所减去的数为 $d_k(k=1,2,\cdots,1\,987)$,由于第 k 次操作时,黑板上还有 $1\,988-(k-1)=1\,989-k$ 个数,从而第 k 次操作 A 使各数的和减少 $(1\,989-k)d_k(k=1,2,\cdots,1\,987)$.

再注意到操作 B 不减少各个数的和,所以,1 987 次运动以后黑板上各个数的和为

$$x = \sum_{k=1}^{1\,988}k - \sum_{k=1}^{1\,987}(1\,989-k)d_k$$

$$= \sum_{k=1}^{1\,988}(1\,989-k) - \sum_{k=1}^{1\,987}(1\,989-k)d_k \quad (\text{倒序相加})$$

$$= 1 + \sum_{k=1}^{1987}(1989 - k)(1 - d_k),$$

注意到 $1 - d_k \leqslant 0, 1989 - k \geqslant 2(1 \leqslant k \leqslant 1987)$，从而 $(1989 - k)\cdot(1 - d_k) \leqslant 0$，于是，若存在 t，使 $d_t \geqslant 2$，则

$$x \leqslant 1 + (1989 - t)(1 - d_t) \quad \text{(舍弃 1986 个非正项)}$$

$$\leqslant 1 + (-2) = -1 < 0,$$

矛盾.

所以对一切 $1 \leqslant k \leqslant 1987$，有 $d_k = 1$，代入上式，即得 $x = 1$.

23. 任取一条过 P 的有向直线 l，当 l 绕其上的点顺时针方向旋转 $180°$ 时，其箭头所扫描到的区域称为 l 下方，另一半区域称为 l 上方，记 l 下方点数减去 l 上方点数的差为 Δ.

以下直线均指有向直线，两直线平行是指它们的方向相同，显然对于过 S 中点的两条不同直线 $l_1 /\!/ l_2$，有 $\Delta_1 \neq \Delta_2$. 先证明如下的引理.

引理：对于 S 中任意一点 P，都有一条只过 S 中点 P 的有向直线 l，使得 $\Delta = 0$ 或 1，并使得 l 与 S 中任意两点连线不平行（称此直线 l 为点 P 的好线）.

引理的证明：任取一条过只经过 S 中点 P 的直线 l，不妨设 $\Delta \geqslant 2$，则 l 旋转 $180°$ 时，Δ 变成 $-\Delta$.

由于每次越过一个点时，Δ 的增量为 ± 2，也即相邻两个 Δ 之差为 2，在 $\Delta \geqslant 2$ 到 $\Delta \leqslant -2$ 的过程中，必有一个时刻使得 $\Delta = 0$ 或 1.

由于在遇到新的点前 Δ 不变，而 S 中任意两点连线只有有限条，因此可以取到与 S 中所有连线不平行的好线.

事实上对于任意好线，$|S|$ 为偶数时 $\Delta = 1$，$|S|$ 为奇数时 $\Delta = 0$.

原题的证明：设 S 中的点为 $P_1, P_2, \cdots, P_n$，每个点都取一条好直线的方向 $l_1, l_2, \cdots, l_n$.

考察点 P_1，我们取它的一条好直线为 l_1 开始转动“风车”，每次

更换旋转中心的前后瞬间 Δ 保持不变,所以在整个过程中,只要直线只经过 S 的一个点时,Δ 一直是常数.

而风车的方向与 l_1 的夹角是连续递增的,因此每个方向都会出现无限多次,因此每个方向 l_i 都会出现无限多次,而每次风车方向为 l_i 时,由于它只过 S 中一个点,且 $\Delta=0,1$,所以此时它只经过 S 中的一个点 P_i,故每个点无限次作为中心.

24. 先理解题意,3 个点 $A_i,A_j,A_{2j-i}(1\leqslant i<2j-i\leqslant n)$ 的实际意义是:其下标成等差数列的 3 个点.

想象 n 个点 $A_1,A_2,\cdots,A_n$ 在直线上均匀分布,则 A_i,A_j,A_{2j-i}在直线上均匀分布(关于中间点 A_j 对称).

定义:如果 A_i,A_j,A_k 满足 $i+k=2j$,则称(A_i,A_j,A_k)是一个对称组.

我们用 R 表示红色,B 表示蓝色,采用逐增构造,取尽可能多的点,使其中没有同色的对称组.

不妨设第一个点为红色,则颜色序列可以是如图 3.12 所示的情形.

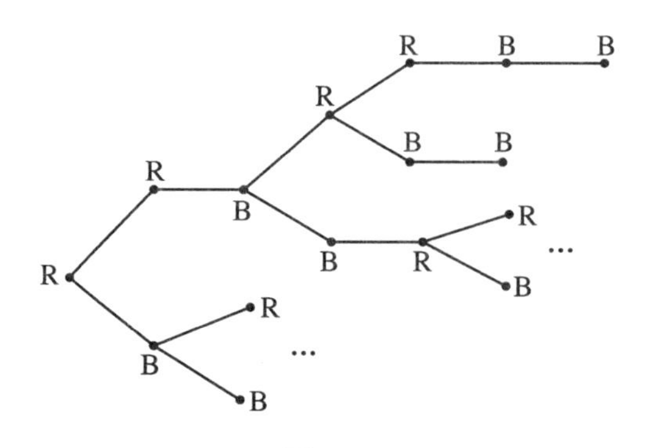

图 3.12

由此得到两个最长的反例为(RRBBRRBB)(RBRBBRBR).

由此可见,$n\geqslant 9$.

下面证明 $n=9$ 合乎要求.

为了找到同色的对称组,可先找尽可能多的同色点.实际上,由抽屉原理,至少有5个点同色,不妨设为红色,并设最前面的5个红点的下标分别为 $i_1,i_2,\cdots,i_5$.

采用间距估计,确定同色点的下标的取值.

反设没有同色的对称组,则 $i_2-i_1\neq i_3-i_2$,于是 i_2-i_1,i_3-i_2 至少是1和2,所以 $i_3-i_1=(i_3-i_2)+(i_2-i_1)\geqslant 1+2=3$,同理,$i_5-i_3=(i_5-i_4)+(i_4-i_3)\geqslant 1+2=3$.

又 $i_3-i_1\neq i_5-i_3$,于是 i_3-i_1,i_5-i_3 至少是3和4,所以 $i_5-i_1=(i_5-i_3)+(i_3-i_1)\geqslant 3+4=7$,故 $(i_1,i_5)=(1,8)$,$(2,9)$,$(1,9)$.

(1) 当 $(i_1,i_5)=(1,8)$ 时,上述不等式等号都成立,所以 $\{i_2-i_1,i_3-i_2\}=\{1,2\}$.

若 $i_2-i_1=1$,$i_3-i_2=2$,则 $i_2=2$,$i_3=4$,此时颜色列为(用①表示 A_1 为红色,用 $\boxed{1}$ 表示 A_1 为蓝色):①②$\boxed{3}$④567⑧.

考察数组(①,④,7),(②,5,⑧),可知5,7不能是红色,从而另一红色为6,但此时有红色对称组(4,6,8),矛盾.

若 $i_2-i_1=2$,$i_3-i_2=1$,则 $i_2=3$,$i_3=4$,此时颜色列为:①$\boxed{2}$③④567⑧.

考察数组(①,③,5),(①,④,7),可知5,7不能是红色,从而另一红色为6,但此时有红色对称组(4,6,8),矛盾.

(2) 当 $(i_1,i_5)=(2,9)$ 时,上述不等式等号都成立,所以 $\{i_2-i_1,i_3-i_2\}=\{1,2\}$.

若 $i_2-i_1=1$,$i_3-i_2=2$,则 $i_2=3$,$i_3=5$,此时颜色列为:$\boxed{1}$②③$\boxed{4}$⑤5678⑨.

考察数组($\boxed{1}$,$\boxed{4}$,7),可知7是红色,但此时有红色对称组

(5,7,9),矛盾.

若 $i_2-i_1=2,i_3-i_2=1$,则 $i_2=4,i_3=5$,此时颜色列为:$\boxed{1}$②$\boxed{3}$④⑤678⑨.

考察数组(②,④,6),(②,⑤,8),可知6,8不是红色,从而另一红色为7,但此时有红色对称组(5,7,9),矛盾.

(3) 当$(i_1,i_5)=(1,9)$时,$i_5-i_1=8$,由$8=(i_5-i_3)+(i_3-i_1)$,$i_3-i_1\neq i_5-i_3$,且$i_5-i_3\geqslant 3,i_3-i_1\geqslant 3$,知$\{i_3-i_1,i_5-i_3\}=\{3,5\}$.

若 $i_3-i_1=3,i_5-i_3=5$,则 $i_3=4$,此时颜色列为:①23④$\boxed{5}$ 6 $\boxed{7}$ 8⑨(由红点确定两个显然的蓝点).

考察数组(3,$\boxed{5}$,$\boxed{7}$),($\boxed{5}$,6,$\boxed{7}$),可知3,6是红色,但此时有红色对称组(3,6,9),矛盾.

若 $i_3-i_1=5,i_5-i_3=3$,则 $i_3=6$,此时颜色列为:①2 $\boxed{3}$ 4 $\boxed{5}$⑥78⑨(由红点确定两个显然的蓝点).

考察数组($\boxed{3}$,4,$\boxed{5}$),($\boxed{3}$,$\boxed{5}$,7),可知4,7是红色,但此时有红色对称组(1,4,7),矛盾.

综上所述,n的最小值为9.

25. 我们把一个格子中出现一次3只青蛙同时分别跳向3个邻格的事件称为该格子发生一次“爆发”.而把一个格子或者是它里面有青蛙,或者是它的3个相邻的格子里面都有青蛙,称为该格子处于“平衡状态”.

容易看出,一个格子只要有青蛙跳入,那么它就一直处于“平衡状态”.事实上,当格子中有青蛙时,只要不“爆发”,那么该格子中的青蛙不会动,它当然处于“平衡状态”;而如果发生“爆发”,那么它的3个邻格中就都有过青蛙,并且如果其3个邻格都不“爆发”,那么它就一直处于“平衡状态”;如果有某个邻格发生“爆发”,则会有青蛙跳到该格,所以它一直处于“平衡状态”.

这样一来,为证明题中断言,我们就只要证明:任何一个格子都迟早会有青蛙跳入.

任取一个格子,把它称为 A 格,我们要证明 A 格迟早会有青蛙跳入.

把 A 格所在的扇形称为 1 号扇形,并把该扇形中的另一个格子称为 B 格(图 3.13).按顺时针方向依次将其余扇形接着编为 $2\sim n$ 号.如果某个状态一只青蛙在第 k 号扇形中,则称该青蛙的编号为 k $(1\leqslant k\leqslant n)$,对任何一个状态,称各青蛙的编号的平方和为该状态的特征值,简称特征值.

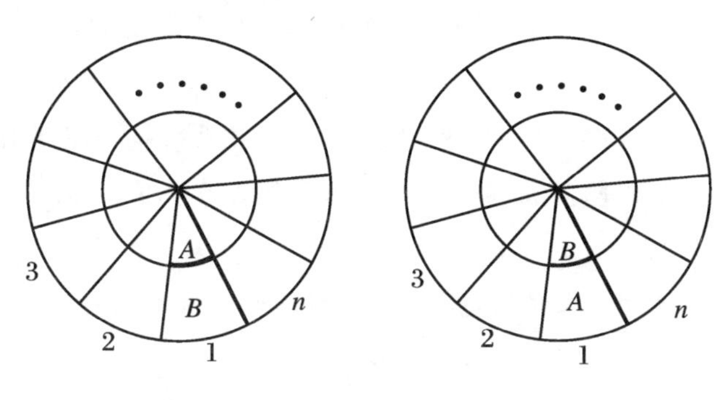

图 3.13

首先证明 1 号扇形迟早会有青蛙跳入.假设 1 号扇形中永无青蛙,那么就不会有青蛙越过 1 号扇形与 n 号扇形之间的隔墙,所以每次爆发只能是有 3 只青蛙从某个 $k(3\leqslant k\leqslant n-1)$ 号扇形分别跳入 $k-1$,k 和 $k+1$ 号扇形各一只,这样,一次爆发,使特征值增加

$$(k-1)^2+k^2+(k+1)^2-3k^2=2.$$

一方面,由于青蛙的跳动不会停止(因为总有一个格子里有不少于 3 只青蛙),所以特征值无限递增;但另一方面,青蛙所在扇形编号的平方和不可能永无止境地增加下去(最大可能值是 $4n+1$ 只青蛙的编号都为 n,从而特征值不会大于 $(4n+1)n^2$),由此产生矛盾.所以迟早会

有青蛙越过1号扇形与 n 号扇形之间的隔墙,进入1号扇形.

其次证明1号扇形迟早会有3只青蛙跳入.如果1号扇形中至多有2只青蛙跳入,那么它们都不会跳走,并且特征值除至多两次变小外(只能在2只青蛙越过1号扇形与 n 号扇形之间的隔墙时变小),其他时刻的爆发都使特征值增加2,从而特征值仍无限递增,同样矛盾.所以1号扇形迟早会有3只青蛙跳入.

如果这3只青蛙中有位于 A 格的,那么 A 格中已经有青蛙跳入;如果这3只青蛙全都位于 B 格,那么 B 格迟早会发生"爆发",从而有青蛙跳入 A 格.

26. 要使跳蚤尽可能远地跳向右边,一个合理的策略是在每一次移动中都选取最左边的跳蚤所处的位置作为点 A,最右边的跳蚤所处的位置作为点 B.

按照这一策略,假设在 k 次移动之后,这些跳蚤之间距离的最大值为 d_k,而任意两只相邻的跳蚤之间距离的最小值为 δ_k,则显然有 $d_k \geqslant (n-1)\delta_k$.

经过第 $k+1$ 次移动,得到一个新的两只相邻跳蚤之间的距离 λd_k,如果这是新的最小值,则有 $\delta_{k+1}=\lambda d_k$;

如果它不是最小值,则显然有 $\delta_{k+1} \geqslant \delta_k$.

无论哪种情形,总有$\dfrac{\delta_{k+1}}{\delta_k} \geqslant \min\left\{1, \dfrac{\delta_{k+1}}{\delta_k}\right\} \geqslant \{1,(n-1)\lambda\}$.

因此,只要 $\lambda \geqslant \dfrac{1}{n-1}$,就有 $\delta_{k+1} \geqslant \delta_k$ 对任意 k 都成立.

这意味着任意两只相邻跳蚤之间距离的最小值不会减小,于是每次移动之后,最左边的跳蚤所处的位置都以不小于某个正的常数的步伐向右平移,最终,所有的跳蚤都可以跳到任意给定的点 M 的右边.

下面来证明:如果 $\lambda < \dfrac{1}{n-1}$,则对任意初始位置都存在某个点

M,使得这些跳蚤无法跳到点 M 的右边.

将这些跳蚤的位置表示成实数,考虑任意的一系列移动,令 s_k 为第 k 次移动之后,跳蚤所在位置的所有实数之和,再令 w_k 为这些实数中最大的一个(即最右边跳蚤的位置).

显然有 $s_k \leqslant nw_k$,我们要证明序列$\{w_k\}$有界.

在第 $k+1$ 次移动时,一只跳蚤从点 A 跳过点 B 落在点 C,分别用实数 a,b,c 表示这三个点,则 $s_{k+1}=s_k+c-a$.

根据移动的定义,$c-b=\lambda(b-a)$,进而得到 $\lambda(c-a)=(1+\lambda)(c-b)$. 于是,$s_{k+1}-s_k=c-a=\dfrac{1+\lambda}{\lambda}(c-b)$.

如果 $c>w_k$,则刚跳过来的这只跳蚤占据了新的最右边位置 $w_{k+1}=c$.

再由 $b\leqslant w_k$ 可得 $s_{k+1}-s_k=\dfrac{1+\lambda}{\lambda}(c-b)\geqslant\dfrac{1+\lambda}{\lambda}(w_{k+1}-w_k)$.

如果 $c\leqslant w_k$,则有 $w_{k+1}-w_k=0$,$s_{k+1}-s_k=c-a>0$,上式仍然成立.

考虑下述数列 $z_k=\dfrac{1+\lambda}{\lambda}w_{k+1}-s_k(k=0,1,2,\cdots)$,则有 $z_{k+1}-z_k\leqslant 0$,即该数列是不增的,因此,对所有的 k 总有 $z_k\leqslant z_0$.

假设 $\lambda<\dfrac{1}{n-1}$,则 $1+\lambda>n\lambda$,可以把 z_k 写成 $z_k=(n+\mu)w_k-s_k$,其中 $\mu=\dfrac{1+\lambda}{\lambda}-n>0$,于是得到不等式 $z_k=\mu w_k+(nw_k-s_k)\geqslant\mu w_k$.

所以,对于所有的 k,总有 $w_k\leqslant\dfrac{z_0}{\mu}$,这意味着最右边跳蚤的位置永远不会超过一个常数,这个常数与 n,λ 和这些跳蚤的初始位置有关,而与如何移动无关.

故所求 λ 的可能值为所有不小于$\dfrac{1}{n-1}$的实数.

27. 设圆周上的 n 个数依次为 $a_1,a_2,\cdots,a_n$，定义 2 阶循环积之和 $S=a_1a_2+a_2a_3+\cdots+a_na_1$.

不妨设存在 4 个相邻的数 a_1,a_2,a_3,a_4 满足 $(a_1-a_4)(a_2-a_3)<0$，则操作一次以后，有

$$S'=a_1a_3+a_2a_3+a_2a_4+a_4a_5+\cdots+a_na_1,$$

$$\begin{aligned}S'-S&=(a_1a_3+a_2a_3+a_2a_4)-(a_1a_2+a_2a_3+a_3a_4)\\&=a_1a_3+a_2a_4-a_1a_2-a_3a_4\\&=a_1(a_3-a_2)+a_4(a_2-a_3)\\&=(a_1-a_4)(a_3-a_2)>0.\end{aligned}$$

所以，操作使 S 增加.

由于 n 是确定的，给定的 n 个数在圆周上只有有限种排列，所以 S 不可能无限增加，操作若干次以后必然停止.

28. 对任何时刻，设黑板上有 r 个数 $a_1,a_2,\cdots,a_r$，定义倒数和

$$S=\frac{1}{a_1}+\frac{1}{a_2}+\cdots+\frac{1}{a_r}.$$

考察一个操作，假定它使得 a_i,a_j 变为 $\frac{a_i+a_j}{4}$，则 S 变为

$$S'=\frac{1}{a_1}+\frac{1}{a_2}+\cdots+\frac{1}{a_r}+\frac{4}{a_i+a_j}-\left(\frac{1}{a_i}+\frac{1}{a_j}\right)\leqslant S.$$

所以操作使得 S 不增.

注意到最初状态 $S_0=1+1+\cdots+1=n$，最末状态 $S_t=\frac{1}{x}$，由 $S_t\leqslant S_0$，得 $\frac{1}{x}\leqslant n$，即 $x\geqslant\frac{1}{n}$.

29. 由题设可知，操作过程中，黑板上的数都是正数.

设在某次操作后剩下 k 个数 $a_1,\cdots,a_k$（包括初始状态），又设其中的某两个数 $a_1,a_2(a_1\leqslant a_2)$ 被去掉，而换作 $\frac{a_1}{2}$，考察黑板上剩下的

数的倒数和 $S_k=\frac{1}{a_1}+\frac{1}{a_2}+\cdots+\frac{1}{a_k}$,操作一次后变为 $S_{k-1}=\frac{2}{a_1}+\frac{1}{a_3}+\cdots+\frac{1}{a_k}$.

因为$\frac{1}{a_1}+\frac{1}{a_2}\leqslant\frac{2}{a_1}$,所以 $S_k\leqslant S_{k-1}$,这表明“倒数和数列”递增:$S_{2n}\leqslant S_{2n-1}\leqslant\cdots\leqslant S_1$.但

$$S_{2n}=\frac{1}{n}+\frac{1}{n+1}+\cdots+\frac{1}{n+k}+\cdots+\frac{1}{3n-1}$$
$$=\left(\frac{1}{n}+\frac{1}{3n-1}\right)+\left(\frac{1}{n+1}+\frac{1}{3n-2}\right)+\cdots+\left(\frac{1}{2n-1}+\frac{1}{2n}\right).$$

不难证明:$\frac{1}{n+k}+\frac{1}{3n-k-1}>\frac{1}{n}(k=0,1,2,\cdots,n-1)$,于是 $S_{2n}>\frac{n}{n}=1$.

从而 $S_1\geqslant S_{2n}>1$,所以与 S_1 相应的黑板上的数小于 1.

30. 直接模拟操作,得

$$\begin{aligned}(a,b,c,d)&\rightarrow(ab,bc,cd,da)\\&\rightarrow(ab^2c,bc^2d,cd^2a,da^2b)\\&\rightarrow(ab^3c^3d,bc^3d^3a,cd^3a^3b,da^3b^3c)\\&\rightarrow\cdots\end{aligned}$$

称 $p=abcd$ 为数组(a,b,c,d)的积,则以后各个数组的积依次为 $p,p^2,p^4,\cdots$.依题意,存在自然数 r,使得 $p=p^t(t=2^r)$,所以

$$(p-1)(p^{t-1}+p^{t-2}+\cdots+1)=0.$$

因为 $p>0$,所以 $p=1$,即 $abcd=1$.于是上述操作过程变为

$$\begin{aligned}(a,b,c,d)&\rightarrow(ab,bc,cd,da)\\&\rightarrow(ab^2c,bc^2d,cd^2a,da^2b)\\&\rightarrow(b^2c^2,c^2d^2,d^2a^2,a^2b^2)\\&\rightarrow\cdots\end{aligned}$$

由此可见

$$f^2(ab,bc,cd,da)=(b^2c^2,c^2d^2,d^2a^2,a^2b^2),$$
$$f^4(ab,bc,cd,da)=(c^4d^4,d^4a^4,a^4b^4,b^4c^4),$$
$$f^6(ab,bc,cd,da)=(d^8a^8,a^8b^8,b^8c^8,c^8d^8),$$
$$f^8(ab,bc,cd,da)=(a^{16}b^{16},b^{16}c^{16},c^{16}d^{16},d^{16}a^{16}).$$

如此下去,有

$$f^{8n}(ab,bc,cd,da)=(a^tb^t,b^tc^t,c^td^t,d^ta^t)\quad(t=2^{4n}).$$

若 ab,bc,cd,da 中有一个不为1,不妨设 $ab>1$,则 a^tb^t 递增,与操作的周期性矛盾,所以 $ab=bc=cd=da=1$,故 $a=c=\frac{1}{b}=\frac{1}{d}$.

注意到 $(a,b,c,d)=\left(a,\frac{1}{a},c,\frac{1}{c}\right)\to(1,1,1,1)$,以后不变,由题意,它与初值相同,所以 $a=b=c=d=1$.

31. 先研究可以继续操作的条件:存在这样连续4个顶点处的标号 a,b,c,d,使 $(a-d)(b-c)<0$,即 $ab+cd<ac+bd$.这个不等式说明了什么问题呢?我们先看看操作状态的变化:$(\cdots,x,a,b,c,d,y,\cdots)\to(\cdots,x,a,c,b,d,y,\cdots)$,由此即可看出不等式"$ab+cd<ac+bd$"的实际意义:它的左边是前一状态"相邻两数的积的和"的一部分,右边是后一状态"相邻两数的积的和"的一部分.注意:我们不能定义 $H(x_1,x_2,\cdots,x_n)=ab+cd$(比如 $x_1x_2+x_3x_4$),因为操作未必对 x_1,x_2,x_3,x_4 进行,从而 $x_1x_2+x_3x_4$ 未必递增(它可能不变或减小),于是,要从整体上定义状态的特征值为"所有相邻两数的积的和",则此特征值是递增的.

对于状态 $(x_1,x_2,\cdots,x_n)$,称 $H=x_1x_2+x_2x_3+\cdots+x_{n-1}x_n+x_nx_1$ 为它的特征值.显然,每次操作使状态的特征值严格增加,是因 $(\cdots,x,a,b,c,d,y,\cdots)\to(\cdots,x,a,c,b,d,y,\cdots)$ 时,有 $ab+cd<$

$ac+bd$,而两个状态中其余相邻两数的积相同.

因为 $x_1,x_2,\cdots,x_n$ 是给定的,所以 H 只有有限种可能值,从而 H 不可能无限地增加,即操作不能无限进行下去.

32. (1)是可能的,(2)是不可能的.

对于(1),当 a,b,c,d 都是正整数时,记 $\max S=\max\{a,b,c,d\}$.

由于 $x>0,y>0$ 时,$|x-y|<\max\{x,y\}$,从而 $\max T(S)=\max\{|a-b|,|b-c|,|c-d|,|d-a|\}<\max\{a,b,c,d\}=\max S$,所以,操作使 $\max S$ 减少.

又 $\max T(S)$,$\max S$ 都是自然数,所以 $\max T(S)\leqslant\max S-1$,于是,有限次操作以后,必使 $\max T_n(S)=0$,此时,$T_n(S)=(0,0,0,0)$.

对于(2),当 a,b,c,d 为任意实数时,注意到等比数列的特性:无穷等比数列的差分数列仍是等比数列.实际上,$b_n=a_{n+1}-a_n=a_1q^n-a_1q^{n-1}=a_1q^{n-1}(q-1)$,其邻项比为 q(常数).

令 $S=\{1,t,t^2,t^3\}$(其中 t 待定),此时 S 中的数为最简单的等比数列,我们期望操作后 $T(S)$ 中的数仍成等比数列.

$$\begin{aligned}T_1(S)&=\{|t-1|,|t-t^2|,|t^2-t^3|,|t^3-1|\}\\&=\{|t-1|,|1-t|t,|1-t|t^2,|t-1||t^2+t+1|\}.\end{aligned}$$

如果 $t^2+t+1=t^3$,则 $T_1(S)=\{|t-1|,|1-t|t,|1-t|t^2,|t-1|\cdot|t^3|\}$,此时 $T(S)$ 中的数仍成等比数列.

令 $g(t)=t^2+t+1-t^3$,则 $g(0)=1>0,g(2)=-1<0$,所以,存在实数 $0<t<2,t\neq1$,使 $t^2+t+1=t^3$.

对这样取定的 t,有

$$\begin{aligned}T_1(S)&=\{|t-1|,|1-t|t,|1-t|t^2,|t-1|t^3\},\\T_2(S)&=T_1(T_1(S))\\&=\{||t-1|-|1-t|t|,||1-t|t-|1-t|t^2|,\\&\qquad||1-t|t^2-|t-1|t^3|,||t-1|t^3-|t-1||\}\\&=\{|t-1|^2,|1-t||t-t^2|,|1-t||t^2-t^3|,\end{aligned}$$

$|t-1||t^3-1|\}$

$=\{|t-1|^2, |1-t|^2 t, |1-t|^2 t^2, |t-1|^2 t^3\}$.

于是,由归纳法可以证明,对一切正整数 n,有

$$T_n(S)=\{|t-1|^n, |t-1|^n t, |t-1|^n t^2, |t-1|^n t^3\}.$$

因为 $t\neq 1$,所以 $\{|t-1|^n, |t-1|^n t, |t-1|^n t^2, |t-1|^n t^3\}\neq (0,0,0,0)$.

33. k 的取值为不小于 n 的所有形如 2^r 的自然数.

首先我们证明 k 为 2 的方幂.

反设 k 含有奇质因数 d,记 $A_0=[1,2,\cdots,n]$,A_0 经过 i 次操作后变为 $A_i=[a_{i_1}, a_{i_2}, \cdots, a_{i_n}]$,不妨设 $A_m=[k,k,\cdots,k]$.

易知,如果 d 整除 A_i 中的所有项,则 d 整除 A_{i-1} 中的所有项.

$(*)$

这是因为 A_i 与 A_{i-1} 只有两个对应的项不同,不妨设它们分别是 $a,b\in A_{i-1}$,$a+b,|a-b|\in A_i$,因为 $d|a+b$,$d|a-b$,所以 $d|(a+b)\pm(a-b)$,即 $d|2a$,$d|2b$.

又 d 为奇数,有 $(2,d)=1$,所以 $d|a$,$d|b$,于是$(*)$成立.

现在,由反设,有 $d|k$,即 d 整除 A_m 中的所有项,由$(*)$,d 整除 A_{m-1} 中的所有项,如此下去,d 整除 A_0 中的所有项,所以 $d=1$,矛盾.

其次我们证明 $k\geqslant n$.

由操作定义,A_i 中的所有项非负,令 P 为 A_i 中的最大项的值,则易知 P 在操作下不减.

实际上,设 A_i 中的最大项为 a,A_{i+1} 中的最大项为 a',如果操作没有对 a 进行,则 $a'\geqslant a$.

如果操作对 a 及另一个项 b 进行,则 $a'\geqslant a+b\geqslant a$.

因为最初状态中 $P_0=n$,最末状态中 $P_m=k$,所以 $k\geqslant n$.

最后证明,对任何 $2^r\geqslant n$,都可以对 $(1,2,\cdots,n)$ 适当操作,使它

各项都变为 2^r.

注意到以下一系列操作,其中每次操作都是对带有下划线的两个数进行的:

$$\begin{aligned}(\underline{2^r,2^r},\cdots,2^r) &\rightarrow (2^{r+1},\underline{0,2^r},\cdots,2^r)\\ &\rightarrow (2^{r+1},\underline{2^r,2^r},\cdots,2^r)\\ &\rightarrow (2^{r+1},2^{r+1},0,2^r,\cdots,2^r)\\ &\rightarrow \cdots\\ &\rightarrow (2^{r+1},2^{r+1},\cdots,2^{r+1}).\end{aligned}$$

因此我们只需证明对满足 $2^r \geqslant n$ 的最小自然数 r,可对 $(1,2,\cdots,n)$ 适当操作使得它各个项都变为 2^r.

引理:若状态中各个项都是 2 的方幂,且有两个不是最大项的项相等,则可操作使得各个项变为最大项.

该结论是显然的,因为由非最大项的两个相等项操作一次,产生一个 0 及另一个为原来数的 2 倍,此时状态中各个非 0 的数都是 2 的方幂.如果除那个 0 外,其余的数都是最大项,则任取一个项与 0 一起操作,各个项都变成最大项.除那个 0 之外,其余的数还有一个不是最大项,则取一个非最大的项与 0 一起操作,又产生非最大项的两个相等项.如此下去,由于每次操作使其中一个数变成原来的 2 倍(幂指数增加 1),从而可通过若干次操作,使各个项都变为最大项.

解答原题:当 $n=3$ 时,满足 $2^r \geqslant 3$ 的最小自然数 $r=2$,我们要将(1,2,3)变为(4,4,4).实际上,$(1,2,3)\rightarrow(4,2,2)$,由引理,结论成立.

类似直接验证 $n \leqslant 2^3=8$ 时,结论成立.设 $2^{r-1}<n \leqslant 2^r$ $(r \geqslant 3)$ 时,结论成立,考察 $2^r<n \leqslant 2^{r+1}$ 的情形,令 $n=2^r+b$ $(r \geqslant 3, 0<b \leqslant 2^r)$,则进行如下若干次操作,其中每次操作都是对带有下划线的两个数进行的,操作后得到的两个新数被挪到状态的最右边:

$$(1,2,\cdots,2^r-2,\underline{2^r-1},2^r,\underline{2^r+1},2^r+2,\cdots,2^r+b)$$

$$\rightarrow\quad(1,2,\cdots,\underline{2^r-2},2^r,\underline{2^r+2},\cdots,2^r+b,2^{r+1},2)$$

$$\rightarrow\quad(1,2,\cdots,\underline{2^r-3},2^r,\underline{2^r+3},\cdots,2^r+b,2^{r+1},2,2^{r+1},4)$$

$$\rightarrow\quad\cdots$$

$$\rightarrow\quad[\underbrace{1,2,\cdots,2^r-b-1}_{\text{Ⅰ}},\underbrace{2^r,2^{r+1},2^{r+1},\cdots,2^{r+1}}_{\text{Ⅱ}},\underbrace{2,4,\cdots,2b}_{\text{Ⅲ}}]$$

其中Ⅰ这部分在 $b=2^r$ 时不存在，此时 $2^r+b=2^{r+1}$ 无须操作.

(1) 若Ⅰ，Ⅲ中都不少于3个数（当 $b=2^r$ 时，将 $2b$ 归入Ⅱ），则分别利用归纳假设可操作得各项都与相应组内“最大的2的幂”相等，这个“最大的2的幂”显然不是所有数中的最大数 2^{r+1}，于是，再补进Ⅱ，利用引理，可使所有数变为 2^{r+1}，结论成立.

(2) 若Ⅰ，Ⅲ中只有一组不少于3个数，则对这组利用归纳假设可操作得各数与其组内“最大的2的幂”相等，这个数显然不是所有数中的最大数 2^{r+1}，又另一组至多2个数，从而都是2的方幂，于是，补进Ⅱ，利用引理，可使所有数变为 2^{r+1}，结论成立.

(3) 若Ⅰ，Ⅲ中都少于3个数，则是不可能的.

实际上，若 $2^r-b-1\leqslant 2$，$b\leqslant 2$，相加得 $2^r\leqslant 5$，矛盾.

4 算两次

数学解题中,为了建立某些量之间的联系,可选择与它们都密切相关的一个对象,用两种不同的方式计算该对象的个数,最后比较两种计算的结果,建立相关量之间的联系.我们称这样一种解题的思考方法为“算两次”.

算两次通常运用于涉及子集族的一些问题:设 $A_1,A_2,\cdots,A_k$ 是集合 X 的子集族,则可从以下两个方面计算某个中间量 Ω 的个数.

一方面,对 X 中的每一个元素进行计算:考察每一个元素能与其他元素构成多少个中间量 Ω.我们称这一算法为“分散计算”或“个体计算”.

另一方面,对 X 的子集族中的每个子集 A_i 进行计算:考察每个子集 A_i 含有多少个中间量 Ω.我们称这一算法为“捆绑计算”或“分块计算”.

显然,算两次的关键是适当地选择中间量 Ω.本章主要介绍选择中间量 Ω 的一些常用方法.

4.1 对子

所谓对子,就是按一定的规则,将有些对象两两配对,我们称按一定规则搭配的两个元素为一个对子.计算对子的个数,是算两次中最常见的一种方式.

例 1 有 8 位歌手参加艺术节，今要为他们安排 m 次演出，每次由其中 4 位登台表演，要求 8 位歌手中任意 2 位同时演出的次数都一样多，请设计一种方案，使得演出的次数 m 最少.（第 11 届中国数学奥林匹克试题）

分析与解 考虑到题目条件:“8 位歌手中任意 2 位同时演出的次数都一样多”，想到计算同台演出的 2 人组（我们称为对子）的个数.

一方面，采用“捆绑计算”，共有 m 次演出，每次由其中 4 位登台表演，有 $C_4^2=6$ 个对子出场，于是 $T=mC_4^2=6m$.

另一方面，采用“分散计算”，由条件，可设任意 2 名演员同时演出的次数都为 r，则 C_8^2 对演员共出场 rC_8^2 次.所以

$$6m = T = rC_8^2,\quad 3m = 14r,$$

故 $3|r,r\geqslant3$. 于是

$$3m = 14r \geqslant 14\times3 = 42,$$

所以 $m\geqslant14$.

当 $m=14$ 时，如下安排合乎条件:

先任取一个集合 $A_1=\{1,2,3,4\}$ 及其补集 $\overline{A_1}=\{5,6,7,8\}$.

考察 A_1 中的 6 个对子，可以分成 3 组:(12,34),(13,24),(14,23)，而 $\overline{A_1}$ 中的 6 个对子也可以分成类似 3 组.

下面让 A_1 的第一组中的对子 12 再出现 2 次（以保证共出现 3 次），采用交换 $A_1,\overline{A_1}$ 中的对子的方法:先交换 34 与 56，得到 $A_2,\overline{A_2}$:

$$A_2 = \{1,2,5,6\},\quad \overline{A_2} = \{3,4,7,8\}.$$

再交换 34 与 78，得到 $A_3,\overline{A_3}$:

$$A_3 = \{1,2,7,8\},\quad \overline{A_2} = \{3,4,5,6\}.$$

下面让 A_1 的第二组中的对子 13 再出现 2 次（以保证共出现 3

次),交换 24 与 57,得到 $A_4,\overline{A_4}$:

$$A_4 = \{1,3,5,7\}, \quad \overline{A_4} = \{2,4,6,8\}.$$

再交换 24 与 68,得到 $A_5,\overline{A_5}$:

$$A_5 = \{1,2,7,8\}, \quad \overline{A_5} = \{3,4,5,6\}.$$

最后让 A_1 的第三组中的对子 14 再出现 2 次(以保证共出现 3 次),交换 23 与 58,得到 $A_6,\overline{A_6}$:

$$A_6 = \{1,4,5,8\}, \quad \overline{A_6} = \{2,3,6,7\}.$$

再交换 23 与 67,得到 $A_5,\overline{A_5}$:

$$A_5 = \{1,4,6,7\}, \quad \overline{A_5} = \{2,3,5,8\}.$$

由此得到的构造如下所示:

A	1234	1256	1278	1357	1368	1458	1467
A'	5678	3478	3456	2468	2457	2367	2358

综上所述,演出的次数 m 的最小值为 14.

我们还可以这样来构造演出方案.

用一个正方体 8 个顶点 1,2,…,8 分别代表 8 名歌手(图 4.1). 先安排同一个面上、同一对角面上的 4 名歌手都同台演出一次,共有如下的 12 场:

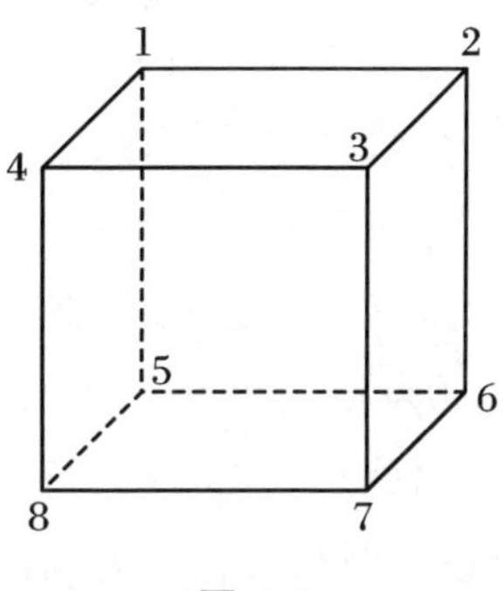

图 4.1

(1,2,3,4),(1,2,5,6),(1,2,7,8)(1,4,5,8),(1,4,6,7);(2,3,6,7),(2,3,5,8)(3,4,5,6),(3,4,7,8);(1,5,3,7),(2,4,6,8)(5,6,7,8).

此时,对于正方体的任何两个顶点,如果它们是同一条棱的两个端点,则它们恰好是两个相邻面与一个对角面的公共顶点(同台演出 3 次). 比如(1,4),含有它的 3 个面为(1,4,2,3),(1,4,5,8),(1,4,6,7).

如果它们是一个面对角线的两个端点，则它们恰好是一个侧面(或底面)与一个对角面的公共顶点(同台演出 2 次). 比如(1,3)，含有它的两个面为(1,3,2,4)，(1,3,5,7). 还需要安排 1,3 同台演出一次，由此想到补充这样两场：(1,3,6,8)，(2,4,5,7)，其中每场的 4 个顶点构成棱长为$\sqrt{2}$的正四面体. 这样，1,3 又在(1,3,6,8)中同台演出一次.

由对称性可知，任何面对角线的两个端点都同台演出 3 次.

最后，对于正方体主对角线的两个端点，比如(1,7)，也同台演出 3 次：(1,7,3,5)，(1,7,2,8)，(1,7,4,6).

由对称性可知，正方体任何主对角线的两个端点都同台演出 3 次. 故这样安排的 14 场符合条件.

例 2 有 16 名学生参加考试，考题都是选择题，每题有 4 个选择支，考完后发现：任何两人至多有一道题答案相同，问最多有几道试题?(第 33 届 IMO 中国国家队选拔考试试题)

分析与解 设共有 n 道试题，对每一道题，16 名学生的答案构成一个长为 16 的由数字 1,2,3,4(答案代号)组成的数列.

将 n 个题对应的数列排成一个 $n\times16$ 的数表. 考察条件："任何两人至多有一道题答案相同"，从表上看，就是不存在那样的"矩形"，它的 4 个顶点中，上方的两个顶点标数相同，下方的两个顶点标数也相同.

由此想到，对每一行，如果两个数字相同，则将这两个数字用一条线段连接，并称之为同色线段，计算表中同色线段总数 S.

一方面，采用"捆绑计算"，引入容量参数：设某一行有 x 个 1，y 个 2，z 个 3，t 个 4，其中 $x+y+z+t=16$，则该行共有

$$C_x^2+C_y^2+C_z^2+C_t^2\geqslant C_4^2+C_4^2+C_4^2+C_4^2=24$$

条同色线段，于是 n 行中同色线段总数

$$S\geqslant 24n.$$

另一方面，采用"分散计算"，依题意，任何两条同色线段在第 n

行上的投影互不相同,于是

$$S \leqslant C_{16}^2 = 120,$$

得

$$24n \leqslant 120, \quad n \leqslant 5.$$

若 $n=5$,则上述不等式等号成立,于是,合乎条件的数表应满足以下两点:

(1) 每行 4 个 1,4 个 2,4 个 3,4 个 4.

(2) 不同的同色线段在第 n 行上的投影不重合.

不妨设第一行为 1111　2222　3333　4444(看成 4 组),则其他行的每一个组都是 1234 的一个排列(因为同色线段不重合).

不妨设第二行为 1234　1234　1234　1234,再设从第二行起,第一组都是 1234　1234　1234,于是得到如下方式:

1111　2222　3333　4444

1234　1234　1234　1234

1234　4321　→　←

1234　→　4321　←

1234　→　←　4321

余下的组不能排 1234,但可排 4321,将 4321 排在对角线上(尽可能多地排),而其他位置采用对称排法即可得到如下构造(表 4.1).

表 4.1

题号＼学生	1	2	3	4	5	6	7	8	9	10	11	12	13	14	15	16
1	1	1	1	1	2	2	2	2	3	3	3	3	4	4	4	4
2	1	2	3	4	1	2	3	4	1	2	3	4	1	2	3	4
3	1	2	3	4	4	3	2	1	3	4	1	2	2	1	4	3
4	1	2	3	4	2	1	4	3	4	3	2	1	3	4	1	2
5	1	2	3	4	3	4	1	2	2	1	4	3	4	3	2	1

综上所述，n 的最大值为 5.

另解（原解答） 设共有 n 道试题，我们证明 $n_{\max}=5$.

显然，$n_{\max}>1$. 当 $n>1$ 时，对某道题 A，若有 5 人选择了同一答案，那么，这 5 人在 A 以外的任何一道题 B 中所选的答案互不相同. 但题 B 只有 4 个选择支，矛盾. 所以，任何一道题至多只有 4 人选择同一选择支. 另一方面，对于题目 A，16 个人的答案分布到 4 个支中，又每个支至多 4 个人选择，从而每个选择支都恰有 4 个人选择. 这样，对每个人 x，第 $i(i=1,2,\cdots,n)$道题恰有 3 人与其同答案，得到一个 3 人组 A_i，考察 $A_1,A_2,\cdots,A_n$，若有两个 3 人组 $A_i,A_j(i<j)$相交，设 y 是$A_i\cap A_j$ 中的一个人. 那么，x,y 在第 i,j 两道题中同答案，矛盾. 于是 A_i 两两不交.

所以，人数 $S\geqslant 1+|A_1|+|A_2|+\cdots+|A_n|=3n+1$，解得 $3n+1\leqslant 16$，$n\leqslant 5$.

例 3 一次数学竞赛由一试和二试组成，两试共 28 道题. 已知：每个参赛者都恰好解出其中的 7 道题. 对于任何两道题，恰好有两名参赛者都解出. 求证：必有一个参赛者，他没有解出第一试中的任何一道题，或者至少解出第一试中的 4 道题.

分析与证明 设有 n 个参赛者，28 道题目分别为 $a_1,a_2,\cdots,a_{28}$，它们构成集合 X. 每个人都解出了 7 道题，将这 7 道题看作 X 的一个子集，这样便得到 X 的子集族$A_1,A_2,\cdots,A_n$. 由题意，$|A_i|=7$.

考察题设条件："对于两道题，恰好有两个人解出"，由此我们想到计算被同一个人解出的题目对个数 S.

一方面，采用"捆绑计算"，因为$|A_i|=7$，第 i 个人解出的题目对个数为 C_7^2，所以 $S=nC_7^2$；

另一方面，采用"分散计算"，每个题对恰在同一集合中出现 2 次，所以 $S=2C_{28}^2$，于是，$nC_7^2=2C_{28}^2$，解得 $n=36$.

对于题目 a_1，记 $d(a_1)$ 为 a_1 在子集族中出现的次数.

考察含 a_1 的题目对 $a_1a_j(j=2,3,\cdots,28)$，共有 27 个，如果某个子集 A_i 含有题目 a_1，因为 $|A_i|=7$，所以 A_i 中共有 6 个含有题目 a_1 的题目对，而含 a_1 的集合有 $d(a_1)$ 个，于是在同一集合中出现的含 a_1 的题目对有 $6d(a_1)$ 个.

注意到每个题对恰出现 2 次在同一集合中，被计算 2 次，于是 $6d(a_1)=27\cdot 2$，所以 $d(a_i)=9$.

最后，设共有 t 道一试试题. 恰解出一试中 1 道题的人有 x 个，恰解出一试中 2 道题的人有 y 个，恰解出一试中 3 道题的人有 z 个.

下面我们证明不存在自然数 x,y,z，使

$$x+y+z=36 \qquad ①$$

（即不能 36 个人全部解出一试中的 1 或 2 或 3 道题）.

实际上，考察所有人在一试中的总得分 T.

一方面，每个题恰有 9 人解出，$T=9t$.

另一方面，$T=x+2y+3z$，所以

$$x+2y+3z=9t. \qquad ②$$

再考察一试中的题目对的总数，共有 C_t^2 个题目对，又每个题目对有两个人解出，共有 $2C_t^2$ 个人解出.

对于第一类参赛者，每个人恰解出一道一试中的题，从而不存在解出一试中的题目对的人. 对于第二类参赛者，每个人恰解出两道一试中的题，从而有 yC_2^2 个解出一试中的题目对. 对于第三类参赛者，每个人恰解出三道一试中的题，从而有 zC_3^2 个解出一试中的题目对.

所以

$$2C_t^2=y+3z. \qquad ③$$

由式①、式②消去 x，得 $y+2z=9t-36$，联立式③消去 z，得

$$y=-2t^2+29t-108=-2\left(t-\frac{29}{4}\right)^2-\frac{23}{8}<0,$$

矛盾.

于是,方程①无自然数解,即有一个参赛者,他没有解出第一试中的任何一道题,或者至少解出第一试中的4道题.

例4 若干学生参加考试,共4个选择题,每题有3个选择支.已知:任何3个考生都有一个题,他们的答案各不相同.求考生人数的最大值.(第29届IMO预选题)

分析与解 设有 n 个考生.显然,每个考生的答卷可以看成是一个长为4的序列,此序列由 A,B,C 三个字母组成,每个字母代表考生对某个题所选定的选择支.

如果将 A,B,C 看成3种不同的颜色,则本题等价于对 $n\times 4$ 方格棋盘的格3-染色,使"任何三行都有某列的3个格两两异色".

由"3个格两两异色",想到计算同列中的异色格对(我们称为对子)的个数.

设所有列中的异色格对的总数为 S.

一方面,采用"捆绑计算",对任何一列,设该列中有 a 个格为A色,b 个格为B色,c 个格为C色,则该列中的异色对有 $ab+bc+ca$ 个.

注意到

$$3(ab+bc+ca)\leqslant a^2+b^2+c^2+2(ab+bc+ca)$$
$$=(a+b+c)^2=n^2,$$

所以,4列中至多有 $\frac{4n^2}{3}$ 个异色对,即 $S\leqslant\frac{4n^2}{3}$.

另一方面,采用"分散计算",任何三行都有一列包含3色,此3色构成3个异色对,于是有 $3C_n^3$ 个异色对.

但同一个异色对可能出现在 $n-2$ 个不同的3-行组中,这样

$$S \geqslant 3 \cdot \frac{C_n^2}{n-2}.$$

所以

$$3 \cdot \frac{C_n^2}{n-2} \leqslant S \leqslant \frac{4n^2}{3}.$$

但上述不等式恒成立,不能求出 n 的范围.能否改进上述估计求出 n 的范围?我们将其留给读者思考.

当正向分析得不到目标不等式时,可考虑条件“任何三行都有某列的 3 个格互不同色”的反面:存在三行,这三行的所有列的 3 个格都只有两色.

这样一来,我们可思考:当 n 较大时,如何找到每列只有两色的那些列.通过尝试,发现 $n \geqslant 10$ 即可.

实际上,取其中任意 10 行得到 10×4 方格表 M.考察 M 的第一列格,必有一种颜色至多出现 $\left[\frac{10}{3}\right]=3$ 次,把这种颜色所在的行去掉,还剩下至少 7 行,构成 7×4 棋盘的第一列只有 2 色(逐步扩充:每次去掉出现次数最少的颜色所在的行).

考察这 7 行的第二列,必有一种颜色至多出现 $\left[\frac{7}{3}\right]=2$ 次,从而在上述 7 行中至少有 5 行构成 5×4 棋盘,该 5×4 棋盘的首列、第二列都只有两色.

再考察这 5 行的第三列,必有一颜色至多出现 1 次,从而在上述 5 行中至少有 4 行,这 4 行的首列、第二列、第三列都只有两色.再考察这 4 行的最后一列,必有一颜色至多出现 1 次,从而在上述 4 行中至少有 3 行,这 3 行的每一列都只有两色.设这 3 行为 A_1, A_2, A_3,则 A_1, A_2, A_3 的任何一列都只有 2 色,矛盾.所以 $n \leqslant 9$.

另一方面,由表 4.2 可知,$n=9$ 是可能的.

表 4.2

人\题	1	2	3	4
1	1	1	1	2
2	1	2	2	3
3	1	3	3	1
4	2	1	2	1
5	2	2	3	2
6	2	3	1	3
7	3	1	3	3
8	3	2	1	1
9	3	3	2	2

其中前 2 列属于自然排列.对于第 3 列,视每 3 个为一组,则后一组都是前一组的一个轮换,而第 4 列由第 3 列前 2 组交换得到.

综上所述,故 n 的最大值为 9.

例 5 某所大学有 n 名学生,一些学生组成了若干个俱乐部,一个学生可以属于多个俱乐部,由其中一些俱乐部组成了几个社团,一个俱乐部可以属于不同的社团,满足以下一些条件:

(1) 对任何两个学生,恰好同时属于一个俱乐部;

(2) 对每个学生和每个社团,这个学生恰属于这个社团的一个俱乐部;

(3) 每个俱乐部有奇数个学生,且含有 $2m+1$ 个学生的俱乐部恰属于 m 个社团,其中 m 为正整数.

求社团个数 k 的所有可能值.(第 45 届 IMO 预选题)

分析与解 先考虑条件(1),自然想到计算学生对的个数.

一方面,采用"分散计算",n 个学生共有 C_n^2 个学生对.

另一方面,采用"捆绑计算",考察任意一个俱乐部 A,其中有

$|A|$个学生，构成 $C_{|A|}^2$ 个学生对.

由条件(1)，对不同的俱乐部 A，B，得到的 $C_{|A|}^2$ 个学生对与 $C_{|B|}^2$ 个学生对互不相同，于是

$$\sum_A C_{|A|}^2 = C_n^2. \qquad ①$$

其中 $\sum\limits_A$ 表示对所有的俱乐部求和.

再考虑条件(2)，由于对给定的一个学生和给定的一个社团，都一一对应，该学生属于该社团的一个俱乐部，于是想到计算“3-归属组”(a,A,α)，其中学生 $a\in$ 俱乐部 A，俱乐部 $A\in$ 社团 α.

如果一个学生 a 属于某个社团 α 的某个俱乐部 A，则称(a,A,α)是一个 3-归属组. 下面计算 3-归属组(a,A,α)的个数 S.

一方面，采用“分散计算”，由条件(2)，对固定的学生 a 和固定的社团 α，都有唯一的俱乐部 A，使(a,A,α)是一个 3-归属组，从而 3-归属组的个数由 2 元对(a,α)的个数确定.

由于 a 有 n 种取法，α 有 k 种取法，从而 3-归属组(a,A,α)的个数 $S=nk$.

另一方面，采用“捆绑计算”，由条件(3)，对固定的俱乐部 A，它恰属于$\dfrac{|A|-1}{2}$个社团. 考察含有 A 的 3-归属组(a,A,α)，因为 $a\in A$，从而 a 有$|A|$种取法，而满足 $A\in\alpha$ 的社团 α 有$\dfrac{|A|-1}{2}$个，于是 A 的 3-归属组(a,A,α)有

$$\frac{|A|(|A|-1)}{2} = C_{|A|}^2$$

个，所以，结合式①，有

$$S = \sum_A C_{|A|}^2 = C_n^2.$$

于是

$$nk = S = C_n^2, \quad k = \frac{n-1}{2}.$$

故社团个数 k 在 n 为偶数时不存在，而 n 为奇数时有唯一的取值 $k=\frac{n-1}{2}$.

思考：当 n 为奇数时，能否构造$\frac{n-1}{2}$个社团的例子？

例 6 设 n 为正整数且 $6|n$，给定集合 $X=\{1,2,3,\cdots,n\}$，若 $F=\{P_1,P_2,\cdots,P_t\}\left(t=\frac{n^2}{6}\right)$是 X 的 3 元子集族，使得 X 的每个 2 元子集都包含在 F 中的某个子集 P_i 中. 求证：可以将 X 划分为$\frac{n}{2}$个 2 元子集 $A_i\left(i=1,2,3,\cdots,\frac{n}{2}\right)$，使 $|A_i|=2$，且每个 2 元子集 A_i 恰包含在F 中的两个 3 元子集 P_i 中，而 X 的其他 2 元子集都包含在 F 中的一个 3 元子集 P_i 中.

分析与证明 先理解题意，假设

$$X = \{a_1,b_1\} \cup \{a_2,b_2\} \cup \cdots \cup \{a_{\frac{n}{2}},b_{\frac{n}{2}}\}$$

是合乎条件的划分，那么 2 元子集$\{a_1,b_1\}$在 F 中出现两次，而对任何 $x\neq a_1$ 及 $y\neq b_1\in X$，2 元子集$\{a_1,x\}$在 F 中出现一次，2 元子集$\{b_1,y\}$在 F 中出现一次.

这表明：对任何 $a\in X$，存在唯一的 $b\in X$，使$\{a,b\}$在 $P_1,P_2,\cdots,P_t$ 中恰出现两次.

反之，若对任何 $a\in X$，存在唯一的 $b\in X$，使$\{a,b\}$在 $P_1,P_2,\cdots,P_t$ 中恰出现两次，则将 a,b 作为一个子集，便得到 X 的合乎条件的划分.

由此可见，我们只需证明，对任何元素 $a\in X$，都可找到唯一的 $b\in X$，使对子$\{a,b\}$在 $P_1,P_2,\cdots,P_t$ 中恰出现两次.

取一个代表元素 a，先证明存在性：即存在“在 $P_1,P_2,\cdots,P_t$ 中恰出现两次”的对子$\{a,b\}$.

研究条件:“X 的每个 2 元子集都包含在 F 中的某个子集 P_i 中”,即条件只保证每个对子至少出现 1 次,不能直接由条件找到出现 2 次的对子.

为找到出现 2 次的含 a 的对子,可计算所有含 a 的对子在 F 中出现的总次数.

因为 $|X|=n$, $b\in X\setminus\{a\}$,所以含 a 的对子有 $n-1$ 个(看作 $n-1$ 个抽屉),由抽屉原理,“存在性”又等价于含 a 的元素对在 F 中共出现 n 次.

于是,“存在性”等价于:含 a 的对子在 $P_1,P_2,\cdots,P_t$ 中出现的总次数为 n.

我们考察“含 a 的对子”在 $P_1,P_2,\cdots,P_t$ 中出现的次数与 a 在 $P_1,P_2,\cdots,P_t$ 中出现的次数的关系(因为 a 出现的次数易于计算).

设 a 在某个子集 $P_i=\{a,b_1,b_2\}$ 中出现,则 $P_i=\{a,b_1,b_2\}$ 中出现了 2 个含 a 的对子$\{a,b_1\}$, $\{a,b_2\}$,于是只需证明元素 a 在 $P_1,P_2,\cdots,P_t$ 中出现的总次数 $k\geqslant\frac{n}{2}$.

由于每个含 a 的对子都在 $P_1,P_2,\cdots,P_t$ 中出现,而含 a 的对子有 $n-1$ 个,从而 a 在 F 中至少出现 $n-1$ 次.

但其中有重复计数:比如,当 a 在某个 3 元子集 $P=\{a,x,y\}$ 中出现时,此 3 元子集 P 共有两个包含 a 的对子$\{a,x\}$, $\{a,y\}$,从而 a 被计数两次.于是 a 在 $P_1,P_2,\cdots,P_t$ 中出现的总次数 $k\geqslant\frac{n-1}{2}$.

注意到 k 为整数且 n 为偶数,所以 $k\geqslant\frac{n}{2}$,存在性获证.

再证唯一性:这只需利用条件 $|F|=\frac{n^2}{6}$,可知上述不等式等号成立.

实际上，因为 X 有 n 个元素，从而 X 中元素出现的总次数 $S\geqslant n\cdot\frac{n}{2}=\frac{n^2}{2}$.

另一方面，由于 $|F|=\frac{n^2}{6}$，从而 F 中所有 3 元子集的元素个数之和为 $3\times\frac{n^2}{6}=\frac{n^2}{2}$，即 $S=\frac{n^2}{2}$，于是上述所有不等式等号都成立，从而对每一个元素 a，它出现的次数恰好为 $\frac{n}{2}$.

当 a 在某个 3 元子集中出现一次时，该 3 元子集中有 2 个含 a 的对子，而 a 出现 $\frac{n}{2}$ 次，所以含 a 的对子在 $P_1,P_2,\cdots,P_t$ 中出现 $2\cdot\frac{n}{2}=n$ 次，又只有 $n-1$ 个含 a 的对子，且每个对子至少出现一次，故恰有一个含 a 的对子至少出现 2 次(存在且唯一).

设这个 2 元对为 $\{a,b\}$，去掉 a,b，对剩下的元素再利用上述结论，又可找到一个对子，如此下去，可找到 $\frac{n}{2}$ 个对子，得到 X 的合乎条件的划分.

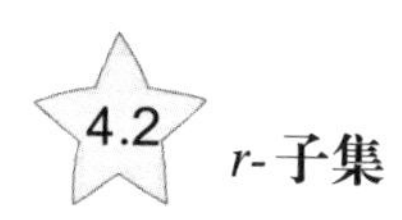

4.2 r-子集

所谓 r-子集，是指具有某种特征的 r 个元素构成的子集.一般地说，如果题中涉及的子集族 $A_1,A_2,\cdots,A_n$ 满足以下条件：对任何 $1\leqslant i<j\leqslant n$，有

$$|A_i\cap A_j|\leqslant r-1,$$

那么，我们可选择 r-子集为中间量，计算所有 r-子集的个数.

这是因为，在“捆绑计算”中，对任何 2 个子集 A_i,A_j，它们分别包含的 r-子集是互不相同的，从而计算中没有重复计数.

例 1 设 $F=\{A_1,A_2,\cdots,A_k\}$ 是 $X=\{1,2,\cdots,n\}$ 的子集族，

满足：

(1) $|A_i|=3$；

(2) $|A_i\cap A_j|\leqslant 1$.

记$|F|$的最大值为 $f(n)$，求证：$\dfrac{n^2-4n}{6}\leqslant f(n)\leqslant\dfrac{n^2-n}{6}$.（第6届巴尔干地区数学竞赛题）

分析与证明 因为$|A_i\cap A_j|\leqslant 1$，所以我们计算 X 的2元子集的个数 S.

一方面，采用“捆绑计算”，因为$|A_i|=3$，从而每个 A_i 中有 $C_3^2=3$ 个2元集，于是，F 中的 k 个集合可产生 $3k$ 个2元集. 由于$|A_i\cap A_j|\leqslant 1$，这 $3k$ 个2元集互异，所以 $S\geqslant 3k$.

另一方面，采用“分散计算”，设$|X|=n$，则 X 中的2元集的总数为 $S=C_n^2$. 所以 $C_n^2=S\geqslant 3k$，即 $k\leqslant\dfrac{n^2-n}{6}$，不等式右边获证.

下面，我们只需构造出一个合乎条件的子集族 F，使$|F|\geqslant\dfrac{n^2-4n}{6}$.

为了构造 F，只需构造出若干个3-数组$\{a,b,c\}$，使$|A_i\cap A_j|\leqslant 1$.

考察反面：若存在$|A_i\cap A_j|\geqslant 2$，此时 A_i，A_j 中第三个元素要互异，否则 $A_i=A_j$.

现在要设法破坏这一性质，即当 A_i，A_j 中有两个元素对应相等时，第三个元素必然相等. 这表明 a，b，c 中只有两个自由量，第三个量 c 由前两个量 a，b 唯一确定.

由此想到 a，b，c 满足一个方程 $c=f(a,b)$，最简单的方程是线性方程

$$c=a+b.$$

考虑到 $a+b$ 可能大于 n，于是将方程修改为

$$c \equiv a + b \pmod{n}.$$

但此时并不能保证$|A_i \cap A_j| \leqslant 1$.

比如$A_i = \{1,3,4\}$,$A_j = \{1,4,5\}$,原因是$c \equiv a + b \pmod{n}$不关于a,b,c对称,进而修改为$-c \equiv a + b \pmod{n}$,即

$$a + b + c \equiv 0 \pmod{n}.$$

考察所有满足$a + b + c \equiv 0 \pmod{n}$且$a,b,c$互异的三数组$\{a,b,c\}$,每一个这样的三数组组成一个集合,则这些集合合乎条件,现在证明这些集合的个数不少于$\frac{n^2 - 4n}{6}$.

注意到满足$a + b + c \equiv 0 \pmod{n}$的三数组$\{a,b,c\}$由其中的两个数比如$a,b$唯一确定,这是因为

$$c = \begin{cases} n - (a + b) & (a + b < n), \\ 2n - (a + b) & (a + b \geqslant n), \end{cases} \quad ①$$

因此,我们只需考虑a,b分别有多少种取值.

首先,a有n种取值方法,当a取定后,b的取值应满足如下两个条件:

(1) $b \neq a$;

(2) b的值应使$c \neq a$和b,其中c由式①确定.

由式①可知,(2)成立的一个充分条件是$n - (a + b) \neq a$和b,且$2n - (a + b) \neq a$和b,即$b \neq n - 2a$和$\frac{n - a}{2}$,且$b \neq 2n - 2a$和$\frac{2n - a}{2}$.

但$n - 2a$和$2n - 2a$不同属于X,否则$1 \leqslant n - 2a \leqslant n$,$1 \leqslant 2n - 2a \leqslant n$,有$2a + 1 \leqslant n \leqslant 2a$,矛盾.

于是,满足(2)的b最多有3个值不能取,连同(1)的要求,b最多有4个值不能取,从而至少有$n - 4$种取法,于是,这样的三数组至少有$n(n - 4)$个,又每个三数组$\{a,b,c\}$有6个不同的顺序,被计数

6次，故合乎条件的三数组至少有$\frac{n(n-4)}{6}$个.

综上所述，命题获证.

例2 设$A_1, A_2, \cdots, A_n$为平面上$n(n>9)$个已知点，线段$A_iA_j(i<j)$中的最小长度为r_0. 用$g(r)$表示长为r的线段的条数. 求证：

(1) $g(r_0) \leqslant 3n-6$；

(2) $g(r) < n^{\frac{3}{2}}$.

分析与证明 本题(1)与(2)之间并没有联系，而且处理手法大相径庭.

(1)是由下列熟知的组合计数问题改编的：

平面上n个点，任何两个点之间的距离不小于1，则等于1的线段不多于$3n$条.

我们先证明这一结论. 实际上，如果两点之间的距离为1，则将它们用一条线段连接，得到一个简单图G，我们只需证明$\|G\| \leqslant 3n$，其中$\|G\|$表示图G的边数.

设n个点为$A_1, A_2, \cdots, A_n$，它们引出的边的条数分别为$d_1, d_2, \cdots, d_n$，我们证明：对任何$i(i=1,2,\cdots,n)$，都有$d_i \leqslant 6$.

否则，以A_i为圆心的单位圆上有7个点，其中至少有两个点连线所对的圆心角小于60°，从而这两点之间的距离小于1，矛盾. 所以

$$\|G\| = \frac{1}{2}(d_1 + d_2 + \cdots + d_n) \leqslant \frac{1}{2}(6 + 6 + \cdots + 6) = 3n.$$

对于原题，对上述估计稍加改进，即可发现某些“$d_i < 6$”. 实际上，边界上的点只能向某一个半平面内连线，对这样的点，有$d_i \leqslant 3$.

考察n个点的凸包，设凸包为k边形$A_1A_2\cdots A_k$. 当$k \geqslant 4$时，有

$$\|G\| = \frac{1}{2}(d_1 + d_2 + \cdots + d_n) \leqslant \frac{1}{2}(6(n-4) + 3 \times 4)$$

$$= 3n - 6,$$

结论成立.

如果 $k=2$,则 $d_i \leqslant 2$,此时

$$\| G \| = \frac{1}{2}(d_1 + d_2 + \cdots + d_n) \leqslant \frac{1}{2}(2n) = n < 3n - 6,$$

结论成立.

如果 $k=3$,则凸包$\triangle A_1A_2A_3$ 至少有 2 个内角为锐角,不妨设 A_1,A_2 为锐角,则 $d_1 \leqslant 2$,$d_2 \leqslant 2$,$d_3 \leqslant 3$,此时

$$\| G \| = \frac{1}{2}(d_1 + d_2 + \cdots + d_n) \leqslant \frac{1}{2}(6(n-3) + 2 + 2 + 3)$$

$$= 3n - 5 - \frac{1}{2},$$

但 $\| G \|$ 为整数,所以 $\| G \| \leqslant 3n - 6$,结论成立.

我们也可对 n 归纳.当 $n=3$ 时,$g(r_0) \leqslant 3 = 3n - 6$,结论成立.

设结论对 n 成立,考察 n 个点的凸包,设凸包为 k 边形 $A_1A_2\cdots A_k$.

考察 A_1 引出的长为 r_0 的线段,设共引出了 t 条这样的线段.显然,当 $k \leqslant 2$ 时(即凸包为点或线段时),$t \leqslant 1$;当 $k > 2$ 时,$t \leqslant 3$.否则,以 A_1 为圆心,以 r_0 为半径的圆位于凸包内的弧上至少有 4 点 P_1,P_2,P_3,P_4.此 4 点中必有相邻两点连线所对的圆心角小于 60°,此两点之距小于 r_0,矛盾.

对 A_1 以外的 n 个点利用归纳假设,有

$$g(r_0) \leqslant (3n - 6) + t \leqslant (3n - 6) + 3 = 3(n + 1) - 6,$$

不等式(1)获证.

对于(2),不妨设点 A_i 引出了 k_i 条长为 r 的线段,则有 k_i 个点在以 A_i 为圆心,以 r 为半径的圆周上,我们把这 k_i 个共圆的点看作一个子集,这样,每个点都对应一个圆(子集),可考察图中线段(2 元子集)的总数 S.

一方面,采用“捆绑计算”,对某个 k_i 元子集,其中的 k_i 个点共圆,可连 $C_{k_i}^2$ 条弦和 k_i 条半径,于是,n 个圆可连

$$\sum_{i=1}^{n}(C_{k_i}^2+k_i)$$

条线段.

但其中有重复计数(没有 $|A_i \cap A_j| \leqslant 1$ 的约束条件).注意到每两个圆至多有一条公共弦,从而至多重复计数 C_n^2 次,所以,互异的线段至少有 $\sum_{i=1}^{n}(C_{k_i}^2+k_i)-C_n^2$ 条,即 $S \geqslant \sum_{i=1}^{n}(C_{k_i}^2+k_i)-C_n^2$.

另一方面,采用“分散计算”,因为 $|X|=n$,至多有 C_n^2 条互异的线段,即 $S \leqslant C_n^2$.

于是

$$\sum_{i=1}^{n}(C_{k_i}^2+k_i)-C_n^2 \leqslant S \leqslant C_n^2.$$

所以

$$2C_n^2 \geqslant \sum_{i=1}^{n}(C_{k_i}^2+k_i)=\sum_{i=1}^{n}\frac{1}{2}k_i(k_i+1)>\sum_{i=1}^{n}\frac{1}{2}k_i^2$$

$$\geqslant \frac{1}{2n}\left(\sum_{i=1}^{n}k_i\right)^2=\frac{4}{2n}(g(r)^2)=\frac{2}{n}(g(r))^2.$$

故 $g(r)<n^{\frac{3}{2}}$.

上述证明是错误的!这也是不少书刊中介绍的解答.

错在何处?——在估计重复的线段时,只考虑了重复的公共弦,但两个圆相交,可能不仅有公共弦.比如,若其中一个圆的半径是另一个圆的弦,此时两个圆之间重复计算的线段不是一条,而是 6 条.

现在,我们来考察重复 6 条线段的圆对有多少个.

显然这样的圆对必须是其中任何一个圆都过另一个圆的圆心,从而圆对的个数即是长为 r 的线段的条数,共有 $\sum_{i=1}^{n}\frac{1}{2}k_i$ 对.

这些圆对重复计数的线段的条数为 $6\sum_{i=1}^{n}\frac{1}{2}k_i$，于是，所有重复计数的线段的条数为

$$\left(C_n^2-\sum_{i=1}^{n}\frac{1}{2}k_i\right)+3\sum_{i=1}^{n}k_i.$$

所以

$$2C_n^2\geqslant\sum_{i=1}^{n}C_{k_i}^2-3\sum_{i=1}^{n}\frac{1}{2}k_i=\frac{1}{2}\sum_{i=1}^{n}k_i(k_i-1)-\frac{3}{2}\sum_{i=1}^{n}k_i$$

$$=\frac{1}{2}\sum_{i=1}^{n}k_i(k_i-4)=\sum_{i=1}^{n}\frac{1}{2}k_i^2-2\sum_{i=1}^{n}k_i$$

$$\geqslant\frac{1}{2n}\left(\sum_{i=1}^{n}k_i\right)^2-2\sum_{i=1}^{n}k_i=\frac{4}{2n}(g(r)^2)-2g(r)$$

$$=\frac{2}{n}(g(r))^2-2g(r).$$

故

$$2g^2-2ng-n^2(n-1)\leqslant 0,$$

$$g\leqslant\frac{n(1+\sqrt{2n-1})}{2}<n\cdot\sqrt{\frac{1^2+(2n-1)}{2}}=n\sqrt{n}=n^{\frac{3}{2}}.$$

命题获证.

注 对不等式(2)，我们还找到了下面的巧妙证法：

一方面，采用“捆绑计算”，对某个 k_i 元子集，其中的 k_i 个点共圆，可连 $C_{k_i}^2$ 条弦（不算半径对应的线段），于是，n 个圆可连 $\sum_{i=1}^{n}C_{k_i}^2$ 条弦，但其中有重复计数.

注意到每两个圆至多有一条公共弦，从而至多重复计数 C_n^2 次，所以，互异的线段至少有 $\sum_{i=1}^{n}C_{k_i}^2-C_n^2$ 条，即

$$S\geqslant\sum_{i=1}^{n}C_{k_i}^2-C_n^2.$$

另一方面,采用“分散计算”,因为$|X|=n$,至多有C_n^2条互异的线段,即$S\leqslant C_n^2$.于是

$$\sum_{i=1}^{n} C_{k_i}^2 - C_n^2 \leqslant S \leqslant C_n^2.$$

所以

$$\begin{aligned}4C_n^2 \geqslant 2\sum_{i=1}^{n} C_{k_i}^2 &= \sum_{i=1}^{n} k_i(k_i-1) = \sum_{i=1}^{n} k_i^2 - \sum_{i=1}^{n} k_i \\ &\geqslant \frac{1}{n}\left(\sum_{i=1}^{n} k_i\right)^2 - \sum_{i=1}^{n} k_i = \frac{4}{n}(g(r))^2 - 2g(r).\end{aligned}$$

故

$$g \leqslant \frac{n(1+\sqrt{8n-7})}{4} \leqslant \frac{n(\sqrt{n}+\sqrt{8n})}{4} < n\sqrt{n} = n^{\frac{3}{2}}.$$

这一方法不仅比前面的方法简单,而且由此还能得到更强的结果:

$$g \leqslant \frac{n(1+\sqrt{8n})}{4} = \frac{n}{4} + \frac{\sqrt{2n^3}}{2}.$$

此外,我们还有如下更巧妙的一种证法:

考虑n个圆之间的交点总数S,其中若点P在k个已知圆上,则P记为C_k^2重交点.

一方面,采用“捆绑计算”,n个圆至多有$2C_n^2$个交点,即$S\leqslant 2C_n^2$(重交点按重数计算).

另一方面,采用“分散计算”,考察X中每个点A_i,注意到A_i是第i个圆的圆心,从而A_i到圆周上k_i个点等距离.

反过来,A_i在k_i个以这k_i个点为圆心的圆上,于是A_i至少是$C_{k_i}^2$重交点.所以

$$S \geqslant \sum_{i=1}^{n} C_{k_i}^2.$$

$$4C_n^2 \geqslant 2\sum_{i=1}^{n} C_{k_i}^2 = \sum_{i=1}^{n} k_i(k_i-1)$$

$$= \sum_{i=1}^{n} k_i^2 - \sum_{i=1}^{n} k_i \geqslant \frac{1}{n}\left(\sum_{i=1}^{n} k_i\right)^2 - \sum_{i=1}^{n} k_i$$

$$= \frac{4}{n}(g(r))^2 - 2g(r),$$

解得

$$g \leqslant \frac{n(1+\sqrt{8n-7})}{4} \leqslant \frac{n(\sqrt{n}+\sqrt{8n})}{4} < n\sqrt{n} = n^{\frac{3}{2}}.$$

如果采用配对策略，我们还有如下一个别具一格的证明：

若点 P 与线段 AB 满足 $PA=PB=r$（即构成以 AB 为底、r 为腰长的等腰三角形），则将点 P 与线段 AB 配成一对，计算这样的“对子”的总数 S.

一方面，采用“分散计算”，每条线段至多在两个对中，所以，C_n^2 条线段至多有 $2C_n^2$ 对，即 $S \leqslant 2C_n^2$.

另一方面，采用“捆绑计算”，对第 i 个圆，圆周上 k_i 个点与圆心 A_i 等距，从而有 $C_{k_i}^2$ 条弦与 A_i 配对，得到 $C_{k_i}^2$ 个对子. 所以 $2C_n^2 \geqslant S \geqslant \sum_{i=1}^{n} C_{k_i}^2$（下略）.

例 3 由 n 个点和这些点之间的 t 条线段组成一个空间图形，其中 $n=q^2+q+1$，$t \geqslant \frac{1}{2}q(q+1)^2+1$（$q \geqslant 2$，$q \in \mathbf{N}$）. 已知此图中任意 4 点不共面，每点至少有一条线段，存在一点至少有 $q+2$ 条线段. 证明：图中必有一个空间四边形.（2003 年全国高中数学联赛加试试题）

分析与证明 设这 n 个点的集合为 $V=\{A_0, A_1, A_2, \cdots, A_{n-1}\}$，$A_i$ 的邻域为 B_i，记 $|B_i|=d_i$（$i=0,1,2,\cdots,n-1$），则依条件，有

$$d_i \leqslant n-1, \quad \sum_{i=0}^{n-1} d_i = 2t.$$

$$n = q^2+q+1, \quad t \geqslant \frac{1}{2}q(q+1)^2+1 \quad (q \geqslant 2).$$

用反证法.假定 G 中无四边形,则对任何 $1\leqslant i<j\leqslant n$,有 $|B_i\cap B_j|\leqslant 1$,由此想到算点对的个数 S.

因为存在一点至少有 $q+2$ 条线段,不妨设 $d_0\geqslant q+2$.

一方面,采用"分散计算",V 中有 n 个点,从而 $S=C_n^2$.

另一方面,采用"捆绑计算",因为 $|B_i|=b_i$,所以 B_i 中的点对有 $C_{b_i}^2$ 个.而 $|B_i\cap B_j|\leqslant 1$,所以 B_i,B_j 中的点对互不相同,于是

$$\begin{aligned}C_n^2=S&\geqslant\sum_{i=0}^{n-1}C_{d_i}^2=\frac{1}{2}\sum_{i=0}^{n-1}(d_i^2-d_i)\\&=\frac{1}{2}\sum_{i=0}^{n-1}d_i^2-\frac{1}{2}\sum_{i=0}^{n-1}d_i=\frac{1}{2}\sum_{i=0}^{n-1}d_i^2-t\\&\geqslant\frac{1}{2}\cdot\frac{\left(\sum\limits_{i=0}^{n-1}d_i\right)^2}{n}-t=\frac{1}{2}\cdot\frac{(2t)^2}{n}-t,\end{aligned}$$

即

$$n(n-1)\geqslant\frac{4t^2}{n}-2t,$$

故

$$\begin{aligned}n^2(n-1)&\geqslant 4t^2-2nt=2t(2t-n)=2t(2t-q^2-q-1)\\&\geqslant(q(q+1)^2+2)\cdot(q(q+1)^2+2-q^2-q-1)\end{aligned}$$

$$(q(q+1)+1)\cdot(q(q+1))$$

$$\geqslant(q(q+1)^2+2)\cdot(q(q+1)^2+2-q^2-q-1).\qquad①$$

但由式①不能导出矛盾,这是因为没有利用点 A_0 的特征.

思考如何改进式①的估计,若想采用"左边减小,且右边不变或增大"的办法改进不等式是很困难的,我们可设想两边同时减小,但左边减小得更多些.

注意到 $d_0\geqslant q+2$,假定将 B_0 中的点去掉,则每个 B_i 中至多去掉一个点,但 V 中至少去掉了 $q+2$ 个点,去掉的点对也就多得多!令

$C_i = B_i \backslash B_0 = B_i \cap \overline{B_0} (i = 1,2,\cdots,n-1)$, $V' = V \cap \overline{B_0}$，则由 $|B_i \cap B_j| \leqslant 1$，可知 $|C_i \cap C_j| \leqslant 1$. 计算 V' 中的点对个数 S'.

一方面，采用“分散计算”，V' 中有 $n - d_0$ 个点，点对个数 $S' = C_{n-d_0}^2$.

另一方面，采用“捆绑计算”，集合 C_i 中的点对有 $C_{|C_i|}^2$ 个，而 $|C_i \cap C_j| \leqslant 1$，所以 C_i, C_j 中的点对互不相同，故

$$C_{n-d_0}^2 = S' \geqslant \sum_{i=1}^{n-1} C_{|C_i|}^2.$$

因为 $|B_i \cap B_0| \leqslant 1$，所以 $|C_i| = |B_i \cap \overline{B_0}| \geqslant d_i - 1$，故

$$\begin{aligned}2C_{n-d_0}^2 &\geqslant 2\sum_{i=1}^{n-1} C_{|C_i|}^2 \geqslant 2\sum_{i=1}^{n-1} C_{d_i-1}^2 = \sum_{i=1}^{n-1}(d_i^2 - 3d_i + 2)\\ &\geqslant \frac{\left(\sum_{i=1}^{n-1} d_i\right)^2}{n-1} - 3\sum_{i=1}^{n-1} d_i + 2(n-1)\\ &= \frac{(2t-d_0)^2}{n-1} - 3(2t-d_0) + 2(n-1),\end{aligned}$$

去分母，得

$$\begin{aligned}&(n-1)(n-d_0)(n-d_0-1)\\ &\quad\geqslant (2t-d_0)^2 - 3(2t-d_0) + 2(n-1)^2\\ &\quad= (2t-d_0-n+1)(2t-d_0-2n+2) \quad \text{（分解因式）}\\ &\quad\geqslant ((n-1)(q+1)+2-d_0-n+1)\\ &\qquad\times((n-1)(q+1)+2-d_0-2n+2) \quad \text{（利用条件）}\\ &\quad= (nq-q+2-d_0)(nq-q-n+3-d_0) \quad \text{（展开）},\end{aligned}$$

$$\begin{aligned}&q(q+1)(n-d_0)(n-d_0-1)\\ &\quad\geqslant (nq-q+2-d_0)(nq-q-n+3-d_0) \quad \text{（左边利用条件）},\end{aligned}$$

$$\begin{aligned}&(q(n-d_0-1))((q+1)(n-d_0))\\ &\quad\geqslant (nq-q-n+3-d_0)(nq-q+2-d_0). \qquad ②\end{aligned}$$

但

$$(nq-q-n+3-d_0)\geqslant q(n-d_0-1),$$
$$(nq-q+2-d_0)>(q+1)(n-d_0)>0.$$

这是因为

$$\begin{aligned}&(nq-q-n+3-d_0)-q(n-d_0-1)\\&\quad=(q-1)d_0-n+3\geqslant(q-1)(q+2)-n+3=0;\\&(nq-q+2-d_0)-(q+1)(n-d_0)\\&\quad=qd_0-q-n+2\geqslant q(q+2)-q-n+2=1.\end{aligned}$$

于是,若 $n-d_0-1>0$,则以上两式相乘得到严格不等式,与式②矛盾.

所以 $n-d_0-1=0$,即 $d_0=n-1$.

由于无四边形,所以 $P=\{A_1,A_2,\cdots,A_{n-1}\}$ 中没有长为3的链,即 P 中的任何两条边都没有公共端点,于是 P 中至多 $\left[\dfrac{n-1}{2}\right]$ 条边,所以

$$\begin{aligned}t=\|G\|&\leqslant(n-1)+\left[\frac{n-1}{2}\right]\leqslant(n-1)+\frac{n-1}{2}=\frac{3}{2}(n-1)\\&\leqslant\frac{q+1}{2}(n-1)=\frac{1}{2}q(q+1)^2<\frac{1}{2}q(q+1)^2+1,\end{aligned}$$

与题设条件矛盾,故 G 中有四边形.

综上所述,命题获证.

例4 设 $1\leqslant u_1<u_2<\cdots<u_t\leqslant p$,$1\leqslant v_1<v_2<\cdots<v_s\leqslant p$,$u_i,v_j\in\mathbf{N}$.如果 $1\leqslant A_1<A_2<\cdots<A_n\leqslant p$ 具有如下性质:

(1) 每个 $A_k(1\leqslant k\leqslant n)$都是某两个 u_i,v_j 的积;

(2) $A_i\cdot A_j(1\leqslant i<j\leqslant n)$互不相同.

求证:$n\leqslant t+C_s^2$.

分析与证明 先换一种表述方法,使问题更直观.

题设条件"每个 $A_k(1\leqslant k\leqslant n)$都是某两个 u_i,v_j 的积"具有典型的图论色彩:如果用点表示 u_i,v_j,那么 A_k 可用连接 u_i,v_j 的边

表示(当然,有可能两条不同的边代表同一个乘积 A_k,此时,我们只任连其中的一条边,使每一个 A_k 都只对应一个点对即可).

用 t 个红点表示 $u_1,u_2,\cdots,u_t$,s 个蓝点表示 $v_1,v_2,\cdots,v_s$. 对于 $1\leqslant A_1<A_2<\cdots<A_n\leqslant p$,如果 u_i,v_j 的积等于某个 A_k,则将 u_i,v_j 用一条边连接. 如果有多个点对,使 u_i,v_j 的积等于某个 A_k,则只取其中一个点对连边,得到简单图 G.

条件(1)等价于:G 是二部分图且 G 有 n 条边.

再看条件(2),"$A_i\cdot A_j(1\leqslant i<j\leqslant n)$互不相同"有什么作用?当条件从正面看不出其真正含义时,可从反面研究它的意义.

我们假设有两个积 $A_i\cdot A_j$ 与 $A_i'\cdot A_j'$相等,即 $A_i\cdot A_j=A_i'\cdot A_j'$,由 A_i 的定义,不妨设 $A_i=u_1v_1$,$A_j=u_2v_2$,则 $A_iA_j=u_1u_2v_1v_2$. 注意到

$$(u_1v_1)\cdot(u_2v_2)=(u_1v_2)\cdot(u_2v_1),$$

所以,若令 $A_i'=u_1v_2$,$A_j'=u_2v_1$,则 $A_i\cdot A_j=A_i'\cdot A_j'$,此时图 G 中存在四边形 $u_1v_1u_2v_2$.

这表明,若图 G 中存在四边形 $u_1v_1u_2v_2$,则 $u_1v_1,u_2v_2,u_1v_2,u_2v_1$ 都存在,且 $u_1v_1\cdot u_2v_2=u_1v_2\cdot u_2v_1$,矛盾.

由此可知,条件(2)的实际意义是保证图 G 中不出现四边形.

再注意到图 G 中存在四边形 $ABCD$,等价于 $|f(A)\cap f(C)|\geqslant 2$(两个角拼成四边形).

于是,图 G 中不出现四边形,可表示成 $|f(u_i)\cap f(u_j)|\leqslant 1$,其中 $f(u)$表示 u 的邻点的集合.

实际上,若 u_i,v_j 有两个公共的邻点 v_p,v_q,则出现四边形 $u_iv_iu_jv_j$.

最后考虑目标,由题断中的 C_s^2 启发我们计算蓝点对(特殊的 2 元子集)的总数 S.

一方面,采用"分散计算",因为共有 s 个蓝点,从而 $S=C_s^2$.

另一方面,采用“捆绑计算”,每个 $f(u_i)$ 可作为一个子集,引入容量参数,不妨设 $|f(u_i)| = r_i$,即点 u_i 与 r_i 个蓝点相连,也即点 u_i 引出 r_i 条边,于是 $\sum_{i=1}^{t} r_i = n$(图 G 中共有 n 条边).

对每个集合 $f(u_i)$,共有 $C_{r_i}^2$ 个蓝点对,由 $|f(u_i) \cap f(u_j)| \leqslant 1$ 知,所有这些集合中的蓝点对互异,从而蓝点对至少有 $\sum_{i=1}^{t} C_{r_i}^2$ 个,所以

$$C_s^2 = S \geqslant \sum_{i=1}^{t} C_{r_i}^2 = \sum_{i=1}^{t} \frac{1}{2} r_i (r_i - 1).$$

至此,只需证明

$$\sum_{i=1}^{t} \frac{1}{2} r_i (r_i - 1) \geqslant n - t. \qquad ①$$

因为

$$n - t = \sum_{i=1}^{t} r_i - \sum_{i=1}^{t} 1 = \sum_{i=1}^{t} (r_i - 1),$$

比较两式可知,式①成立的一个充分条件是 $\frac{1}{2} r_i (r_i - 1) \geqslant r_i - 1$.

易证此式成立. 一种方法是分 $r_i = 0,1$ 和 $r_i \geqslant 2$ 讨论:

当 $r_i = 0,1$ 时,$\frac{1}{2} r_i (r_i - 1) = 0 \geqslant r_i - 1$,当 $r_i > 1$ 时,$\frac{1}{2} r_i (r_i - 1) \geqslant r_i - 1$.

所以,对一切非负整数 r_i,不等式 $\frac{1}{2} r_i (r_i - 1) \geqslant r_i - 1$ 恒成立.

另一种方法是分解因式:$\left(\frac{1}{2} r_i - 1\right)(r_i - 1) \geqslant 0$,$(r_i - 2)(r_i - 1) \geqslant 0$,左边是同号因子.

综上所述,命题获证.

例 5 设 n 是大于 3 的整数,在一次会议上有 n 个数学家,每 2 个数学家都用且只能用会议规定的 n 种语言之一进行交流,对于其中任意 3 种语言,都存在 3 个数学家用这 3 种语言相互交流,求 n 的

所有可能值.(第 5 届香港数学奥林匹克试题)

分析与解 用点表示人,如果两个人用第 i 种语言交流,则将两点用第 i 种颜色的边连接,这样,题目条件变为:将 K_n 的边都染 n 种颜色之一,使得任意 3 种颜色,都存在一个三角形,其边包含这 3 种颜色.

由于共有 C_n^3 个 3 色集,又恰有 C_n^3 个三角形,显然,不同的 3 色集对应不同的三角形(每个三角形的边的颜色是确定的),从而其对应是一一对应,所以每个三角形的 3 条边不同色.

考察含有 1 色边的三角形的个数 S.

一方面,采用"分散计算",对任意一条 1 色边,该边之外还有 $n-2$ 个顶点,每个顶点与该边构成一个含有 1 色边的三角形,得到 $n-2$ 个含有 1 色边的三角形.设共有 k 条 1 色边,则 $S=k(n-2)$.

另一方面,采用"捆绑计算",除 1 色外,还有 $n-1$ 种颜色,从中取 2 种颜色,有 C_{n-1}^2 个颜色对,每一个对都与 1 色构成一个含有 1 色的三色组,于是,含有 1 色的三色组的个数为 C_{n-1}^2.由一一对应可知,$S=C_{n-1}^2$.

所以 $C_{n-1}^2=k(n-2)$,得 $2k=n-1$.

由此可见,n 为奇数.

反之,若 n 为奇数,我们证明:可以将 K_n 的边染 n 种颜色之一,使得任意三角形的 3 边都互不同色.

设 n 个顶点为 $A_1,A_2,\cdots,A_n$,而 n 种颜色为 $1,2,\cdots,n$,对任何 $1\leqslant i<j\leqslant n$,假设将边 A_iA_j 染颜色 $f(i,j)$,那么,我们需要 $f(i,j)$,$f(j,k)$,$f(k,i)$ 互不相等,显然(找充分条件),令 $f(i,j)=i+j\ (\mathrm{mod}\ n)$ 即可.

现在将边 A_iA_j 染颜色 $i+j\ (\mathrm{mod}\ n)$,那么,考虑任意 3 个点 $A_i,A_j,A_k(1\leqslant i<j<k\leqslant n)$,我们只需证明:$i+j,j+k,k+i$ 两两互不同余.

实际上,若 $i+j\equiv j+k \pmod n$,则 $i\equiv k \pmod n$,这与 $1\leqslant i<j<k\leqslant n$ 矛盾.

例 6 地面上有 10 只鸟在啄食,其中任意 5 只鸟中至少有 4 只鸟在同一个圆周上.试问:有鸟最多的一个圆周上至少有几只鸟?(第 6 届中国数学奥林匹克试题)

分析与解 用点代表鸟,设有点最多的圆周上有 r 个点,显然有 $r\geqslant 4$.

若 $r=4$,即每个圆周上至多 4 个点,但每个圆至少通过其中 4 个点,所以每个"4 点圆"上恰有 4 个点.

采用集合的观点,即有 $|M_i|=4$,其中 M_i 表示第 i 个 4 点圆上已知点的集合.由此想到将这些圆看作是 10 个点组成的集合的子集族,我们先考虑有多少个这样的子集,即计算有多少个"4 点圆".

注意到条件:任何 5 点组中都有 4 个点共圆,即每个"5 点组"都对应一个"4 点圆",于是想到利用映射计算圆的个数.

实际上,每个"5 点组"对应一个"4 点圆",这样共有 $C_{10}^5=252$ 个"4 点圆".但每个"4 点圆"可属于 6 个不同的"5 点组"(它与另外 6 个点中任何一个都可构成"5 点组"),被计数 6 次,从而"4 点圆"的个数为 $\dfrac{252}{6}=42$.

这些"4 点圆"是互异的.若否,有两个不同的 4 点组 $ABCD$ 及 $A'B'C'D'$ 在同一个圆周上,但 $ABCD$ 与 $A'B'C'D'$ 中至少有 5 个互异的点,这 5 个点共圆,与 $r=4$ 矛盾.

将上述 42 个不同的 4 点圆记为 $M_1, M_2, \cdots, M_{42}$,它们满足:$|M_i|=4$,$|M_i\cap M_j|\leqslant 2$.由加元产生中间量技巧,可计算三角形(3 元子集)的个数 S.

一方面,采用"分散计算",由于共有 10 个点,从而

$$S=C_{10}^3=120.$$

另一方面,采用“捆绑计算”,由于每个圆中有 C_4^3 个三角形,而 $|M_i \cap M_j| \leqslant 2$,这些三角形互不相同,所以

$$S \geqslant 42C_4^3 = 168,$$

矛盾.

故 $r>4$.

设 M 是有点最多的圆,由上可知 M 上至少有 5 个点 A,B,C,D,E.通过此 5 点,可发现至少有 9 个点在此圆周上. (*)

实际上,反设有两个点 P,Q 不在圆 M 上,那么 P,Q,A,B,C 这 5 点中有 4 个点共圆.但 P,Q 都不在圆 ABC 上,只能是 P,Q 与 A,B,C 中的某两个点共圆,不妨设 P,Q,A,B 共圆 M_1.

同样考察 5 点 P,Q,C,D,E,必有 P,Q 与 C,D,E 中的某两个点共圆,不妨设 P,Q,C,D 共圆 M_2.

再考察 5 点 P,Q,A,C,E,必有 P,Q 与 A,C,E 中的某两个点共圆.

(1) 若 P,Q,A,C 共圆 M_3,则 M_3 与 M_1 重合,所以 $PQABC$ 共圆,P,Q 在圆 M 上,矛盾.

(2) 若 P,Q,A,E 共圆 M_3,则 M_3 与 M_1 重合,所以 $PQABE$ 共圆,P,Q 在圆 M 上,矛盾.

(3) 若 P,Q,C,E 共圆 M_3,则 M_3 与 M_2 重合,所以 $PQCDE$ 共圆,P,Q 在圆 M 上,矛盾.

所以(*)成立,即 $r \geqslant 9$.

最后,$r=9$ 是可能的,即 9 个点共圆,另一个点在圆外合乎条件.故 r 的最小值为 9.

以上解题的关键,是构造 10 个点的 32 个 4 元子集族,然后计算 3 点组个数.

当然,对证明 $r \geqslant 5$,还有如下更简单的方法,“极端二分法”:

对于“任意 k 个元素中有 r 个元素具有性质 p”型条件,常可分这

样两种情形考虑:(1) 任何 r 个元素都具有性质 p;(2) 存在 r 个元素不具有性质 p.

对于本题,“任何 5 个点中都有 4 个点共圆”,可先考虑任何 4 点都共圆的情形,此时所有 10 个点共圆,即 $r=10$,这种情形显然不是所求的.

再考虑其他情形:至少有某 4 个点 A,B,C,D 不共圆.这 4 个特殊的点为我们的解题起到关键的作用.

考察 A,B,C,D 点外的任何一个点 P,由题意,5 个点 A,B,C,D,P 中有 4 个点共圆,但 A,B,C,D 不共圆.只能是 P 与 A,B,C,D 中某三个点共圆.

这表明,P 一定属于 4 个圆 ABC,ABD,ACD,BCD 之一.由 P 的任意性,A,B,C,D 外的 6 个点都属于上述 4 个圆,由抽屉原理,必有两个点 P,Q 在同一个圆上.不妨设 P,Q 在圆 ABC 上,则 $PQABC$ 点共圆,故 $r\geqslant 5$.

例 7 药房有若干种药,其中一部分是烈性的.用这些药配成 68 服药方,每服药方有 5 种药,这 5 种药既不能都是烈性药,也不能都是非烈性药,且任何 3 种药都恰有一次出现在同一服药方中.问:是否必有一服药方,它包含了 4 种烈性药?

分析与解 先看条件:“5 种药既不能都是烈性药,也不能都是非烈性药”,表明药方含有烈性药的种数只可能是 1,2,3,4.

再看条件:“任何 3 种药都恰有一次出现在同一服药方中”,可知 $|A_i\cap A_j|\leqslant 2$.其中 $A_i(1\leqslant i\leqslant 80)$表示 68 服药方.否则,存在一个 3-药组出现在两服药方 A_i,A_j 中,矛盾.由此想到计算 3-药组.

一方面,采用“分散计算”,设共有 n 种药,则不同的 3-药组显然有 C_n^3 个.

另一方面,采用“捆绑计算”,对每一服药方都有 5 种药,它包含 C_5^3 个 3-药组.68 服药方共有 $68C_5^3$ 个 3-药组.

由于任何 3 种药都恰有一次出现在同一服药方中，从而上述 3-药组没有重复，没有遗漏. 所以

$$68C_5^3 = C_n^3, \quad n = 17.$$

直接找到含 4 种烈性药的药方比较困难，可从反面思考：设没有含 4 种烈性药的药方，则 68 服药方可分为 3 类. 引入容量参数：第 1 类药方恰含 1 种烈性药，设有 x 服；第 2 类药方恰含 2 种烈性药，设有 y 服；第 3 类药方恰含 3 种烈性药，设有 z 服，因为没有其他形式的药方，所以我们有

$$x + y + z = 68. \tag{①}$$

下面只需证明方程①没有自然数解.

可设想解方程求出 x, y, z 的值，看能否为整数. 显然 x, y, z 的值与烈性药的种数有关，再引入容量参数：设有 r 种烈性药.

我们计算含有烈性药的 3-药组个数，它可分为含有 1 种烈性药的 3-药组、含有 2 种烈性药的 3-药组、含有 3 种烈性药的 3-药组.

定义：如果某个 3-药组中含有 i 种烈性药，则称之为第 i 类 3-药组.

首先考察第 3 类的 3-药组，一方面，采用"分散计算"，因为共有 r 种烈性药，所以共有 C_r^3 个第 3 类的 3-药组.

另一方面，采用"分散计算"，因为这样的 3-药组只在第 3 类药方中出现，而每个第 3 类药方只包含一个第 3 类的 3-药组，且每个第 3 类的 3-药组都必须在第 3 类药方中出现，所以，z 服恰含 3 种烈性药的药方共有 z 个第 3 类的 3-药组. 所以

$$z = C_r^3. \tag{②}$$

再考察第 2 类的 3-药组，一方面，采用"分散计算"，因为共有 r 种烈性药，从中选取 2 种烈性药，再从 $17 - r$ 种非烈性药中选取一种，共有 $C_r^2C_{17-r}^1$ 种方法，即第 2 类的 3-药组共有 $C_r^2C_{17-r}^1$ 个.

另一方面，采用"分散计算"，因为这样的 3-药组只在第 3 类和第

2类药方中出现.而每个第3类药方包含有 $C_3^2C_2^1=6$ 个第2类的3-药组,而每个第2类药方包含有 $C_2^2C_3^1=3$ 个第2类的3-药组.又每个第2类的3-药组都必须在某个药方中出现,所以 y 服恰含2种烈性药的药方及 z 服恰含3种烈性药的药方共有 $3y+6z$ 个第2类的3-药组.所以

$$3y+6z=C_r^2C_{17-r}^1. \quad ③$$

(此式在解题中未起作用.)

最后考察第1类的3-药组,一方面,采用"分散计算",因为共有 r 种烈性药,从中选取1种烈性药,再从 $17-r$ 种非烈性药中选取2种,共有 $C_r^1C_{17-r}^2$ 种方法,即第2类的3-药组共有 $C_r^1C_{17-r}^2$ 个.

另一方面,采用"分散计算",因为这样的3-药组在第3类、第2类、第1类药方中都出现.而每个第3类药方包含有 $C_3^1C_2^2=3$ 个第1类的3-药组,每个第2类药方包含有 $C_2^1C_3^2=6$ 个第1类的3-药组,每个第1类药方包含有 $C_4^2=6$ 个第1类的3-药组.又每个第1类的3-药组必在某个药方中出现,共有 $6x+6y+3z$ 个第1类的3-药组.所以

$$6x+6y+3z=C_r^1C_{17-r}^2. \quad ④$$

由式②和式④,得

$$C_r^1C_{17-r}^2=6(x+y)+3z=6(68-z)+3z=6(68-C_r^3)+3C_r^3,$$

化简得

$$r^3-18r^2+137r-408=0. \quad ⑤$$

显然,方程⑤的根都是408的约数,又 $\sqrt{408}<21$,经检验,$r=1$,3,8,17都不是式⑤的根.所以式⑤没有自然数解,即必有一服药方含有4种烈性药.

例8 设 A 是有限集,且 $|A|\geqslant 2$,$A_1,A_2,\cdots,A_n$ 是 A 的子集,并且满足下述条件:

(1) $|A_1|=|A_2|=\cdots=|A_n|=k\left(k>\frac{|A|}{2}\right)$;

(2) 对任意 $a,b\in A$,存在 3 个集合 $A_r,A_s,A_t(1\leqslant r<s<t\leqslant n)$,使得 $a,b\in(A_r\cap A_s\cap A_t)$;

(3) 对任意整数 $i,j(1\leqslant i<j\leqslant n)$,有 $|A_i\cap A_j|\leqslant 3$.

求当 k 取最大值时正整数 n 的所有可能值.(2010 年 IMO 中国国家集训队测试题)

分析与解 不妨设 $A=\{1,2,\cdots,m\}$,则由条件(1)和(2),知 $m\geqslant k\geqslant 2,n\geqslant 3$.

假设 i 属于 $A_1,A_2,\cdots,A_n$ 中 r_i 个集合($i=1,2,\cdots,m$),如果 $i\in A_j$,那么将 (i,A_j) 配成一对,并设这样的对子共有 X 个.

一方面,采用“分散计算”,对任意 i,可形成 r_i 个含 i 的对子,又 $i=1,2,\cdots,m$,所以 $X=\sum_{i=1}^{m}r_i$.

另一方面,采用“捆绑计算”,对任意 A_j,可形成 $|A_j|=k$ 个含 A_j 的对子,又 $j=1,2,\cdots,n$,所以

$$X=\sum_{j=1}^{n}|A_j|=nk,$$

于是

$$\sum_{i=1}^{m}r_i=nk. \qquad ①$$

如果 $i\neq j$ 都属于 A_t,那么将 $(i,j;A_t)$ 组成一个第一类 3 元组(前两个元不考虑顺序),并设第一类 3 元组有 Y 个.

一方面,采用“分散计算”,由已知条件(2),对任意 $i\neq j$,至少可形成 3 个含 i,j 的第一类 3 元组,而 $i,j(i\neq j)$ 有 C_m^2 种不同的取法,所以 $Y\geqslant 3C_m^2$.

另一方面,采用“捆绑计算”,因为 $|A_t|=k$,知对任意 A_t 可形成 C_k^2 个含 A_t 的第一类 3 元组,而 A_t 有 n 种不同取法,所以

$Y = nC_k^2$.

于是，我们有 $nC_k^2 \geqslant 3C_m^2$，即

$$n \geqslant \frac{3m(m-1)}{k(k-1)}. \qquad ②$$

如果 t 是 A_i 和 A_j 的公共元，那么将 $(t; A_i, A_j)$ 组成一个第二类 3 元组（后两个元不考虑顺序），并设第二类 3 元组有 Z 个.

一方面，采用"分散计算"，因为 t 属于 $A_1, A_2, \cdots, A_n$ 中 r_t 个集合，故对任意 t，可形成 $C_{r_t}^2$ 个含 t 的第二类 3 元组，而 $t = 1, 2, \cdots, m$，所以 $Z = \sum_{t=1}^{m} C_{r_t}^2$.

另一方面，采用"捆绑计算"，对任意 A_i 和 $A_j (i \neq j)$，可形成 $|A_i \cup A_j| \leqslant 3$ 个含 A_i 和 A_j 的第二类 3 元组，又 $1 \leqslant i < j \leqslant n$，所以

$$Z = \sum_{1 \leqslant i < j \leqslant n} |A_i \cap A_j| \leqslant 3C_n^2 = \frac{3}{2}n(n-1),$$

于是

$$\frac{3}{2}n(n-1) \geqslant \sum_{t=1}^{m} C_{r_t}^2 = \frac{1}{2}\left(\sum_{t=1}^{m} r_t^2 - \sum_{t=1}^{m} r_t\right).$$

由柯西不等式及式①，我们得到

$$\begin{aligned}\frac{3}{2}n(n-1) &\geqslant \frac{1}{2}\left(\frac{1}{m}\left(\sum_{t=1}^{m} r_t\right)^2 - \sum_{t=1}^{m} r_t\right) \\ &= \frac{1}{2m}\left(\sum_{t=1}^{m} r_t\right)\left(\left(\sum_{t=1}^{m} r_t\right) - m\right) = \frac{1}{2m}(nk)(nk-m),\end{aligned}$$

整理得

$$(k^2 - 3m)n \leqslant (k-3)m. \qquad ③$$

（ⅰ）若 $m \geqslant \frac{k^2}{3}$，则结合已知条件 $m \leqslant 2k-1$，解得 $3-\sqrt{6} \leqslant k \leqslant 3+\sqrt{6}$，即 $1 \leqslant k \leqslant 5$.

（ⅱ）若 $m < \frac{k^2}{3}$，由式②及式③得

$$\frac{3m(m-1)}{k(k-1)} \leqslant n \leqslant \frac{(k-3)m}{k^2-3m}. \qquad ④$$

去分母,整理得 $9m^2-3(k^2+3)m+k(k^2-k+3)\geqslant 0$,即

$$(3m-k)(3m-(k^2-k+3))\geqslant 0.$$

由于 $k^2-k+3>k$,所以 $m\leqslant\frac{k}{3}$(舍去,因 $m\geqslant k$),或者$m\geqslant\frac{1}{3}(k^2-k+3)$.

又由已知条件(1),有 $m\leqslant 2k-1$,所以

$$2k-1\geqslant m\geqslant\frac{1}{3}(k^2-k+3). \qquad ⑤$$

由此解得 $1\leqslant k\leqslant 6$.

综合(ⅰ)和(ⅱ),我们有 $1\leqslant k\leqslant 6$,所求 k 的最大值不大于 6,并且由不等式⑤,知 $k=6$ 当且仅当 $m=11$.再由式④,知 $k=6$ 且 $m=11$ 时,必有 $n=11$.

其次,当 $k=6,m=n=11$ 时,存在满足条件(1)~(3)的子集 $A_1,A_2,\cdots,A_{11}$ 如下:

$$A_t=\{t,t+1,t+2,t+6,t+8,t+9\}\quad(t=1,2,\cdots,11),$$

其中的元素按模 11 理解,即大于 11 的数表示该数模 11 的余数,此时

$$|A_i|=6=k\quad(i=1,2,\cdots,11),\quad m=2k-1=11.$$

如图 4.2 所示,在 $t,t+1,t+2,t+6,t+8,t+9$ 这 6 个点之间共有 $C_6^2=15$ 个劣弧距离,其中距离为 1,2,3,4,5 的各有 3 个,因此,对任意 $i,j\in\{1,2,\cdots,11\}(i\neq j)$,有且仅有 3 个集合同时包含 i 与 j(图 4.2).

假设将周长为 11 的圆周分为 11 等份,将 11 个等分点按顺时针方向标记为 1,2,⋯,11.假设在这个圆周上按顺时针方向从点 i 到 j 的距离为 $d(i,j)$,于是,对于圆周上的点集 A_i 可得表 4.3.

由表 4.3 可知，在 $A_i=\{i,i+1,i+2,i+6,i+8,i+9\}$ 中，按顺时针方向距离为 $1,2,\cdots,10$ 的点对各有 3 对.

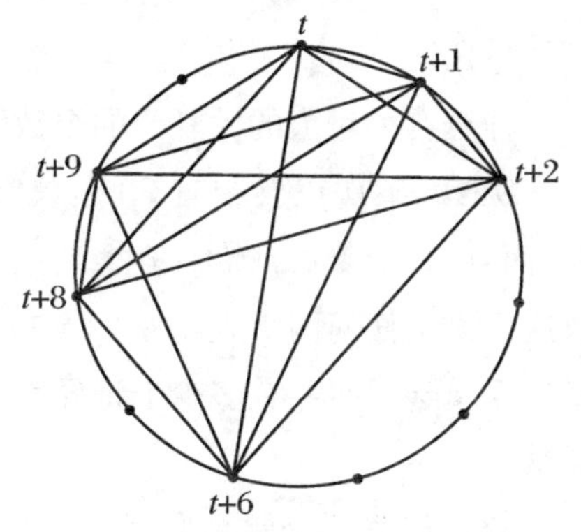

图 4.2

因为在圆周上将点集 A_i 按逆时针方向旋转长为 $j-i$ 的距离后便得到点集 A_j，旋转后，A_i 中有且仅有 3 个点到达的位置正是 A_j 中的 3 个点，从而 $|A_i\cap A_j|=3(1\leqslant i<j\leqslant 11)$（也可直接验证）.

综上可得，k 的最大值为 6，这时 $n=11$.

表 4.3

j \ i	i	$i+1$	$i+2$	$i+6$	$i+8$	$i+9$
i	11	1	2	6	8	9
$i+1$	10	11	1	5	7	8
$i+2$	9	10	11	4	6	7
$i+6$	5	6	7	11	2	3
$i+8$	3	4	5	9	11	1
$i+9$	2	3	4	8	10	11

4.3 关联元

假定某个对象由若干个基本元素构成，如果我们去掉其中部分基本元素或者增加部分新的基本元素，由此得到一个新的对象，我们称这样得到的新对象为原来对象的关联元.

比如，一个三角形的两条边构成的一个角就是该三角形的关联元.如果三角形的边被染色，我们称两条同（异）色边构成的角为同（异）色角.

计算有关对象的关联元的个数，也是算两次中常见的一种方式.

例 1　某次议会中有 30 名议员，每两位议员或为政敌，或为朋友.而且，每个议员都恰有 6 个政敌.对于由 3 个议员组成的委员会，若这 3 人中任何两个人都是朋友或任何两个人都是政敌，则称之为奇异委员会.问：共有多少个奇异委员会？（第 24 届全苏数学奥林匹克试题）

分析与解　此题具有明显的图论色彩：为朋友或为政敌对应于相应点的连线染红色或染蓝色；每个议员都有 6 个政敌对应于每点引出 6 条红边；奇异委员会对应于图中的同色三角形.

考察 30 个点的完全图，每点代表一个议员.若某两个议员为政敌，则将这两点间的边染红色，否则染蓝色.则问题转化为计算图中同色三角形的个数.

由题意，每个点恰引出 6 条红边.先计算图中同色角的总数 S.

一方面，采用“分散计算”，因为每点引出 6 条红边，23 条蓝边，从而以该点为顶点的同色角有

$$C_6^2 + C_{23}^2 = 268$$

个.由对称性，30 个点共有 $30\times268=8\,040$ 个同色角.

又不同顶点引出的同色角显然不同，于是

$$S = 8\,040.$$

另一方面，采用“捆绑计算”，设所有点构成的三角形中有 x 个同色三角形，则有 $C_{30}^3 - x = 4\,060 - x$ 个不同色的三角形.对于每个同色三角形，它含有 3 个同色角；对于每个三边不同色的三角形，它含有 1 个同色角.又每个同色角必定在某个三角形中，且不同三角形中含有的同色角不同.于是

$$S = 3x + 4\,060 - x = 2x + 4\,060.$$

所以

$$8\,040 = S = 2x + 4\,060,$$

解得 $x=1\,990$.故共有 1 990 个奇异委员会.

注 计算异色角个数更简单,是因同色三角形中异色角的个数为 0.此时,$0\times x+2(4\,060-x)=C_6^1\times C_{23}^1\times 30$,解得 $x=1\,990$.

例 2 平面上有 18 个点,其中任意三点不共线,每两点用线段连接,将这些线段染红、蓝二色之一,每条线段只染一种颜色.已知其中某点 A 引出的红色线段为奇数条,且其余的 17 点引出的红色线段数互不相等.

(1) 求此图中红色三角形的个数;

(2) 求此图中恰有两边为红色的三角形的个数.

(第 36 届 IMO 预选题)

分析与解 去掉图中的所有蓝色边,得到一个简单图 G.由条件知,$d(A)$为奇数,其他非 A 的点的度属于$\{0,1,2,\cdots,17\}$.

易知,度为 0 和 17 的点不同时存在,于是,各个点的度分别为 $0,1,2,\cdots,16$ 或 $1,2,\cdots,17$.

若各个点的度分别为 $0,1,2,\cdots,16$,则

$$\sum d(x) = d(A) + 0 + 1 + 2 + \cdots + 16$$

为奇数,矛盾.所以各顶点的度只能分别是 $1,2,\cdots,17$.

将各顶点记为 $V_1,V_2,\cdots,V_{17}$,其中 $d(V_i)=i(i=1,2,\cdots,17)$.

因为 $d(V_{17})=17$,所以 V_{17}与 V_1 连.又 $d(V_1)=1$,所以 V_1 仅与 V_{17}连,因此 V_{16}不与 V_1 连,但 $d(V_{16})=16$,故 V_{16}与 $V_2,V_3,\cdots,V_{17}$连.

如此下去,V_i 恰与 $V_{18-i},V_{19-i},\cdots,V_{17}$连$(i=1,2,\cdots,8)$,而 V_{18-i}恰与 $V_1,V_2,\cdots,V_{i-1}$以外的各点连$(i=1,2,\cdots,8)$.

再看 V_9,它应与 $A,V_{17},V_{16},V_{15},\cdots,V_{10}$连,由 V_9 与 A 连可知,$V_1,V_2,\cdots,V_8$ 不与 A 连,$V_9,V_{10},\cdots,V_{17}$与 A 连,所以 $d(A)=9$.

令 $M=\{V_1,V_2,\cdots,V_8\}$,$N=\{A,V_9,V_{10},\cdots,V_{17}\}$,则 M 中的点互不相连,而 N 中的点两两相连,且 M 中的点 V_i 恰与 N 中的 i 个点相连.

(1) 问题等价于图 G 中三角形的个数.

首先,N 中有C_{10}^3 个三角形;另外,对 M 中的任意一个点 V_i,它与 N 中 i 个点连边,所以可得到 C_i^2 个三角形,这样的三角形有 $\sum\limits_{i=1}^{8} C_i^2 = C_9^3$ 个.

所以,红色三角形共有 $C_{10}^3+C_9^3=204$ 个.

(2) 对红色角总数 S 计算两次.

一方面,采用“分散计算”,点 V_i 引出 i 条边,以 V_i 为顶点有 C_i^2 个红色角,而以 A 为顶点有 C_9^2 个红色角,所以

$$S = C_9^2 + \sum_{i=2}^{17} C_i^2 = C_9^2 + C_{18}^3.$$

另一方面,采用“捆绑计算”,每个红色角都在某个三角形中,设所有三角形中有 x 个恰有两条红色边的三角形,每个这样的三角形有一个红色角,得到 x 个红色角.

又由(1)知,有 204 个红色三角形,每个这样的三角形有 3 个红色角,得到 $204\times3=612$ 个红色角,此外,其他三角形中无红色角,所以

$$S = x + 612.$$

故

$$C_9^2 + C_{18}^3 = S = x + 612,$$

解得 $x=240$.

故恰有两边为红色的三角形的个数为 240.

例 3 一次会议有 $12k$ 个人参加,每人恰与其中 $3k+6$ 个人打

过招呼，对任意两人，与他们共同打过招呼的人数都相等，问：此次会议有多少个人参加？（第 36 届 IMO 备选题）

分析与解　用点表示人，对打过招呼的两个人，对应的两个点连线，得到一个简单图，计算此图中角的个数 S.

一方面，采用“分散计算”，每个点引出 $3k+6$ 条边，有 C_{3k+6}^2 个角. 又共有 $12k$ 个点，共得到 $12kC_{3k+6}^2$ 个角. 又每个角都有唯一的顶点，且不同的顶点对应的角不同，于是

$$S=12kC_{3k+6}^2.$$

另一方面，采用“捆绑计算”，因为对任意两人，与他们共同打过招呼的人数都相等. 设这样的人数为 t，于是，每个 2 人组都得到 t 个角. 又每个角都对应一个 2 人组，且不同的 2 人组对应的角不同，于是

$$S=tC_{12k}^2.$$

所以

$$12kC_{3k+6}^2=tC_{12k}^2,$$

解得

$$t=\frac{(3k+6)(3k+5)}{12k-1}=\frac{9k^2+33k+30}{12k-1}.$$

所以

$$12k-1\mid 9k^2+33k+30.$$

又 $(3,12k-1)=1$，于是

$$12k-1\mid 3k^2+11k+10,\quad 12k-1\mid 12k^2+44k+40,$$

而

$$12k^2+44k+40=(12k-1)(k+4)+44-3k,$$

所以

$$12k-1\mid 44-3k,\quad 12k-1\mid 176-12k,$$

$$12k-1\mid 175,\quad 12k-1\mid 25\times 7.$$

注意到 $12k-1$ 模 4 余 3，所以

$$12k-1=7,5\times 7,5^2\times 7,$$

其中只有 $12k-1=5\times 7$ 有整数解 $k=3$，$t=6$，所以会议的人数只可能是 36.

下面证明：36 人的会议是可能的，即存在 36 阶图 G，G 中每个点的度是 15，并且对每一对点，同时与它们相连的点都有 6 个.

先作 6 个完全图 K_6，每个完全图的顶点都用 1,2,3,4,5,6 编号. 现在将这 6 个完全图的有关点用边连接，构成图 G：将 G 中的顶点记为 (i,j)，它表示第 i 个完全图中的第 j 个顶点.

注意到每个点已与所在完全图中的 5 个点相连(即横坐标相同的点都相连)，现将纵坐标相同的点都相连，则每个点又连了 5 条边.

再将坐标有序差同余的点相连，即 $i-j\equiv i'-j'\pmod 6$，则 (i,j) 与 (i',j') 相连.

这样，每个点又引出了 5 条边，比如，$(1,2)$ 与 $(2,3)$，$(3,4)$，$(4,5)$，$(5,6)$，$(6,1)$ 相连. 所以每个点都连了 15 条边且每个点向它不在的完全图都有 2 点相连，其中一个点与它的纵坐标相同，另一个点与它的坐标差同余.

对任意两个点，若某个点与它们都相连，则称这两个点对了一个角. 下面证明 G 中的任何两个点都对了 6 个角.

实际上，考察任意的两个点 (i,j)，(i',j')，若 $i=i'$，即这两个点在同一个完全图中，于是它们在该完全图中对了 4 个角.

此外，恰有两个点 $(i'-j'+j,j)$ 和 $(i-j+j',j')$，这两个点与它们相连，所以它们共对了 6 个角.

若 $i\neq i'$，且 $i-j=i'-j'$，则 (i,j') 和 (i',j) 与它们都相连. 此外，对 i,i' 以外的 4 个 i''，点 $(i'',i''-i+j)$ 与它们都相连，其他点都不同时与它们相连. 所以它们对了 6 个角.

若 $i\neq i'$，且 $i-j\neq i'-j'$，则 (i,j')，(i',j)，$(i,i-i'+j')$ 和 $(i',i'-i+j)$ 与它们都相连. 此外，还有两点 $(i'-j'+j,j)$，

$(i-j+j',j')$与它们都相连，其他点都不同时与它们相连. 所以它们对了 6 个角.

上述构造用矩形点阵解释则非常直观明了.

用 6×6 的点阵表示图中的 36 个顶点，将同一行的点两两相连，同一列的点两两相连，同一条 135° 对角线的点两两相连，则每个点连了 15 条边.

对任何两个点 A，B，如果 A，B 在同一行，则 A，B 与该行中的 4 个点都相连，得到 4 个角；又 A 所在的列与 B 所在的对角线有一个交点，得到 1 个角；B 所在的列与 A 所在的对角线有一个交点，得到 1 个角，于是由 A，B 共得到 6 个角.

如果 A，B 在同一列，由对称性，A，B 也得到 6 个角.

如果 A，B 在同一条 135° 对角线，则 A，B 与该对角线中的 4 个点都相连，得到 4 个角；又 A 所在的行与 B 所在的列有一个交点，得到 1 个角；B 所在的行与 A 所在的列有一个交点，得到 1 个角，于是 A，B 共得到 6 个角.

如果 A，B 既不同行，也不同列，且不在同一条 135° 对角线，则 A 所在的行与 B 所在的列、对角线有 2 个交点，得到 2 个角；A 所在的列与 B 所在的行、对角线有 2 个交点，得到 2 个角；A 所在的对角线与 B 所在的行、列有 2 个交点，张 2 个角. 于是 A，B 共得到 6 个角.

综上所述，参加会议的人数为 36.

例 4 有 14 人进行一种日本棋循环赛，每个人都与另外 13 个人比赛一局，比赛结果中无“平局”. 如果三个人之间的比赛结果是每个人都胜一局负一局，则称这 3 人是一个“三联角”，求“三联角”个数的最大值.（2002 年日本数学奥林匹克试题）

分析与解 本题原来的解答过程较烦琐，我们采用对“关联元”算两次的技巧，得到如下的巧妙解法：

用点表示人，如果 A 战胜了 B，则连一条由 A 到 B 的有向边，称

为 A 的出边，B 的入边．若一个顶点引出一条入边和一条出边，则称之为一个异向角，计算异向角的总数 S．

一方面，采用“捆绑计算”，设共有 x 个三联角，则非三联角的三点组有 $C_{14}^{3}-x=364-x$ 个．每个三联角有 3 个异向角，每个非三联角的三点组有 1 个异向角，且每个异向角都恰好在一个三点组中出现一次，于是，异向角的总数

$$S=3x+(364-x)=2x+364.$$

另一方面，采用“分散计算”，考察任意一个顶点 A，设它引出 a 条出边，$13-a$ 条入边，则以 A 为顶点的异向角数目

$$a(13-a)\leqslant\left(\frac{a+(13-a)}{2}\right)^{2}=\frac{169}{4}<43,$$

从而以 A 为顶点的异向角至多有 42 个．由对称性，有

$$S\leqslant 42\cdot 14.$$

所以

$$2x+364\leqslant 42\cdot 14,$$

解得 $x\leqslant 112$．

注意到 $C_{14}^{2}=91=14\times 6+7$，所以当 $\{w_1,w_2,\cdots,w_{14}\}=\{6,6,6,6,6,6,6,7,7,7,7,7,7,7\}$ 时，$S=112$．

故所求最大值为 112．

另解　设 14 个人为 $A_1,A_2,\cdots,A_{14}$，他们胜的场数分别为 $w_1,w_2,\cdots,w_{14}$，则 $\sum\limits_{i=1}^{14}w_i=C_{14}^{2}=91$．

如果某三个人不组成“三联角”，那么这三个人中一定有一个人胜了其余两个人，于是含 A_i 的不是“三联角”的三人组有 $C_{w_i}^{2}$ 个(其中规定 $C_0^2=C_1^2=0$)，从而非三联角的三人组总数为 $\sum\limits_{i=1}^{14}C_{w_i}^{2}$，所以三联角的三人组总数 $S=C_{14}^{3}-\sum\limits_{i=1}^{14}C_{w_i}^{2}$．

下面求 $S' = \sum_{i=1}^{14} C_{w_i}^2$ 的最小值.

首先,比赛结果只有有限种,从而最小值一定存在.

其次,我们证明:当 $\sum_{i=1}^{14} C_{w_i}^2$ 达到最小时,对任何 $1 \leqslant i < j \leqslant 14$,一定有 $|w_i - w_j| \leqslant 1$.

实际上,若存在 $1 \leqslant i < j \leqslant 14$,使 $w_i - w_j \geqslant 2$,则令

$$y_i = w_i - 1, \quad y_j = w_j + 1, \quad y_k = w_k (k \neq i, j),$$

于是

$$\begin{aligned}\sum_{i=1}^{14} C_{w_i}^2 - \sum_{i=1}^{14} C_{y_i}^2 &= C_{w_i}^2 + C_{w_j}^2 - (C_{w_i-1}^2 + C_{w_j+1}^2) \\ &= w_i - w_j - 1 > 0,\end{aligned}$$

与 $\sum_{i=1}^{14} C_{w_i}^2$ 为最小矛盾.

或者,在得到非三联角的三人组总数为 $\sum_{i=1}^{14} C_{w_i}^2$ 后,由对称性,非三联角的三人组总数亦为 $\sum_{i=1}^{14} C_{l_i}^2$,于是非三联角的三人组总数为 $\frac{1}{2}\sum_{i=1}^{14}(C_{l_i}^2 + C_{w_i}^2)$.

由于 $w_i + l_i = 13$,所以 $w_i^2 + l_i^2 = \frac{1}{2}(13^2 + (w_i - l_i)^2) \geqslant 85$,从而 $C_{w_i}^2 + C_{l_i}^2 = \frac{w_i^2 + l_i^2}{2} - \frac{13}{2} \geqslant 36$,于是

$$\frac{1}{2}\sum_{i=1}^{14}(C_{l_i}^2 + C_{w_i}^2) \geqslant \frac{1}{2}\sum_{i=1}^{14} 36 = 252.$$

故三联角数目 $S \leqslant C_{14}^3 - 252 = 112$.

例 5 平面上任意给 n 个点 $P_1, P_2, \cdots, P_n$,其中任意 3 点不共线,将每个点 $P_i (1 \leqslant i \leqslant n)$ 任意染红蓝二色之一,设 S 是顶点集合在 $\{P_1, P_2, \cdots, P_n\}$ 中的一些三角形集合,且具有性质:对每一条线段

$P_iP_j(1\leqslant i<j\leqslant n)$，它们在 S 各个三角形中出现的次数都相同. 试求最小的 n，使得 S 中总有两个三角形，每一个三角形的顶点都同色.（2007 年 IMO 中国国家集训队测试题）

分析与解　对于涉及“三角形”的问题，通常的手法是去掉三角形的一条边得到“角形”关联元. 但对于本题，由于含有的关键性条件是：每一条线段 $P_iP_j(1\leqslant i<j\leqslant n)$ 在 S 各个三角形中出现的次数都相同，它给出的是关于线段的信息，由此想到应去掉三角形的两条边，得到更简单的关联元：线段.

先计算所有线段出现的总次数.

一方面，采用“分散计算”，因为有 n 个点，共有 C_n^2 条线段，而每条线段在各个三角形中出现 k 次，从而线段出现的总次数为 kC_n^2.

另一方面，采用“捆绑计算”，每个三角形中有 3 条边，又共有 $|S|$ 个三角形，从而线段出现的总次数为 $3|S|$. 所以

$$3|S|=kC_n^2,\quad |S|=\frac{1}{3}kC_n^2.$$

下面计算所有异色线段（两端点不同色的线段）出现的总次数.

一方面，采用“分散计算”，设 $P_1,P_2,\cdots,P_n$ 中有 n_1 个红点，有 n_2 个蓝点（$n_1+n_2=n$），则产生 n_1n_2 条异色线段.

又由条件知，每条异色线段在 S 中都出现 k 次，于是异色线段共出现 kn_1n_2 次.

另一方面，采用“捆绑计算”，设 S 中有 x 个同色三角形，则 S 中有 $\frac{1}{3}kC_n^2-x$ 个异色三角形，每个异色三角形有两条异色线段，于是 S 中共有 $2\left(\frac{1}{3}kC_n^2-x\right)$ 条异色线段. 所以

$$kn_1n_2=2\left(\frac{1}{3}kC_n^2-x\right),$$

$$x=\frac{k}{6}(2C_n^2-3n_1n_2)\geqslant\frac{1}{6}\left(2C_n^2-3\left(\frac{n_1+n_2}{2}\right)^2\right)$$

$$=\frac{1}{6}\cdot n\left(\frac{n}{4}-1\right)=\frac{1}{24}n(n-4).$$

当 $n=8$ 时，$x\geqslant\frac{1}{24}n(n-4)=\frac{1}{24}\cdot 8\cdot 4>1$，所以 $x\geqslant 2$，故 $n=8$ 合乎条件.

当 $n=7$ 时，易知 n 不合乎条件.

构造反例如下(原来的构造)：将1,2,4染红色，3,5,6,7染蓝色，取

$$S=\{\{1,2,4\},\{2,3,5\},\{3,4,6\},\{4,5,7\},\{5,6,1\},\{6,7,2\},\{7,1,3\}\},$$

则每条边 ij 恰出现在一个三角形中，但没有两个同色三角形.

这样的构造并不自然，比如，为何取1,2,4为红色？而且还遗漏了 $n<7$ 的构造，但它并不是显然的，因为此时仍然要保证每一条线段在各个三角形中出现的次数都相同并不容易. 实际上，由我们后面的构造可知，$n=6$ 时的构造还是颇费周折的.

我们将其构造改进如下：当 $n=7$ 时，假设每条边都在 S 中出现 k 次，由于有 $C_7^2=21$ 条边，所有边在 S 中共出现 $21k$ 次，而每个三角形有3条边，从而要构造 $\frac{21k}{3}=7k$ 个三角形. 为方便，取 $k=1$，需要构造7个三角形.

设7个点分别为1,2,…,7，先取1,2,3为顶点的三角形，记为(1,2,3)，考察边14出现一次，构造(1,4,5). 考察边16出现一次，构造(1,6,7). 考察边24出现一次，构造(2,4,6)(因为边45已出现，不能是(2,4,5))，考察边25出现一次，构造(2,5,7)，考察边34出现一次，构造(3,4,7)(因为边46已出现，不能是(3,4,6))，最后构造(3,4,6). 于是，令

$$S=\{(1,2,3),(1,4,5),(1,6,7),(2,4,6),(2,5,7),(3,4,7),(3,5,6)\}.$$

将1,2,3染红色，4,5,6,7染蓝色，则每条边 ij 恰出现在一个三

角形中,但没有2个同色三角形.

当 $n=6$ 时,假设每条边都在 S 中出现 k 次,由于有 $C_6^2=15$ 条边,所有边在 S 中共出现 $15k$ 次,由于每个三角形有3条边,从而要构造 $\frac{15k}{3}=5k$ 个三角形.

但不能取 $k=1$,实际上,有5条含1的边(以1为端点之一),每条边都在 S 中出现 k 次,于是,含1的边在 S 中共出现 $5k$ 次.另一方面,如果1在某个三角形中,则有两条含1的边,即含1的边成对出现,所以 $5k$ 为偶数,即 k 为偶数.

取 $k=2$,则需要构造10个三角形.

为了直观,用一个 6×10 的表来表示所构造的 S:设第 j 个三角形的顶点为 a,b,c,则在第 j 列,第 a,b,c 行位置标上记号(黑点),由于每列3个点,共30个点,从而可构造每行5个点.

不妨设第一行的5个点在前5列,先取三角形(1,2,3),考察边12还要出现一次,构造(1,2,4).考察边13还出现一次,构造(1,3,5)……如此下去(尽可能先取较小的数,字典排法),得到前面4列的构造如图4.3所示.

	1	2	3	4	5	6	7	8	9	10
1	·	·	·	·	·					
2	·	·				·	·	·		
3	·		·						·	·
4		·		·						
5			·	·						
6					·					

图4.3

但此时边16无法出现两次,于是将第4列调整为(1,4,6),构造可继续进行字典排法,得到前面7列的构造如图4.4所示.

	1	2	3	4	5	6	7	8	9	10
1	•	•	•	•	•					
2	•	•				•	•	•		
3	•		•			•			•	•
4		•		•		•				
5			•		•		•			
6				•	•		•			

图 4.4

但此时边 25 无法出现两次,于是将第 6 列调整为(2,3,5),构造可继续进行字典排法,得到前面 7 列的构造如图 4.5 所示.

	1	2	3	4	5	6	7	8	9	10
1	•	•	•	•	•					
2	•	•				•	•	•		
3	•		•			•			•	•
4		•		•			•			
5			•		•	•	•			
6				•	•			•		

图 4.5

但此时边 26 无法出现两次,于是将第 7 列调整为(2,4,6),构造可继续进行字典排法,得到前面 9 列的构造如图 4.6 所示.

	1	2	3	4	5	6	7	8	9	10
1	•	•	•	•	•					
2	•	•				•	•	•		
3	•		•			•			•	•
4		•		•			•		•	
5			•		•	•		•		
6				•	•		•	•	•	

图 4.6

但此时边 34,边 36 无法都出现两次,且第 9 列无法调整,于是只能将前面的第 3 列调整为(1,3,6),再按字典排法,得到前面 6 列的构造如图 4.7 所示.

	1	2	3	4	5	6	7	8	9	10
1	·	·	·	·	·					
2	·	·				·	·	·		
3	·		·			·				
4		·		·		·				
5				·	·		·			
6			·		·		·			

图 4.7

但此时边 25,边 26 无法都出现两次,于是将第 6 列调整为(2,3,5),再按字典排法,得到前面 7 列的构造如图 4.8 所示.

	1	2	3	4	5	6	7	8	9	10
1	·	·	·	·	·					
2	·	·				·	·	·		
3	·		·			·				
4		·		·			·			
5				·	·	·	·			
6			·		·					

图 4.8

但此时边 26 无法出现两次,于是将第 7 列调整为(2,4,6),再按字典排法,得到合乎条件的构造如图 4.9 所示.

于是,令 $S=\{(1,2,3),(1,2,4),(1,3,6),(1,4,5),(1,5,6),(2,3,5),(2,4,6),(2,5,6),(3,4,5),(3,4,6)\}$,将 1,2,3 染红

色,4,5,6 染蓝色,则每条边 ij 恰出现在两个三角形中,但没有两个同色三角形.

	1	2	3	4	5	6	7	8	9	10
1	·	·	·	·	·					
2	·	·				·	·	·		
3	·		·			·			·	·
4		·		·			·		·	·
5				·	·	·		·	·	
6			·		·		·	·		·

图 4.9

如果 $n\leqslant5$,则将 1,2,3 染红色,其余染蓝色,则最多有一个红色三角形,没有蓝色三角形,从而没有两个同色三角形.

综上所述,n 的最小值为 8.

例 6 在二色 K_8 中,求同色三角形的个数的最小值.

分析与解 设图 G 中共有 x 个同色三角形,计算 G 中异色角的总数 S.

一方面,每个同色三角形没有异色角,每个异色三角形有两个异色角,于是 $S=2(C_8^3-x)=2(56-x)=112-2x$.

另一方面,对每个给定的点 x,设 x 引出了 r 条红色边,$7-r$ 条蓝色边,则以 x 为顶点的异色角的个数为

$$C_r^1C_{7-r}^1=r(7-r)\leqslant\left[\left(\frac{7}{2}\right)^2\right]=12.$$

所以 $S\leqslant12\times8=96$,故 $112-2x=S\leqslant96$,解得 $x\geqslant8$.

下面构造一种染色方案,使其恰有 8 个同色三角形.自然想法是,尽可能作同色边,使之无三角形.由此想到,将凸 8 边形的 8 条边和尽可能多的对角线都染红色,且无红色三角形.注意到“无红色三角形”等价于“任何 3 点中有 2 点连蓝边”,这恰好是任何 3 点中有 2

点在同一抽屉.于是,将 8 个点划分为 2 个集合,每个集合中 4 个点,同组的 4 个点之间连蓝色线段,分别属于不同两组之中的两个点之间连红色线,则图中恰有 8 个同色三角形.

实际上,任何 3 点组必有 2 点在同一集合中,从而无红色三角形,而蓝色三角形恰有 8 个(图 4.10).

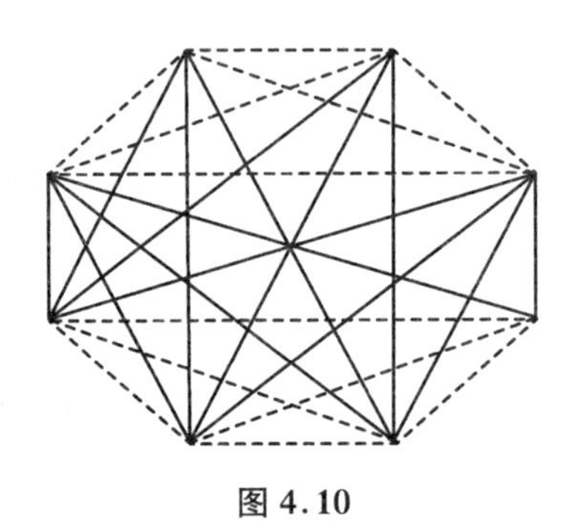

图 4.10

将上述问题推广,我们得到如下一般性结论,其中的构造是较为困难而有趣的.

例 7 在 2-色 K_n 中,同色三角形的个数的最小值记为 f_n,则

$$f_n=\begin{cases}\dfrac{n(n-2)(n-4)}{24} & (n\equiv 0\ (\bmod 2));\\[2ex] \dfrac{n(n-1)(n-5)}{24} & (n\equiv 1\ (\bmod 4));\\[2ex] \dfrac{(n+1)(n-3)(n-4)}{24} & (n\equiv 3\ (\bmod 4)).\end{cases}$$

分析与证明 设图 G 中共有 t 个同色三角形,计算 G 中异色角的总数 S.

一方面,采用“捆绑计算”,每个同色三角形没有异色角,每个异色三角形有两个异色角,又有 C_n^3-t 个异色三角形,于是

$$S=2(C_n^3-t).$$

另一方面,采用“分散计算”,对每个给定的点 a_i,设 a_i 引出了

x_i 条红色边，$n-1-x_i$ 条蓝色边，则以 a_i 为顶点的异色角的个数为 $x_i(n-1-x_i)$，于是

$$S=\sum_{i=1}^{n}x_i(n-1-x_i).$$

所以

$$2(C_n^3-t)=\sum_{i=1}^{n}x_i(n-1-x_i).$$

现在对 $S=\sum_{i=1}^{n}x_i(n-1-x_i)$ 求极值，即可得到上述答案.

（1）当 $n=2m$ 时

$$S=\sum_{i=1}^{n}x_i(n-1-x_i)=\sum_{i=1}^{n}(x_i(n-1)-x_i^2)$$

$$=\sum_{i=1}^{n}\left(-\left(x_i-\frac{n-1}{2}\right)^2+\frac{(n-1)^2}{4}\right),$$

而 $n=2m$ 为偶数，所以$\frac{n-1}{2}$非整数，于是

$$\left|x_i-\frac{n-1}{2}\right|\geqslant\frac{1}{2},$$

因此

$$S=\sum_{i=1}^{n}\left(-\left(x_i-\frac{n-1}{2}\right)^2+\frac{(n-1)^2}{4}\right)$$

$$\leqslant\sum_{i=1}^{n}\left(-\left(\frac{1}{2}\right)^2+\frac{(n-1)^2}{4}\right)=\frac{n^2(n-2)}{4},$$

$$2(C_n^3-t)=S\leqslant\frac{n^2(n-2)}{4},$$

故

$$2t\geqslant 2C_n^3-\frac{n^2(n-2)}{4}=\frac{n(n-1)(n-2)}{3}-\frac{n^2(n-2)}{4}$$

$$=\frac{n(n-2)(n-4)}{12}=\frac{2m(2m-2)(2m-4)}{12}$$

$$= \frac{2m(m-1)(m-2)}{3},$$

$$t \geqslant \frac{m(m-1)(m-2)}{3}.$$

等号在所有 $\left| x_i - \frac{n-1}{2} \right| = \frac{1}{2}$ 时成立（$1 \leqslant i \leqslant n$），此时每个点引出的红边数与蓝边数都恰好相差 1.

构造方案 1：从等号成立的条件入手，设想 n 个点 $A_1, A_2, \cdots, A_n$ 在圆周上将圆周 n 等分，称相邻两个点之间的劣弧为一段单位弧，对于边 A_iA_j（$1 \leqslant i < j \leqslant n$），如果它所对的不大于半圆的弧上有 k 段单位弧，则称之为 k 级边.

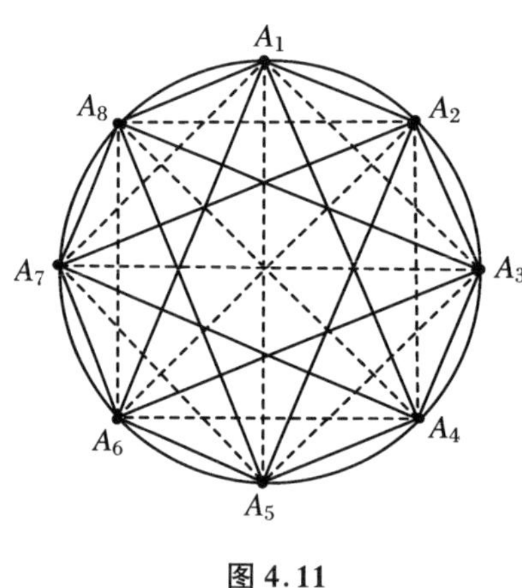

图 4.11

当 $n = 2m$ 时，每个点引出 $2m-1$ 条边，其中 $1, 2, \cdots, m-1$ 级的边各有 2 条，而 m 级边恰有 1 条. 令级别为奇数的所有边染红色，其余的边染蓝色（图 4.11），则每个点引出的红色边比蓝色边多一条.

此时，对所有 $i = 1, 2, \cdots, n$，有 $x_i = \frac{n+1}{2}$，于是 $\left| x_i - \frac{n-1}{2} \right| = \frac{1}{2}$，从而上述不等式等号成立，故 $f_n = \frac{m(m-1)(m-2)}{3}$.

构造方案 2：从数据特征入手，注意到 $\frac{m(m-1)(m-2)}{3} = 2C_m^3$，作两个 m 阶完全图 K_m^1, K_m^2，将它们的边都染红色（图4.12），而对于 K_m^1, K_m^2 之间的边则染蓝色，此时没有蓝色三角形，而红色三角形的个数为 $2C_m^3 = \frac{m(m-1)(m-2)}{3}$，故 $f_n = \frac{m(m-1)(m-2)}{3}$.

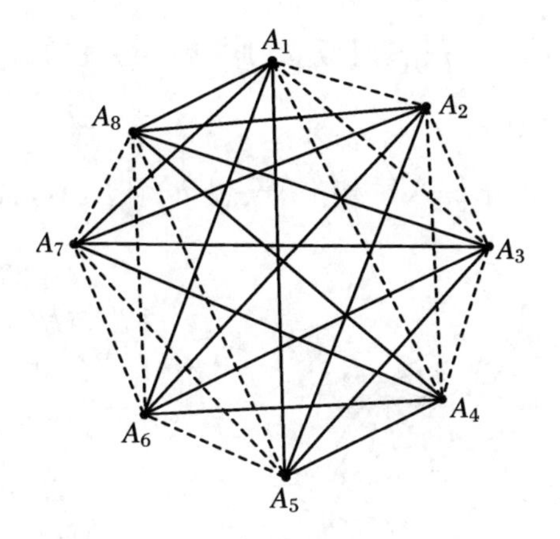

图 4.12

当 $n=4m+1$ 时

$$S=\sum_{i=1}^{n}x_i(n-1-x_i)=\sum_{i=1}^{n}(x_i(n-1)-x_i^2)$$

$$=\sum_{i=1}^{n}\left(-\left(x_i-\frac{n-1}{2}\right)^2+\frac{(n-1)^2}{4}\right)$$

$$\leqslant\sum_{i=1}^{n}\frac{(n-1)^2}{4}=\frac{n(n-1)^2}{4},$$

$$2(C_n^3-f_n)=S\leqslant\frac{n(n-1)^2}{4},$$

所以

$$2f_n\geqslant 2C_n^3-\frac{n(n-1)^2}{4}=\frac{n(n-1)(n-2)}{3}-\frac{n(n-1)^2}{4}$$

$$=\frac{n(n-1)(n-5)}{12}=\frac{4m(4m+1)(4m-4)}{12}$$

$$=\frac{4m(4m+1)(m-1)}{3},$$

$$f_n\geqslant\frac{2m(m-1)(4m+1)}{3}.$$

等号在所有 $x_i=\frac{n-1}{2}$ 时成立（$1\leqslant i\leqslant n$），此时每个点引出的红边数与蓝边数都相等.

从等号成立的条件入手构造，设想 n 个点 $A_1,A_2,\cdots,A_n$ 在圆周上将圆周 n 等分.

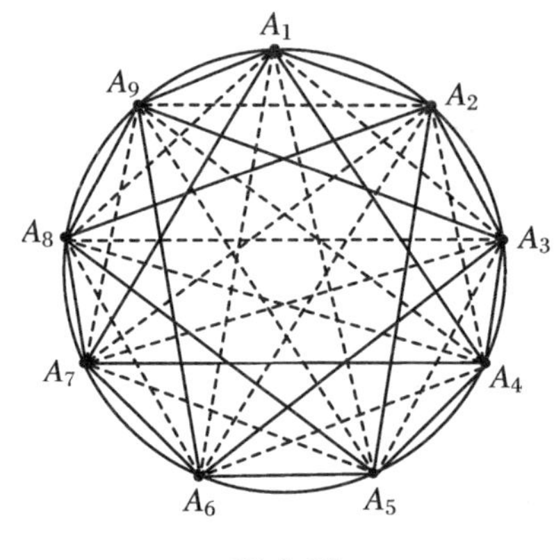

图 4.13

当 $n=4m+1$ 时，每个点引出 $4m$ 条边，其中 $1,2,\cdots,2m$ 级的边各有 2 条，令级别为奇数的所有边染红色，其余的边染蓝色（图 4.13），则每个点引出的红色边数与蓝色边数相等，此时对所有 $i=1,2,\cdots,n$，有 $x_i=\frac{n-1}{2}$，于是 $\left|x_i-\frac{n-1}{2}\right|=0$，从而上述不等式等号成立，故

$f_n=\frac{2m(m-1)(4m+1)}{3}$.

当 $n=4m+3$ 时

$$S=\sum_{i=1}^{n}x_i(n-1-x_i)=\sum_{i=1}^{n}(x_i(n-1)-x_i^2)$$
$$=\sum_{i=1}^{n}\left(-\left(x_i-\frac{n-1}{2}\right)^2+\frac{(n-1)^2}{4}\right)$$
$$\leqslant\sum_{i=1}^{n}\frac{(n-1)^2}{4}=\frac{n(n-1)^2}{4}.$$

若 $S=\frac{n(n-1)^2}{4}$，则对所有 $i=1,2,\cdots,n$，有 $x_i=\frac{n-1}{2}$，此时

$$\sum_{i=1}^{n}x_i=n\cdot\frac{n-1}{2}=(4m+3)\cdot\frac{4m+2}{2}=(4m+3)(2m+1),$$

从而所有红色边数为$\frac{(4m+3)(2m+1)}{2}$，非整数，矛盾，所以

$$S \leqslant \frac{n(n-1)^2}{4} - 1,$$

$$2(C_n^3 - f_n) = S \leqslant \frac{n(n-1)^2}{4} - 1.$$

故

$$\begin{aligned} 2f_n &\geqslant 2C_n^3 - \frac{n(n-1)^2}{4} + 1 \\ &= \frac{n(n-1)(n-2)}{3} - \frac{n(n-1)^2}{4} + 1 \\ &= \frac{n(n-1)(n-5)}{12} + 1 \\ &= \frac{4m(4m+3)(4m-2)}{12} + 1 = \frac{4m(m+1)(4m-1)}{3}, \end{aligned}$$

$$f_n \geqslant \frac{2m(m+1)(4m-1)}{3}.$$

等号在有 $n-1$ 个 $i \in \{1,2,\cdots,n\}$，使 $x_i = \frac{n-1}{2}$，且令一个 $i \in \{1,2,\cdots,n\}$，使 $\left| x_i - \frac{n-1}{2} \right| = 1$ 时成立，此时有 $n-1$ 个点，每点引出的红边数与蓝边数都相等，而另外一个点引出的红边数与蓝边数相差 2.

从等号成立的条件入手构造，设想 n 个点 $A_1, A_2, \cdots, A_n$ 在圆周上将圆周 n 等分.

当 $n = 4m+3$ 时，每个点引出 $4m+2$ 条边，其中 $1,2,\cdots,2m+1$ 级的边各有 2 条，令级别为小于 $2m+1$ 的奇数的所有边染红色，级别为偶数的所有边染蓝色（图 4.14）. 此外，考察所有级别为 $2m+1$ 的边，它们在图中恰好构成一个长为 n 的圈 $A_1A_{2m+2}A_{4m+3}A_{2m+1}A_{4m+2}A_{2m}\cdots A_{2m+3}A_1$. 在此圈中，将边 A_1A_{2m+2}，$A_{2m+3}A_1$ 染红色，而其他的边的染色使得圈中其他任何两条相邻的边都异色，则除顶点 A_1 外，其他每个点都引出 1 条红色

的 $2m+1$ 级的边和 1 条蓝色的 $2m+1$ 级的边，而顶点 A_1 则引出 2 条红色的 $2m+1$ 级的边. 于是，除顶点 A_1 外，其他每个点引出的红色边数与蓝色边数相等，而顶点 A_1 引出的红色边数比蓝色边数多 2，这样，对所有 $i=2,3,\cdots,n$，有 $x_i=\frac{n-1}{2}$，即 $\left|x_i-\frac{n-1}{2}\right|=0(2\leqslant i\leqslant n)$，而 $x_1=\frac{n-1}{2}+1=\frac{n+1}{2}$，即 $\left|x_1-\frac{n-1}{2}\right|=1$，从而上述不等式等号成立，故 $f_n=\frac{2m(m+1)(4m-1)}{3}$.

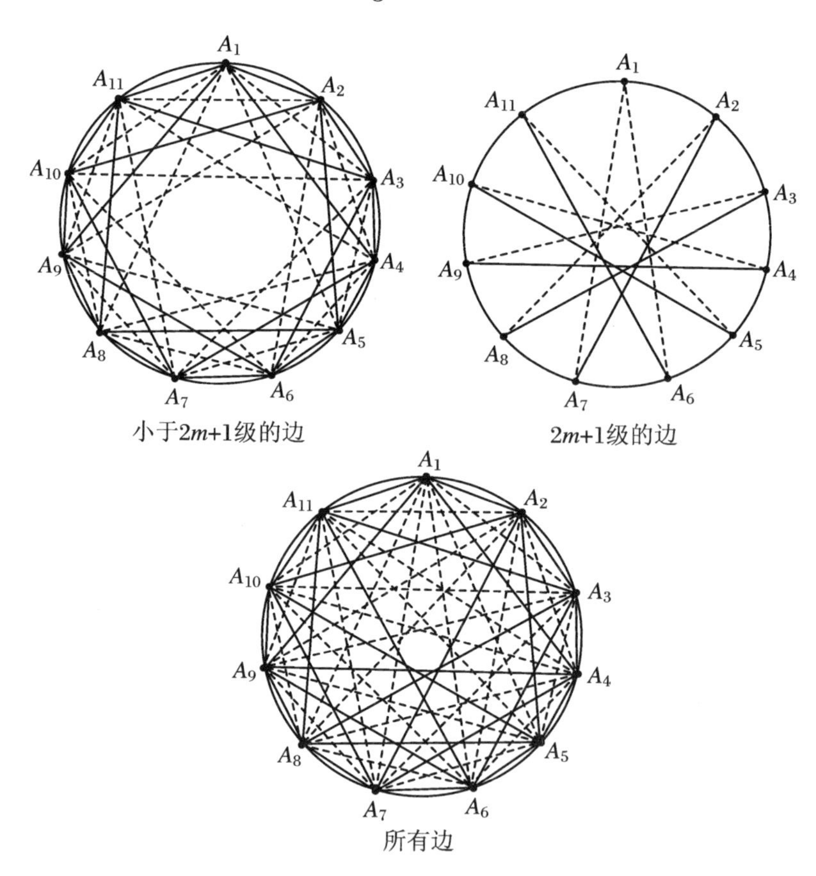

图 4.14

例 8 给定大于 1 的正整数 n，对正整数 m，令 $S_m=\{1,2,3,\cdots,mn\}$，若 S_m 的子集族 $A=\{A_1,A_2,\cdots,A_{2n}\}$ 满足：

(1) 对任何 $1\leqslant i\leqslant 2n$，有 $A_i\subseteq S_m$，$|A_i|=m$；

(2) 对任何 $1\leqslant i<j\leqslant 2n$，有 $|A_i\cap A_j|\leqslant 1$；

(3) 对任何 $x\in S_m$，恰存在一组 i,j，其中 $1\leqslant i<j\leqslant 2n$，使 $x\in A_i\cap A_j$.

求 m 的最大值.(IMO 美国国家队选拔考试试题)

分析与解 $m_{\max}=2n-1$. 构造如下关联元集合：

$$U=\{(i,\{A_j,A_k\})\mid i\in A_j\cap A_k,A_j\neq A_k,A_j,A_k\in A\}.$$

显然，U 是由所有这样的 3 元组(i,A_j,A_k)组成的，其中 A_j，A_k 是A 中互异的、无序的且包含 i 的 2 元对.

对$|U|$算两次：

一方面，采用"分散计算"，由条件(3)，每个 $i\in S_m$，都有唯一的$\{A_j,A_k\}$，使 $i\in A_j\cap A_k$，而 i 有 mn 种选择，所以$|U|=mn$.

另一方面，采用"捆绑计算"，由条件(2)，每个$\{A_j,A_k\}$，最多有一个 $i\in S_m$，使 $i\in A_j\cap A_k$，而$\{A_j,A_k\}$有 $C_{2n}^2=(2n-1)n$ 种选择，所以$|U|\leqslant(2n-1)n$.

于是，$mn\leqslant(2n-1)n$，从而 $m\leqslant 2n-1$.

当 $m=2n-1$ 时，我们给出两种构造方案.

方案 1(递归构造)：对 $n=2$，有 $m=2n-1=3$，此时

$$S_m=\{1,2,3,4,5,6\}.$$

令

$$A=\{\{1,2,3\},\{4,5,6\},\{1,3,5\},\{2,4,6\}\},$$

则 A 合乎条件，从而 $m_{\max}=3$.

假定对正整数 $n\geqslant 2$，有 $m_{\max}=2n-1$，相应的集合

$$A=\{A_1,A_2,\cdots,A_{2n}\}.$$

那么，对正整数 $n+1$，设 $m=2n+1$，则

$$S_m=\{1,2,3,\cdots,n(2n-1),a_1,a_2,\cdots,a_{4n+1}\},$$

其中

$$a_1=n(2n-1)+1,\quad a_2=n(2n-1)+2,\quad \cdots,$$

$$a_{4n+1}=mn=(n+1)(2n+1).$$

我们来构造合乎条件的 A.

对 $k=1,2,\cdots,2n$,记

$$B_k=A_k\cup\{a_{2k-1},a_{2k}\},$$

$$B_{2n+1}=\{a_1,a_3,\cdots,a_{4n-1},a_{4n+1}\},$$

$$B_{2n+2}=\{a_2,a_4,\cdots,a_{4n},a_{4n+2}\},$$

则 $A=\{B_1,B_2,\cdots,B_{2n+2}\}$合乎条件.

故 $m_{\max}=2n-1$.

方案 2(等价构造,建立对应):当 $m=2n-1$ 时,$m+1=2n$.注意到

$$C_{2n}^2=(2n-1)n=mn.$$

不妨设 S_m 是 $mn=C_{2n}^2$ 个无序二元对$\{i,j\}$(其中 $1\leqslant i<j\leqslant 2n=m+1$)的集合,即建立$\{1,2,\cdots,mn\}$到 C_{2n}^2 个无序二元对$\{i,j\}$的集合之间的一一对应.令 A_k 是那些含有 k 的无序二元对的集合,即

$$A_i=\{\{k,i\}\mid 1\leqslant k\leqslant 2n,k\neq i\},$$

那么:

(1) 对任何 $1\leqslant i\leqslant 2n$,有 $A_i\subseteq S_m$,$|A_i|=2n-1=m$;

(2) 对任何 $1\leqslant i<j\leqslant 2n$,有$|A_i\cap A_j|=|\{i,j\}|=1$;

(3) 对任何 $x=\{i,j\}\in S_m$,恰存在一组 i,j,其中 $1\leqslant i<j\leqslant 2n$,使 $x=\{i,j\}\in A_i\cap A_j$.

故 $A=\{A_1,A_2,\cdots,A_{2n}\}$满足要求.

例 9 设 $M=\{a_1,a_2,\cdots,a_{20}\}$是 20 个互异正整数的集合,使得集合 $X=\{a_i+a_j\mid 1\leqslant i\leqslant j\leqslant 20\}$恰好有 201 个元素,求集合 $Y=\{|a_i-a_j|\mid 1\leqslant i\leqslant j\leqslant 20\}$中元素个数的最小值.

分析与解 先了解条件 $X=\{a_i+a_j \mid 1\leqslant i\leqslant j\leqslant 20\}$ 恰好有 201 个元素的意义. 由 20 个互异正整数 $a_1, a_2, \cdots, a_{20}$ 中任意两个相加，可得到 $C_{20}^2+20=210$ 个"和"，但 $|X|=201$，这表明这些"和"中恰好有 $210-201=9$ 个被重复计算. 由此想到，要构造合乎条件的集合 M，最简单情形的一个充分条件，是让一个"和"共出现 10 次，或者有 9 个"和"各出现 2 次，而其余的"和"都只出现 1 次. 显然前者比后者更简单.

如何选择 $a_1, a_2, \cdots, a_{20}$，才能使其中有一个"和"共出现 10 次呢？考察一种特殊情形，比如为 0 的"和"出现 10 次，此时，构造 10 对相反数 $p_i, -p_i (i=1,2,\cdots,10)$ 即可. 但我们要求各数是互异正整数，于是，将上述各数作一个平移，同时加上一个充分大的数 a，这样，我们构造的集合 M 具有如下的形式：

$$M=\{a\pm p_1, a\pm p_2, \cdots, a\pm p_{10}\}.$$

现在，我们要选择适当的 p_i，使其余的"和"都只出现 1 次，这等价于 $\{p_1, p_2, \cdots, p_{10}\}$ 中任何两个元素的和与差两两不同. 找一个充分条件，将其拓广为 $\{p_1, p_2, \cdots, p_{10}\}$ 中任何多个元素的任意代数和 $p_{i_1}\pm p_{i_2}\pm\cdots\pm p_{i_k}$ 都不为 0.

进一步，再找一个简单情形的充分条件：存在正整数 m，使

$$p_{i_1}\pm p_{i_2}\pm\cdots\pm p_{i_k}\equiv 0 \pmod m.$$

上式成立的一个简单情形的充分条件是，有一个项不是 m 的倍数，比如该项为 1，而其余的项都是 m 的倍数，由此可见，取各 p_i 都为正整数 p 的幂即可($p>1$).

实际上，令 $p_i=p^i (1\leqslant i\leqslant 10)$，则对其中任意 $k(k\geqslant 2)$ 个数 $p_{i_1}, p_{i_2}, \cdots, p_{i_k} (i_1<i_2<\cdots<i_k)$，取 $m=p^{i_1+1}$，则 $m\mid p_{i_2}, \cdots, m\mid p_{i_k}$，而 $m\nmid p_{i_2}$，所以

$$p_{i_1}\pm p_{i_2}\pm\cdots\pm p_{i_k}\not\equiv 0 \pmod m.$$

特别地，可取 $p_i=10^i (1\leqslant i\leqslant 10)$. 再选取 a，使 M 中各数为正

整数，这只需 $a>10^{10}$ 即可，于是，可取 $a=10^{11}$，此时

$$M=\{10^{11}\pm10^1,10^{11}\pm10^2,\cdots,10^{11}\pm10^{10}\}$$

合乎条件.

现在，考察其对应的集合 Y，计算 Y 中的元素个数 $|Y|$.

设 x,y 是 M 中任意两个不同的元素，考察 $|x-y|$ 有多少可能取值，有以下几种情况：

(1) 若 $x,y\in\{10^{11}+10^i\mid1\leqslant i\leqslant10\}$，则 $|x-y|=|10^i-10^j|$ $(1\leqslant i<j\leqslant10)$，此时 $|x-y|$ 有 $C_{10}^2=45$ 个不同值.

(2) 若 $x,y\in\{10^{11}-10^i\mid1\leqslant i\leqslant10\}$，则 $|x-y|=|10^i-10^j|$ $(1\leqslant i<j\leqslant10)$，此时 $|x-y|$ 的 45 个值与(1)中的 45 个值完全相同；

(3) 若 $x\in\{10^{11}+10^i\mid1\leqslant i\leqslant10\}$，$y\in\{10^{11}-10^i\mid1\leqslant i\leqslant10\}$，不妨设 $x=10^{11}+10^i$，$y=10^{11}-10^j$，则当 $i=j$ 时，$|x-y|=2\cdot10^i(1\leqslant i\leqslant10)$，此时 $|x-y|$ 有 10 个不同值；当 $i\neq j$ 时，$|x-y|=10^i+10^j(1\leqslant i<j\leqslant10)$，此时 $|x-y|$ 有 45 个不同值.

所以 $|Y|=45+10+45=100$. 下面证明 $|Y|\geqslant100$.

我们要证明的是，对任何合乎条件的集合 $M=\{a_1,a_2,\cdots,a_{20}\}$，$|a_i-a_j|(1\leqslant i<j\leqslant10)$ 至少有 100 个不同值.

用反证法. 假设存在合乎条件的集合 $M=\{a_1,a_2,\cdots,a_{20}\}$，使 $|a_i-a_j|(1\leqslant i<j\leqslant10)$ 只有 k 个不同值 $(k\leqslant99)$. 我们称 $|a_i-a_j|$ 为两数 a_i,a_j 的距离，由 $M=\{a_1,a_2,\cdots,a_{20}\}$ 中取两个不同元素计算其距离，共有 $C_{20}^2=190$ 个距离，但依假设，只有 $k\leqslant99$ 个不同的距离，令这 k 个不同的距离对应的 k 个数对的集合为 U（如果一个距离有多个数对，则取其中数字最小的一个数对属于 U），除 U 外的 $190-k\geqslant91$ 个数对的集合为 V，设 $(c,d)(c<d)$ 是 V 中的一个数对，则必定存在 U 中的一个数对 $(a,b)(a<b)$，使 $b-a=d-c$，由此得 $a+d=b+c$.

我们称这样得到的集合 $\{a,b,c,d\}(a+d=b+c,a<b\leqslant c<d)$

为一个好集,其中$\{a,b,c,d\}$可以划分为两个分别属于U,V的具有相等距离的数对.

由上可知,V中的至少91个数对对应至少91个好集.

容易证明,每个好集至多包含V中的2个数对.实际上,设$(x,y)(x<y)$是好集$\{a,b,c,d\}(a+d=b+c,a<b\leqslant c<d)$中属于$V$的一个数对,则有以下情况:

(1) $y=d$,此时由$d-c=b-a>0$,$d-b=c-a>0$,可知$x=b$或c,得到V中两个数对

$$(x,y)=(b,d),(c,d).$$

(2) $y=c$,此时由$c-a=d-b>0$,可知$x=a$,得到V中一个数对

$$(x,y)=(c,a).$$

但此时,$(b,d)\in U$,与选取U时"取最小者"的原则矛盾.

(3) $y=b$,此时由$b-a=d-c>0$,可知$x=a$,得到V中一个数对

$$(x,y)=(b,a).$$

但此时,$(c,d)\in U$,与选取U时"取最小者"的原则矛盾.

所以每个好集至多包含V中的2个数对,而V中至少有91个数对,从而不同好集的个数

$$S\geqslant\frac{91}{2},$$

又$S\in\mathbf{N}$,所以$S\geqslant 46$.

现在,从另一个角度估计好集个数.因为好集都是形如$\{a,b,c,d\}(a+d=b+c,a<b\leqslant c<d)$的集合,我们称这样的集合为拟好集,从而好集的个数不超过拟好集的个数S'.

下面估计拟好集的个数S',容易想到,将其和相等的数对(允许两数相同)归入同一集合,然后在同一个集合中任取两个不同数对便

构成一个拟好集.

因为$|X|=201$,即所有数对共有201个不同的和,记其和值分别为$s_1,s_2,\cdots,s_{201}$,设其和为$s_i(1\leqslant i\leqslant 201)$的数对有$t_i$个,其中

$$t_1+t_2+\cdots+t_{201}=C_{20}^2+20=210.$$

于是

$$S'=\sum_{i=1}^{201}C_{t_i}^2=\frac{1}{2}\sum_{i=1}^{201}t_i(t_i-1).$$

考察和为$s_i(1\leqslant i\leqslant 201)$的$t_i$个数对$\{a,b\}$,容易知道,其中任何两个不同数对不相交,否则,设$\{a,b\}\cap\{c,d\}\neq\varnothing$,$a+b=c+d$,若$a=c$,则$b=d$,有$\{a,b\}=\{c,d\}$.若$a=d$,则$b=c$,有$\{a,b\}=\{c,d\}$.

于是,20个数,至多构成10个互不相交的数对,从而$t_i\leqslant 10$,所以

$$S\leqslant S'=\frac{1}{2}\sum_{i=1}^{201}t_i(t_i-1)\leqslant\frac{10}{2}\sum_{i=1}^{201}(t_i-1)$$
$$=5\cdot(210-201)=45.$$

这与$S\geqslant 46$矛盾.

综上所述,$|Y|$的最小值为100.

4.4 总分

对于题中含有的一些对象,我们对每一个对象赋予一个“分值”,它类似于比赛选手在比赛中的得分,考察这些分值的总和,我们称之为“总分”.

比如某些元素在某些集合中出现的总次数,参加某种活动或完成某件事情的人次数,某些数集的元素的和,某种比赛中某些选手的实际得分的总和等.

计算总分也是算两次中常用的一种有效手段.

例1 有 A,B,C 三人进行乒乓球比赛，当其中两个人比赛时，另一个人做裁判，此场比赛中输者在下一场中当裁判，另两个人接着比赛.比了若干场以后，已知 A 共比了 a 场，B 共比了 b 场，求 C 比的场数的最小值.(原创题)

分析与解 设 C 共比了 c 场，则比赛的人次数之和为 $a+b+c$，但每场比赛产生两个比赛人次数，于是一共比赛$\frac{a+b+c}{2}$场.

所以，C 当裁判的场数为$\frac{a+b+c}{2}-c=\frac{a+b-c}{2}$.

因为若 C 在某场中当裁判，则他必在下一场中比赛，从而任何连续两场中 C 都不能连续当裁判，而 C 参与的 c 场比赛共产生 $c+1$ 个"空"(相邻两场比赛之间的位置)，而每个"空"中至多安排一次 C 做裁判，于是$\frac{a+b-c}{2}\leqslant c+1$，解得 $c\geqslant\frac{a+b-2}{3}$.

又 c 为整数，所以 $c\geqslant\left[\frac{a+b-2}{3}+\frac{2}{3}\right]=\left[\frac{a+b}{3}\right]$.

当 $a+b=3k$ 时，$c\geqslant\left[\frac{a+b}{3}\right]=k$.

令 $a=2k,b=k$，用(A,B,C)表示 A,B 比赛，C 当裁判的场次，那么，所有比赛场次为

$$(A,B,C),(A,C,B),(A,B,C),(A,C,B),\cdots,$$
$$(A,B,C),(A,C,B).$$

共比 $2k$ 场，此时 $c=k=\left[\frac{a+b}{3}\right]$.

当 $a+b=3k+1$ 时，$c\geqslant\left[\frac{a+b}{3}\right]=k$.

令 $a=2k,b=k+1$，用(A,B,C)表示 A,B 比赛，C 当裁判的场次，那么，所有比赛场次为

$$(A,B,C),(A,C,B),(A,B,C),(A,C,B),\cdots,$$

$$(A,B,C),(A,C,B),(B,C,A),$$

共比 $2k+1$ 场，此时 $c=k+1=\left[\frac{a+b}{3}\right]+1$.

当 $a+b=3k+2$ 时，$c\geqslant\left[\frac{a+b}{3}\right]=k$.

令 $a=2k+1,b=k+1$，用 (A,B,C) 表示 A,B 比赛，C 当裁判的场次，那么，所有比赛场次为

$$(A,B,C),(A,C,B),(A,B,C),(A,C,B),\cdots,$$
$$(A,B,C),(A,C,B),(A,B,C),$$

共比 $2k+1$ 场，此时 $c=k=\left[\frac{a+b}{3}\right]$.

综上所述

$$c_{\min}=\begin{cases}\left[\frac{a+b}{3}\right] & (a+b\equiv 0,2\ (\mathrm{mod}\ 3));\\ \left[\frac{a+b}{3}\right]+1 & (a+b\equiv 1\ (\mathrm{mod}\ 3)).\end{cases}$$

例 2 设 $|X|=20$，求证：对 X 的子集 $A_1,A_2,\cdots,A_{11}$，只要这 11 个子集中任何 5 个的并不少于 15 个元素，则这 11 个子集中一定存在其交非空的 3 个集合.

分析与证明 要找 $A_i\cap A_j\cap A_k\neq\varnothing$，直接找比较困难，可用反证法.

若对任何 $1\leqslant i<j<k\leqslant 11$，都有 $A_i\cap A_j\cap A_k=\varnothing$，这表明：$X$ 中每个元素至多在 $A_1,A_2,\cdots,A_{11}$ 中出现 2 次.

又由条件，对任何 $1\leqslant i_1<i_2<i_3<i_4<i_5\leqslant 11$，有

$$|A_{i_1}\cup A_{i_2}\cup\cdots\cup A_{i_5}|\geqslant 15.$$

为简化原有条件，我们引入记号：令

$$P_i=A_{i_1}\cup A_{i_2}\cup\cdots\cup A_{i_5},$$

其中 $i=1,2,\cdots,C_{11}^5$. 则 $P_1,P_2,\cdots,P_{C_{11}^5}$ 是 X 的子集族，满足 $|P_i|\geqslant 15(i=1,2,\cdots,C_{11}^5)$.

估计 X 中元素在所有“5 集并”$P_1,P_2,\cdots,P_{C_{11}^5}$ 中出现的总次数 S.

一方面,采用“捆绑计算”,由于$|P_i|\geqslant 15$,所以

$$S=\sum_{i=1}^{C_{11}^5}|P_i|\geqslant\sum_{i=1}^{C_{11}^5}15=15C_{11}^5.$$

另一方面,采用“分散计算”,因为 X 中每个元素 a 至多在 A_1,$A_2,\cdots,A_{11}$ 中出现 2 次,从而至少有 $11-2=9$ 个子集中不含 a,于是至少有 C_9^5 个 P_i 中没有 a,即 a 至多在 $C_{11}^5-C_9^5$ 个 P_i 中出现,所以 a 至多在 $P_1,P_2,\cdots,P_{C_{11}^5}$ 中出现 $C_{11}^5-C_9^5$ 次,于是

$$S\leqslant 20(C_{11}^5-C_9^5),$$

故 $15C_{11}^5\leqslant 20(C_{11}^5-C_9^5)$,矛盾.

遗留问题:是否存在 $X=\{1,2,\cdots,20\}$ 的 11 个子集 $A_1,A_2,\cdots,A_{11}$,使其中任何 5 个的并不少于 14 个元素,而任何 3 个的交为空集?

例 3 设$|X|=16$,$A_1,A_2,\cdots,A_8$ 是 X 的子集,只要它们任何 4 个的并不少于 n 个元素,则这 8 个子集中一定存在其交非空的 3 个集合,求 n 的最小值.(原创题)

分析与解 用反证法的模式来估计极值点 n_0.

由题意,任何 4 个子集的并不少于 n 个元素(记为条件 1),反设存在 3 个子集的交为空集(记为条件 2).

由条件 1,可考虑所有的“4 集并”:$P_1,P_2,\cdots,P_{C_8^4}$,其中

$$P_i=A_{i_1}\cup A_{i_2}\cup A_{i_3}\cup A_{i_4}\quad(i=1,2,\cdots,C_8^4).$$

估计 X 中元素在所有“4 集并”$P_1,P_2,\cdots,P_{C_8^4}$ 中出现的总次数 S.

一方面,采用“捆绑计算”,由条件 1,有$|P_i|\geqslant n$,所以

$$S=\sum_{i=1}^{C_8^4}|P_i|\geqslant\sum_{i=1}^{C_8^4}n=nC_8^4.$$

另一方面，采用“分散计算”，由条件 2，X 中每个元素 a 至多在 $A_1,A_2,\cdots,A_8$ 中出现 2 次，从而至少有 $8-2=6$ 个子集中不含 a，于是至少有 C_6^4 个 P_i 中没有 a，即 a 至多在 $C_8^4-C_6^4$ 个 P_i 中出现，所以 a 至多在 $P_1,P_2,\cdots,P_{C_{11}^5}$ 中出现 $C_8^4-C_6^4$ 次，而 $|X|=16$，于是

$$S\leqslant 16(C_8^4-C_6^4).$$

故

$$nC_8^4\leqslant S\leqslant 16(C_8^4-C_6^4),$$

$$16C_6^4\leqslant(16-n)C_8^4.$$

现在寻找最小的 $n=n_0$，使上式不成立（导出矛盾）.

经试验，$n=1,2,\cdots,12$ 时，上式成立，而 $n=13$ 时，上式不成立，这说明 $n=13$ 时，“反设”不成立，即 $n=13$ 合乎条件.

其次证明 $n\geqslant 13$，用反证法.

假定 $n\leqslant 12$，我们要构造 8 个集合，使任何“4 集并”不少于 $12\geqslant n$ 个元素（记为要求 1），而任何 3 集交都为空集（记为要求 2）.

先考虑要求 2（任何 3 集交都为空），可想象 8 个子集分为两组

$$A=\{A_1,A_2,A_3,A_4\},\quad B=\{B_1,B_2,B_3,B_4\},$$

同一个组中的任何两个集合的交为空，则由抽屉原理，3 个集合必有两个集合属于同一组，要求 2 可以实现.

现在来构造这样两个组. 要使组 A 中的集合不相交是很容易的，只需 A 是 X 的一个划分即可. 为方便，不妨构造 $|A_1|=|A_2|=|A_3|=|A_4|=4$，令

$$A_1=\{1,2,3,4\},\quad A_2=\{5,6,7,8\},$$

$$A_3=\{9,10,11,12\},\quad A_4=\{13,14,15,16\}.$$

同样，构造 B 是 X 的另一种形式的划分即可，但还需要满足要求 1.

现在来调整 B，使构造同时满足要求 1.

考察任何 4 个集合 P,Q,R,S，如果其中有 3 个同时在 A（或同

时在 B)中,则这 3 个的并就有 $12\geqslant n$ 个元素.

如果其中有 2 个在 A 中,另 2 个在 B 中,设 P,Q 在 A 中,R,S 在 B 中,因为任何 3 个子集的交为空集,由容斥原理,有

$$\begin{aligned}|P\cup Q\cup R\cup S| &= |P|+|Q|+|R|+|S|-|P\cap R|\\ &\quad -|P\cap S|-|Q\cap R|-|Q\cap S|\\ &= 16-|P\cap R|-|P\cap S|\\ &\quad -|Q\cap R|-|Q\cap S|.\end{aligned}$$

为了使 $16-|P\cap R|-|P\cap S|-|Q\cap R|-|Q\cap S|=12$,一个充分条件是

$$|P\cap R|=|P\cap S|=|Q\cap R|=|Q\cap S|=1.$$

注意到两条"平行线"不相交,两条不平行的直线有一个交点,可将每个类中的 4 个集合排列成 4 条"平行线",则这样的两种划分 A,B 合乎要求(图 4.15).

	B_1	B_2	B_3	B_4
A_1	1	2	3	4
A_2	5	6	7	8
A_3	9	10	11	12
A_4	13	14	15	16

图 4.15

设 $X=\{1,2,\cdots,16\}$,令

$$A_i=\{4i-3,4i-2,4i-1,4i\}\quad(i=1,2,3,4),$$

$$B_j=\{j,j+4,j+8,j+12\}\quad(j=1,2,3,4),$$

则显然有

$$|A_i\cap A_j|=0\quad(1\leqslant i<j\leqslant 4),$$

$$|B_i \cap B_j| = 0 \quad (1 \leqslant i < j \leqslant 4),$$

$$|A_i \cap B_j| = 1 \quad (1 \leqslant i, j \leqslant 4),$$

且其中任何 3 个子集的交为空集.

于是,对其中任何 4 个子集 P,Q,R,S,如果其中有 3 个同时为 A_i(或同时为 B_j),则这 3 个的并就有 $12 \geqslant n$ 个元素.

如果其中有 2 个为 A_i,另 2 个为 B_j,因为任何 3 个子集的交为空集,由容斥原理,有

$$\begin{aligned}|P \cup Q \cup R \cup S| &= |P| + |Q| + |R| + |S| - 2 \times 2 \\ &= 16 - 4 = 12 \geqslant n.\end{aligned}$$

但任何 3 个子集的交为空集,矛盾.

综上所述,n 的最小值为 13.

注 本题构造的图形解释如图 4.16 所示,其中第 i 行、第 j 列位置标上数 1,表示 $i \in A_j$,否则 $i \notin A_j$.它的形状非常优美.

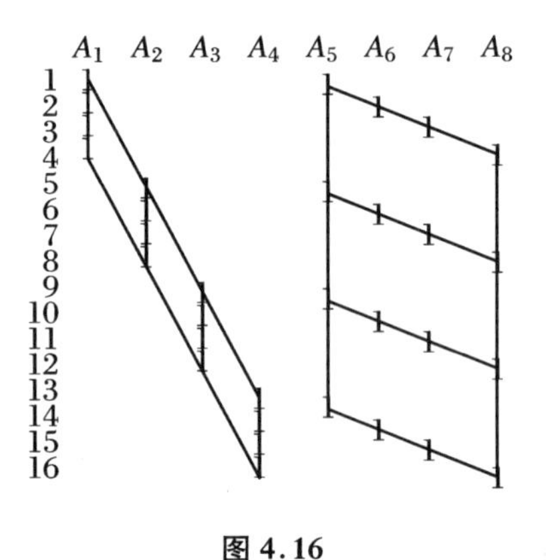

图 4.16

例 4 设 $|X| = 30$,对 X 的任意 11 个子集,只要它们中任何 5 个的并不少于 n 个元素,则这 11 个子集中一定存在其交非空的 3 个集合,求 n 的最小值.(原创题)

分析与解 用反证法的模式来估计极值点 n_0.

假定任何 5 个子集的并不少于 n 个元素(记为条件 1),反设存

在3个子集的交为空集(记为条件2).

由条件1,可考虑所有的"5集并"$P_1,P_2,\cdots,P_{C_{11}^5}$,其中

$$P_i = A_{i_1} \cup A_{i_2} \cup \cdots \cup A_{i_5} \quad (i = 1,2,\cdots,C_{11}^5).$$

估计X中元素在所有"5集并"$P_1,P_2,\cdots,P_{C_{11}^5}$中出现的总次数$S$.

一方面,采用"捆绑计算",由条件1,有$|P_i| \geqslant n$,所以

$$S = \sum_{i=1}^{C_{11}^5} |P_i| \geqslant \sum_{i=1}^{C_{11}^5} n = nC_{11}^5.$$

另一方面,采用"分散计算",研究增设条件2:X中每个元素a至多在$A_1,A_2,\cdots,A_{11}$中出现2次,从而至少有$11-2=9$个子集中不含a,于是至少有C_9^5个P_i中没有a,即a至多在$C_{11}^5-C_9^5$个P_i中出现,所以a至多在$P_1,P_2,\cdots,P_{C_{11}^5}$中出现$C_{11}^5-C_9^5$次,而$|X|=30$,于是

$$S \leqslant 30(C_{11}^5 - C_9^5).$$

故

$$nC_{11}^5 \leqslant S \leqslant 30(C_{11}^5 - C_9^5),$$

$$30C_9^5 \leqslant (30-n)C_{11}^5.$$

现在寻找最小的$n=n_0$,使上式不成立(导出矛盾).

经试验,$n=1,2,\cdots,21$时,上式成立,而$n=22$时,上式不成立,这说明$n=22$时,"反设"不成立,即$n=22$合乎条件.

其次证明$n \geqslant 22$,用反证法.

假定$n \leqslant 21$,我们要构造11个集合,使任何"5集并"不少于$21 \geqslant n$个元素(记为要求1),而任何3集交都为空集(记为要求2).

先考虑要求2,可想象11个子集分为两组

$$A = \{A_1,A_2,A_3,A_4,A_5\},$$

$$B = \{B_1,B_2,B_3,\cdots,B_6\}.$$

同一个组中的任何两个集合的交为空，则由抽屉原理，3 个集合必有两个集合属于同一组，要求 2 可以实现.

现在来构造这样两个组. 要使 A 组中的集合不相交是很容易的，只需 A 是 X 的一个划分即可. 因为 $|X|=30=5\cdot6$，为方便，不妨构造得 $|A_1|=|A_2|=\cdots=|A_5|=6$，$|B_1|=|B_2|=\cdots=|B_6|=5$.

同上题，设 $X=\{1,2,\cdots,30\}$，将 $1,2,\cdots,30$ 排成 5×6 数表，令每一行的数构成集合 A_1,A_2,A_3,A_4,A_5，每一列的数构成集合 $B_1,B_2,B_3,\cdots,B_6$（图 4.17）.

	B_1	B_2	B_3	B_4	B_5	B_6
A_1	1	2	3	4	5	6
A_2	7	8	9	10	11	12
A_3	13	14	15	16	17	18
A_4	19	20	21	22	23	24
A_5	25	26	27	28	29	30

图 4.17

考察任何 5 个集合 P,Q,R,S,T，如果其中有不少于 4 个行，则这 4 个行的并就有 $24\geqslant n$ 个元素.

如果恰有 3 个行，则这 3 个行的并就有 18 个元素，另 2 个列中每一个列都至少有 2 个元素不在前 3 个行中，从而 5 个集合至少有 $18+2+2=22\geqslant n$ 个元素.

如果恰有 2 个行，则这 2 个行的并就有 12 个元素，另 3 个列中每一个列都至少有 3 个元素不在前 2 个行中，从而 5 个集合至少有 $12+3+3+3=21\geqslant n$ 个元素.

如果恰有 1 个行，则这 1 个行有 6 个元素，另 4 个列中每一列都至少有 4 个元素不在前 1 个行中，从而 5 个集合至少有 $6+4+4+4+4=22\geqslant n$ 个元素.

如果有 5 个列，则这 5 个列的并有 $25\geqslant n$ 个元素.但任何 3 个子集的交为空集，矛盾，所以 $n\geqslant 22$.

注 利用剩余类进行划分，则可得到另一种完全不同的构造：

设 $X=\{1,2,\cdots,30\}$，令 $A_i=\{x\in X\mid x\equiv i \pmod 5\}(i=1,2,3,4,5)$，$B_j=\{x\in X\mid x\equiv j \pmod 6\}(j=1,2,3,4,5,6)$，显然，$|A_i|=6$，$|A_i\cap A_j|=0(1\leqslant i<j\leqslant 5)$，$|B_j|=5$，$|B_i\cap B_j|=0(1\leqslant i<j\leqslant 6)$，且对其中任何 3 个子集，必有 2 个同时为 A_i 或同时为 B_j，其交为空集.

此外，因为 $(5,6)=1$，由中国剩余定理，同余方程组

$$x\equiv i \pmod 5,\quad x\equiv j \pmod 6$$

有唯一的解 $x\equiv t \pmod{30}$.

当 $t\in X=\{1,2,\cdots,30\}$ 时，t 的值是唯一的，即 $|A_i\cap B_j|=1$ $(1\leqslant i\leqslant 5,1\leqslant j\leqslant 6)$. 于是，对其中任何 5 个子集，设其中有 $t(0\leqslant t\leqslant 5)$ 个为 A_i，$5-t$ 个为 B_j，则由容斥原理，这 4 个子集的并的元素个数为

$$\begin{aligned}6t+5(5-t)-t(5-t)&=25-t(4-t)\\&\geqslant 25-4(\text{因为 } 0\leqslant t\leqslant 5)=21,\end{aligned}$$

即任何 5 个子集的并不少于 $21\geqslant n$ 个元素，但任何 3 个子集的交为空集，矛盾，所以 $n\geqslant 22$.

综上所述，n 的最小值为 22.

例 5 设 $|X|=56$，对 X 的任意 15 个子集，只要它们中任何 7 个的并不少于 n 个元素，则这 15 个子集中一定存在其交非空的 3 个集合，求 n 的最小值.(原创题)

分析与解 $n_{\min}=41$.

通过构造，可发现 $n\geqslant 41$. 实际上，假定 $n\leqslant 40$，我们要构造 15

个集合,使任何"7集并"不少于$40\geqslant n$个元素(记为要求1),而任何3集交都为空集(记为要求2).

先考虑要求2(任何3集交都为空),可想象15个子集分为两组

$$A=\{A_1,A_2,\cdots,A_7\},\quad B=\{B_1,B_2,B_3,\cdots,B_8\},$$

同一个组中的任何两个集合的交为空,则由抽屉原理,3个集合必有两个集合属于同一组,要求2可以实现.

现在来构造这样2个组.要使组A中的集合不相交是很容易的,只需A是X的一个划分即可,因为$|X|=56=7\cdot 8$,为方便,不妨构造

$$|A_1|=|A_2|=\cdots=|A_7|=8,$$
$$|B_1|=|B_2|=\cdots=|B_8|=7.$$

同上题,可采用方阵构造法,也可采用模分类构造法.

构造1:设$X=\{1,2,\cdots,56\}$,将$1,2,\cdots,56$排成7×8数表,令每一行的数构成集合$A_1,A_2,\cdots,A_7$,每一列的数构成集合B_1,$B_2,\cdots,B_8$.

考察任何7个集合,如果其中有不少于5个行,则这5个行的并就有$5\cdot 8=40\geqslant n$个元素.如果恰有4个行,则这4个行的并有$4\cdot 8$个元素,另2个列中每一个列都至少有3个元素不在前7个行中,从而5个集合至少有

$$4\cdot 8+3\cdot 3=32+9=41\geqslant n$$

个元素.

如果恰有3个行,则5个集合至少有

$$3\cdot 8+4\cdot 4=24+16=40\geqslant n$$

个元素.

如果恰有2个行,则5个集合至少有

$$2\cdot 8+5\cdot 5=16+25=41\geqslant n$$

个元素.

如果不多于 1 个行,则有 6 个列,这 6 个列的并就有 $6\cdot 7=42\geqslant n$ 个元素.但任何 3 个子集的交为空集,矛盾,所以 $n\geqslant 41$.

构造 2:设 $X=\{1,2,\cdots,56\}$,令

$$A_i=\{x\in X\mid x\equiv i\pmod 7\}\quad (i=1,2,\cdots,7),$$

$$B_j=\{x\in X\mid x\equiv j\pmod 8\}\quad (j=1,2,\cdots,8).$$

则显然有

$$|A_i|=8,\quad |A_i\cap A_j|=0\quad (1\leqslant i<j\leqslant 7),$$

$$|B_j|=7,\quad |B_i\cap B_j|=0\quad (1\leqslant i<j\leqslant 8).$$

对其中任何 3 个子集,必有 2 个同时为 A_i 或同时为 B_j,其交为空集.

此外,因为 $(7,8)=1$,由中国剩余定理,同余方程组

$$x\equiv i\pmod 7,\quad x\equiv j\pmod 8$$

有唯一的解 $x\equiv t\pmod{56}$.

当 $t\in X=\{1,2,\cdots,56\}$ 时,t 的值是唯一的,即 $|A_i\cap B_j|=1$ $(1\leqslant i\leqslant 7,1\leqslant j\leqslant 8)$.于是,对其中任何 7 个子集,设有 $t(0\leqslant t\leqslant 7)$ 个为 A_i,$7-t$ 个为 B_j,则由容斥原理,这 7 个子集的并的元素个数为

$$\begin{aligned}8t+7(7-t)-t(7-t)&=49-t(6-t)\\&\geqslant 49-9(\text{因为 }0\leqslant t\leqslant 7)=40,\end{aligned}$$

即任何 7 个子集的并不少于 40 个元素,但任何 3 个子集的交为空集,所以 $n\geqslant 41$.

下面证明 $n=41$ 合乎条件:用反证法.

改进策略:去掉一个大集,估计 X 中的元素在其他 14 个子集组成的所有 7-集并 $P_1,P_2,\cdots,P_{C_{14}^7}$(新子集族)中出现的总次数.

假设存在 X 的 15 个子集,它们中任何 7 个的并不少于 41 个元素,而任何 3 个的交都为空集,则每个元素至多属于 2 个子集,不妨设每个元素恰属于 2 个子集(否则在一些子集中添加一些元素,上述条件仍然成立),由抽屉原理,必有一个子集,设为 A,至少含有

$\left[\frac{56\times2}{15}\right]+1=8$ 个元素(大子集),又设其他 14 个子集为 $A_1,A_2,\cdots,A_{14}$.

计算 X 中的元素在由 $A_1,A_2,\cdots,A_{14}$ 组成的所有 7-集并 $P_1,P_2,\cdots,P_{C_{14}^7}$(新子集族)中出现的总次数 S.

对 $A_1,A_2,\cdots,A_{14}$ 中的任何 7 个子集,其并含有 X 中的 41 个元素,所以 $S\geqslant41C_{14}^7$.

另一方面,考察每个元素在所有 7-集并 $P_1,P_2,\cdots,P_{C_{14}^7}$(新子集族)中出现的次数.

对于元素 a,若 $a\notin A$,则 $A_1,A_2,\cdots,A_{14}$ 中有 2 个含有 a,有 12 个不含 a,从而有 C_{12}^7 个 7-子集并不含 a,即 a 在$(C_{14}^7-C_{12}^7)$个 7-子集并中出现,而这样的元素 a 有 $56-|A|$个,这些元素在 $P_1,P_2,\cdots,P_{C_{14}^7}$ 中出现的次数为

$$(56-|A|)(C_{14}^7-C_{12}^7).$$

若 $a\in A$,则 $A_1,A_2,\cdots,A_{14}$ 中有 1 个含有 a,有 13 个不含 a,从而有 C_{13}^7 个 7-子集并不含 a,即 a 在$(C_{14}^7-C_{13}^7)$个 7-子集并中出现,而这样的元素 a 有$|A|$个,这些元素在 $P_1,P_2,\cdots,P_{C_{14}^7}$ 中出现的次数为$|A|(C_{14}^7-C_{13}^7)$,所以

$$\begin{aligned}S&=(56-|A|)(C_{14}^7-C_{12}^7)+|A|(C_{14}^7-C_{13}^7)\\&=56(C_{14}^7-C_{12}^7)-|A|(C_{13}^7-C_{12}^7).\end{aligned}$$

又$|A|\geqslant8$,所以

$$|S|\leqslant56(C_{14}^7-C_{12}^7)-8(C_{13}^7-C_{12}^7).$$

故

$$\begin{aligned}&41C_{14}^7\leqslant S\leqslant56(C_{14}^7-C_{12}^7)-8(C_{13}^7-C_{12}^7),\\&48C_{12}^7+8C_{13}^7\leqslant15C_{14}^7,\\&3\times48+4\times13\leqslant15\times13,\\&196\leqslant195,\end{aligned}$$

矛盾.

综上所述,n 的最小值为41.

例6 已知在一次数学竞赛中,竞赛题的数目为 $n(n\geqslant 4)$,每道题恰有4个人解出,对于任意两道题,都恰有一人同时解出这两道题.

若参赛人数不少于 $4n$,求 n 的最小值,使得总存在一个人解出全部竞赛题.(第15届韩国数学奥林匹克试题)

分析与解 将条件:"每道题恰有4个人解出"看作 $|M_i|=4$ $(1\leqslant i\leqslant 14)$,其中 M_i 是做出第 i 道题的人的编号的集合,则对任意 $1\leqslant i<j\leqslant 14$,都有 $|M_i\cap M_j|=1$.

为了找到一个元素出现 n 次,不妨设1出现的次数最多,共出现 p 次,自然想到估计元素出现的总次数:

$S=4n$,由抽屉原理,得 $p\geqslant\dfrac{4n}{t}$,但 $t\geqslant 4n$,有 $\dfrac{4n}{t}\leqslant 1$,估计无效!

修改方案:估计部分元素,设 $M_1=\{1,2,3,4\}$,估计 M_1 中的元素出现的总次数.

因为 $|M_1\cap M_j|=1(j=1,2,\cdots,n-1)$,所以 M_1 中的元素在其他 $n-1$ 个集合 $M_2,M_3,\cdots,M_n$ 中共出现 $n-1$ 次,于是 M_1 中的元素在 $M_1,M_2,\cdots,M_n$ 中共出现 $(n-1)+4=n+3$ 次,故1出现的次数 $p\geqslant\dfrac{n+3}{4}$.

设1在 $M_2,M_3,\cdots,M_p$ 中都出现 $\left(p\geqslant\dfrac{n+3}{4}\right)$,下面证明1在所有集合中都出现.

反设存在 $t(p+1\leqslant t\leqslant n)$,使 M_t 不含1,但 M_t 与 $M_1,M_2,\cdots,M_p$ 各有一个公共元,设 M_t 与 $M_k(1\leqslant k\leqslant p)$ 的公共元为 $a_k(1\leqslant k\leqslant p)$,则 $a_k\neq 1$.

因为 $a_k\in M_t(k=1,2,\cdots,p)$,从而 $|M_t|\geqslant p$,当然需要 $a_k(1\leqslant$

$k \leqslant p$)互异,实际上,如果存在 $i, j(1 \leqslant i < j \leqslant p)$,使 $a_i = a_j$,则 1,a_i 都属于 $M_i \cap M_j$,与 $|M_i \cap M_j| = 1$ 矛盾.

于是 $\frac{n+3}{4} \leqslant p \leqslant |M_t| = 4$,所以 $n \leqslant 13$,这样,若 $n \geqslant 14$,则矛盾.故 $n = 14$ 时,一切 M_t 都含有 1,从而第 1 个人做出所有题,$n = 14$ 满足要求.

最后,当 $4 \leqslant n \leqslant 13$ 时,可以构造如下反例.

因为参赛人数 $\geqslant 4n \geqslant 16$,考虑以下 13 个集合:

$M_1 = \{1,2,3,4\}$, $M_2 = \{1,5,6,7\}$, $M_3 = \{1,8,9,10\}$,
$M_4 = \{1,11,12,13\}$, $M_5 = \{2,5,8,11\}$, $M_6 = \{2,6,9,12\}$,
$M_7 = \{2,7,10,13\}$, $M_8 = \{3,5,9,13\}$, $M_9 = \{3,6,10,11\}$,
$M_{10} = \{3,7,8,12\}$, $M_{11} = \{4,5,10,12\}$, $M_{12} = \{4,6,8,13\}$,
$M_{13} = \{4,7,9,11\}$.

此构造的图形解释如下,它的形状也比较优美(图 4.18).

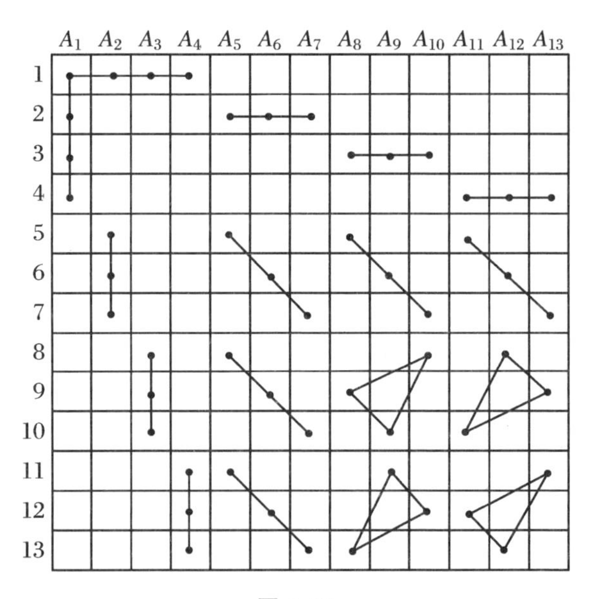

图 4.18

对 $4\leqslant n\leqslant 13$，取其中 n 个集合 $M_i(1\leqslant i\leqslant n)$，容易验证 $|M_i|=4$ 且 $|M_i\cap M_j|=1$，但 $M_1,\cdots,M_n$ 无公共元，不合题意.

综上所述，$n_{\min}=14$.

例 7 若干个人在同一天去买股票，收盘时发现，他们所买的股票满足如下一些条件：

(1) 每个人都买了 r 只股票；

(2) 他们所买的每只股票都恰被其中 r 个人购买；

(3) 他们中每两个人所买的股票都恰有一只是相同的.

求 r 的所有可能取值.(原创题)

分析与解 设共有 m 个人，一共买了 n 只股票，记 n 只股票的代号为 $1,2,\cdots,n$，第 $i(1\leqslant i\leqslant m)$ 个人所买的股票的集合为 A_i.

考察所有人买的股票只数之和 S.

一方面，采用“捆绑计算”，每个人都买了 r 只股票，共有 m 个人，所以

$$S=|A_1|+|A_2|+\cdots+|A_m|=mr.$$

另一方面，采用“分散计算”，每只股票都恰被其中 r 个人买，共有 n 只股票，所以

$$S=nr.$$

故

$$mr=nr,\quad m=n.$$

其次，考察每只股票在“子集对”中出现的总次数 T.

一方面，采用“捆绑计算”，对任意一个“子集对”(A_i,A_j)，元素在该“对”中出现的次数就是它们的公共元素的个数 $|A_i\cap A_j|$，所以

$$T=\sum_{1\leqslant i<j\leqslant n}|A_i\cap A_j|.$$

另一方面，采用“分散计算”，考察任意一只股票，它恰被其中 r 个人买，出现在 r 个子集中，从而该股票在 C_r^2 个“对”中出现，所以

$$T = \sum_{i=1}^{n} C_r^2.$$

故

$$\sum_{i=1}^{n} C_r^2 = \sum_{1 \leqslant i < j \leqslant n} |A_i \cap A_j|.$$

综合以上两个式子，有

$$nC_r^2 = \sum_{1 \leqslant i < j \leqslant n} 1 = C_n^2,$$

即 $n = r^2 - r + 1$.

所以共有 $r^2 - r + 1$ 个人，一共买了 $r^2 - r + 1$ 只股票.

记 $r^2 - r + 1$ 只股票的代号的集合为 $M_r = \{1, 2, \cdots, r^2 - r + 1\}$，如果 r 合乎题目要求，则称 r 是“好的”.

显然，r 是“好的”的充分必要条件是，存在 $M_r = \{1, 2, \cdots, r^2 - r + 1\}$ 的 $r^2 - r + 1$ 个 r 元子集，每个元素都恰在其中 r 个子集中出现，且每两个子集恰有一个公共元素.

可采用旋转构造：用 $1, 2, \cdots, r^2 - r + 1$ 标记正 $r^2 - r + 1$ 边形的顶点，取其中某 r 个点组成一个 r 边形 $A_0 = \{i_1, i_2, \cdots, i_r\}$，然后将该 r 边形 A_0 绕圆心旋转 $r^2 - r$ 次，每次旋转角度 $\alpha = \dfrac{2\pi}{r^2 - r + 1}$，得到$r^2 - r + 1$个集合，其中旋转 i 次后得到的集合为

$$A_i = \{i_1 + i, i_2 + i, \cdots, i_r + i\}.$$

这 $r^2 - r + 1$ 个集合显然满足：每一个集合中有 r 个元素.

此外，因为正 $r^2 - r + 1$ 边形的每一个顶点在旋转过程中恰好有 r 次与 $A_0 = \{i_1, i_2, \cdots, i_r\}$的顶点重合，从而 $M_r = \{1, 2, \cdots, r^2 - r + 1\}$的每一个元素都恰好在上述 $r^2 - r + 1$ 个集合中出现 r 次.

由此可见，r 是“好的”的一个充分条件是，上述 $r^2 - r + 1$ 个 r 边形中任何两个都恰有一个公共顶点. （*）

定义：对给定的正整数 n，如果自然数 x, y 的和为 n，则称 x, y

是关于和 n 对称的.

作正 n 边形的外接圆,称相邻两个顶点之间的弧为一段单位弧.对正 n 边形的任意两个顶点所连的线段,如果介于两个顶点之间的劣弧含有 k 段单位弧,则称该线段为正 n 边形的一条 k 级边.

显然,完全正 n 边形的所有边的不同级别依次为 $1,2,\cdots,\frac{n}{2}$.

当 $n=r^2-r+1$ 时,完全正 r^2-r+1 边形的所有边的不同级别依次为

$$1,2,\cdots,\frac{1}{2}r(r-1).$$

注意到

$$\frac{1}{2}r(r-1)=C_r^2,$$

由此发现,r 是"好的"的一个充分条件是:

存在 $M_r=\{1,2,\cdots,r^2-r+1\}$ 的 r 元子集 $A_0=\{i_1,i_2,\cdots,i_r\}$,使 A_0 中任何两个数的差的绝对值在关于和 r^2-r+1 对称的意义下依次为

$$1,2,\cdots,\frac{1}{2}r(r-1).$$

这等价于完全 r 边形 A_0 的所有边的级别是互不相同的,即级别分别为

$$1,2,\cdots,\frac{1}{2}r(r-1).$$

由(*)可知,我们只需证明,r 边形 A_0 绕圆心旋转 r^2-r 次后得到的 r^2-r+1 个 r 边形中,任何两个 r 边形都恰有一个公共顶点.

首先证明,任何两个 r 边形都至多有一个公共顶点.否则,假定有两个公共点,这两个点连的线段是这两个 r 边形的公共边,设为 k 级边.由于 A_0 绕圆心旋转时,k 级边的位置唯一存在,于是,

这两个 r 边形重合,矛盾.

其次证明,任何两个 r 边形都至少有一个公共顶点.

实际上,考察任意两个 r 边形 $A_i,A_j(1\leqslant i<j\leqslant r^2-r+1)$,则将 A_i 旋转 $j-i$ 次得到 A_j.

(1) 当 $1\leqslant j-i\leqslant\frac{n}{2}$ 时,A_i 中有一条 $j-i$ 级边,此边有一端点 P,旋转 $j-i$ 次后到达该边的另一个端点 Q. 又由旋转定义,旋转 $j-i$次后到达的点 Q 是 A_j 中的点,从而 Q 是 A_i,A_j 的公共顶点.

(2) 当$\frac{n}{2}<j-i\leqslant r^2-r$ 时,令 $t=r^2-r+1-(j-i)$,A_i 中有一条 t 级边,此边有一个端点 P,旋转 t 次后到达该边的另一个端点 Q,从另一个方向看,因为 $t+(j-i)=r^2-r+1$,所以点 Q 旋转$j-i$次后到达该边的另一个端点 P. 又由旋转定义,旋转 $j-i$ 次后到达的点 P 是 A_j 中的点,于是顶点 P 是 A_i,A_j 的公共顶点.

综上所述,r 是“好的”的一个充分条件是:

存在正 r^2-r+1 边形 $M_r=\{1,2,\cdots,r^2-r+1\}$的子完全 r 边形$A_0=\{i_1,i_2,\cdots,i_r\}$,使 A_0 的所有边的级别是互不相同的,即级别分别为

$$1,2,\cdots,\frac{1}{2}r(r-1).$$

我们称满足上述要求的 r 边形 $A_0=\{i_1,i_2,\cdots,i_r\}$为正 r^2-r+1 边形 $M_r=\{1,2,\cdots,r^2-r+1\}$的基本完全 r 边形.

当 $r=2$ 时,$r^2-r+1=3$. 易知 $r=2$ 是好的,正三边形 $M_3=\{1,2,3\}$的基本完全二边形为 $A_0=\{1,2\}$.

当 $r=3$ 时,$r^2-r+1=7$. 易知 $r=3$ 是好的,正七边形 $M_7=\{1,2,\cdots,7\}$的基本完全三边形为 $A_0=\{1,2,4\}$.

当 $r=4$ 时,$r^2-r+1=13$. 易知 $r=4$ 是好的,正十三边形 $M_{13}=\{1,2,\cdots,13\}$的基本完全四边形为 $A_0=\{1,2,4,10\}$(图 4.19).

当 $r=5$ 时，$r^2-r+1=21$. 易知 $r=5$ 是好的，正二十一边形 $M_{21}=\{1,2,\cdots,21\}$ 的基本完全五边形为 $A_0=\{1,2,7,9,19\}$（图 4.20）.

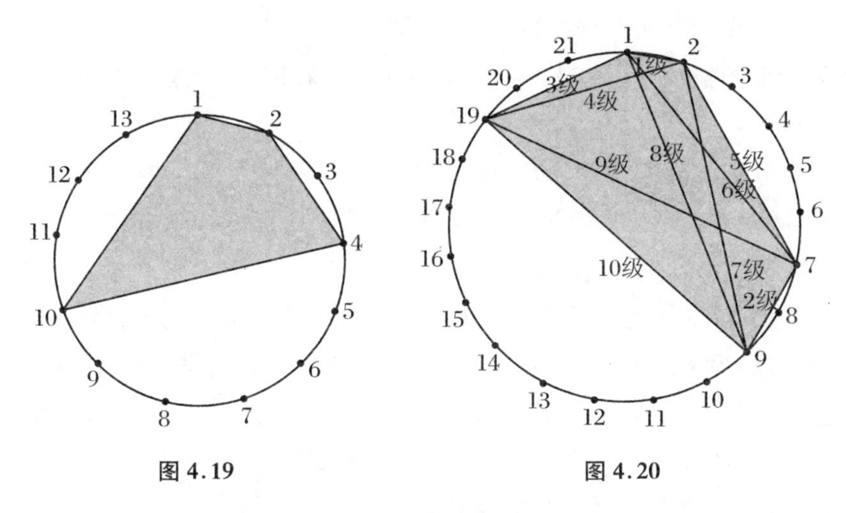

图 4.19　　图 4.20

当 $r=6$ 时，$r^2-r+1=31$. 易知 $r=6$ 是好的，正三十一边形 $M_{31}=\{1,2,\cdots,31\}$ 的基本完全六边形为 $A_0=\{1,2,4,11,15,27\}$（图 4.21）.

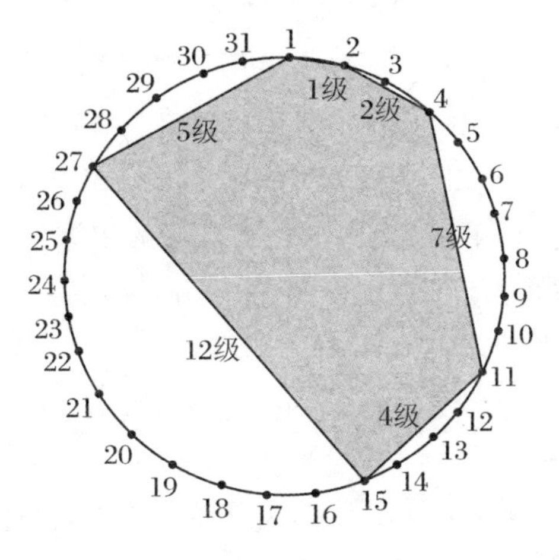

图 4.21

遗留的问题：是否任意正整数 r 都是好的？

例 8 有 n 支足球队进行比赛，每两队都赛一场，胜队得 3 分，负队得 0 分，平局各得 1 分. 问一个队至少要得多少分，才能保证得分不少于该队的（除该队外）至多有 $k-1$ 支球队，其中 n,k 都是给定的整数，且 $2\leqslant k\leqslant n-1$.（第 38 届 IMO 中国国家队选拔考试试题）

分析与解 首先考虑如何抓住一种最坏情形来构造反例，所谓最坏情形，就是使得“某队得分 t 尽可能高，但仍不合乎题设条件”这一状况容易发生的情形.

那么，最坏的情形是什么呢？——由于各队的得分之和是一个有限数，为了使 t 尽可能大，应使“得分不少于 t 的球队”尽可能少且得分尽可能低，于是可假定：

(1) 除该队外还有 k 支球队，其得分都是 t；

(2) 其他球队的得分都少于 t.

其中(1)是很容易满足的，而要同时满足(2)则并不容易.

设得分都是 t 的 $k+1$ 支球队为 $A_1,A_2,\cdots,A_{k+1}$，这 $k+1$ 支球队称为 A 组，而另外 $n-k-1$ 支球队为 $B_{k+2},B_{k+3},\cdots,B_n$，这 $n-k-1$ 支球队称为 B 组，一种自然的想法是，让 $A_1,A_2,\cdots,A_{k+1}$ 在与 A 组中的队比赛时的得分都相等（记为 t_1），且 A 组中的队在与 B 组中各队比赛时的得分也都相等（记为 t_2）. 特别地，为了使 A 组中的队内部比赛得分都相等，可令每队胜同样多场，平同样多场；为了使其他球队的得分都小于 $t=t_1+t_2$，可令 A 组中的球队都战胜 B 组中的球队（即 A 中每个队在与 B 中队比赛时都得 3 分，从而有 $t_2=3(n-k-1)$）. 那么，此设想能否实现？

可先考察特例，看能否打开思路.

$k=2$ 时，A 组中有 3 个队，令其构成一个有向圈，其中箭头 x 指向 y（$x\rightarrow y$）表示 x 胜 y. 此时 A 内部的出度都是 1，即 $t_1=3$（胜一场得3分).

对于 B 组中各队,令其都被 A 中队打败,$t_2=3(n-k-1)=3(n-3)=3n-9$,此时 $t=t_1+t_2=3+(3n-9)=3n-6$,而 B 中的队得分 $t'\leqslant 3(n-4)=3n-12<t$,得到 $k=2$ 时的构造.

类似可得到 $k=3$ 时的构造.其中无箭头的连线表示平局(图4.22),此时 $t_1=4$(胜一场得3分,平一场得1分),且

$$t_2=3(n-k-1)=3(n-4)=3n-12,$$

$$t'\leqslant 3(n-5)=3n-15<t.$$

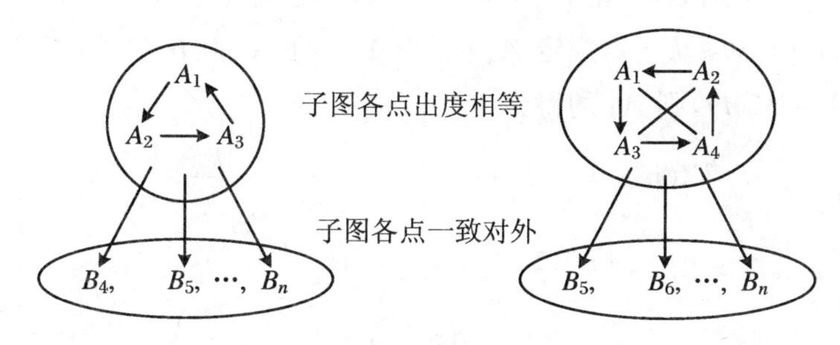

图 4.22

类似地,当 $k=4,5$ 时,相应的构造如图4.23所示.

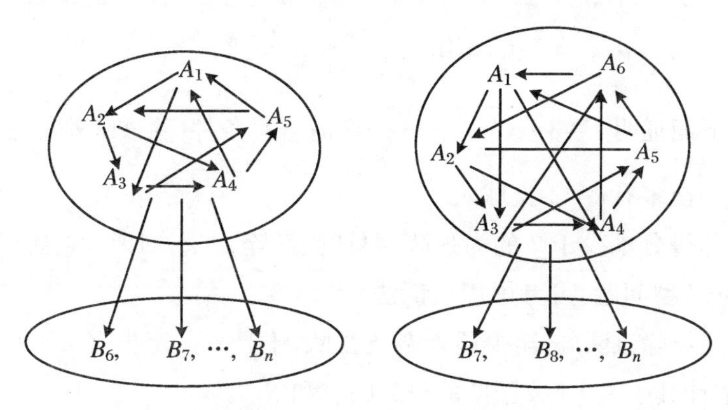

图 4.23

由这些特例可发现规律:对于 A 组中各队,都战胜“右侧”连续 r

个队,其中 $r=\left[\frac{k}{2}\right]$(想象站立围成一圈),而当 A 中有偶数个队(即 k 为奇数)时,需安排若干平局(平局连线恰好是对称轴).

具体地说,当 k 为偶数时,记 $k=2r$,令 A_i 胜 $A_{i+1},A_{i+2},\cdots,A_{i+r}$($1\leqslant i\leqslant k+1$,规定 $A_{k+1+j}=A_j$),且 A_i 胜 B_j($1\leqslant i\leqslant k+1$,$k+1\leqslant j\leqslant n$),则 A_i 的得分为

$$t=3(n-k-1)+3r=3n-\frac{3k}{2}-3=3n-\left[\frac{3k+1}{2}\right]-3.$$

当 k 为奇数时,记 $k=2r+1$,令 A_i 胜 $A_{i+1},A_{i+2},\cdots,A_{i+r}$,平 A_{i+r+1}($1\leqslant i\leqslant k+1$,规定 $A_{k+1+j}=A_j$),且 A_i 胜 B_j($1\leqslant i\leqslant k+1$,$k+1\leqslant j\leqslant n$),则 A_i 的得分为

$$t=3(n-k-1)+3r+1=3n-\frac{3k+1}{2}-3$$

$$=3n-\left[\frac{3k+1}{2}\right]-3.$$

由此可见,$t=3n-\left[\frac{3k+1}{2}\right]-3$ 还不足以保证合乎条件(除该队外得分不少于 t 的还至少有 k 支球队),所以

$$t\geqslant 3n-\left[\frac{3k+1}{2}\right]-2.$$

下面证明 $t=3n-\left[\frac{3k+1}{2}\right]-2$ 时合乎条件(除该队外得分不少于 t 的至多有 $k-1$ 支球队).

称得分不少于 t 的为强队,要证强队至多 $k-1$ 个,它属于“至多……”型问题,可考虑用反证法.

反设除该队外,至少还有 k 支强队,于是一共至少有 $k+1$ 支强队,估计其中 $k+1$ 支强队的得分的总和 S.

一方面,采用“分散计算”,由于 $k+1$ 支强队的得分都不少于 $t=3n-\left[\frac{3k+1}{2}\right]-2$,从而

$$S \geqslant (k+1)\left(3n - \left[\frac{3k+1}{2}\right] - 2\right). \qquad ①$$

另一方面,采用“捆绑计算”,设 A 是强队的集合,B 是非强队的集合,S_1,S_2 是 S 分别在 A,B 组内的得分之和,则 $S=S_1+S_2$.

因为每场比赛最多使 S_1 增加 3 分,从而有

$$S_1 \leqslant 3C_{k+1}^2 = \frac{3k(k+1)}{2}.$$

又最多是每个强队都胜 B 中的各队,从而有

$$S_2 \leqslant 3(k+1)(n-k-1),$$

于是

$$\begin{aligned} S = S_1 + S_2 &\leqslant \frac{3k(k+1)}{2} + 3(k+1)(n-k-1) \\ &= (k+1)\left(3n - \frac{3k}{2} - 3\right) \\ &\leqslant (k+1)\left(3n - \left[\frac{3k+1}{2}\right] - 3\right), \end{aligned}$$

此式与式①矛盾.

综上所述,t 的最小值为 $3n - \left[\frac{3k+1}{2}\right] - 2$.

习 题 4

1. 平面上有 n 个点,其中无 3 点共线,且对其中任何一个点 P,都有其中 k 个点到 P 的距离相等.求证:$k < \frac{1}{2} + \sqrt{2n}$.(第 25 届 IMO 试题)

2. 如果一个人的熟人少于 10 个,则称此人为“寡合的”.如果一个人的熟人都是寡合的,则称此人为“古怪的”.试证:古怪的人不会多于寡合的人.(1993 年圣彼得堡数学竞赛题)

3. 在某一次竞赛中,共有 a 个参赛者及 b 个裁判,其中 $b \geqslant 3$ 且

为奇数.设每个裁判对每一位参赛者的判决只有“通过”或“不通过”两种方式.已知任意两个裁判至多可对 k 个参赛者有相同的判决.求证:$\frac{k}{a}\geqslant\frac{b-1}{2b}$.(1998 年 IMO 试题)

4. 在 7×7 棋盘中放入若干枚棋,每次只能在至多有一个邻格(具有公共边)放有棋的空格中放一枚棋.问:最多能在棋盘中放多少枚棋?(1993 年圣彼得堡数学竞赛题)

5. 某个委员会开了 40 次会议,每次会议有 10 人出席,此外,每两个委员至多有一次出席同一次会议,求证:该委员会多于 60 人.(第 5 届全俄数学奥林匹克试题)

6. 用 1 和 2 组成 5 个不同的 n 位数,在每两个 n 位数中,都恰有 m 个数位上的数字相同,但对任何一个数位,5 个 n 位数在此位上的数字不完全相同,求证:$\frac{2}{5}\leqslant\frac{m}{n}\leqslant\frac{3}{5}$.

7. 设 X 是一个 56 元集合.求最小的正整数 n,使得对 X 的任意 15 个子集,只要它们中任何 7 个的并的元素个数都不少于 n,则这 15 个子集中一定存在 3 个,它们的交非空.(2006 年中国数学奥林匹克试题)

8. 在一个国家里,国王要修建 n 个城市,并修建 $n-1$ 条道路连接这 n 个城市.其中每一条道路连接两个城市,任何两条道路不在任何非城市处相交,也不通过其他城市.国王要求利用这些道路使得任何两个城市之间可以通行,而且其最小路程分别为 $1,2,3,\cdots,\frac{n(n-1)}{2}$ 千米.在下列情况下,这一要求可否做到?

(1) 若 $n=6$;(2) 若 $n=1\,993$.

9. 俱乐部有 $3n+1$ 名成员,对每个人,其余人中恰好有 n 个人愿与他打网球(所谓愿意是互相的:A 愿意与 B 打网球,则 B 也愿意与 A 打网球),有 n 个人愿与他下象棋,有 n 个人愿与他打乒乓球,且每两个人之间只进行一种娱乐活动.求证:俱乐部中有3个人,他们之间玩的游戏3种俱全.

10. 有$n(n>1)$个人参加晚会,求证:其中必有两个人,使得在剩下的人中,同时认识他们两个人或同时不认识他们两个人的人的个数不少于$\left[\frac{n}{2}\right]-1$.(1985年美国数学奥林匹克试题)

11. 平面上任给6个点$P_1,P_2,\cdots,P_6$,其中任意3点不共线,将每个点$P_i(1\leqslant i\leqslant n)$任染红蓝二色之一,设$S$是顶点属于$\{P_1,P_2,\cdots,P_6\}$中的一些三角形集合,且具有性质:对每一条线段$P_iP_j(1\leqslant i<j\leqslant n)$,它们在$S$的各个三角形中出现的次数都相同,试求$S$中同色三角形个数的最小值.(原创题)

12. 有10位选手参加乒乓球单打比赛,每两个人都比赛一次,如果选手i胜选手j,选手j胜选手k,选手k胜选手i,则称$\{i,j,k\}$为一个三角形.用W_i,L_i分别表示选手i胜的次数和输的次数($i=1,2,\cdots,10$),已知对任何$i\neq j$,有$L_i+W_j\geqslant 8$.问这次比赛中共有多少个三角形?

13. 平面上有n个三角形,在其中每个三角形内部都至少有其他三角形的4个顶点.证明:一定有3个三角形具有公共点.(1993年圣彼得堡数学竞赛题)

14. 能否把正整数1,2,…,16分别填入4×4的棋盘,使得各行之和与各列之和是8个连续的整数?(1993年圣彼得堡数学竞赛题)

15. 全俄足球双循环赛结束后,统计各队的得分恰好互不相同(每次比赛,胜者2分,输者0分,平局比赛双方各记1分),同时,莫斯科的6个球队得分之和等于其余12个球队得分之和.求证:在莫斯科的球队中必有优胜者(得分在前3名的称为优胜者).

16. 在$m\times n$数表中,所有数不全为零,每一个数都等于它所在的行各数之和与所在的列各数之和的积,求此表中所有数之和.(第

20届莫斯科数学奥林匹克试题)

17. 长为 n(即 n 段)的闭折线的所有顶点构成一个正 n(n 为偶数)边形,求证:此闭折线一定有两条边是平行的.(《美国数学杂志》1993年1月号问题36)

18. 将正$\triangle ABC$各边n等分,过各分点作它两边的平行线,将其分成 n^2 个小正三角形.将这些小正三角形的顶点染红、蓝、黄三色之一,并且 AB 上的点不染红色,BC 上的点不染蓝色,CA 上的点不染黄色.求证:存在一个小正三角形,它的三个顶点两两异色.

19. 将一个多边形剪一刀(截痕不过多边形的顶点),使其分割为两个多边形,再将其中一个多边形剪一刀(截痕不过多边形的顶点),这个多边形又被分割为两个多边形……如此下去,如果从一个正方形开始,要剪出一个三角形,一个四边形,一个五边形……一个2 008边形,那么至少要剪多少刀?(原创题)

20. 某次考试共有333名考生,共做对了1 000道题.规定做对不多于3道题者为不及格,做对不少于6道题者为优秀.若考场中所有考生做对的题目数不全同奇偶,问不及格者与优秀者哪个多?(2009年北京大学自主招生试题)

21. 对凸六边形的边和对角线染色,每条线段染一种颜色.对每一个三角形,其3边的颜色互不相同,对每两个三角形,其边的颜色集合互不相同.问至少要多少种颜色?(2010年清华大学、中国科学技术大学等五校联考试题)

22. 设 $S=\{1,2,\cdots,15\}$,取出 S 的 n 个子集 $A_1,A_2,\cdots,A_n$,且满足下列条件:

(1) $|A_i|=7(i=1,2,\cdots,n)$;

(2) $|A_i\cap A_j|\leqslant 3(1\leqslant i<j\leqslant n)$;

(3) 对 S 中任何3元子集 M,存在某个 A_k,使 $M\subset A_k$.

求这样的子集个数 n 的最小值.(第40届IMO中国国家队选拔

考试试题)

23. 设$|X|=r(r+1)$，自然数n具有如下性质：对X的任意$2r+1$个子集，只要它们中任何7个的并不少于n个元素，则这$2r+1$个子集中一定存在其交非空的3个集合. 求证：$\frac{3}{4}r^2+\frac{1}{2}r-\frac{1}{4}<n_{\min}<\frac{3}{4}r^2+\frac{5}{8}r+\frac{13}{16}$.（原创题）

24. 在一次世界杯预选赛中，中国、澳大利亚、卡塔尔和伊拉克被分在A组，进行主客场比赛. 规定每场比赛胜者得3分，平局各得1分，败者不得分. 比赛结束后前两名可以晋级.

(1) 由于四支队伍均为强队，可以肯定，每支队伍至少得3分.

甲专家预测：中国队至少得10分才能确保出线；

乙专家预测：中国队至少得11分才能确保出线.

问：甲、乙专家哪个说的对？为什么？

(2) 若不考虑(1)中条件，中国队至少得多少分才能确保出线？

(2008年上海交通大学冬令营数学试题)

25. 设n是奇数且大于1，$k_1,k_2,\cdots,k_n$是给定的整数，对于$1,2,\cdots,n$的$n!$个排列中的每一个$a=(a_1,a_2,\cdots,a_n)$，记$S(a)=\sum_{i=1}^{n}k_ia_i$. 求证：存在两个排列$b$和$c$，$b\neq c$，使得$S(b)-S(c)$被$n!$整除.

26. 在直角坐标平面上的1 994边形的第k条边长$a_k=\sqrt{4+k^2}$$(k=1,2,\cdots,1\,994)$. 求证：该多边形的顶点不可能都是整点.

27. 设S是平面上任何4点不共线的n个点的集合，$\{d_1,d_2,\cdots,d_n\}$是S中的点两两之间所有不同距离的集合，以m_i表示d_i的重数$(i=1,2,\cdots,k)$，即m_i是S中满足$|PQ|=d_i$的无序对

$\{P,Q\}$ 的个数.求证：$\sum_{i=1}^{k} m_i^2 \leqslant n^3 - n^2$.（2011 年 IMO 中国国家队选拔考试试题）

习题 4 解答

1. 由条件“对其中任何一个点 P，都有其中 k 个点到 P 的距离相等”想到将这 k 个点看作一个类.这样，每一个点都对应一个类，得到 n 个类 $A_1,A_2,\cdots,A_k$.

选择 2 元对（线段）为中间量，考察所有线段的总数 S.

一方面，采用“捆绑计算”，对每一个 k 元子集 A_i，其中的 k 点共圆，可连 C_k^2 条弦，n 个圆可连 nC_k^2 条弦.但其中有重复计数（没有 $|A_i \cap A_j| \leqslant 1$ 的条件）.注意到每两个圆至多有一条公共弦，从而至多重复计数 C_n^2 次，所以，互异的弦至少有 $nC_k^2 - C_n^2$ 条，即 $S \geqslant nC_k^2 - C_n^2$.

另一方面，采用“分散计算”，因为 $|X| = n$，至多有 C_n^2 条互异的线段，即 $S \leqslant C_n^2$.于是 $nC_k^2 - C_n^2 \leqslant S \leqslant C_n^2$，即 $k^2 - k \leqslant 2n - 2$.所以 $k \leqslant \frac{1+\sqrt{8n-7}}{2} < \frac{1}{2} + \sqrt{2n}$.

2. 设“寡合的”而不是“古怪的”人的集合为 A，“古怪的”而不是“寡合的”人的集合为 B（即去掉交集中的人），我们只需证明 $|A| \geqslant |B|$.

设 $|A| = m$，$|B| = k$，如果一个 A 中的人与一个 B 中的人认识，则称为一个对子，计算对子的个数 S（相当于计算 2 部分图的边数）.

对 A 中每一个人 x，x 是“寡合的”，所以他的熟人少于 10，从而由 x 只能组成少于 10 个对子，所以 $S < 10m$.

对 B 中每一个人 y，y 是“古怪的”，所以他只认识“寡合的”人，又 y 不是“寡合的”，所以 y 至少认识 10 个“寡合的”人，这 10 个人一

定属于 A，否则，其中有一人 z 不属于 A，则 z 既是“寡合的”，又是“古怪的”. 但 z 认识 y，而 z 只认识“寡合的”人，所以 y 是“寡合的”人，与 y 属于 B 矛盾，所以由 y 至少组成 10 个对子，故 $S \geqslant 10k$.

$10k \leqslant S < 10m$，即 $m > k$. 证毕.

3. 如果两个裁判对一个参赛者的判别相同，则称这两个判别构成一个“对子”，我们来计算对子的总数 S.

对于任一个参赛者，假设有 x 个裁判评他为合格，其他 $b-x$ 个裁判评他为不合格，则由他产生的对子有 $\frac{x(x-1)}{2}+\frac{(b-x)(b-x-1)}{2}=x^2-bx+\frac{b^2-b}{2}$ 个.

由于 b 是奇数，所以函数 $f(x)=x^2-bx+\frac{b^2-b}{2}(0 \leqslant x \leqslant b)$ 的最小值是 $f\left(\frac{b-1}{2}\right)=f\left(\frac{b+1}{2}\right)=\frac{b^2-2b+1}{4}$.

这表明，每个参赛者至少产生 $\frac{b^2-2b+1}{4}$ 个对子，所以 $S \geqslant a \cdot \frac{b^2-2b+1}{4}$.

另一方面，共有 $\frac{b(b-1)}{2}$ 个“评判对”，而由条件，每个“评判对”最多认同 k 个参赛者，即最多产生 k 个对子，所以 $S \leqslant k \cdot \frac{b(b-1)}{2}$.

故 $a \cdot \frac{b^2-2b+1}{4} \leqslant S \leqslant k \cdot \frac{b(b-1)}{2}$，两边同时除以 $\frac{b(b-1)}{2a}$，得 $\frac{k}{a} \geqslant \frac{b-1}{2b}$.

4. 将每个放有棋的方格的边染红色，计算红色边的总数 S.

第一次放棋，产生 4 条红边，而以后每次放棋，最少得到 3 条红边，设一共放有 n 枚棋，那么 $S\geqslant 4+3(n-1)=3n+1$.

7	8	9	10	11	12	13
6		31		20		14
5	34		22	21		15
4		32	23		27	16
3	35		24	29		17
2		33	25		28	18
1	36		26	30		19

图 4.24

但另一方面，棋盘中共有 $2(7\times 8)=112$ 条边，但其中至少有一条不是红色，否则，边界上最后一个空格不能再放棋，此格有一条边不是红色，所以 $S\leqslant 111$，故 $3n+1\leqslant S\leqslant 111$，解得 $n\leqslant 36$.

最后，$n=36$ 是可以的(图 4.24)，其中编号表示放棋的顺序.

综上所述，n 的最大值为 36.

5. 每次出席会议的 10 个人构成委员会的子集 $A_i(1\leqslant i<j\leqslant 40)$. 题设“两个委员至多有一次出席同一次会议”可表示为 $|A_i\cap A_j|\leqslant 1$. 我们来计算所有二人组的总数 S.

一方面，采用“捆绑计算”，$|A_i|=10$，从而每个 A_i 中有 $C_{10}^2=45$ 个二人组，于是，40 个集合可产生 $40\times 45=1\,800$ 个二人组. 由于 $|A_i\cap B_j|\leqslant 1$，这 1 800 个二人组互异，所以 $S\geqslant 1\,800$.

另一方面，采用“分散计算”，设 $|X|=n$，则 X 中的二人组的总数为 $S=C_n^2$. 所以 $C_n^2=S\geqslant 1\,800$，故 $n>60$，命题获证.

6. 每个 n 位数可用长为 n 的矩形棋盘表示，1，2 分别代表两种颜色，于是，5 个 n 位数构成了 2 色的 $5\times n$ 矩形棋盘.

条件表明：每两行恰有 m 条纵向同色线段；且每一列都不全同色. 由此可知，每一列各色的格只能是(1，4)，(2，3)，(3，2)，(4，1)分布.

计算每列中相同的数对的个数 S.

一方面，采用“捆绑计算”，对某一行，设有 r 个 1，$5-r$ 个 2，则有 $C_r^2+C_{5-r}^2$ 个相同的数对，而 $r=1,2,3,4$，所以 $C_3^2+C_2^2\leqslant C_r^2+C_{5-r}^2\leqslant C_4^2$，于是，每行至少 4 个、至多 6 个相同的数对，所以 $4n\leqslant S\leqslant 6n$.

另一方面,采用“分散计算”,对每两个行,恰有 m 个相同,于是有 m 个列对,所以 $S=C_5^2\cdot m=10m$, $4n\leqslant 10m\leqslant 6n$,故 $\frac{2}{5}\leqslant\frac{m}{n}\leqslant\frac{3}{5}$.

7. n 的最小值为 41.

首先证明 $n=41$ 合乎条件,用反证法.假设存在 X 的 15 个子集,它们中任何 7 个的并不少于 41 个元素,而任何 3 个的交都为空集,则每个元素至多属于 2 个子集,不妨设每个元素恰属于 2 个子集(否则在一些子集中添加一些元素,上述条件仍然成立),由抽屉原理,必有一个子集,设为 A,至少含有 $\left[\frac{56\times 2}{15}\right]+1=8$ 个元素,又设其他 14 个子集为 $A_1,A_2,\cdots,A_{14}$.

一方面,采用“捆绑计算”,考察不含 A 的任何 7 个子集,都对应 X 中的 41 个元素,所有不含 A 的 7-子集组一共至少对应 $41C_{14}^7$ 个元素.

另一方面,采用“分散计算”,对于元素 a,若 $a\notin A$,则 A_1,A_2, $\cdots,A_{14}$ 中有 2 个含有 a,于是 a 被计算 $C_{14}^7-C_{12}^7$ 次;若 $a\in A$,则 $A_1,A_2,\cdots,A_{14}$ 中有 1 个含有 a,于是 a 被计算 $C_{14}^7-C_{13}^7$ 次,于是

$$
\begin{aligned}
41C_{14}^7&\leqslant(56-|A|)(C_{14}^7-C_{12}^7)+|A|(C_{14}^7-C_{13}^7)\\
&=56(C_{14}^7-C_{12}^7)-|A|(C_{13}^7-C_{12}^7)\\
&\leqslant 56(C_{14}^7-C_{12}^7)-8(C_{13}^7-C_{12}^7),
\end{aligned}
$$

即 $48C_{12}^7+8C_{13}^7\leqslant 15C_{14}^7$,化简得 $3\times 48+4\times 13\leqslant 15\times 13$,即 $196\leqslant 195$,矛盾.

其次证明 $n\geqslant 41$.用反证法.假定 $n\leqslant 40$,设 $X=\{1,2,\cdots,56\}$,令 $A_i=\{x\in X\mid x\equiv i\pmod 7\}(i=1,2,\cdots,7)$, $B_j=\{x\in X\mid x\equiv j\pmod 8\}(j=1,2,\cdots,8)$.显然, $|A_i|=8$, $|A_i\cap A_j|=0$ $(1\leqslant i<j\leqslant 7)$, $|B_j|=7$, $|B_i\cap B_j|=0(1\leqslant i<j\leqslant 8)$.此外,由中国剩余定理, $|A_i\cap B_j|=1(1\leqslant i\leqslant 7,1\leqslant j\leqslant 8)$.于是,对其中任何 3 个

子集,必有2个同时为 A_i,或同时为 B_j,其交为空集.对其中任何7个子集,设有 $t(0\leqslant t\leqslant 7)$ 个为 A_i,$7-t$ 个为 B_j,则由容斥原理,这7个子集的并的元素个数为 $8t+7(7-t)-t(7-t)=49-t(6-t)\geqslant 49-9$(因为 $0\leqslant t\leqslant 7$)$=40$.于是任何7个子集的并不少于40个元素,但任何3个子集的交为空集,所以 $n\geqslant 41$.

综上所述,n 的最小值为41.

8. (1) 当 $n=6$ 时,我们可构造出合乎要求的设计.这时的道路长分别为 $1,2,\cdots,15$.

先构造长为1,2的道路,当然产生了长为3的道路.

如果接着构造长为4的道路,则不能成功.将“4”调整为“5”,构造获得成功(图4.25).

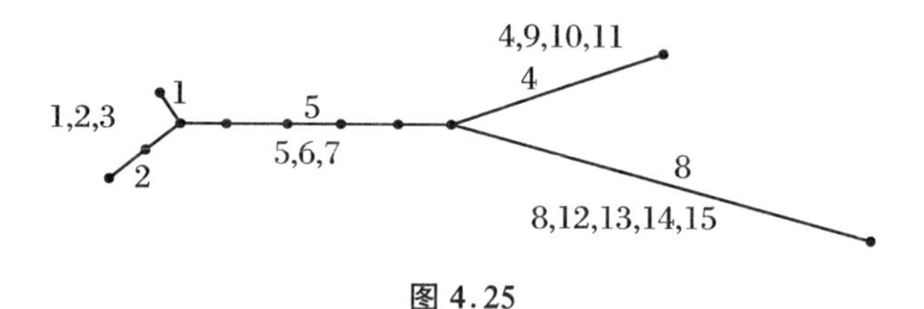

图4.25

(2) 由条件“路程分别为 $1,2,3,\cdots,\frac{n(n-1)}{2}$”可知,其中奇路程比偶路程多1或一样多,从而想到计算距离为奇数的道路的条数 S.有

$$S=\begin{cases}\frac{1}{2}\cdot\left[\frac{n(n-1)}{2}+1\right] & \left(\frac{n(n-1)}{2}\text{为奇数}\right);\\ \frac{1}{2}\cdot\frac{n(n-1)}{2} & \left(\frac{n(n-1)}{2}\text{为偶数}\right).\end{cases}$$

$$S=\frac{1}{4}n(n-1)\quad\text{或}\quad S=\frac{1}{4}n(n-1)+\frac{1}{2}.$$

另一方面,取定一个城市 A_1,将与 A_1 的距离为奇数的城市记为集合 M,与 A_1 的距离为偶数的城市记为集合 N(注意 $A_1\in N$,距离

为 0 是偶数).

令 $|M|=x$, $|N|=y$,用 $f(A)$ 表示城市 A 到 A_1 的路程.

显然,对任意两个城市 A,B,有

$$|AB|=f(A)+f(B)-2\cdot\text{公共路程}. \quad ①$$

当 A,B 属于同一个集合时,$f(A)$,$f(B)$ 同奇偶,于是,由式①可知,$|AB|$ 为偶数;

当 A,B 属于不同集合时,$f(A)$,$f(B)$ 不同奇偶,于是,由式①可知,$|AB|$ 为奇数.

于是,每一条奇路程,必定是一个端点城市属于 M,另一个端点城市属于 N,所以 $S=xy$.

故 $xy=\frac{1}{4}n(n-1)$ 或 $xy=\frac{1}{4}n(n-1)+\frac{1}{2}$,即 $4xy=n^2-n$ 或 $xy=n^2-n+2$.

注意 $n=x+y$,有 $n=n^2-4xy=(x+y)^2-4xy=(x-y)^2$ 或 $n=n^2-4xy+2=(x+y)^2-4xy+2=(x-y)^2+2$.

这表明 n 为平方数或平方数加 2,由此可知,$n=1\,993$ 时不能实现要求.

9. 用 $3n+1$ 个点表示 $3n+1$ 个成员,若某两个人之间愿意打网球,则在对应的点之间连一条红色边;若某两个人之间愿意下象棋,则在对应的点之间连一条蓝色边;若某两个人之间愿意打乒乓球,则在对应的点之间连一条黄色边,得到一个 3 色完全图 K_{3n+1}.

计算图中异色角的总数 S.一方面,采用"分散计算",由条件可知,对每个给定的点 x,设 x 引出了 n 条红色边,n 条蓝色边,n 条黄色边,于是以任何两色为边的异色角都有 $C_n^1\cdot C_n^1=n^2$ 个,所以以 x 为顶点的异色角的个数为 $C_3^2n^2=3n^2$,所以异色角的总数 $S=3n^2(3n+1)$.

另一方面,采用"捆绑计算",设其中有 x 个三边全不同色的三角

形，则有 $C_{3n+1}^3 - x$ 个三边不全异色的三角形. 每个三边全不同色的三角形有 3 个异色角，每个三边不全异色的三角形至多有 2 个异色角，于是

$$S \leqslant 3x + 2(C_{3n+1}^3 - x) = 2C_{3n+1}^3 + x.$$

所以 $3n^2(3n+1) = S \leqslant 2C_{3n+1}^3 + x$，解得 $x \geqslant 3n^2(3n+1) - 2C_{3n+1}^3 = n(3n+1) > 1$.

10. 用 n 个点代表 n 个人，考虑二色的 K_n，两种颜色分别表示认识和不认识，所谓"必有两个人，使得在剩下的人中，同时认识他们两个人或同时不认识他们两个人的人的个数不少于 $\left[\frac{n}{2}\right]-1$"，等价于存在一条边，它对着至少 $\left[\frac{n}{2}\right]-1$ 个同色角，这只需将所有同色角归入 C_n^2 条边上即可.

先估计同色角的总数 S. 对每个给定的点 A，设 A 引出了 r 条红色边，$n-1-r$ 条蓝色边，则以 A 为顶点的同色角的个数为

$$\begin{aligned} C_r^2 + C_{n-1-r}^2 &= \frac{1}{2}(r^2 + (n-1-r)^2 - (n-1)) \\ &\geqslant \frac{1}{2}\left(\frac{(r+n-1-r)^2}{2} - (n-1)\right) \\ &= \frac{1}{4}(n-1)(n-3), \end{aligned}$$

所以 $S \geqslant \frac{1}{4}n(n-1)(n-3)$.

将至少 $\frac{1}{4}n(n-1)(n-3)$ 个同色角归入 C_n^2 条边，至少有一条边所对的同色角不少于 $\frac{1}{4}n(n-1)(n-3)C_n^2 \geqslant \frac{1}{2}(n-3)$.

又每条边所对的同色角的个数为整数，所以此边所对的同色角的个数不少于 $\left[\frac{n-3}{2}+\frac{1}{2}\right] = \left[\frac{n-2}{2}\right] = \left[\frac{n}{2}\right]-1$.

11. 对于涉及“三角形”的问题，通常的手法是去掉三角形的一条边得到“角形”关联元.但对于本题，由于含有关键性的条件是：每一条线段 $P_iP_j(1\leqslant i<j\leqslant n)$ 在 S 各个三角形中出现的次数都相同，它给出的是关于线段的信息，由此想到应去掉三角形的两条边得到关联元：线段.

先计算所有线段出现的总次数.

一方面，采用“分散计算”，因为有6个点，共有 C_6^2 条线段，而每条线段在各个三角形中出现 k 次，从而线段出现的总次数为 kC_6^2.

另一方面，采用“捆绑计算”，每个三角形中有3条边，又共有 $|S|$ 个三角形，从而线段出现的总次数为 $3|S|$.所以

$$3|S|=kC_6^2,\quad |S|=\frac{1}{3}kC_6^2=5k.$$

下面计算所有异色线段(两端点不同色的线段)出现的总次数.

一方面，采用“分散计算”，设 $P_1,P_2,\cdots,P_n$ 中有 n_1 个红点，有 n_2 个蓝点 $(n_1+n_2=n)$，产生 n_1n_2 条异色线段.

又由条件知，每条异色线段在 S 中都出现 k 次，于是异色线段共出现 kn_1n_2 次.

另一方面，采用“捆绑计算”，设 S 中有 x 个同色三角形，则 S 中有 $5k-x$ 个异色三角形，每个异色三角形有2条异色线段，于是 S 中共有 $2(5k-x)$ 条异色线段.所以

$$kn_1n_2=2(5k-x),$$

解得 $2x=10k-kn_1n_2=k(10-n_1n_2)$.

因为 $n_1n_2\leqslant\left(\dfrac{n_1+n_2}{2}\right)^2=3^2=9$，所以 $2x=10k-kn_1n_2=k(10-n_1n_2)>0$，于是 $x>0$，从而 $x\geqslant1$.

最后，令

$$S=\{(1,2,3),(1,2,4),(1,3,6),(1,4,5),(1,5,6),(2,3,5),(2,4,6),(2,5,6),(3,4,5),(3,4,6)\},$$

将1,2,3染红色,4,5,6染蓝色,则每条边 ij 恰出现在两个三角形中,且 S 中恰有一个同色三角形(1,2,3).

综上所述,S 中同色三角形个数的最小值为1.

12. 每个人要与9个人比赛,所以 $W_i+L_i=9$.

又 $L_i+W_j\geqslant 8$,所以 $9-W_i+W_j\geqslant 8$,故 $|W_i-W_j|\leqslant 1$.

于是10个人赢的不同次数最多有两种,设为 t 与 $t-1$($t\leqslant 9$, $t\in\mathbf{N}$).

计算各选手赢的总次数.一方面,设共有 x 个人赢 t 次,则有 $10-x$ 人赢 $t-1$ 次,于是,赢的总次数为 $tx+(t-1)(10-x)$.

另一方面,由于第 i 名选手赢 W_i 次,所以赢的总次数为 $\sum\limits_{i=1}^{10}W_i=\dfrac{9\times 10}{2}=45$.

故 $tx+(t-1)(10-x)=45$,解得 $t=x=5$.

所以有5人赢5次,有5人赢4次.

对于某个人 i 来说,或者 $W_i=5,L_i=4$;或者 $W_i=4,L_i=5$.

用10个点代表10个人,将这些点放在一个圆周上.若 i 胜 j,则连边 $i\to j$,那么题中要找的三角形是图中的有向三角形.

称 $i\to j\to k$ 或 $i\leftarrow j\leftarrow k$ 为以 j 为顶点的同色角,称 $i\leftarrow j\to k$ 或 $i\to j\leftarrow k$ 为以 j 为顶点的异色角,则合乎条件的三角形中同色角的个数为0,而一个不合乎条件的三角形中的同色角的个数为2.

每个顶点引出 $C_4^2+C_5^2=16$ 个同色角,于是图中共有160个同色角,从而有 $\dfrac{160}{2}=80$ 个不合乎条件的三角形,所以合乎条件的三角形有 $C_{10}^3-80=40$ 个.

13. 用反证法.我们来计算所有三角形的顶点总数 S.一方面,采用"捆绑计算",每个三角形有3个顶点,于是 $S=3n$.

另一方面,采用"分散计算",每个三角形内部都至少有其他三角形的 4 个顶点，而这样的每个顶点只能属于一个三角形(否则，该点是 3 个三角形的公共点)，于是 n 个三角形有 $4n$ 个顶点，矛盾.

14. 计算棋盘中所有数的和 S.

一方面，采用“分散计算”，$S=1+2+\cdots+16=8\times17$.

另一方面，采用“捆绑计算”，若各行之和与各列之和是 8 个连续的整数，则

$$S=\frac{1}{2}(k+(k+1)+(k+2)+\cdots+(k+7))=2(2k+7),$$

所以 $8\times17=2(2k+7)$，即 $4\times17=2k+7$，左边为偶数，右边为奇数，矛盾.故不能按要求填数.

15. 我们计算莫斯科外其余 12 个球队的总得分 S.

首先，采用“捆绑计算”，每场比赛产生 2 分，共有 $6+12=18$ 支球队，所以双循环赛结束后共有 $2A_{18}^{2}=18\times17\times2=612$(分).

依题意，莫斯科的 6 个球队得分之和也等于 S，所以 $S=\frac{1}{2}\cdot612=306$(分).

其次，采用“分散计算”，显然莫斯科的 6 个球队中得分最多的不少于 54 分(否则 6 个队的总分不多于 $53+52+\cdots+48=303<306$ 分，矛盾).

反设莫斯科的球队中没有优胜者，则优胜者的得分不少于 54 分，其得分之和不少于 $55+56+57=168$.

因为 3 个优胜者都在其余 12 个球队中，其中非优胜者的 9 个队之间的比赛的总得分为 $2A_{9}^{2}=9\times8\times2=144$，所以 $S\geqslant168+144=312$，与 $S=306$ 矛盾.

16. 设数表中位于第 i 行第 j 列的数为 a_{ij}，第 i 行各数的和为 A_i，第 j 列各数的和为 B_j，计算所有数之和为 S.一方面，采用“捆绑计算”，有

$$S=\sum_{i=1}^{m}A_i=\sum_{j=1}^{n}B_j.$$

另一方面,采用“分散计算”,由条件有 $a_{ij}=A_iB_j$,所以

$$S=\sum_{i=1}^{m}\sum_{j=1}^{n}a_{ij}=\sum_{i=1}^{m}\sum_{j=1}^{n}A_iB_j=\sum_{i=1}^{m}A_i\sum_{j=1}^{n}B_j=S^2,$$

故 $S=0$ 或 $S=1$.

能否有 $S=0$? 虽然不易证明 $S\neq0$,但可以找到某个行的和 $A_i\neq0$,从而可考察第 i 行各数的和.

实际上,由条件知存在 $a_{ij}\neq0$,所以 $A_iB_j=a_{ij}\neq0$,于是 $A_i\neq0$, $B_j\neq0$.这样

$$A_i=\sum_{j=1}^{n}A_{ij}=\sum_{j=1}^{n}A_iB_j=A_i\sum_{j=1}^{n}B_j=A_iS.$$

又 $A_i\neq0$,所以 $S=1$.

17. 记正 n 边形为 $A_1A_2\cdots A_n$,显然

$A_iA_j \parallel A_kA_t$

$\Leftrightarrow\quad \angle A_iOA_t=\angle A_kOA_j$(其中 O 为正n 边形的中心)

$\Leftrightarrow\quad i-t\equiv k-j\ (\bmod n)$

$\Leftrightarrow\quad i+j\equiv k+t\ (\bmod n)$.

反设闭折线 $A_{i_1}A_{i_2}\cdots A_{i_n}A_{i_1}$ 的任何两条边不平行,那么,由上知 $i_1+i_2, i_2+i_3,\cdots,i_n+i_1$ 构成模 n 的完系.于是,采用“捆绑计算”,有

$$(i_1+i_2)+(i_2+i_3)+\cdots+(i_n+i_1)$$
$$\equiv1+2+\cdots+n=\frac{n(n+1)}{2}\ (\bmod n).$$

另一方面,采用“分散计算”,有

$$(i_1+i_2)+(i_2+i_3)+\cdots+(i_n+i_1)$$
$$=2(i_1+i_2+\cdots+i_n)\equiv2(1+2+\cdots+n)$$
$$=n(n+1)\equiv0\ (\bmod n),$$

所以 $n(n+1)\equiv 0 \pmod{n}$.

令 $n=2k$,有 $0\equiv k(2k+1)=2k^2+k\equiv k \pmod{2k}$,矛盾.

18. 由于 AB 上无红点,从而 A 非红;AC 上无黄点,从而 A 非黄,所以 A 为蓝点.同理,B 为黄点,C 为红点.

如果一条线段的两个端点异色,则称之为奇异线段,一个三角形中的奇异线段的条数称之为三角形的奇异度.计算所有小正三角形的奇异度之和 S(含有重复计数的异色线段总条数).

一方面,采用"捆绑计算",设3顶点含有3种颜色的小正三角形有 x 个,这样的三角形奇异度为3;设3顶点含有2种颜色的小正三角形有 y 个,这样的三角形奇异度为2;设3顶点含有1种颜色的小正三角形有 z 个,这样的三角形奇异度为0,则 $S=3x+2y$.

另一方面,采用"分散计算",当一条奇异线段在$\triangle ABC$ 的内部时,它同时属于两个不同的小正三角形,它对 S 的贡献为2;当它位于$\triangle ABC$ 的边上时,它对 S 的贡献为1.

设 AB,BC,CA 上分别有 p,q,r 条奇异线段,大三角形内部有 t 条奇异线段,则 $S=p+q+r+2t$,于是 $p+q+r+2t=S=3x+2y$.

注意目标为 $x\geqslant 1$,即 $x\neq 0$.

考察"补集",若 $x=0$,则 $p+q+r+2t=2y$ 为偶数,即 $p+q+r$ 为偶数,能否导出矛盾?

考察 AB 上的异色线段,因为 A 为蓝色,B 为黄色,又 AB 上只有蓝、黄两种颜色,于是,从 A 到 B 共改变奇数次颜色,即 p 为奇数.

同样,q,r 都为奇数,所以 $p+q+r$ 为奇数,矛盾,故至少有一个奇异三角形,证毕.

另证(标数法):将长为1的两端点同色的线段标数1,两端点异色的线段标数 -1,对每个小正三角形,将其3边上的标数的积作为它的特征值 t,考察所有特征值的积 $\prod t_i$.

对于$\triangle ABC$内部线段的标数，它属于2个小正三角形，它在$\prod t_i$中被计算2次，于是，所有在$\triangle ABC$内部线段的标数对$\prod t_i$的贡献为$(\pm 1)^2=1$. 对于$\triangle ABC$边界上线段的标数，它属于1个小正三角形，它在$\prod t_i$中被计算1次. 考察$\triangle ABC$的边AB，由于AB上无红点，AC上无黄点，所以A为蓝点. 同理，B为黄点. 又AB上只有蓝、黄两种颜色，于是，从A到B共改变奇数次颜色，所以，AB上线段的标数对$\prod t_i$的贡献为-1.

同理，BC，CA上线段的标数对$\prod t_i$的贡献为-1，所以$\prod t_i=1\cdot(-1)^3=-1$.

又每个3顶点同色的三角形的特征值$t=1\cdot1\cdot1=1$，每个2顶点同色的三角形的特征值$t=1\cdot(-1)\cdot(-1)=1$，每个3顶点异色的三角形的特征值$t=(-1)\cdot(-1)\cdot(-1)=-1$，由$\prod t_i=-1$可知，必有一个三角形的特征值为$-1$，此三角形三顶点两两异色.

19. 设共剪了k刀，由于每剪一刀增加一个多边形，从而共有$k+1$个多边形. 除所要求的一个三角形，一个四边形，一个五边形……一个2 008边形外，还有$(k+1)-2\,006=k-2\,005$个多边形，考察这$k+1$个多边形的边数的总和S.

一方面，采用“捆绑计算”，考察各个多边形，有

$S\geqslant 3+4+\cdots+2\,008+3(k-2\,005)=3k+2\,011\,018$.

另一方面，采用“分散计算”，每剪一刀增加4条边(原多边形有2条边被一分为二，且截痕为新增的2条边)，于是$S=4+4k$.

所以$4+4k=S\geqslant 3k+2\,011\,018$，即$k\geqslant 2\,011\,014$.

现在考虑$k=2\,011\,014$能否成立. 先将正方形剪一刀剪成一个三角形和一个五边形，再将其中的五边形剪一刀剪成一个四边形和一个五边形，又将其中的五边形剪一刀剪成一个四边形和一

个五边形,然后将其中的四边形剪一刀剪成一个三角形和一个五边形,再将其中的五边形剪一刀剪成一个三角形和一个六边形,至此,共剪了 5 刀,剪出了两个三角形,一个四边形,一个五边形,一个六边形.现在对其中一个三角形操作,每剪一刀都剪出一个三角形,剪 4 刀剪成一个七边形和若干个三角形,以后都选择一个三角形,剪 $t-3$ 刀剪成一个 $t(t=8,9,\cdots,2\,008)$ 边形和若干个三角形,这样一共剪了 $5+4+5+\cdots+2\,005=2\,011\,014$ 刀.

所以 k 的最小值为 2 011 014.

20. 设不及格者有 a 人,优秀者有 b 人,则做对 4 道或 5 道题的人数为 $333-a-b$.

因为所有考生做对题的总数为 1 000,所以

$$\begin{aligned}1\,000 &\geqslant a\times 0+b\times 6+(333-a-b)\times 4\\ &=4(333-a-b)+6b.\end{aligned} \quad ①$$

下面讨论 a,b 的大小关系,其中注意隐含的不等关系 $333-a-b\geqslant 0$.此外,我们要在式①中构造 $a-b$,以判别 $a-b$ 的符号.

由式①,有

$$\begin{aligned}1\,000 &\geqslant 4(333-a-b)+6b=(333-a-b)+999+3(b-a)\\ &\geqslant 999+3(b-a),\end{aligned}$$

所以 $3(b-a)\leqslant 1$,于是 $b\leqslant a$.

若 $a=b$,则 $333-a-b=333-2a$ 为奇数,从而 $333-a-b\geqslant 1$,于是由式①,有

$$\begin{aligned}1\,000 &\geqslant 4(333-a-b)+6b=(333-2a)+999+3(b-a)\\ &\geqslant 1+999+0=1\,000,\end{aligned}$$

不等式等号成立,从而所有人都做对偶数道题(要么做对 0 道题,要么做对 4 道题,要么做对 6 道题),与题意矛盾.

所以 $a>b$,故不及格者比优秀者多.

21. 假设用了 n 种颜色.由于每个三角形包含 3 种颜色,对应一

个 3 色组.

依题意,所有三角形对应的 3 色组互不相同,从而六边形包含了 $C_6^3=20$ 个不同的 3 色组.

又 n 种颜色可组成 C_n^3 个不同的 3 色组,于是 $C_n^3\geqslant 20$,得 $n\geqslant 6$.

若 $n=6$,则每个 3 色组恰在六边形的一个三角形中出现一次.

考察某颜色 a,则含有该颜色的 3 色组有 $C_5^2=10$ 个,从而六边形中有 10 个含有 a 色的三角形.

但六边形中含 a 色的三角形的个数必定是 4 的倍数,这是因为:对给定的一条边 AB,它可以组成 $C_4^1=4$ 个含有 AB 的三角形,从而 AB 的颜色在 4 个三角形中出现,于是 $4\mid 10$,矛盾.

所以 $n\geqslant 7$.

下面证明:$n=7$ 合乎要求.

用 $0,1,2,\cdots,6$ 表示 7 种颜色,设六边形为 $A_1A_2\cdots A_6$,对任意一条线段 A_iA_j,将其染 $i+j$ 色($1\leqslant i<j\leqslant 6$),其中下标按模 7 理解.我们证明这样的染色方法合乎要求.

首先,对任意的 3 个顶点 A_i,A_j,A_k($1\leqslant i,j,k\leqslant 6$),若 $\triangle A_iA_jA_k$ 有两边染色相同,不妨设 A_iA_j,A_iA_k 的染色相同,则 $i+j\equiv i+k\pmod 7$,即 $j\equiv k\pmod 7$,矛盾.

其次,若存在两个三角形 $\triangle A_iA_jA_k$,$\triangle A_pA_qA_r$,其边的颜色集合相同,不妨设

$$i+j\equiv p+q\pmod 7,\quad j+k\equiv q+r\pmod 7,$$
$$k+i\equiv r+p\pmod 7,$$

那么,三式相加,得

$$2(i+j+k)\equiv 2(p+q+r)\pmod 7,$$

所以 $i+j+k\equiv p+q+r\pmod 7$.

再结合 $-(i+j)\equiv-(p+q) \pmod 7$，有 $k\equiv r \pmod 7$.

同理，$i\equiv p \pmod 7$，$j\equiv q \pmod 7$，于是 $(i,j,k)=(p,q,r)$，所以 $\triangle A_iA_jA_k$，$\triangle A_pA_qA_r$ 是同一个三角形，矛盾.

综上所述，至少要 7 种颜色.

22. 由条件(1) $|A_i|=7(i=1,2,\cdots,n)$，想到计算各元素在各子集中出现的总次数 S_1.

一方面，采用"捆绑计算"，有 $S_1=7n$. 另一方面，采用"分散计算"，设 $i(i=1,2,\cdots,15)$ 出现的次数为 r_i，则有 $S_1=\sum_{i=1}^{15} r_i$，所以 $7n=S_1=\sum_{i=1}^{15} r_i$.

下面只需求 $\sum_{i=1}^{15} r_i$ 的范围，一个充分条件是求每个 r_i 的范围. 不失一般性，先求 r_1 的范围.

由条件(3)，想到计算含有 1 的所有 3 元子集的个数 S_2.

一方面，采用"捆绑计算"，有 $S_2=C_{14}^2=91$.

另一方面，采用"分散计算"，考察所有 r_1 个含 1 的子集 A_i，每个这样的子集中有 $C_6^2=15$ 个含 1 的 3 元子集，于是共有 $15r_1$ 个含 1 的 3 元子集.

由条件(3)可知，这样计算的含 1 的 3 元子集没有遗漏，所以 $15r_1\geqslant S_2=91$，$r_1\geqslant 7$. 同理，对所有 $i=1,2,\cdots,15$，有 $r_i\geqslant 7$.

于是 $7n=\sum_{i=1}^{15} r_i\geqslant\sum_{i=1}^{15} 7=15\times 7$，所以 $n\geqslant 15$.

但 $n=15$ 时，令 $A_i=\{1+i-1,2+i-1,4+i-1,5+i-1,6+i-1,11+i-1,13+i-1\}(i=1,2,\cdots,15)$，若集合中的数大于 15，则取其除以 15 的余数代之.

不难验证，这样的 15 个集合符合题目所有条件，故 n 的最小值为 15.

23. 首先证明 $n\geqslant\frac{3}{4}r^2+\frac{5}{8}r-\frac{3}{16}$时，$n$ 合乎条件.从而有

$$n_{\min}<\frac{3}{4}r^2+\frac{5}{8}r-\frac{3}{16}+1=\frac{3}{4}r^2+\frac{5}{8}r+\frac{13}{16}.$$

用反证法.假设存在 X 的 $2r+1$ 个子集，它们中任何 r 个的并不少于$n\left(n\geqslant\frac{3}{4}r^2+\frac{5}{8}r+\frac{13}{16}\right)$个元素，而任何 3 个的交都为空集，则每个元素至多属于 2 个子集，不妨设每个元素恰属于 2 个子集(否则在一些子集中添加一些元素，上述条件仍然成立)，由抽屉原理，必有一个子集，设为 A，至少含有$\left[\frac{r(r+1)\times 2}{2r+1}\right]+1=r+1$ 个元素，又设其他$2r$ 个子集为$A_1,A_2,\cdots,A_{2r}$.

考察不含 A 的任何r 个子集，都对应 X 中的n 个元素，所有不含 A 的r-子集组一共至少对应nC_{2r}^r个元素.

另一方面，对于元素 a，若 $a\notin A$，则 $A_1,A_2,\cdots,A_{2r}$中有 2 个含有 a，于是 a 被计算$C_{2r}^r-C_{12}^r$次.

若 $a\in A$，则 $A_1,A_2,\cdots,A_{2r}$中有 1 个含有 a，于是 a 被计算$C_{2r}^r-C_{13}^r$次，于是

$$\begin{aligned}nC_{2r}^r&\leqslant(r(r+1)-|A|)(C_{2r}^r-C_{2r-2}^r)+|A|(C_{2r}^r-C_{2r-1}^r)\\&=r(r+1)(C_{2r}^r-C_{2r-2}^r)-|A|(C_{2r-1}^r-C_{2r-2}^r)\\&\leqslant r(r+1)(C_{2r}^r-C_{2r-2}^r)-(r+1)(C_{2r-1}^r-C_{2r-2}^r),\end{aligned}$$

$$\begin{aligned}n&\leqslant\frac{r(r+1)(C_{2r}^r-C_{2r-2}^r)-(r+1)(C_{2r-1}^r-C_{2r-2}^r)}{C_{2r}^r}\\&=\frac{3r^3+r^2-2r}{4r-2}=\frac{3}{4}r^2+\frac{5}{8}r-\frac{3}{16}-\frac{3}{16(2r-1)}\\&<\frac{3}{4}r^2+\frac{5}{8}r-\frac{3}{16},\end{aligned}$$

这与 $n\geqslant\frac{3}{4}r^2+\frac{5}{8}r-\frac{3}{16}$矛盾.

其次证明 $n>\frac{3}{4}r^2+\frac{1}{2}r-\frac{1}{4}$.

用反证法.假定 $n\leqslant\frac{3}{4}r^2+\frac{1}{2}r-\frac{1}{4}$,设 $X=\{1,2,\cdots,r(r+1)\}$,令

$$A_i=\{x\in X\mid x\equiv i\ (\mathrm{mod}\ r)\}\quad(i=1,2,\cdots,r),$$
$$B_j=\{x\in X\mid x\equiv j\ (\mathrm{mod}\ (r+1))\}\quad(j=1,2,\cdots,r+1),$$

显然

$$|A_i|=r+1,\quad |A_i\cap A_j|=0\quad(1\leqslant i<j\leqslant r),$$
$$|B_j|=r,\quad |B_i\cap B_j|=0\quad(1\leqslant i<j\leqslant r+1).$$

此外,由中国剩余定理,$|A_i\cap B_j|=1(1\leqslant i\leqslant r,1\leqslant j\leqslant r+1)$.

于是,对其中任何 3 个子集,必有 2 个同时为 A_i 或同时为 B_j,其交为空集.

对其中任何 r 个子集,设有 $t(0\leqslant t\leqslant r)$个为 A_i,$r-t$ 个为 B_j,则由容斥原理,这 r 个子集的并的元素个数为

$$\begin{aligned}&(r+1)t+r(r-t)-t(r-t)\\&=\left(t-\frac{r-1}{2}\right)^2+r^2-\left(\frac{r-1}{2}\right)^2\geqslant r^2-\left(\frac{r-1}{2}\right)^2\\&=\frac{3}{4}r^2+\frac{1}{2}r-\frac{1}{4}\geqslant n.\end{aligned}$$

于是任何 r 个子集的并不少于 n 个元素,但任何 3 个子集的交为空集,矛盾.

所以 $n>\frac{3}{4}r^2+\frac{1}{2}r-\frac{1}{4}$.

综上所述,命题获证.

24. (1) 乙专家说的对.

若中国队得 10 分,则可能出现有 3 队都至少得 10 分,中国队无法确保晋级的情况.如表 4.4 所示,澳大利亚 12 分,中国、卡塔尔各 10 分,伊拉克 3 分,因此甲专家说的不对.

表 4.4

	澳	澳	中	中	卡	卡	伊	伊	总分
澳			3	0	3	0	3	3	12
中	0	3			1	3	0	3	10
卡	0	3	1	0			3	3	10
伊	0	0	3	0	0	0			3

假设中国队得了 11 分而无法晋级，则前 3 名均不少于 11 分，而由题目条件，第 4 名不少于 3 分，所以 4 队总分 $S\geqslant 3\cdot 11+3=36$.

但另一方面，每场比赛至多对 S 贡献 3 分，又共有 12 场比赛，从而 $S\leqslant 3\cdot 12=36$.

所以不等式等号成立，即 $S=36$，且前 3 名各得 11 分，第四名得 3 分.

当 $S=36$ 分时不能出现一场平局，从而每个队的得分都是 3 的倍数，而 11 不是 3 的倍数，矛盾！

所以中国队得 11 分可以确保出线，故乙专家说的对.

(2) 若中国队得 12 分，则可能出现有 3 队都至少得 12 分，中国队无法确保晋级的情况. 如表 4.5 所示，澳大利亚、中国、卡塔尔各 12 分，伊拉克 0 分，所以中国队得分至少为 13 分.

表 4.5

	澳	澳	中	中	卡	卡	伊	伊	总分
澳			3	0	3	0	3	3	12
中	0	3			0	3	3	3	12
卡	0	3	3	0			3	3	12
伊	0	0	0	0	0	0			0

假设中国队得 13 分仍无法出线，则前 3 名得分均不少于 13 分，

此时 4 队的总分 $S\geqslant 39$，与 $S\leqslant 36$ 矛盾！

故中国队至少得 13 分才可以确保出线.

25. 如果结论不成立，那么当 a 取遍所有 $n!$ 个排列时，$S(a)$ 关于 $\bmod n!$ 的余数取遍 $1,2,\cdots,n!$.

当 a 取遍所有 $n!$ 个排列时，$S(a)$ 的总和记为 $\sum S(j)$，那么有

$$\sum S(j)\equiv 1+2+\cdots+n!\equiv\frac{n!\times(n!+1)}{2}\pmod{n!}.$$

又由于 n 为大于 1 的奇数，所以 $n!$ 是偶数，故

$$\sum S(j)\equiv\frac{n!}{2}\pmod{n!}. \qquad ①$$

另一方面，$\sum S(j)$ 中 k_1 的系数是由 $(n-1)!$ 个 1，$(n-1)!$ 个 2，$\cdots$，$(n-1)!$ 个 n 组成，所以 $\sum S(j)$ 中 k_1 的系数为

$$(n-1)!(1+2+\cdots+n)=\frac{(n+1)n!}{2}.$$

同理，$k_2,k_3,\cdots,k_n$ 的系数也都是 $\frac{(n+1)n!}{2}$. 所以

$$\sum S(j)=\frac{(n+1)n!}{2}(k_1+k_2+\cdots+k_n).$$

但是 n 是大于 1 的奇数，所以 $n+1$ 是偶数，于是

$$\sum S(j)\equiv 0\pmod{n!}. \qquad ②$$

式①与式②矛盾，所以一定存在 b 和 c，$b\neq c$，使得

$$n!\mid S(b)-S(c).$$

26. 用反证法. 若多边形的顶点都是整点，设第 k 个顶点的坐标为 (x_k,y_k)，其中 x_k,y_k 是整数. 令

$$z_k=x_k+\mathrm{i}y_k\quad(\mathrm{i}^2=-1),$$
$$d_k=z_{k+1}-z_k=(x_{k+1}-x_k)+\mathrm{i}(y_{k+1}-y_k)$$

$$= \alpha_k + \mathrm{i}\beta_k \quad (k = 1,2,\cdots,1\,994),$$

其中规定 $x_{1\,995} = x_1$, $y_{1\,995} = y_1$,则

$$|d_k|^2 = a_k^2 = 4 + k^2,\quad \sum_{k=1}^{1\,994} |d_k|^2 = \sum_{k=1}^{1\,994}(4 + k^2).$$

所以

$$\begin{aligned}\sum_{k=1}^{1\,994}(\alpha_k^2 + \beta_k^2) &= 4 \cdot 1\,994 + \frac{1\,994 \times 1\,995 \times 3\,989}{6}\\ &= 4 \cdot 1\,994 + 997 \cdot 665 \cdot 3\,989\end{aligned}$$

为奇数.

另一方面,$\sum_{k=1}^{1\,994} d_k = 0$,所以 $\sum_{k=1}^{1\,994} \alpha_k = \sum_{k=1}^{1\,994} \beta_k = 0$,于是

$$\left(\sum_{k=1}^{1\,994}(\alpha_k + \beta_k)\right)^2 = 0,$$

$$\sum_{k=1}^{1\,994}(\alpha_k^2 + \beta_k^2) + 2\left(\sum_{i,j}\alpha_i\beta_j + \sum_{1\leqslant i<j\leqslant 1\,994}\alpha_i\alpha_j + \sum_{1\leqslant i<j\leqslant 1994}\beta_i\beta_j\right) = 0,$$

故

$$\sum_{k=1}^{1\,994}(\alpha_k^2 + \beta_k^2) = -2\left(\sum_{i,j}\alpha_i\beta_j + \sum_{1\leqslant i<j\leqslant 1\,994}\alpha_i\alpha_j + \sum_{1\leqslant i<j\leqslant 1\,994}\beta_i\beta_j\right)$$

为偶数,矛盾.

27. 首先注意到 $\sum_{i=1}^{k} m_i = C_n^2$,以 $\Delta(S)$ 表示 S 中 3 个点的三元组组成的等腰三角形(包括两点及其连线段的中点组成退化情形的 3 元组)的个数,其中一个正三角形被计算 3 次.

下面对 $\Delta(S)$ 算两次.

因为当且仅当 $|DP| = |DQ|$ 时点 D 位于 P,Q 连线段的垂直平分线上,对 $D\in S$,用 $m_i(D)$ 表示 S 中与 D 的距离为 d_i 的点的个数 $(i = 1,2,\cdots,k)$,则

$$\Delta(S) = \sum_{D\in S}\sum_{i=1}^{k} C_{m_i(D)}^2 = \sum_{i=1}^{k}\sum_{D\in S} C_{m_i(D)}^2.$$

注意到$\sum_{D\in S} m_i(D) = 2m_i$，对上式右边应用柯西不等式，有

$$\Delta(S) = \sum_{i=1}^{k}\sum_{D\in S}\frac{m_i^2(D) - m_i(D)}{2} \geqslant \frac{2}{n}\sum_{i=1}^{k} m_i^2 - \sum_{i=1}^{k} m_i$$

$$= \frac{2}{n}\sum_{i=1}^{k} m_i^2 - C_n^2,$$

这样

$$\sum_{i=1}^{k} m_i^2 \leqslant \frac{n}{2}(\Delta(S) + C_n^2). \quad ①$$

另一方面，每一条线段 PQ 至多是 S 所确定的 3 个等腰三角形的底边，否则，PQ 的垂直平分线将通过 S 中至少 4 个点，矛盾.

所以

$$\Delta(S) \leqslant 3C_n^2. \quad ②$$

由式①和式②，命题获证.

中国科学技术大学出版社中学数学用书

高中数学竞赛教程/严镇军　单墫　苏淳　等
中外数学竞赛/李炯生　王新茂　等
第 51—76 届莫斯科数学奥林匹克/苏淳　申强
名牌大学学科营与自主招生考试绿卡·数学真题篇
　/李广明　张剑
重点大学自主招生数学备考用书/甘志国

同中学生谈排列组合/苏淳
趣味的图论问题/单墫
有趣的染色方法/苏淳
组合恒等式/史济怀
集合/冯惠愚
不定方程/单墫　余红兵
概率与期望/单墫
组合几何/单墫
算两次/单墫
几何不等式/单墫
解析几何的技巧/单墫
构造法解题/余红兵
重要不等式/蔡玉书
有趣的差分方程(第 2 版)/李克正　李克大
抽屉原则/常庚哲
母函数(第 2 版)/史济怀
从勾股定理谈起(第 2 版)/盛立人　严镇军
三角恒等式及其应用(第 2 版)/张运筹
三角不等式及其应用(第 2 版)/张运筹
反射与反演(第 2 版)/严镇军

数列与数集/朱尧辰

同中学生谈博弈/盛立人

趣味数学 100 题/单墫

向量几何/李乔

面积关系帮你解题(第 3 版)/张景中　彭翕成

磨光变换/常庚哲

周期数列(第 2 版)/曹鸿德

微微对偶不等式及其应用(第 2 版)/张运筹

递推数列/陈泽安

根与系数的关系及其应用(第 2 版)/毛鸿翔

怎样证明三角恒等式(第 2 版)/朱尧辰

帮你学几何(第 2 版)/臧龙光

帮你学集合/张景中

向量、复数与质点/彭翕成

初等数论/王慧兴

漫话数学归纳法(第 4 版)/苏淳

从特殊性看问题(第 4 版)/苏淳

凸函数与琴生不等式/黄宣国

国际数学奥林匹克 240 真题巧解/张运筹

Fibonacci 数列/肖果能

数学奥林匹克中的智巧/田廷彦

极值问题的初等解法/朱尧辰

巧用抽屉原理/冯跃峰

统计学漫话(第 2 版)/陈希孺　苏淳

学数学.第 1 卷/李潜

学数学.第 2 卷/李潜

学数学.第 3 卷/李潜

学数学.第 4 卷/李潜